高等学校金融学专业主要课程系列教材

货币银行学

（第二版）

钱晔 主编

高等教育出版社·北京

内容简介

本书由基础理论，市场体系，金融机构，宏观调控，风险、监管与创新五大模块构成，共分十五章，主要介绍了货币、信用、金融商品与金融市场、主要金融机构及其业务管理、货币供求、通货膨胀、货币政策、金融风险、金融监管、金融创新等内容。本书以分篇设计的形式把跨度较大、纷繁复杂的金融知识按照理论与实践、微观与宏观相结合的方法加以划分，较好地处理了局部与整体、基础与拓展的布局结构，有着较强的逻辑性和层次感，有利于教与学的循序渐进，并给读者以直观清晰的感觉。

本书突出了以教学为主线的编写特色，既体现了本科教学对理论知识与实践操作的要求，又注重教学的逻辑递进，因此适用于应用型普通本科院校或其他形式的本科教育教学使用。

经过四年的使用，本次再版修订过程中与时俱进，增加了一些重要的知识点，更新了案例及数据资料，增加了即测即评，从而更加充分地体现了本教材“结构清晰明了、内容求解求实、形式便于教学”的编写特色。

图书在版编目（CIP）数据

货币银行学 / 钱晔主编. --2 版. -- 北京 ：高等教育出版社，2018. 2（2024.1重印）
高等学校金融学专业主要课程系列教材
ISBN 978-7-04-048229-4

Ⅰ. ①货… Ⅱ. ①钱… Ⅲ. ①货币银行学-高等学校-教材 Ⅳ. ①F820

中国版本图书馆 CIP 数据核字（2017）第 186352 号

策划编辑 郭金录　责任编辑 王 琼　封面设计 张 楠　版式设计 范晓红
插图绘制 尹文军　责任校对 高 歌　责任印制 朱 琦

出版发行	高等教育出版社	网　址	http://www.hep.edu.cn
社　址	北京市西城区德外大街 4 号		http://www.hep.com.cn
邮政编码	100120	网上订购	http://www.hepmall.com.cn
印　刷	湖南天闻新华印务有限公司		http://www.hepmall.com
开　本	787 mm×1092 mm　1/16		http://www.hepmall.cn
印　张	23.25	版　次	2013 年 9 月第 1 版
字　数	550 千字		2018 年 2 月第 2 版
购书热线	010-58581118	印　次	2024 年 1 月第 3 次印刷
咨询电话	400-810-0598	定　价	45. 00 元

物 料 号　48229-00

第二版前言

“货币银行学”是一门传统的金融学专业以及经济管理类相关专业的基础课程，在综合性大学或财经类院校中普遍开设。但针对不同层次、类型的院校，“货币银行学”课程所要求的广度和深度以及理论和实践等内容有较大差异，或者说各自有所侧重，粗略地可以分为两大类，即研究性大学所开设的该课程和应用型本科院校所开设的该课程。前者注重理论和知识的研究与延伸，而后者注重理论与实践的结合以及教学内容在实践中的应用。所以要求《货币银行学》的教材也要针对不同层次、类型院校的教学需要来编写。

一直以来，国内外《货币银行学》教材版本众多，但能够直观清晰地体现不同层次教学需要的特色教材并不多。本书正是针对这一实际组织编写的适用于应用型普通本科院校教学需要的特色教材。本书主编从事金融学一线教学30年，有着丰富的金融学专业教材主编经历，了解本层次院校“货币银行学”课程的教学需要，对本次教材的编写从结构到内容均进行了精心设计和合理安排，总结了历次教材编写经验，投入了大量精力，力求为读者奉献一部科学、适用的特色教材。

本书突出体现了以下特点：

1. 结构清晰明了

本书分为五篇，即基础理论篇，市场体系篇，金融机构篇，宏观调控篇，风险、监管与创新篇。这五篇把跨度较大、纷繁复杂的金融知识按照理论与实践、微观与宏观相结合的方法加以划分，较好地处理了局部与整体的结构布局，有着较强的逻辑性和层次感，有利于教与学的循序渐进，并给读者以直观清晰的感觉。（参见全书知识结构图）。

2. 内容求新求实

本书根据市场经济中金融理论与实践的现实及变化情况，结合教学需要认真研究了教材内容的取舍与整合，总体体现“新”和“实”的原则。前者做到教材内容基本是近三年的新观点、新问题、新思路、

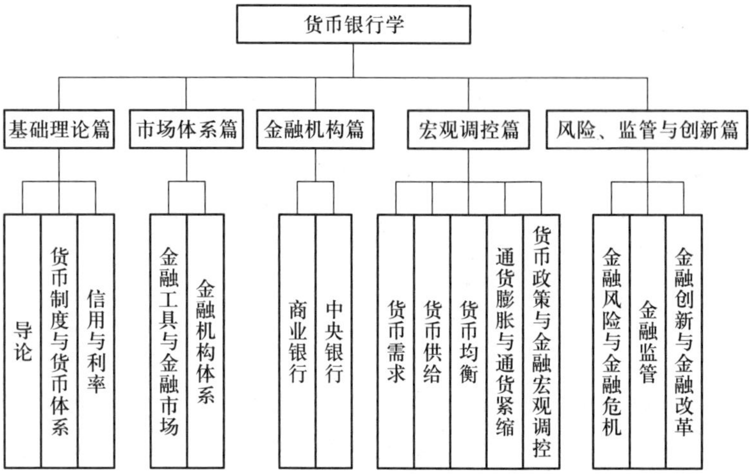

全书知识结构图

新数据，并做到及时修订；后者做到突出经济实际、实践、实用。为了突出应用型教学需要，教材较好地处理了量和度的关系，理论讲求基础扎实、适当延伸，实践讲求贴近现实、熟悉惯例；微观讲求实用和操作，宏观讲求原理分析和政策实施效果；范围做到既把握中国改革开放脉搏，又了解国际先进和通用做法。通过处理好这样的一些辩证关系，本书作者较好地进行了教材编写中最复杂的内容整合。

3. 栏目设计合理

本书在栏目设计上，本着生动并引导教学的原则，力争有助于提高教学效果。每章均设有学习目标、知识结构图、章首引例、知识链接、典型案例、章后小结、章后习题、延伸阅读以及通过二维码链接的即测即评等，为教师教学和学生自主学习提供了头尾呼应、层层递进的教学和学习方法。

本书由钱晔教授主编并进行总纂。钱晔编写第一章、第十二章和第十五章；张会平编写第三章、第七章和第十四章；付艳编写第二章、第五章和第六章；霍云雷编写第四章和第十三章；高明锋编写第八章和第九章；于晶波编写第十章；王晓丹编写第十一章。教材编写和修订过程中参考和借鉴了有关书刊和网站的相关知识、观点，在此谨向作者表示感谢！

本书努力在编写特色和实用性、适用性等方面做了大量的有益尝试，力求做到科学把握、精益求精，但是由于编者水平有限，疏漏之处在所难免，恳请读者不吝赐教。

钱　晔

2017 年 3 月

第一版前言

“货币银行学”是一门传统的金融学专业以及经济管理类相关专业的基础课程，在综合性大学或财经类院校中普遍开设。但针对不同层次、类型的院校，“货币银行学”课程所要求的广度和深度以及理论和实践等内容有较大差异，或者说各自有所侧重，粗略地可以分为两大类，即研究性大学所开设的该课程和应用型本科院校所开设的该课程。前者注重理论和知识的研究与延伸，而后者注重理论与实践的结合以及教学内容在实践中的应用。所以要求《货币银行学》的教材也要针对不同层次、类型院校的教学需要来编写。

一直以来，国内外《货币银行学》教材版本众多，但能够直观清晰地体现不同层次教学需要的特色教材并不多。本书正是针对这一实际组织编写的适用于应用型普通本科院校教学需要的特色教材。本书主编从事金融学一线教学20余年，有着丰富的金融学专业教材主编经历，了解本层次院校“货币银行学”课程的教学需要，对本次教材的编写从结构到内容均进行了精心设计和合理安排，总结了历次教材编写经验，投入了大量精力，力求为读者奉献一部科学适用的特色教材。

本书突出体现了以下特点：

1. 结构清晰明了

本书分为五篇，即基础理论篇，市场体系篇，金融机构篇，宏观调控篇，风险、监管与创新篇。这五篇把跨度较大、纷繁复杂的金融知识按照理论与实践、微观与宏观相结合的方法加以划分，较好地处理了局部与整体的结构布局，有着较强的逻辑性和层次感，有利于教与学的循序渐进，并给读者以直观清晰的感觉。(参见全书知识结构图)。

2. 内容求新求实

本书根据市场经济中金融理论与实践的现实及变化情况，结合教学需要认真研究了教材内容的取舍与整合，总体体现“新”和“实”的原则。前者做到教材内容基本是近三年的新观点、新问题、新思路、新数据；后者做到突出经济实际、实践、实用。为了突出应用型教学需要，教材较好地处理了量和度的关系，理论讲求基础扎实、适当延伸，实践讲求贴近现实、熟悉惯例；微观讲求实用和操作，宏观讲求

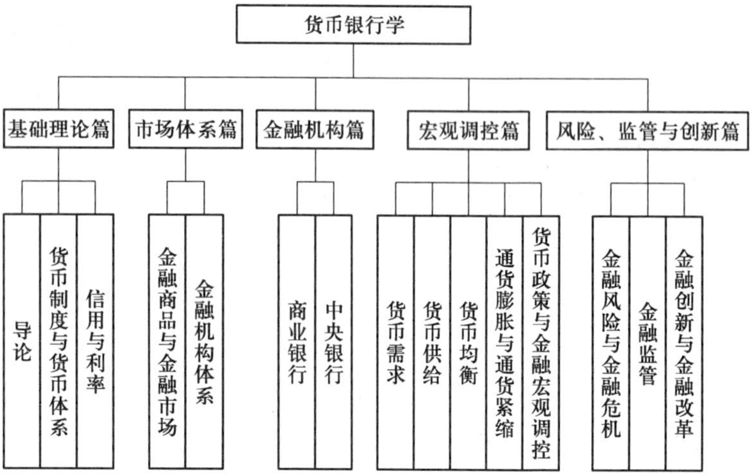

全书知识结构图

原理分析和政策实施效果；范围做到既把握中国改革开放脉搏，又了解国际先进和通用做法。通过处理好这样的一些辩证关系，较好地进行了教材编写中最复杂的内容整合。

3. 栏目设计合理

本书在栏目设计上，本着生动并引导教学的原则，力争有助于提高教学效果。每章均设有学习目标、知识结构图、章首引例、知识链接、典型案例、章后小结、章后习题、延伸阅读等，为教师教学和学生自主学习提供了头尾呼应、层层递进的教学和学习方法。

本书由钱晔教授主编并进行总纂。钱晔编写第一章、第十二章和第十五章；宋学红编写第十章和第十一章；张会平编写第三章、第七章和第十四章；付艳编写第二章、第五章和第六章；霍云雷编写第四章和第十三章；高明锋编写第八章和第九章。教材编写过程中参考和借鉴了有关书刊的相关知识和观点，在此谨向作者表示感谢！

本书努力在编写特色和实用性、适用性等方面做了大量的有益尝试，力求做到科学把握、精益求精，但是由于编者水平有限，疏漏之处在所难免，恳请读者不吝赐教。

钱　晔

2013 年 6 月

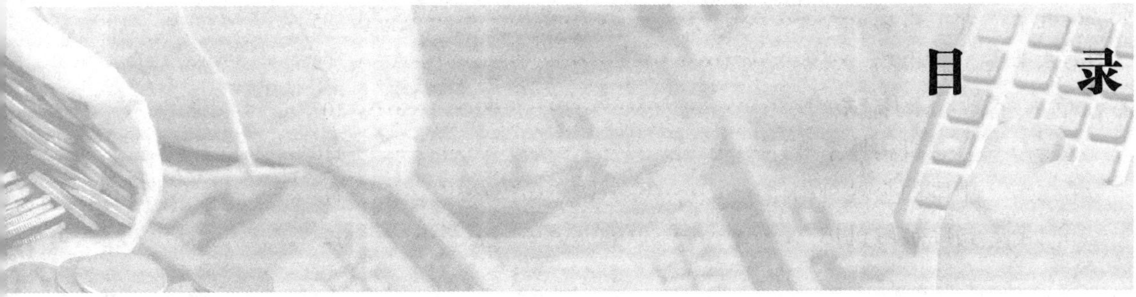

目　录

基础理论篇

市场体系篇

金融机构篇

宏观调控篇

基础理论篇

第一章

导　论

【本章学习目标】

通过本章的学习，学生应了解货币银行学的含义及其研究的具体内容，明确以货币银行为代表的金融业在现代市场经济中的重要地位和作用，清晰地掌握货币银行学的架构，为系统学习货币银行学打好基础。

【本章知识结构图】

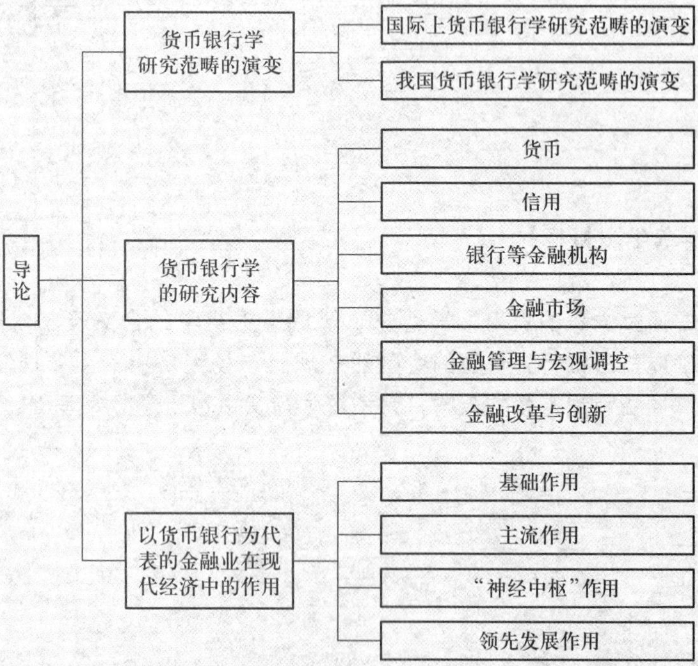
导论
货币银行学研究范畴的演变
国际上货币银行学研究范畴的演变
我国货币银行学研究范畴的演变
货币银行学的研究内容
货币
信用
银行等金融机构
金融市场
金融管理与宏观调控
金融改革与创新
以货币银行为代表的金融业在现代经济中的作用
基础作用
主流作用
“神经中枢”作用
领先发展作用

【引例】

货币和银行

原始社会末期，出现了剩余产品。一个部落的人有了一把剩余的石斧，另一个部落的人有了一张剩余的牛皮，两个人偶然相遇，偶然地交换了石斧与牛皮，这就是最原始的商品交换。后来，剩余产品越来越多，交换变得复杂了，于是产生了一般等价物——货币，人们可以用货币交换到自己所需要的任何商品。历经几千年，货币始终充满了神秘感，甚至产生了货币拜物教。直到今天，现实社会中人们对货币仍然充满向往和追求。

到了封建社会时期，为了商人们贸易结算的便利，原来只是单一地进行金属铸币兑换的机构，衍生了替人保管货币（吸收存款）和放贷收息业务，这就产生了专门经营货币的行业。历史上，专门经营货币的机构很多，如中国的钱庄、票号等。直到1580年，意大利第一次出现了“银行”一词，即威尼斯银行，从此银行这种专门与货币打交道的机构，就成了人们生活和社会经济中不可或缺的重要机构。

思考：货币、银行从产生的那天起，就对人们有着极大的吸引力和诱惑力。那么，人们是崇拜它本身，还是崇拜它所能给人们和社会带来的效益和价值呢？货币银行学发展到今天已经成为一门完整的学科，这门学科研究的内容是什么？又会给社会经济和人们生活带来怎样的作用和影响？这就是货币银行学所要讲述的内容。

第一节

货币银行学研究范畴的演变

货币银行学的研究对象是以货币和银行等金融机构活动为主要内容，并以此为基础所延伸的与之相关的金融及经济活动范畴。

一、国际上货币银行学研究范畴的演变

货币银行学的研究对象、范畴是随着金融业的发展而变化的。从国际上总体来看，金融业的发展基本经历了以下几个阶段：第一阶段是以货币经营业为主体的早期银行业，这一阶段货币银行学主要是货币学，侧重于研究货币职能、货币流通及货币的运行机制等问题。第二阶段是以商业银行为主体进行间接融资的现代银行业，这一阶段货币学就演变成了货币银行学，将银行体系的整体运作纳入了研究范围，货币银行学变成了包括货币、信用、银行（主要是商业银行和中央银行）在内的基础科学。第三阶段是在以商业银行为主体进行间接融资的现代银行业基础上，发展直接融资的金融（资本）市场，以金融国际化、电子化、网络化为特征的现代金融业，这一阶段货币银行学的研究范畴扩展到包括

传统货币、信用、银行（含其他金融机构）在内的，延伸到金融工具、金融市场以及金融风险、金融监管、宏观调控、国际金融等方面的现代金融学。可见，当前货币银行学的研究范畴已经扩展到金融学的整个领域，也是金融学的代表性学科。

二、我国货币银行学研究范畴的演变

我国国内的货币银行学是随着我国经济体制的改革和金融业的发展进程而不断变化的。

（一）计划经济体制时期

计划经济时期，由于实行“大一统”的国家银行体制，金融机构单一，只有中国人民银行一家金融机构存在，所以没有对货币银行学的专门研究，货币银行学也没有形成专门的学科范畴，有关货币银行的内容包含在财政学中，货币银行学几乎成为财政学的附属物。

（二）有计划的商品经济体制时期

20 世纪 80—90 年代初，我国实行了由计划经济向市场经济过渡的“有计划的商品经济体制”。这一时期，金融业得到了迅速的发展，银行等金融机构数量快速增加，中央银行体制也建立起来，货币银行逐步被人们认识和重视，货币银行学作为经济管理类专业领域的基础性学科得到了前所未有的发展。这一时期还引入了西方市场经济国家关于货币银行学的研究成果，货币银行学得到了一定程度的发展与完善。

（三）市场经济体制时期

建立社会主义市场经济体制后，金融业得到了极大的发展，在传统货币银行学研究对象的基础上，金融创新、金融监管、国际金融、互联网金融等内容也被纳入了我国货币银行学的研究范畴。现在，我国的货币银行学也与国际上一般研究范畴一样，已经扩展到金融学的整个领域。

第二节
货币银行学的研究内容

作为现代金融学的代表，货币银行学所研究的内容涉及金融业的各个领域，包括传统和基础的货币、信用、银行及各种金融机构，还包括金融市场、金融管理与调控以及金融创新与改革等内容。

一、货币

所谓金融，就是货币资金融通活动的总称。所以，货币是金融学研究的基础对象，一切金融活动都是从货币开始的。什么是货币？这似乎是一个很简单的问题。从概念上讲，货币是一般等价物，体现一定的社会生产关系。但是现代社会已经赋予了货币更多的内容和作用，它已经不仅是现金、财富和收入的代名词，而是能影响到市场价格、宏观经济运行和人们社会生活等方方面面的重要因素，货币流通的数量和状况已经成为直接影响国家经济稳定运行和健康发展的关键问题。

二、信用

信用是由其本身的“恪守信用、遵守诺言”的含义引申到金融中的，在金融中专指一切形式的借贷行为，也就是说，信用是金融（融资）的具体方式。在市场经济条件下，无论是政府、企业还是个人，都有资金的余或缺，都有借或贷的需求，通过直接或间接的融资借贷，放大了社会资金总量，促进了社会经济的发展和人民生活水平的提高。所以一个国家中，信用形式的发达程度，是衡量这个国家金融发展水平的基本标准。而且，由信用产生的利息（利率）问题，已经成为调节一个国家储蓄、投资甚至经济增长的重要杠杆。

三、银行等金融机构

最早从事金融活动的机构是银行，银行的前身是经营金属铸币兑换的机构，这些机构替人保管货币并替商人办理结算，然后又开始用替人保管的货币进行放贷活动，从单一的铸币兑换机构逐步演变为货币经营机构。“银行”一词从意大利引进并在全世界运用。银行经历了从高利贷信用机构到现代银行业的发展历程。现代银行不仅办理传统的存款、贷款、结算业务，还创新了大量的中间业务，成为信用活动的主体机构和金融市场的骨干力量，同时还是国家借以调控经济、发展经济的重要核心机构。在银行不断发展的同时，其他非银行金融机构也成为金融机构体系中的补充，并在现代金融活动中发挥着越来越重要的作用。

四、金融市场

金融市场有广义和狭义之分。广义的金融市场是指包括银行或其他金融机构在内的间接融资活动以及以资本市场、货币市场、黄金外汇市场为载体的直接融资活动。另外，广义的金融市场还可以是有形的或者是无形的。狭义的金融市场则专指以直接融资为手段的资本市场、货币市场及黄金外汇市场。广义的金融市场是一个国家金融业发展的总体概括，狭义的金融市场是一个国家金融业发展水平的具体体现。金融市场的发达程度，从某种程度上讲也是一个国家经济发展水平的标志和代表。

五、金融管理与宏观调控

金融业发展到一定程度后，金融管理与宏观调控的问题日渐突出。从统一银行券的发行开始，国家对货币流通、信用规模、利率、金融机构及金融市场活动等一系列金融问题开始实行宏观管理和调控，由此产生了以中央银行为核心的金融宏观管理体系，通过制定和执行货币政策实现金融宏观调控。

六、金融改革与创新

金融业是在不断改革与创新中发展的，金融改革与创新包括对金融组织机构、金融工具、金融业务以及金融制度等各种金融要素的重新组合和创造性变革。金融创新始于 20 世纪 60 年代的美国等西方国家，20 世纪 80 年代后尤为活跃。金融创新改革了传统的金融业务和经营管理方式，给整个金融业带来了巨额的利润和空前的繁荣，并推动了金融的全球化、一体化进程。金融改革是一个国家为适应其经济体制改革和国际化形势发展需要，对金融机构、金融体制不断进行的深化改革，金融改革是一国发展经济的必经之路，大多数国家都在广泛地、不断深入地开展金融改革活动，以此促进本国经济的健康、稳定发展。

第三节

以货币银行为代表的金融业在现代经济中的作用

人类社会从以实物交换为特征的自然经济，发展到以货币交换为特征的商品经济，再由简单的商品经济，发展到以大工业和银行为基础的货币经济。而现代经济社会，又已从传统的货币经济转向现代信用经济，即进入了金融经济社会。现代经济社会中，金融是经济的核心，是启动经济的经济，发挥着主导和领先发展的重要作用。

一、经济的货币化程度加深以及金融资产日益多样化，奠定了金融在现代经济中的基础作用

经济的货币化程度加深，为现代经济增长奠定了更加坚实的基础，并发挥了强大的推动作用。经济货币化是当代经济的一个共同的发展趋势，现实也正是如此。以我国为例，几项经济指标的变化正可以反映出经济货币化的速度和进程（见表 1-1）。首先，以实际金融资产的存量与国内生产总值相比来看，1978 年我国的金融资产（当时仅包括人民币存款）存量为 0. 113 5 万亿元，而 2016 年年底我国的金融资产（含人民币存款、股票筹资额以及保费收入，不包括发行国债）存量已超过 150 万亿元，比 1978 年增长了 1 360

多倍。其次，以广义货币供应量（M2）来看，2016 年年底，我国广义货币供应量（M2）已超 155 万亿元，人均储蓄已达 5 万元。比 1978 年的 21 元增长了 2 380 倍。而且，从全球来看，金融资产交易已成为社会经济活动的热点，其规模已经超过了商品交易。

表 1-1　相关经济指标　　单位：亿元人民币

指标	年份					
	1978 年	1989 年	1997 年	2004 年	2011 年	2016 年
国内生产总值	3 645	16 992	78 973	159 878	471 564	744 127
金融机构人民币存款余额	1 135	10 786	82 390	241 424	809 368	1 505 800
股票筹资额（A 股）			1 294	1 511	5 073	12 416
保险公司保费		139	773	4 318	14 300	31 000
货币供应量（M2）				253 207	851 590	1 550 100

资料来源：《中国金融年鉴》、中国人民银行《中国货币政策执行报告》2016 年第四季度相关数据资料。

此外，金融资产日益多样化，新的金融工具不断出现。据不完全统计，金融资产商品已数以千计，许多传统金融工具和诸如金融期货、期权、互换等衍生金融工具正走入寻常大众之中。

经济的货币化和金融资产的多样化使金融全面占领了国民经济的各个领域，由此奠定了其在现代经济中的基础性作用。

二、现代金融活动辐射到全社会，奠定了金融在现代经济中的主流作用

市场经济是商品货币乃至金融经济，没有资金的融通活动，一切都无从谈起，现代金融活动已广泛渗透到社会经济和人民生活的每个领域，大到宏观调控，小到个人生活，可谓无处不在。首先，企业一天也离不开存、贷、结算等金融业务，否则，生产和商品流通就可能停滞；其次，政府同样要融通资金，要利用金融机构为其管财、理财，还要依靠金融来完成其部分重要的宏观调控职能；最后，个人也离不开金融，每个家庭都要储蓄、投资、消费，这些都要借助于金融机构为其服务和理财。可见，金融在现代经济中无所不在，这无疑显示了其主流作用。

三、金融宏观调控成为市场经济中重要的调控方式，发挥了金融在现代经济中的“神经中枢”作用

市场经济中，政府调控经济的方式和政策有多种，但最为常用的宏观调控方式当属金融调控，最为有效的政策是货币政策。因为市场经济宏观调控的核心就是资源的合理配置问题，而利用信贷、利率等金融经济杠杆的调节和货币政策的制定与实施，都是以资金活动为主线和推动力，能够起到“牵一发而动全身”的灵敏调节作用，从而最直接地达到引导社会资源实现合理配置的调控目标。

四、金融创新和金融改革决定了金融在现代经济中的领先发展作用

创新是人类社会发展的一个重要动力，由于金融在经济中的特殊地位，金融创新对整个经济社会的影响更为强烈和广泛。同时，金融创新又不断促进了金融体制的变革，不断推动金融改革及金融深化的步伐。正是由于金融与经济发展息息相关，所以金融创新和金融改革必然引领和带动经济体制的其他变革，促进经济的良性循环和全面增长。可见，金融创新和金融改革使金融在现代经济中具有领先发展的重要作用。

知识链接

"金融"的由来

"金融"一词产生于近代，由日本传入我国。我国古代没有"金融"这个词，但很早就有了货币、信用及其有关活动。事实上，到了唐朝，我国的典当业（相当于抵押贷款）以及能够进行通存通兑的联号机构等金融业务及金融机构已经相当发达。到了近代，我国的钱庄、票号常有金融融通之说，其意义与金融相近，但正式使用"金融"一词应该是在我国近代的银行业发展时期。1912 年北京政府财政部文件中曾有"金融机关"的用词。1915 年编写的《辞源》中收有"金融"的词条，解释为："今谓金钱之融通曰金融，旧称银根。各种银行、票号、钱庄曰金融机关。"1920 年，北洋政府发行"整顿金融公债"用以解决中国银行、交通银行停止兑换的风潮，以后"金融"一词就与银行业务活动结合在一起，形成了一个与财政相区别的融资概念，并被广泛地运用开来。

■ 本章小结

本章介绍了货币银行学的由来及其在国际国内的发展演变过程；阐明了货币银行学的研究范畴及主要内容，即货币、信用、银行及其他金融机构、金融市场、金融管理与宏观调控以及金融改革与金融创新等内容；阐述了以货币银行为代表的金融业在现代经济中的作用。本章内容是学习本门课程的基础。

■ 章后习题

□ 一、重要概念

货币　经济货币化　金融

□ 二、思考题

1. 国际上货币银行学的研究范畴是如何演变的?

2. 我国货币银行学的研究范畴的演变分为几个阶段？现实经济中货币银行学的研究范畴如何？

□ 三、讨论题

结合当前实际，讨论以货币银行为代表的金融业对经济的贡献及作用。

□ 四、案例分析

金融与经济周期

历次货币危机和金融危机证明，金融因素对经济周期运行的影响十分显著。1890 年，巴林危机不但令阿根廷身陷囹圄，而且波及奥地利和土耳其；1914 年，美国的金融恐慌导致经济衰退；1931 年，中欧货币危机波及全世界，并引发大规模国际债务违约；发生在 1980 年前后的发展中国家债务危机，使拉美经济增长在随后十几年里持续萎靡；1994—1995 年，墨西哥比索危机再现了拉美债务危机的阴影；1997 年，东南亚金融危机对世界各国经济的消极效应至今犹记；2008 年，由美国的次贷危机引发的金融危机导致了全球性经济危机的爆发。由此可见，金融因素决定着现代经济周期的运行规律。

在金融工具创新不断取得突破的情况下，金融管制放松和全球金融市场的融合已成为一种发展趋势。资金的高度流动性改变了经济周期的运行特征。现代金融周期表现出与真实经济周期、古典经济周期完全不同的特征事实，传统周期理论已无法解释短期经济剧烈波动的现象，现在任何微小的变化都可能通过金融市场的放大和加速作用而对国民经济产生巨大的冲击。

根据上述资料，结合我国经济实际，试分析金融与经济周期的变动关系。

■ 延伸阅读

当金融体系运行不好时会发生什么

亚洲金融危机　在 20 世纪 90 年代中期，中国香港、印度尼西亚、马来西亚、新加坡、韩国以及泰国的经济增长迅速，吸引了投资者的大量资金。然而在 20 世纪 90 年代末期，亚洲的投资者发现，他们原以为在赚取合理利润的金融投资实际上正在亏损。因为政府对金融部门的干预、不连贯的货币政策和汇率、疲弱无力的银行体系，以及糟糕的债务管理和会计准则的缺失，使经济越来越衰退，投资者的损失越来越难以掩饰，投资者认识到他们的利润要比他们以前想的低得多。因此 1997 年 10 月，投资者开始急不可待地将他们的金融投资撤出亚洲，引发了对全球经济产生重要冲击的亚洲金融危机。亚洲金融危机打破了亚洲经济急速发展的景象，使亚洲一些经济大国的经济出现萧条，甚至导致一些国家的政局也出现混乱。

美国次贷危机　美国次贷危机（subprime crisis）又称次级房贷危机，也译为次债危机。它是指一场发生在美国，因次级抵押贷款机构破产、投资基金被迫关闭、股市剧烈震荡引起的金融风暴。导火索是美国的房地美和房利美两大房屋贷款中介发生危机，这两家公司占全美房屋贷款的比例过大，购房者资质越来越低，房产公司为了自己的财务流动性，又将这些贷款统一打包证券化，变为债券卖给各个投资人。如果购房者的违约率不高于证券化计算的最高值，这个资金链条不会断裂，但因为从 2007 年 9 月开始，大量的购房者因断供违约，导致房贷公司资金链断裂，进而引发金融市场流动性不足，最终导致金融危机。美国次贷危机从 2006 年春季开始逐步显现，2007 年 8 月开始席卷美国、欧盟和日本等世界主要金融市场，2008 年演变成全球性金融危机。

资料来源：［美］迪恩·克罗绍. 货币银行学. 北京：中国市场出版社，2008.

■ 即测即评

第二章

货币制度与货币体系

【本章学习目标】

通过本章的学习，学生应了解货币制度的演变，国际货币体系的构成，掌握货币的形态、货币制度构成要素和中国现行货币制度，理解货币层次划分的依据及划分内容，熟悉货币的本质和职能。

【本章知识结构图】

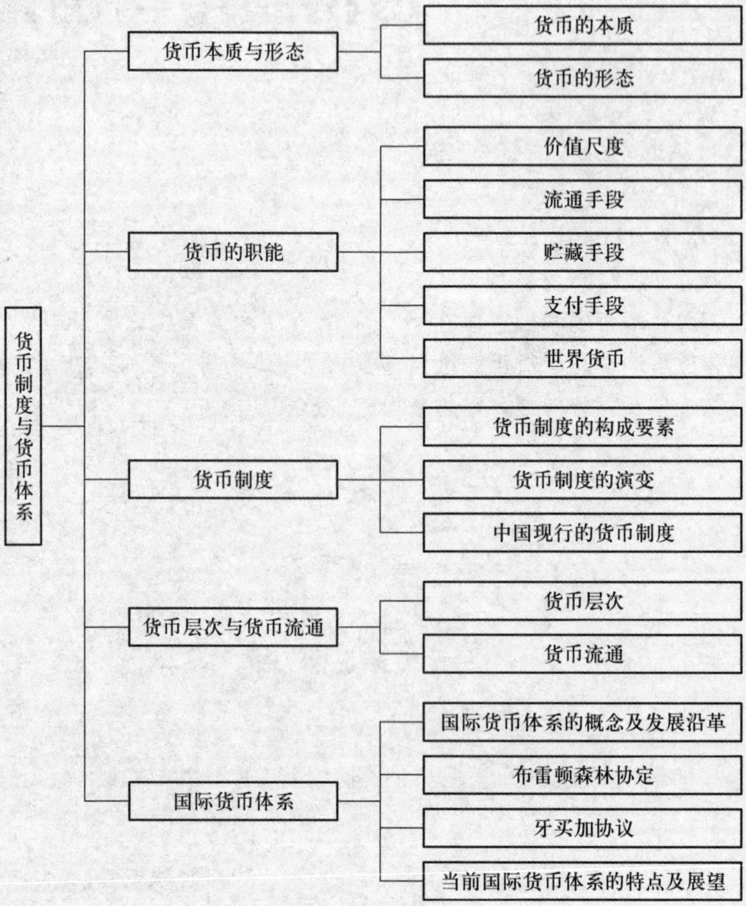

货币制度与货币体系
货币本质与形态
货币的本质
货币的形态
货币的职能
价值尺度
流通手段
贮藏手段
支付手段
世界货币
货币制度
货币制度的构成要素
货币制度的演变
中国现行的货币制度
货币层次与货币流通
货币层次
货币流通
国际货币体系
国际货币体系的概念及发展沿革
布雷顿森林协定
牙买加协议
当前国际货币体系的特点及展望

【引例】

货币推动经济增长

早在19世纪，马克思便在《资本论》中提出了货币推动力的思想。西方经济学家在对一些发展中国家的研究中也发现，货币资本对经济增长的贡献与劳动力、生产资料相比居于首位。例如，英国经济学家麦迪逊在《发展中国家的经济进步和政策》一书中，考察分析了1950—1965年22个发展中国家和地区的经济增长率情况后发现，货币资本的贡献占55%，劳动力的贡献占35%，而生产资料的贡献仅占10%。

思考：货币对于人们和经济社会的重要性始终未变，以其特有的渗透力影响着社会经济的方方面面。那么，从古至今，货币的形态和货币制度经过了哪些演变？货币的本质到底是什么？又发挥着怎样的职能？在现代信用制度条件下，货币的范围究竟有多大？货币流通所采取的基本形式有哪些？本章将揭开货币的面纱，对货币的职能、货币制度的演变、货币层次及国际货币体系进行详细介绍。

第一节

货币本质与形态

剩余产品出现以后，产生了最初的交换形式——物物交换。但物物交换是以需要为前提的，当商品交换扩大以后，出现了交换困难，这就自然需要在交换时先与一种市场上大家都认可并接受的商品相交换，然后再用这种商品与自己需要的商品相交换。这样，在漫长的商品交换发展过程中自然从商品世界中分离出了一种特殊商品，在交换中固定地充当一般等价物，这就是货币。

一、货币的本质

货币是固定地充当一般等价物的特殊商品，反映了一定的社会生产关系。

（一）货币是固定地充当一般等价物的特殊商品

货币之所以能成为一般等价物，是因为货币首先是商品，但它又不是一般商品，而是特殊商品。这种特殊性表现在货币是一切商品价值的表现媒介，在商品交换中直接体现商品的价值。另外，货币具有直接与所有商品相交换的能力，是财富的代表，拥有它就意味着能够去换取各种使用价值。

（二）货币反映一定的社会生产关系

货币作为一般等价物，无论是表现在金银上，还是表现在某种价值符号上，都只是一种表面现象，其实质是反映商品生产者之间的关系。商品生产者相互交换商品，实际上是相互交换各自的劳动，只不过因为他们之间的劳动不能直接表现出来，所以才采取了商品的形式来进行交换。随着社会分工越来越细，商品交换也日益频繁，而货币作为商品交换的媒介和手段，有力地促进了商品交换的发展。因此，货币作为商品的一般等价物，也就使商品的不同所有者通过等价交换，实现了他们之间的相互交换劳动的关系，这种关系就是人和人之间的一定的社会生产关系。

二、货币的形态

自货币产生以来，随着商品交换和信用制度的发展而不断演进，货币形态大致经历了实物货币、金属货币、代用货币、信用货币、存款货币以及电子货币几个阶段。

（一）实物货币

实物货币是人类历史上最古老的一种货币形态。在早期简单商品交换时代，生产力不发达，交换的目的是以满足人们某种生活和生产的需要为主，在当时社会组织下，最能代表财富并具有特殊使用价值的物品自然成为当时的货币。牲畜、盐、稀有的贝壳、珍稀鸟类羽毛、宝石、沙金等不容易大量获取的物品，都曾经作为货币使用过。一般近海地区人们多用海贝和盐充当货币；游牧民族多用牲畜、皮革充当货币；农业区人们多用农具、布帛充当货币等。

这些物品既是普通商品，可随时直接用于消费，又是特殊的货币商品，可用来进行间接交换。但是多数实物货币都不易分割、不易保存、不便携带，因而不利于行使货币职能。

知识链接

原始贝币

原始贝币产生于商朝，是钱币的始祖，是一种由天然海贝加工而成的贝类货币。贝币以光洁美观、小巧玲珑、坚固耐磨、便于携带、便于计数等特点，逐渐充当了商品交换的一般等价物。贝币的计量单位是“朋”。“朋”的古字本义是指一串或两串相连的“贝”，后来逐渐演化成计量单位。一般多认为两串5个的贝或两串10个的贝为“一朋”。这类贝币主要出产于中国的东海、南海等海域，反映了商朝商业交流的情况。

资料来源：百度百科。

（二）金属货币

金属货币是指以金属作为货币材料，充当一般等价物的货币。金属货币具有价值比较稳定、易于分割、易于保存、便于携带等优点。于是在交换中逐渐代替非金属实物货币成为主要流通对象，最终成为通行的货币。货币金属最初是贱金属，多数国家和地区使用的是铜。随着生产力的提高，参加交换的商品数量增加，需要包含价值量更大的贵金属充当货币，币材也由铜过渡到金和银。

（三）代用货币

代用货币就是代替金属货币在市场上流通的货币。它作为可流通的金属货币的收据代替金属货币流通，其本身的价值就是所替代的货币的价值。代用货币的代表形式是银行券，即银行发行的一种不定期的债务凭证。它具有十足的金银作为保证，可以兑换成真实货币金或银。

货币只是交换的手段，而不是交换的目的，在货币不断转手的过程中，单有货币的象征存在就够了，这就产生了由价值符号或代用货币替代真实货币的可能性。代用货币是与金属货币共生共存的，当金属货币消亡时，代用货币自然也就消亡了。由于代用货币有一定的信用保证，可以自由兑换金银，故也称为可兑现的信用货币。代用货币的出现是货币币材的一大转折，为其后不兑现的信用货币的产生奠定了基础。

知识链接

交　子

最初的交子由商人自由发行。北宋初年，四川成都出现了专为携带巨款的商人经营现钱保管业务的“交子铺户”。存款人把现金交付给铺户，铺户把存款人存放现金的数额临时填写在用楮纸制作的卷面上，再交还存款人，当存款人提取现金时，每贯付给铺户30文钱的利息，即付3%的保管费。这种临时填写存款金额的楮纸券便谓之“交子”。这时的“交子”，只是一种存款和取款凭据，而非货币。

随着商品经济的发展，交子的使用也越来越广泛，许多商人联合成立专营发行和兑换交子的交子铺，并在各地设交子分铺。由于交子铺户恪守信用，随到随取，所印“交子”图案讲究，隐做记号，黑红间错，亲笔押字，他人难以伪造，所以交子赢得了很高的信誉。商人之间的大额交易，为了避免铸币搬运的麻烦，直接用随时可变成现钱的交子来支付货款的事例也日渐增多。正是在反复进行的流通过程中，交子逐渐具备了信用货币的特点。后来交子铺户在经营中发现，只动用部分存款，并不会危及交子信誉。于是他们便开始印刷有统一面额和格式的交子，作为一种新的流通手段向市场发行。这种交子已经是铸币的符号，真正成了纸币。但此时的交子尚未取得政府认可，还是民间发行的“私交”。

资料来源：百度百科。

（四）信用货币

信用货币是以信用作为保证，通过信用程序发行和创造的货币。信用货币是货币进一步发展的产物，它不再代表任何贵金属，目前世界上几乎所有国家都采用这一货币形态。由于信用货币完全割断了与贵金属的联系，已成为纯粹的价值符号，本身不足值甚至没有内在价值，其发行不以金银作为准备，也不被承诺兑现为金银，所以信用货币作为交换媒介必须满足两个条件：一是货币发行的立法保障和国家垄断；二是公众对此种货币具有信心。

在现代经济中，信用货币存在的形式主要是现金和银行存款。现金是指流通中的现钞通货，一般用于日常消费品、零星开支及劳务等小额交易。银行存款是指各单位、个人在银行账户上的存款，包括活期存款、定期存款和储蓄存款等。

（五）存款货币

存款货币是指可用于转账结算的活期存款。20 世纪 50 年代以来，社会商品交换更加频繁，交换的数量更加庞大，同时随着信用制度的发展，银行结算手段的改进，现金流通逐渐减少，货币形式主要采取存款形式，货币概念得以扩张。存款货币表现为银行存款账户上的存款余额，银行活期存款的存款人可以签发支票付款或委托开户银行将款项支付给收款人，而不必费时费力地取现金支付。存款货币与其他货币形态相比较最显著的一个特点就是它没有一定的实物形态，不具有可触摸性、可持有性，只不过是在银行存款账户上的一笔数字。

（六）电子货币

电子货币是指通过电子计算机自动转账系统而行使支付货币的职能的信用工具。电子计算机的普及运用对各行各业都起到了极大的促进作用，使货币的发展发生了飞跃，货币由记在纸制凭证上的金额变成了储存在计算机系统中的一组加密数据。电子货币的出现，大大方便了客户，既节约流通费用，又加速资金周转。由中央电子计算机和终端机及通信卫星、电话、电传、电视等组成的电子通信网络，使客户可以随时随地存款、取款或要求银行提供各种服务。美国经济学界把电子货币称为继金属铸币、纸币以后的“第三代货币”。

从货币发展的各个阶段可以看出，一种货币形态能被另一种货币形态取代，是由货币作为一般等价物的性质、社会生产的发展、各种币材的优胜劣汰和科学技术进步等所决定的，是社会经济向前发展的必然结果。

第二节

货币的职能

货币的本质决定货币的职能，货币的职能是货币本质的具体表现。货币在商品交换发展过程中，逐渐形成了价值尺度、流通手段、贮藏手段、支付手段和世界货币的职能。

一、价值尺度

价值尺度是货币最基本的职能，是货币在表现商品价值并测量商品价值量大小时所发挥的一种功能。

商品交换需要度量商品价值的大小，货币就是衡量商品价值的尺子。用货币作为尺度来衡量和表现其他一切商品的价值，就是货币的价值尺度职能。充当价值尺度的货币可以是本身具有价值的特殊商品，如金银货币，也可以是本身无价值但代表一定价值量的一般等价物，如信用货币制度下的纸币计量。

商品价值的货币表现是价格。商品价格同商品本身物质形态不同，它是一种观念形态，可以用口头或书面形式表达出来，不必将相应数量的货币摆在商品旁。因此货币执行价值尺度的职能，并不需要真实的货币出场，只需要想象的观念上的货币即可。

二、流通手段

货币的流通手段职能是指货币在商品流通过程中充当媒介时发挥的职能，它与价值尺度一样，是货币最基本的职能之一。

充当流通手段的货币不能是观念上的货币，而必须是现实存在的货币。因为货币作为商品交换的媒介时，它是代表一定价值量来同商品相交换，交易双方必须一手交钱，一手交货，按照等价交换原则，买卖行为才能完成。当然所说的现实存在的货币，并不单指有形的货币，也可以是无形的存款货币、电子货币等。

充当流通手段的货币不一定是具有十足价值的货币。因为货币作为流通手段时只是一种交易的媒介，是一种有权威证明的符号，商品所有者出售商品，换取货币，其目的是用货币去购买自己所需要的商品，只要货币能购得自己所需要的商品，货币本身的价值对商品所有者而言并不重要。这种事实使不足值的货币甚至无价值的货币开始登上舞台，发挥交易媒介作用。历史上不足值铸币、无价值的纸币、存款货币乃至电子货币都是凭借这一点而能够执行流通手段的职能。

三、贮藏手段

货币暂时退出流通领域，被人们保存、收藏起来，处于静止状态时，货币就执行了贮藏手段的职能。

由于货币是价值的化身，可以用它换取需要的任何商品，使人们感到它就是财富的代表，而且可以提高社会地位和获得支配他人的权力，于是，人们积累贮藏货币的欲望也日益膨胀起来。对于商品生产者来说，为了维持自己再生产持续不断进行，必须随时从市场上买进他们所需要的商品，而自己的商品并不能保证随时换取货币，因此，就必须把一部分货币贮藏起来以备不时之需。由此可见，作为贮藏手段的货币，既不能是观念上的货币，也不能是货币的符号，而必须是自身有真正价值的金属货币或充当币材的贵金属。

在金属货币制度下，货币的贮藏手段职能具有自发地调节货币流通的作用。当流通中的货币量过多时，多余的金属货币会退出流通领域成为贮藏货币；当流通中的货币量过少时，贮藏中的货币又会重新进入流通领域而成为流通手段。这样，货币执行贮藏手段职能就像“蓄水池”一样，可以自发地调节流通中的货币量，使它与商品流通的需要量相适应。

在不兑现的信用货币流通条件下，信用货币是纸质的价值符号，本身并无内在价值，也不能兑现金银，因此，它不具有典型意义上的贮藏手段职能。货币所有者使现金暂时沉淀，只是用来充当流通手段和支付手段的准备金，是一种潜在的货币购买力；把现钞存入银行，从持币人的角度看，货币似乎退出了流通，但银行在吸收存款之后，将该笔存款以贷款方式贷放到生产和流通领域，形成新的购买力，从流通角度来看，这种货币并没有退出流通。

四、支付手段

当货币用于单方面的支付，如用于债务、缴纳赋税、支付工资、支付租金、银行借贷、捐赠等，即货币价值进行单方面转移时，货币发挥支付手段职能。

一般来说，买东西都是现钱交易，但在现实经济生活中，经常遇到赊账买卖。在进行赊销交易时，货币充当价值尺度，计算、衡量商品的价值，并表现出一定的价格；在交易完成时，买者不需要用货币而是用一定的付款承诺从卖者手中转让得到商品，只等到了约定的付款期，买者才用货币向卖者清偿债务。这时，商品流通早已结束，只剩下单独的货币流通，货币所发挥的就不是一手交货、一手交钱的流通手段职能，而是单方面的支付手段职能。

执行支付手段职能的货币同执行流通手段职能的货币一样，必须是现实的货币，可以是不足值的。但是，如果到期的债权债务可以相互抵消，就不再需要现实的货币，从而减少了流通中货币的必要量。

货币充当支付手段，首先促进了商品生产和商品流通的发展。因为货币支付手段职能可以实现货币借贷，从而扩大了商品生产者的资本；货币支付手段职能服务于财政税务，有利于国家对国民收入实现再分配，以促进国民经济发展和进行必要的宏观调控。但也扩大了商品经济的矛盾。在赊销交易出现以后，货币和商品不再在买卖过程中同时出现，购买者取得了商品，但没有同时支付货币。商品的转移和商品价值的实现，在时间上不同步，在商品生产者之间形成错综复杂的债权、债务关系。一旦其中某个人不能按期付款，一个环节中断，就会引起其他人支付的困难，造成连锁反应，甚至使一些人破产。

五、世界货币

当货币超越国界，在世界市场上作为一般等价物发挥作用时，就执行着世界货币的职能。

各国经济政策中重要一步是外贸出口创汇，而商品流通一旦超越国界，扩大到世界范围，货币的职能也随之跨越国内流通领域，在国际市场上执行世界货币的职能，即在世界市场上发挥一般等价物作用时，就会在国际范围内执行价值尺度、流通手段、支付手段等职能。

在贵金属货币流通条件下，一般以金银为世界货币，以重量为单位，各国流通无障碍。在当代，由于世界各国普遍采用不兑现的信用货币，没有代替金银的统一的国际货币，所以一些经济发达国家的货币便担当起该项重任，如美元、欧元、英镑、日元等。这些国家的法定货币之所以能在世界市场上得到公认，一是该国具有相当的经济实力；二是币值相对稳定，信用较好；三是具有雄厚的外汇储备。

货币发挥世界货币职能，主要表现在以下三个方面：一是作为国际的支付手段，用来支付国际收支的差额，这是世界货币的主要职能。二是作为国际间的一般购买手段，用来购买国外商品。在这里，世界货币主要是直接同另一国的一般商品相交换，是一国单方面向另一国购买，而不是商品相互交换。三是作为国际财富转移手段，由一国转移到另一国，充当一般的价值转移手段，如对外援助、战争赔款、资本转移等。

第三节
货币制度

一、货币制度的构成要素

货币制度是指一个国家以法律形式规定的货币流通的结构和组织形式。它包括四个方面内容。

（一）货币币材和货币单位的确定

1. 货币材料的确定

货币材料是指国家以法律的形式明确规定哪一种或哪几种材料作为货币材料。货币材料是整个货币制度的基础，确定不同的材料作货币材料，就构成不同的货币本位。现在世界各国都实行不兑现的信用货币制度，法律中并没有何种材料充当货币材料的规定，也就是说，过去货币制度中最重要的一个构成要素已经消失了。

2. 货币名称和货币单位的确定

在金属货币时期，货币单位的确定不仅要规定单位名称，还要规定其所含货币金属的重量，也称为价格标准。例如，英国的货币单位定名为“镑”，根据 1816 年 5 月通过的《全本位制度法案》规定，1 英镑含成色 11/12 的黄金 123.274 47 格令（合 7.97 克）。美国的货币单位定名为“元”，根据 1934 年 1 月的法令规定，1 元含金量为13.714格令（合 0.888 671 克）。中国 1914 年公布的《国币条例》中规定，货币单位名称为“圆”，1 圆含纯银 6 钱 4 分 8 厘（合 23.977 克）。

在不兑现的信用货币制度下，信用货币完全割断了与贵金属的联系，此时货币单位的确定也就只是确定其单位名称而已。有的国家货币名称是货币单位直接冠以国家名，如美元、日元等；中国有些特殊，货币名称和单位名称并不一致，货币名称是人民币，而货币单位是元。

（二）本位币和辅币

本位币又称主币，是一国的基本通货和法定的计价、结算货币。所谓基本通货，是指一个国家的计价标准单位，如美元、英镑等。本位币的最小规格是 1 个货币单位。本位币是无限法偿货币。本位币具有无限的法定支付能力，即无限法偿。本位币是法定作为价格标准的基本通货。法律规定，在货币收付中无论每次支付的金额多大，如用本位币支付时，收款人不得拒绝接受，故称为无限法偿币。

辅币是本位币以下的小额货币，供日常零星交易和找零之用。辅币可以与本位币自由兑换。辅币是有限法偿货币。国家对辅币规定了有限的支付能力，即在每一次支付行为中使用辅币的数量受到限制，超过限额的部分，受款人可以拒绝接受，但向国家纳税或向银行兑换时不受数量限制。

（三）银行券和纸币的发行流通程序

银行券和纸币虽然都是没有内在价值的纸制的货币符号，但是因为它们的产生和性质各不相同，所以其发行和流通程序也有所不同。

在银行业发展的早期，银行券由商业银行分散发行，19 世纪以后各国才集中统一由中央银行发行。国家以法律形式规定中央银行发行的银行券为法定支付手段，拒绝接受者被视为违法。西方国家在 1929—1933 年经济危机后，各国的银行券都不再兑现，从而演变为不兑现的纸币。

纸币是本身没有价值又不能兑现的货币符号，它产生于货币的流通手段职能。货币在执行流通手段职能时，只是交换的媒介，而不是交换的目的，只需有货币的象征和符号即可，这就意味着货币符号可以替代货币进行流通。后来政府根据货币的这一特性，有意识地铸造和发行不足值铸币，直至发行本身几乎没有价值的纸币，并通过国家法律强制其流通。可见，纸币产生的前提不是发达的信用制度，而是中央集权的国家政权和统一的国内市场。

（四）准备金制度

在实行金属货币制度下，准备金制度主要是建立国家的黄金储备，这种黄金储备保存在中央银行或国库。它的用途主要有以下三点：作为国际支付的准备金，也就是作为世界货币的准备金；作为扩大和收缩国内金属货币流通的准备金；作为支付存款和兑换银行券的准备金。

当今世界各国均实行不兑现的信用货币流通制度，金银已退出货币流通领域，黄金准备的后两个作用已经消失。黄金作为国际支付准备金的作用依然存在，但形式发生了变化，不再用黄金作为最后弥补国际收支逆差的手段，而是当一个国家出现巨额国际收支逆差时，可以在国际市场上抛售黄金，换取自由外汇，以平衡国际收支。

目前，各国中央银行发行的信用货币虽然不能再兑换黄金，但仍然保留着发行准备金制度。各国准备金制度不同，但归纳起来，作为发行准备金的有黄金、国家债券、商业票据、外汇等。

二、货币制度的演变

货币制度历史上存在两大类型——金属货币制度和不兑现的信用货币制度。前者可分为银本位制、金银复本位制及金本位制，后者又称为纸币本位制（见图2-1）。

- 货币制度
  - 金属货币制度
    - 银本位制
    - 金银复本位制
      - 平行本位制
      - 双本位制
      - 跛行本位制
    - 金本位制
      - 金币本位制
      - 金块本位制
      - 金汇兑本位制
  - 不兑现的信用货币制度

图 2-1　货币制度的类型

（一）金属货币制度

一国一旦选定了某种货币单位，就将其货币单位用法律形式规定其与某一特定金属商品保持固定关系，以此作为衡量该商品价值的标准，进而建立起一国的商品价格体系。在任何一种货币制度中，均有多种货币同时流通，但是，商品和劳务交换会以一种货币单位作为计算单位或基本单位。这种作为计算单位的货币，被称为"本位货币"或"主币"。在货币近代史上，按照各国本位币所采用的金属类别，存在过银本位制、金银复本位制和金本位制。

1. 银本位制

银本位制就是以白银作为本位币币材的一种货币制度。

银本位制有银两本位制和银币本位制两种类型。银两本位制是实行银块流通的货币制度，以白银的重量单位——两作为价格标准；银币本位制是实行银铸币流通的货币制度，以一定重量和成色的白银熔化成一定形状的本位币来流通。在银本位制下，银币可以自由铸造和熔化，具有无限法偿能力，白银及银币可以自由输出、输入，银币的名义价值与其作为白银的实际价值相等。同时，银行券可以自由兑换银币或等量白银。

知识链接

中国历史上的银本位制

在中国货币史上，白银自汉代已逐渐成为货币金属，中国实行的是银两本位制，以金属的重量计值，属于称量货币制度。宣统二年（公元 1910 年）颁行《币制条例》，正式采用银币本位制，以"元"为货币单位，重量为库平七钱二分，成色是 90%，名为大清银币。但市面上银元和银两仍然并用。辛亥革命后，于 1913 年公布《国币条例》，正式规定重量七钱二分、成色 89% 的银元为我国的货币单位，"袁大头"银元就是这样铸造的。但银元和银两仍然并用。1933 年 3 月 8 日，国民政府公布《银本位币铸造条例》，规定银本位币定名为"元"，总重 26.697 1 克，银八八、铜一二，即含纯银 23.493 448 克。银本位币每元重量及成色，与法定重量、成色相比之下公差不得超过 0.3%，并规定一切公私交易用银本位币授受，其用数每次均无限制。同年 4 月，国民政府实行"废两改元"，发行全国统一的银币——"孙中山头像"银元。1935 年国民政府实行币制改革，宣布废止银本位。

资料来源：百度百科。

2. 金银复本位制

随着商品货币经济的发展，在商品交易中，对金银两种贵金属的需求都增加了，白银主要用于小额交易，黄金则用于大宗买卖，这样就形成了白银与黄金都作为主币流通的局面，客观上产生了建立金银复本位制的要求。

金银复本位制又称金银两本位制，是以金币和银币同时作为本位货币的货币制度。金银复本位制先后经历了平行本位制、双本位制和跛行本位制三种类型。

（1）平行本位制。它是两种货币均按其所含金属的实际价值流通的币制。在平行本位制下，金、银货币的交换比率完全由市场上生金、银的比价自由确定，国家对此不加任何规定。这样，市场上的各种商品价格就会有两种标价方式——按金币标价和按银币标价，而金银的市场比价频繁发生变动，从而引起价格混乱，使市场交易陷入非常混乱的境地。为弥补平行本位制的不足，采用了双本位制。

（2）双本位制。它是使两种货币按法定比价流通的货币制度。在双本位制下，国家依据市场上的金银比价将金银兑换比率用法律条文固定下来，使金币和银币的交换比率不受市场上生金、银价格波动的影响。在这种货币制度下，当金、银的法定比价与市场比价不一致时，市价较法定比价高的货币（良币）会被人们熔化、输出而退出流通，而市价较法定比价低的货币（劣币）则会逐渐增加，充斥市场。这种现象被称为“劣币驱逐良币”，即在一国国内有两种面值相同而实值不等的货币同时流通时，实际价值较低的货币（劣币）必会驱逐实际价值较高的货币（良币）于市场之外。“劣币驱逐良币”规律，是英国经济学家汤姆斯·格雷欣最早发现的，因此又被称为“格雷欣法则”。

（3）跛行本位制。它是双本位制的变体。在这一制度下，金币与银币仍然同时为本位货币，仍按照法定比价同时流通，都具有无限法偿能力，但只有金币可以自由铸造，银币则不得自由铸造。人们形象地把金和银比做人的两只脚，银这只脚不能行走了，因此这种货币制度运转起来就像跛了一只脚的人走路一样，所以称为“跛行本位制”。从科学的划分标准来看，跛行本位制实质上已经不是金银复本位制，而是由复本位制向金本位制过渡的一种货币制度。

金银复本位制有其自身的优缺点。其优点表现在：一是币材充足，货币储备扩大；二是可分别用于大宗交易和小额交易，便利商品流通；三是币值稳定等。其缺点主要有：一是违背了货币的排他性、独占性要求。在平行本位制下，金、银同时充当币材，当国内金银比价发生波动时，会导致商品价格的波动，不能很好地发挥价值尺度职能。二是在双本位制下，由于“劣币驱逐良币”规律的作用，银贱则银币充斥市场，金贱则金币充斥市场，必然引起货币流通的混乱。金银复本位制因其是一种不稳定的货币制度，阻碍了资本主义经济的发展，甚至导致货币制度事实上的倒退而被淘汰。

3. 金本位制

金本位制是以黄金为本位币币材的一种货币制度，包括金币本位制、金块本位制和金汇兑本位制。

（1）金币本位制。金币本位制又称金铸币本位制，是以金铸币作为本位货币的一种货币制度，是最典型的金本位制。金币本位制有以下三个特征：第一，金币可以自由铸造，自由熔化；第二，金币可以自由流通，价值符号（辅币和银行券）可以自由兑换为金币；第三，黄金在各国之间可以自由地输出、输入。

金币本位制对当时经济的发展发挥了重要作用。其崩溃的主要原因是：第一，世界黄金存量分配极不平衡，使得金币自由铸造与自由流通的基础被削弱；第二，因黄金储备的减少使价值符号对金币自由兑换的可能性被削弱。

（2）金块本位制。金块本位制又称生金本位制，是指国内不铸造金币，也不流通金币，中央银行只发行代表一定重量黄金的纸币或银行券的货币制度。在这种货币制度下，纸币或银行券只能按一定条件向发行银行兑换金块。如英国 1925 年规定，银行券与金块一次兑换数量不少于 1 700 英镑。

实行金块本位制节省了黄金使用量，减少了对黄金的发行准备要求，暂时缓解了黄金短缺与商品经济发展的矛盾，但并未从根本上解决问题。

（3）金汇兑本位制。金汇兑本位制又称虚金本位制，是指国内不流通金币，只流通银行券，而银行券可以在政府规定的汇率下自由地兑换另一种采用金币或金块本位制国家的货币，再兑换黄金的一种货币制度。在这种货币制度下，国家规定货币单位的含金量，但国内不铸造金币，也不使用金币，并且国内没有或只有部分黄金储备，只在该国存放外汇准备金，通过无限制供应外汇来维持本国币值的稳定。

金块本位制和金汇兑本位制两种货币制度都是既不稳定又残缺不全的货币制度，它们的特征是：第一，两种币制都没有黄金投入实际流通，难以发挥黄金的自发调节作用，不利于币值稳定。第二，实行金汇兑本位制的国家，又大大限制了兑换黄金，这就从根本上动摇了金本位制的基础。第三，实行金汇兑本位制的国家，使本国货币依附于他国，无法独立自主地保持本国货币的稳定。

20 世纪 30 年代的经济大危机摧毁了这两种残缺不全的金本位制，各国都先后实行了不兑现的信用货币制度。

（二）不兑现的信用货币制度

不兑现的信用货币制度是指以不兑换黄金的纸币为本位币的货币制度。它是当今世界各国普遍推行的一种货币制度，这种货币制度以本身没有价值的信用货币作为流通中的一般等价物，其主要特点是：

（1）货币是以国家信用为基础的信用货币，无论是现金还是存款，都是国家对货币持有者的一种债务关系。存款货币是银行代表国家对存款人的负债；流通中的现金是中央银行信贷资金的来源，是中央银行代表国家对持有者的负债。

（2）信用货币不规定含金量，不能兑换黄金，不建立准备金制度，它只是流通中商品价值的符号。

（3）货币通过银行信贷程序发行和回笼，通过银行贷款、票据贴现、买入黄金或外汇及有价证券等渠道，投放到流通中去；通过收回贷款、收回贴现票款、卖出黄金或外汇及有价证券等渠道，使流通中的货币向银行回笼。

（4）纸币是没有内在价值的价值符号，不能自发适应经济运行的需要。信用货币制度的稳定性取决于国家的货币政策，中央银行必须按经济原则发行货币，并以其作为调控国民经济的重要工具，既控制通货膨胀，又防范通货紧缩。

（5）从世界范围看，信用货币制度下的存款货币、电子货币流通广泛发展，而现金货币流通呈日渐缩小的趋势。

三、中国现行的货币制度

中国现行的货币制度是一种“一国多币”的特殊货币制度，即在内地实行人民币制度，而在香港、澳门、台湾地区实行不同的货币制度。这表现为不同地区各有自己的法定货币，各种货币各限于本地区流通，各种货币之间可以兑换，人民币与港元、澳门元之间按以市场供求为基础决定的汇价进行兑换，澳门元与港元直接挂钩，新台币主要与美元挂钩。

1. 人民币是中国（指内地，下同）的本位货币

人民币由中国人民银行于1948年12月1日开始发行，至今共发行了五套。人民币的单位为“元”，“元”是主币，“角”和“分”是辅币。人民币依其面额支付，人民币的纸币、铸币种类由国务院决定，人民币的符号为“￥”。人民币元是中国法定计价、结算的货币单位，具有无限法偿能力。

2. 人民币是中国唯一的法定货币

在中国境内，以人民币支付一切公共和私人债务，任何单位和个人不得拒收。为了保证人民币的唯一合法地位，国家规定：严禁金银计价流通，严禁外币计价流通，严禁伪造、变造人民币，严禁任何单位和个人印制、发售代币票券以代替人民币在市场上流通，违者予以法律制裁。一切企事业单位和机关团体印刷和使用内部核算的凭证，必须报经上级机关批准，并且一律不准模仿人民币样式。

3. 人民币由中国人民银行统一印制、发行和管理

中国人民银行是国务院授权的人民币的唯一合法发行机构，它根据国内经济增长和商品流通扩大的客观需要掌管和调控发行货币数量。在中国人民银行内部发行权集中于总行，内设人民币发行库，在其分支机构设立分支库，负责保管人民币发行基金。分支库调拨人民币发行基金，应当按照上级库的调拨命令办理，任何单位和个人不得违反规定，动用发行基金。

4. 人民币的发行保证

人民币的发行要按照经济发行的原则，人民币的发行量要以适应生产的发展和商品流通规模扩大的需要作为基础。人民币的发行还要有一定量的黄金外汇储备作保证，中国建立的黄金储备和外汇储备是国际支付的准备金，主要不是作为货币发行的准备，但对稳定币值、保证国内货币正常流通能起到一定的作用。这两项储备由中国人民银行集中掌管，储备情况定期公布。此部分内容将在后面的章节中详述。

5. 人民币是独立自主的货币

人民币是不依附于任何国家的货币，也不与任何国家的货币保持固定比价。人民币外汇价格由银行间外汇交易市场外汇供求关系所确定，是外汇市场外汇交易的结果。

第四节

货币层次与货币流通

一、货币层次

（一）货币层次划分的含义

货币量理应是现实经济生活中的货币总量，然而，随着市场经济的不断发展，特别是金融创新的兴起，新的金融工具层出不穷，许多新的金融工具都不同程度地具有货币性。这就使货币流通的范围不断扩大，流通中的货币形式也多种多样，从而给货币量的计算带来新的问题——货币的口径问题。因而，就有了货币的层次划分。

货币层次划分是指将流通中的货币主要按照其流动性的强弱进行相关排列，分成若干层次并用符号代表的一种方法。实际上，货币的不同层次就是不同范围的货币概念。

划分货币层次，目的是掌握流通中各类货币的特定性质、运行规律以及它们在整个货币体系中的地位，进而探索货币流通和商品流通在结构上的依存关系和适应程度，以使中央银行制定正确的货币政策，实施及时、有效、有重点的金融宏观调控。

（二）货币层次划分的依据

长期以来，人们对货币层次划分有很多不同的观点，但在把金融资产的流动性作为划分货币层次的主要依据这点上，看法却是一致的。因此，货币层次划分的主要依据就是流动性。

流动性是指金融资产转变为现实购买力，并使持有人不遭受损失的能力。换言之，流动性是一种金融资产的变现能力。

流动性越强的金融资产，现实购买力就越强；反之，则越弱。例如，现金具有直接的现实购买力，因此它是流动性最强的金融资产；定期存款则需要经过提现或转成活期存款才有现实购买力，故流动性较弱。流动性程度不同的金融资产在流通中周转的便利程度不同，形成的购买力强弱不同，从而对商品、劳务流通和其他各种经济活动的影响程度也就不同。

当然，以流动性为货币层次划分的主要依据，并不排斥各国的实际情况。在划分货币层次时，应把握两个原则：一是现实性，即层次指标体系的划分宜粗不宜过细，这样既能为实际工作者所接受，又可避免因各货币层次间组距过小反而不能明确划分的弊端；二是可测性，即各层次的排列内容有准确可靠的资料来源。

（三）货币层次的划分

在实际工作中，各国中央银行依据流动性，并按照本国的具体情况和货币政策要求，规定了各自的货币层次划分，公布了并不雷同的货币层次指标系列，而且根据理论进展状况和实际操作经验作适当的调整。以下主要介绍国际货币基金组织（International Monetary Fund，IMF）、美国、日本和中国的货币层次划分情况。

1. IMF 的货币层次划分

IMF 把货币划分为最基本的三个层次，即：

M0 = 现金

M1 = M0+商业银行活期存款（支票存款）

M2 = M1+准货币（定期存款、储蓄存款、外币存款、各种短期信用工具）

知识链接

国际货币基金组织

国际货币基金组织于 1945 年 12 月 27 日成立，与世界银行并列为世界两大金融机构，其职责是监察货币汇率和各国贸易情况，提供技术和资金协助，确保全球金融制度运作正常，其总部设在华盛顿。

资料来源：百度百科。

2. 美国的货币层次划分

美国对货币层次划分变化比较频繁，目前，主要采取如下划分方法：

M1 = 通货+活期存款+其他支票存款

M2 = M1+小额定期存款+储蓄存款+货币市场存款账户+货币市场互助基金余额（非机构所有的）+隔日回购协议+隔日欧洲美元+合并调整

M3 = M2+大额定期存款+货币市场互助基金余额（机构所有的）+长期回购协议+定期欧洲美元+合并调整

L = M3+短期财政部证券+商业票据+储蓄债券+银行承兑票据

3. 日本的货币层次划分

日本中央银行（日本银行）对货币层次划分如下：

M1 = 现金（银行券发行额与辅币之和减去金融机构库存现金后的余额）+活期存款（企业活期存款、活期储蓄存款、通知即付存款、特别存款和纳税准备金存款）

M2 = M1+定期存款+可转让性存款+CD

M3 = M2+邮政、农协、渔协、信用组合和劳动金库的存款+货币信托和贷方信托存款

L = M3+回购协议债券、金融债券、国家债券、投资信托和外国债券

4. 中国的货币层次划分

中国对货币层次的研究起步较晚。目前，参照国际通行的原则并结合我国的实际情况，中国人民银行将我国货币划分为以下四个层次：

M0 = 现金

M1 = M0+企业活期存款+机关团体部队存款+农村存款+个人持有的信用卡类存款

M2 = M1+城乡居民储蓄存款+企业存款中具有定期性质的存款+外币存款+信托类存款

M3 = M2+金融债券+商业票据+大额可转让定期存单等

在上述四个层次中，M1 是通常所说狭义货币量（货币供应量），其流动性较强；M2

是广义货币量；M2 与 M1 的差额为准货币，其流动性较弱；M3 是为适应金融创新的要求而设立的，但目前尚未公布，故数据暂缺。

知识链接

中国货币供应量

单位：亿元人民币

货币层次	2012 年 12 月余额	2013 年 12 月余额	2014 年 12 月余额	2015 年 12 月余额	2016 年 8 月余额
M0	54 659.77	58 574.44	60 259.53	63 216.58	63 454.70
M1	308 664.23	337 291.05	348 056.41	400 953.44	454 543.60
M2	974 148.80	1 106 524.98	1 228 374.81	1 392 278.11	1 510 982.90

资料来源：中国人民银行网。

划分货币层次，并进而统计和公布各层次的货币供应量，对研究货币供应量的增减、促进社会总需求与总供给的平衡、加强和改善我国宏观调控均具有重要意义。

需要指出的是，各国中央银行在划分货币层次的基础上，还要确定货币相关层次指标系列中的观察和控制重点。然而，由于各国商品范围、货币概念、金融机构等有所不同，以及中央银行调控能力的差异，因此其观察和控制重点也不完全一样，即使在一国国内，由于经济发展和新金融工具涌现，其重点也会有所变化。从西方国家控制货币量的实践经验和总的趋势看，初期的货币量控制大多以 M1 为主，近年来更多的国家则从 M1 转向 M2。美国目前以 M1 和 M2 两个层次为控制重点，而日本中央银行则始终把 M2 作为控制重点。我国中央银行应根据本国的实际情况及金融市场的发展，短期以 M0 和 M1 为控制重点，中长期应以 M2 为控制重点。

二、货币流通

（一）货币流通的概念

货币流通是指货币作为流通手段和支付手段，在流通中所形成的连续不断的运动。货币的连续不断运动，具体表现为货币的不断收支活动，这些收支活动既包括商品流通引起的货币收支运动，又包括非商品流通引起的货币收支运动。为了正确理解货币流通，必须掌握货币流通自身的四个特点：①在货币流通中，作为流通主体的货币形态始终不变；②在货币流通中，作为媒介的货币不会退出流通，而是在媒介商品交换中不断运动；③货币流通取决于交换的发展程度和社会对流通手段、支付手段的需要程度；④货币流通具有相对独立性，它可以超越商品流通形成自身的运动。

（二）货币流通的形式

现代货币流通有两种形式：现金流通和非现金流通。现金流通是指以现款（纸币和铸币）直接完成的货币收付行为。非现金流通是指各经济主体在银行存款的基础上，通过在银行存款账户上转移存款的办法来进行的货币收付行为。现金流通和非现金流通构成统一的货币流通。货币流通的两种形式是商品交换和银行制度发展的结果。

现金流通和非现金流通实际上是统一的、相互联系的，但两者之间也有一些区别。

1. 现金流通与非现金流通之间的联系

（1）无论是现金流通中的现金（现金通货），还是非现金流通中的银行存款（存款通货），都是在银行信用基础上产生的信用货币，两者在性质上是一致的。

（2）两者在一定条件下可以相互转化，即现金的收支可以转化为存款货币收支，存款货币收付也可转化为现金的收付。对于商品、劳务交易，买方可要求银行将货款转给卖方，进行转账结算，这是非现金流通。卖方收到货款，可以提取现金，用于日常的小额支付，这又转化成现金流通。这种转化会引起两种形式货币量的此增彼减，也会对银行信用扩张和收缩带来影响。当现金流通转化为非现金流通时，银行的存款来源就会增加。银行据此发放贷款，就会造成信用扩张；反之，则会造成信用收缩。

2. 现金流通和非现金流通的区别

（1）两者的服务对象不同。现金流通主要服务于与居民个人有关的货币收付和单位的小额零星货币收支；而非现金流通（转账结算）主要服务于经济主体之间的大额货币收支，如生产资料的交易、消费品的批发贸易、货币资金的缴拨等。

（2）两者受银行控制的程度和调节方式不同。现金流通是在银行体系之外，单位、个人之间进行的货币收付，银行不能干预，也难以直接控制；银行对现金流通的调节，必须以自愿为基础进行间接调节。非现金流通则是货币周转和银行信用业务交织在一起，由于每一笔存款货币的流通都集中在银行办理，因此，非现金流通直接处于银行的监督和管理之下，银行可以根据国家要求进行适当的直接控制。

值得注意的是，现金流通和非现金流通的区别是相对的。在发达的市场经济中，经济主体在两种货币流通中究竟采用何种形式，是没有任何限制性规定的。经济主体完全可以根据自身意愿和方便程度来选择货币收付方式。随着经济、金融的发展，非现金流通日益成为主要的货币流通形式。

第五节 国际货币体系

一、国际货币体系的概念及发展沿革

国际货币体系就是各国政府为适应国际贸易与国际支付的需要，对货币在国际范围内执行世界货币职能所确定的原则、采取的措施和建立的组织形式的总称。

在很长时间中，各国政府并不就国际货币事务进行相互协调，而是各自决定和处理属于各自管辖范围内的货币事务，而且也将货币的是否可兑换、货币发行的储备基础、国际收支的调节等看作主权事务，其决策不受外国影响。19 世纪中期，各国陆续实行的金本位制或银本位制事实上都是各国自行选择的结果，而不是各国相互磋商或协议的产物。可以说，那时的国际货币体系是以各国自行选择和国际惯例为基础的不成文体系。

第二次世界大战结束时，许多国家认识到，对待国际货币事务再也不能采取放任自流或任其发展的态度了，应当有一个经过各国协商并达成一致协议的规定，以成文形式约定处理国际货币事务的基本原则，并就国际合作事项做出原则性安排，同时设立专门负责国际货币事务的国际性机构（国际货币基金组织和世界银行等）。该国际协议就是“布雷顿森林协定”或“布雷顿森林体系”。这是国际货币体系向国际法、国际协调机制发展的一个重要转折。

20 世纪 70 年代初，国际经济出现一系列重大事件，包括石油危机、美国的国际收支危机和美元危机。当时的美国总统尼克松采取了让国际社会感到吃惊的几项举措，单方面中止了美元与黄金的挂钩关系，并事实上让美元贬值。原以维持国际汇率稳定为宗旨的“布雷顿森林体系”因此遭受重大冲击，许多国家的货币纷纷浮动起来，19 世纪 30 年代曾经出现过的竞相贬值的局面再次浮现。在这个时候，国际社会开始了一些探讨，并达成一些妥协性协议，即“牙买加协议”。例如，尊重各国对货币事务的主权资格，允许一定范围内的汇率浮动，同时强调对国际货币事务的多边协调，并积极推进个例事务上的国际协调。这些协议的基本精神延续至今。但是，20 世纪 80 年代的国际债务危机和 90 年代的几次金融危机以及 2008 年的金融危机都对“后布雷顿森林体系”提出了重大挑战，不同国家提出了不尽相同的改革方案。由此可以看出，有效且稳定的国际货币体系是国际经济极其重要的环境。

二、布雷顿森林协定

1944 年 7 月 1 日至 22 日，在美国新罕布什尔州的布雷顿森林举行了国际货币金融会议，美、英等 44 个国家出席了这次会议。这次会议通过了“联合国货币金融会议的最后决议书”和《国际货币基金组织协定》《国际复兴开发银行协定》两个附属文件，这两个附件总称为《布雷顿森林协定》，确立了以美元为中心的国际货币制度——布雷顿森林体系。

《布雷顿森林协定》的主要内容有：

（1）建立一个永久性的国际金融机构，即国际货币基金组织，以促进国际政策协调。

（2）以黄金为基础，以美元为主要国际储备货币，建立以美元为中心的可调整的固定汇率制度。

美元与黄金保持固定联系，其他各国货币按其含金量与美元之间定出比价。根据当时 1 美元的含金量为 0.888 671 克纯金，确定一盎司黄金等于 35 美元。这就形成了“双挂钩”的以美元为中心的国际货币体系，即美元与黄金挂钩，其他各国货币与美元挂钩。

（3）通过国际货币基金组织向国际收支赤字国提供短期资金融通，以协助其解决国际收支困难。

（4）取消外汇管制。国际货币基金组织的宗旨之一就是努力消除阻碍多边贸易和多边清算的外汇管制，它要求会员国履行货币兑换义务。

以美元为中心的国际货币体系，在一定时期对稳定资本主义世界货币的汇率发挥了重要的作用，从而促进了第二次世界大战后世界贸易的发展和各国经济的发展。当然，它也为建立美国的霸权地位提供了条件。进入20世纪50年代，随着美国政治、经济地位的下降，西欧、日本等国的经济开始崛起，世界经济格局开始发生变化，美国对世界经济的垄断和美元的霸权地位开始动摇，美国的外汇收支逆差迅速增加，黄金储备大量外流，到1960年年底出现黄金储备不足以抵补短期外债的情况，从而导致美元危机的爆发。从20世纪60年代到70年代初爆发美元危机达11次之多。1973年2月，国际金融市场又一次爆发美元危机，掀起抛售美元，抢购德国马克、日元和黄金的风潮，从而导致第二次世界大战后美元的又一次贬值。西方主要国家的货币对美元也都实行浮动。由此，以美元为中心的世界货币体系宣布破产。

三、牙买加协议

布雷顿森林体系瓦解后，1976年IMF通过《牙买加协议》，确认了布雷顿森林体系崩溃后浮动汇率的合法性，继续维持全球多边自由支付原则。虽然美元的国际本位和国际储备货币地位遭到削弱，但其在国际货币体系中的领导地位和国际储备货币职能仍得以延续，IMF原组织机构和职能也得以续存。但是国际货币体系在布雷顿森林体系下的准则与规范却支离破碎。因此现存国际货币体系被人们戏称为“无体系的体系”，规则弱化导致矛盾重重。特别是经济全球化引发金融市场全球化趋势在20世纪90年代进一步加强时，该体系所固有的矛盾日益凸显。

《牙买加协议》的要点如下所述：

（1）浮动汇率合法化。会员国可以自由选择任何汇率制度，可以采取自由浮动或其他形式的固定汇率制度。但会员国的汇率政策应受到IMF的监督，并与IMF协商。

（2）黄金非货币化。废除黄金条款，取消黄金官价，各会员国中央银行可按市价自由进行黄金交易；取消会员国相互之间以及会员国与IMF之间须用黄金清算债权债务的规定；IMF所持有的黄金应逐步加以处理，其中1/6（2 500万盎司）按市价出售，以其超过官价（每盎司42.22美元）部分作为援助发展中国家的资金。另外1/6按官价由原缴纳的各会员国买回，其余部分约1亿盎司，根据总投票权的88%做出的决定处理，向市场出售或由各会员国购回。

（3）提高特别提款权（SDR）的国际储备地位。修订特别提款权的有关条款，以使特别提款权逐步取代黄金和美元而成为国际货币制度的主要储备资金，协议规定各会员国之间可以自由进行SDR交易，而不必征得IMF的同意。

知识链接

特别提款权

特别提款权（special drawing right，SDR），亦称纸黄金，是国际货币基金组织创设的一种储备资产和记账单位。它是国际货币基金组织分配给会员国的一种使用资金的权利。会员国在发生国际收支逆差时，可用它向国际货币基金组织指定的其他会员国换取外汇，以偿付国际收支逆差或偿还国际货币基金组织的贷款，还可与黄金、自由兑换货币一样充当国际储备。但由于其只是一种记账单位，不是真正货币，使用时必须先换成其他货币，不能直接用于贸易或非贸易的支付。因为它是国际货币基金组织原有的普通提款权以外的一种补充，所以称为特别提款权。

(4) 扩大对发展中国家的资金融通。以出售黄金所得收益设立信托基金，以优惠条件向最贫穷的发展中国家提供贷款或援助，以解决它们的国际收支的困难。

(5) 增加会员国的基金份额。各会员国对 IMF 所缴纳的基本份额，由原来的 292 亿 SDR 增加到 390 亿 SDR，增加 33.6%。各会员国应缴份额所占比重也有所改变，主要是石油输出国的比重提高一倍，由 5%增加到 10%，其他发展中国家维持不变，主要西方国家除联邦德国和日本略增以外，都有所降低。

四、当前国际货币体系的特点及展望

(一) 当前国际货币体系的主要特点

1. 美元是世界最主要的储备货币

在布雷顿森林体系崩溃以后，美元经历了一个从相对衰落到重新兴起的过程。布雷顿森林体系的崩溃打破了美元与黄金的直接挂钩，削弱了美元的国际信用基础。随着东欧剧变和苏联的崩溃，美元的国际地位又得到了加强。东欧各国与从苏联分裂出来的各国都急于参与国际贸易取得经济发展，在这种情况下，各国对美元的需求迅速上升，导致美元外汇储备的大量增加。进入 21 世纪以来，欧元的兴起使得美元的比重有所下降。但美元在国际贸易结算中仍占绝对优势地位。几乎在所有国家的国际贸易中，美元都是最主要的结算货币。

2. 欧元成为国际主要计价货币

依托发展了近 50 年的欧盟（前身为欧洲经济共同体），欧元自正式推出以来迅速成为国际货币体系中的重要力量。在各国中央银行外汇储备中，欧元的比重在稳步提高，目前已达到约 30%的水平。在国际债券与股票市场中，以欧元计价的产品所占比重迅速上升，在 2003 年后已成为主要的计价货币之一。

3. 美元成为国际货币体系不稳定因素

美元作为一国主权货币和全球流通及价值储存工具间的矛盾日益扩大，使得现行国际货币体系存在内在的不稳定性。2008 年金融危机发生以后，美国资产价格泡沫破裂，在此条件下，美国货币当局采取量化宽松的货币政策刺激经济，使得美元的流动性非常宽松，并反映到全球范围内，导致俄罗斯、南非、巴西、中国、印度等国的资产价格迅速攀升。而在这个过程中，美元作为世界储备货币，获得了大量的铸币税收入。

(二) 后金融危机时代国际货币体系新架构——以超主权国际储备货币为核心的国际货币体系

布雷顿森林体系和牙买加体系都缺乏对储备货币发行国发行纪律的约束，这使得国际货币的有序供给和币值稳定问题难以得到根本性解决。美国次贷危机引发的全球金融危机对国际资本市场和实体经济都造成了无法估量的损失，促使许多改革现行国际货币体系的言论纷纷出现。中国人民银行行长周小川提出建立超主权国际储备货币、强化现有国际特别提款权的建议，是一个极为重要的改革方向，也是未来国家货币体系可能的一个演变方向。

当前的储备货币发行国，难以同时兼顾本国的国内经济目标和承担本国货币作为国际货币的责任。例如，储备货币发行国可能为了刺激国内需求，实行扩张性的货币政策而导致全球流动性的泛滥。超主权货币的发行和调控可以超脱一国的经济状况和利益，可以有效避免当前主权国家储备货币带来的道德风险。在当前的国际货币体系下，持有高额外汇储备的国家往往由于储备货币发行国的货币贬值政策，而使外汇资产大幅缩水。超主权货币由于存在明确的定值基准可以有效地解决这一问题。

超主权储备货币的主张虽然由来已久，但至今没有实质性进展。20世纪40年代，凯恩斯就曾提出采用30种有代表性的商品作为定值基础建立国际货币单位“Bancor”的设想，遗憾的是未能实施，而其后以怀特方案为基础的布雷顿森林体系的崩溃显示凯恩斯的方案可能更有远见。早在布雷顿森林体系的缺陷暴露之初，IMF就于1969年创设了特别提款权，以缓解主权货币作为储备货币的内在风险。遗憾的是由于分配机制和使用范围上的限制，SDR的作用至今未能得到充分发挥。但SDR的存在为国际货币体系改革提供了一线希望。重新设立能为世界各国接受的、具有稳定定值标准的超主权国家货币作为新的国际储备货币，是国际货币体系未来发展的方向，但这需要一个长期的过程，需要各国加强合作，拿出勇气和智慧进行长期的探索，不可能一蹴而就。

知识链接

人民币加入特别提款权货币篮子

2015年11月30日，国际货币基金组织执董会完成了对组成特别提款权的货币篮子的例行5年期检查。执董会认为中国人民币满足了加入特别提款权篮子的所有标准，且认定自2016年10月1日起，人民币为自由使用货币，正式加入国际货币基金组织特别提款权货币篮子，与美元、欧元、日元、英镑一起构成新的货币篮子，所占权重分别为美元41.73%、欧元30.93%、人民币10.92%、日元8.33%和英镑8.09%。这是特别提款权创建以来首次纳入发展中国家货币。在执董会召开会议并批准将人民币纳入特别提款权篮子后，国际货币基金组织总裁克里斯蒂娜·拉加德发表了如下声明：执董会将人民币纳入特别提款权篮子的决定是中国经济融入全球金融体系的一个重要里程碑，也是国际社会对中国近年来货币和金融体系改革的认可。这些改革的延续和深化将使国际货币和金融体系更加强健，这反过来也将对中国的增长和稳定以及全球经济提供支持。

资料来源：国际货币基金组织网页；世界银行网页。

本章小结

本章介绍了货币的本质、发展形态、职能、货币制度等基础知识。阐述了各国对货币层次的划分。介绍了现金流通和非现金流通两种货币流通形式。介绍了先后经历了“布雷顿森林体系”和“牙买加协议”的国际货币体系，并描述了当前寻求适应时代发展的新的国际货币体系的情况。

■ 章后习题

□ 一、重要概念

信用货币　货币制度　货币层次划分　非现金流通

□ 二、思考题

1. 货币有哪些职能？
2. 货币制度的主要内容是什么？
3. 中国现行的货币制度是怎样的？
4. 货币流通有哪些形式？它们之间的关系怎样？

□ 三、讨论题

结合当前实际，讨论人民币是否是世界货币。

□ 四、案例分析

瑞典迈向“无纸币化”

身上没有现金在瑞典是一件大家早已习以为常的事情，无论是公共交通售票，还是商场购物，都可以轻松告别携带现金的不便，电子钱包和银行卡支付早已成为主流。就连以前需要投币才能使用的公共洗手间都可以通过电子支付来完成，丝毫不用担心自己身上是否携带了现金。

然而在1661年，瑞典却是欧洲首个发行纸币的国家。从“纸币发行先驱”到“无纸币化”社会的过渡，瑞典又一次走在世界前列。现今的瑞典，人们越来越不习惯使用现金，电子支付技术的不断革新令现金支付不断被边缘化，整个社会都在推动电子化交易，“无纸币化”发展迅速。

“不收现金”近年来正被越来越多的瑞典商家和公共服务机构所采用，从商品购买到缴纳账单和税费，瑞典人几乎都是通过电子支付来实现的。在一些地区门诊和专科门诊，缴纳挂号和检查费时都只能刷卡支付，在分诊台上也有明示“无现金”的牌子。

瑞典有着一个建立在个人或企业信用基础上的金融消费体系，例如，在电商上网购了产品，消费者可以选择银行卡、信用账单、电子钱包等多种形式的非现金支付方式。信用账单和个人身份证号相关联，只有信用记录正常的个人才能使用这种电子方式支付，商家在网购商品发货后，会通知第三方信用账单公司给消费者寄送账单，便于消费者先收到商品再支付款项。但信用一旦有过不良记录，在瑞典可谓是处处碰壁，从银行卡申办、电子钱包注册和支付到与个人身份证关联的账单发送都阻碍重重。由于可现金支付的机会日益减少，这会影响这一部分人的现实生活，同时也更加敦促个人对信用记录的重视。

据瑞典中央银行统计，瑞典十大银行在全国共有1 400个营业网点，截至2016年，其中852个网点已全面取消现金业务服务。瑞典斯安银行（SEB）在全国有168个网点，其中136个已取消现金业务。在笔者所住的利丁屿市，斯安银行网点早在3年前就不再受理任何现金业务，仅在银行安装两台存取款终端机器，并且每天单卡取款设置2万瑞典克朗上限。即使在保留了现金业务的瑞典商业银行当地营业部，也无法一次性取到大额现金，除了每天1万瑞典克朗的取款上限，大额预约现金提取还要注明缘由和等待银行审批。据银行工作人员介绍，由于电子化支付的普及，银行柜台的现金业务所占份额越来越小，瑞典金融监管机构也加大力度反洗钱和管控现金流，另外也能保障银行对外工作环境的安全，在一个没有任何现金业务的银行，劫匪是没有兴趣“光顾”的。

手机支付是近年来最流行的电子支付方式之一，电子钱包的发展也为电子化支付提供了更多选择。据瑞典中央银行统计，2015年，瑞典现金转账仅占所有支付方式的2%，预计到2020年这一比例将降至0.5%，而在商店的消费支付中，现金支付仅占约20%，与5年前相比减少一半。瑞典1 600家银行中的900家都已经取消了现金业务。另据维萨信用卡公司统计，瑞典人年均刷卡消费次数是欧盟平均数的3倍，瑞典人均每年刷卡消费次数达到207次。

结合上述情况，分析未来世界是否会步入无现金社会？

资料来源：瑞典迈向“无纸币化”. 经济参考报，2017-01-17.

■ 延伸阅读

香港货币制度

（1）港元，或称港币，是中华人民共和国香港特别行政区的法定流通货币。按照香港基本法和中英联合声明，香港的自治权包括自行发行货币的权力。港元的英文为Hong Kong dollar（HKD），符号为HK$。

（2）港元的纸币绝大部分是在香港金融管理局监管下由三家发钞银行发行的。三家发钞行包括汇丰银行、渣打银行和中国银行香港分行，另有少部分新款10元钞票，由香港金融管理局自行发行。硬币则由金融管理局负责发行。

（3）港币的发行采取联系汇率制度。自1983年起，香港建立了港元发行与美元挂钩的联系汇率制度。发钞行在发行任何数量的港币时，必须在按7.80港元兑1美元的汇率下向金融管理局交出美元，登记或录入外汇基金账目，同时领取负债证明书后才可以开始印钞。这样一来，外汇基金所持美元就为港元纸币的稳定提供了支持。

（4）虽然港元只在香港有法定地位，但在澳门，港元也是主要流通货币。在2007年前，深圳和广州等地区的的士司机和商户也曾接受港元交易，但由于近年人民币升值，目前他们一般不接受港元。

澳门货币制度

（1）澳门币，或称澳门元，是中华人民共和国澳门特别行政区的法定流通货币，其英文为 Macau Pataca（MOP）。澳门币中的 1 元可以分为 10 毫，而每 1 毫可以再分为 10 仙。

（2）澳门的货币政策由澳门金融管理局管理。澳门币的纸币由澳门金融管理局授权大西洋银行与中国银行澳门分行发行（1995 年之前一直由大西洋银行发行），由香港印钞有限公司负责印制；硬币则由澳门金融管理局负责发行。

（3）澳门的货币制度规定，澳门元的发行，必须选择一种外国货币作为挂钩货币，并制定一个中心汇价，保证按此中心汇价自由兑换外币，发钞要有十足的储备金（主要是美元和港元）。具体的发钞程序是，澳门的两家发钞银行在发行钞票的第二个月，按照当时澳门元汇率将等值的美元或港元存入澳门货币暨汇兑监理署（AMCM），换取等值的负债证明书，作为对所发行的澳门元的汇兑能力的保障。

（4）澳门货币制度的特殊性表现在澳门元的流通范围狭窄，多限于日常消费的小额开支和官方指定的使用范围。而港元在澳门的货币流通中发挥重要作用，成为大宗交易的计价货币和交易媒介。因此，在澳门关于货币供应量的官方统计中，活期存款和储蓄存款部分除澳门元本身外，还包括各类非澳门元组成的存款。对于外币在澳门的流通，澳门管理当局一度采取了放任自流的政策，但是，自 1988 年起，澳门政府把强化澳门元在本地区的使用作为其基本政策和任务，先后采取了明确规定在澳门交易中必须以澳门元结算及信用卡在本地支付账款时必须以澳门元结算等措施，在一定程度上提高了澳门元在流通中的比重。

台湾地区货币制度

（1）新台币（New Taiwan dollar，TWD）于 1949 年 6 月 15 日起开始发行流通，符号为 NT$。新台币基本单位为“圆”，但一般都写成“元”，口语上常称“块”。1 圆 = 10 角 = 100 分。

（2）台湾地区采取的是管理式浮动汇率的汇率制度。新台币汇率原则上由外汇市场供需决定，但其汇率浮动并不完全由此决定，而是对美元汇率设立中心汇率及浮动范围的上下限干预点，若有季节性、偶发性因素，使汇率波动过大，无法反映台湾地区的经济基本形势时，台湾地区货币管理当局对外汇市场进行强有力的干预，使汇率维持在一个合理的水平上。

■ 即测即评

第三章

信用与利率

【本章学习目标】

通过本章的学习，学生应了解信用的内涵和多种信用形式及其特征，掌握信用体系的发展演变过程以及我国征信体系的建设现状。另外还要掌握利息的计算方法和影响利率变动的因素。

【本章知识结构图】

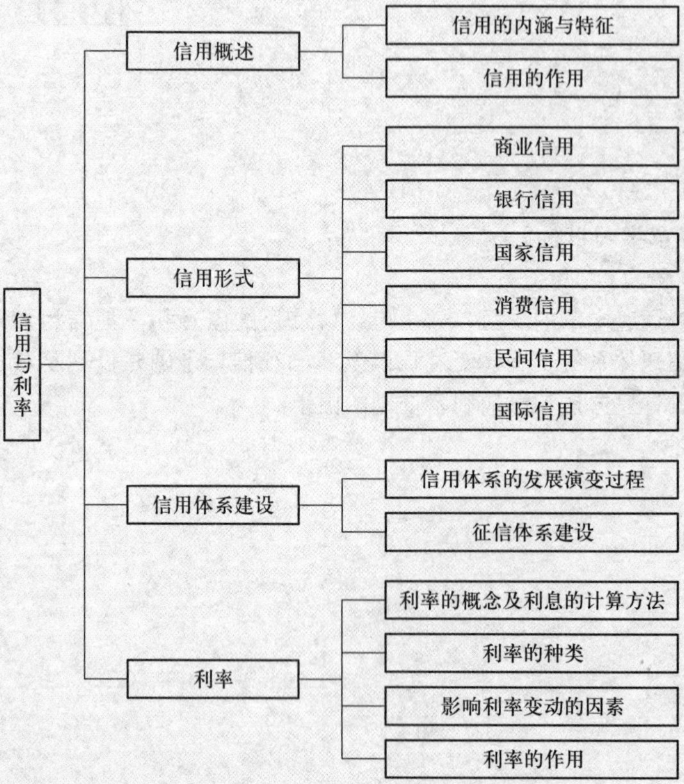
信用与利率
信用概述
信用的内涵与特征
信用的作用
信用形式
商业信用
银行信用
国家信用
消费信用
民间信用
国际信用
信用体系建设
信用体系的发展演变过程
征信体系建设
利率
利率的概念及利息的计算方法
利率的种类
影响利率变动的因素
利率的作用

【引例】

英国脱欧，穆迪下调其信用评级

当地时间2016年6月23日，英国举行了脱欧全民公投，公投计票结果表示，“脱欧派”以52%对48%最终赢得公投胜利，英国已表决选择退出欧盟。

中新网6月25日报道，英国公投决定脱离欧盟后，世界领先的金融信用评级公司穆迪将英国的信用评级下调至“负面”。穆迪表示，此次公投的结果将带来“一段长时间的不确定”。与此同时，英国首相卡梅伦也备受压力，在欧盟表态认为英国脱欧谈判应该立即开始之后，各方要求他加快进行“分手”谈判。

报道称，穆迪表示，英国脱欧公投的结果将会“对该国的中期发展前景”带来“负面的暗示”，因此将英国的长期债券信用评级从“稳定”下调为“负面”。穆迪称，由更低的经济增长所带来的负面效应将会大于英国因无须再承担欧盟预算而节省的财政储备，同时指出，“英国是债务赤字最高的发达经济体之一”。穆迪的这一财政评估是在英国公投决定脱离欧盟之后进行的，争取留欧失败的卡梅伦首相也表示将在当年秋天下台。

资料来源：网易网。

思考： 英国脱欧影响了权威评级机构对其信用等级的评价。那么，什么是信用？信用具有什么样的功能？信用都可以有怎样的形式？利息都有怎样的计算方法？这些问题将在本章的学习中得到解答。

第一节

信用概述

一、信用的内涵与特征

（一）信用的内涵

信用一词在当今国际社会的使用频率较高，它源于拉丁文，意为信任、相信、声誉等。从一般意义上讲，信用包含着信任、恪守诺言、兑现合约等含义。但经济学中信用的含义就转化和延伸为经济活动中的借贷行为，包括商品的赊欠买卖与货币借贷，并有两种表现方式：以收回为前提条件的付出和以保障归还为义务的获得。因此，所谓信用是指以偿还为条件的价值运动的特殊形式。

（二）信用的特征

信用的具体形式虽有不同，但都具有以下共同特征：

1. 信用是以偿还和付息为条件的

具体来说，就是贷者把一定数量的货币或商品贷放给借者，借者可以在一定时期内使用这些货币或商品，但到期必须偿还，并按规定支付一定的利息。西方国家企业的活期存款虽然没有利息，但存款者可以享受银行的有关服务和取得贷款的某些权利，所以实际上还是有利息的。至于国家间的借款，是出于政治目的或某种经济目的而采取的免除利息的优惠，是一般中的特殊。

2. 信用的标的是一种所有权与使用权相分离的资金

资金的所有权掌握在信用提供者手中，信用的接受者只具有使用权，信用关系结束时，其所有权和使用权才统一在原信用提供者手中。

3. 信用关系以相互信任为基础

信用是以授信人对受信人偿债能力的信心而形成的，借贷双方的相互信任构成信用关系的基础。如果相互不信任或出现信任危机，信用关系是不可能产生的，即使产生了，也不可能长期持续。

4. 以收益最大化为目标

信用关系的产生是借贷双方追求利润最大化或成本最小化的结果。不论是实物借贷还是货币借贷，债权人将闲置资金或实物借出，都是为了获得闲置资产的最大收益，避免浪费；债务人借入所需资金或实物同样是为了追求最大收益，避免生产的中断。

二、信用的作用

现代经济是货币信用经济，信用在经济活动中具有非常重要的作用，但信用发挥的作用既有积极的一面，也有消极的一面。

（一）信用的积极作用

1. 配置资金

运用信用能够最大限度地动员和组织社会上暂时闲置的资金，积少成多，续短为长，在社会资本总量不变的情况下，改变资本的分配关系，变消费基金为生产资金，从而满足经济建设的资金需要，促进生产力的发展。

在以信用的方式进行资金分配时，资金往往流入到那些经济效益好、管理水平高的企业，而经济效益差的企业往往得不到资金，因此，信用在对资金重新分配的过程中，对社会生产过程产生重要影响，改变原有生产格局，起到了对产业结构和经济结构优化调整的作用。

2. 提供和创造信用流通工具

信用活动的实现需要借助于一定的载体，即证明债权债务关系或所有权关系存在的凭证，这些凭证就是信用工具，如汇票、本票、支票等。在实际经济生活中，银行提供的信用流通工具最多，使用也最广泛，从大类上可分为两类：现金和表现为各种银行存款的非现金货币。它们都是信用货币，反映一定的信用关系。

3. 节省流通费用

信用的产生，一方面使得商品交换的规模得以进一步扩大，原来需要一手交钱、一手交货的商品交易，现在可以采用延期付款的方式先行取得商品，而后进行货款的收付，从而缩短了人们储币和持币的时间，也降低了持币成本；另一方面银行信用的产生，使得即使是一手交钱、一手交货的交易也不需要用现钞进行支付，而是通过支票账户的存款划转就可以完成，这样，在同样的商品交换规模条件下，全社会可以极大地节约印制、运送、保管货币现钞的费用，从而节约了交易和流通成本，提高了商品交换的效率。

4. 宏观调控

现代经济是建立在信用基础之上的，信用关系是现代经济中最普遍、最基本的经济关系。国家可以通过信用对经济进行宏观调控。首先，这种宏观调控表现在总量的调控上，银行通过信用规模的扩张和收缩，有效控制社会的货币流通量，使得货币供给量和需求量趋向均衡。其次，信用的宏观调控功能表现在结构的调节上。这主要是运用利率杠杆，通过信贷方向的调整，对国民经济结构、产业结构实施影响，使国民经济各部门均衡、协调发展，从而实现宏观经济的良性循环。

（二）信用的消极作用

1. 引发信用风险

信用风险是指债务人无法按照承诺偿还债权人本息的风险。在现代社会，信用关系已经成为最普遍、最基本的经济关系，社会各个主体之间债权债务交错，形成了错综复杂的债权债务链条，这个链条上有一个环节断裂，就会引发连锁反应，对整个社会的信用联系造成很大的危害。

2. 诱发经济泡沫

经济泡沫是指某种资产或商品的价格大大偏离其基本价值。经济泡沫的开始是资产或商品的价格暴涨，价格暴涨是供求不均衡的结果，即这些资产或商品的需求急剧膨胀，极大地超出了供给，而信用对膨胀的需求给予了现实的购买和支付能力的支撑，使经济泡沫的出现成为可能。

第二节

信 用 形 式

信用形式是信用活动的具体表现形式。随着商品货币关系的发展，信用形式也不断发展和完善，主要有商业信用、银行信用、国家信用、消费信用、民间信用和国际信用等具体形式。

一、商业信用

（一）商业信用的概念

商业信用是指工商企业之间相互提供的与商品交易直接相联系的信用活动。商业信用的具体形式有赊购、赊销、分期付款、预付货款、经销、代销及补偿贸易等。

（二）商业信用的特点

（1）商业信用的债权人与债务人都是企业，反映的是不同的商品生产企业或商品流通企业之间因商品交易而引起的债权债务关系。

（2）商业信用是以商品形态提供的信用，其资金来源是企业资金循环过程中的商品资金，是企业生产经营资金的一部分，而不是闲置的货币资金。

（3）商业信用的运动在经济周期的各个阶段上与产业资本的运动状态相一致。经济繁荣时期，商业信用的规模会扩大；经济危机时期，商业信用的规模会缩小。

（4）商业信用是一种直接信用，资金供求双方直接达成协议建立信用关系，无须信用中介机构的介入。

（三）商业信用的局限性

商业信用对于加速资本的循环和周转，保证再生产过程顺利进行起到了积极的作用，但受其自身特点的影响，又具有一定的局限性。

1. 信用规模上的局限性

商业信用的规模受到提供信用的企业所拥有的资金数额的限制，企业能赊销的商品只能是商品资金的一部分。

2. 信用方向上的局限性

商业信用受商品流向的限制，只能向需要该种商品的企业提供。

3. 信用范围上的局限性

商业信用是直接信用，借贷双方只有在相互了解对方的信誉和偿还能力的基础上才可能确立商业信用关系。

4. 信用期限上的局限性

商业信用所贷出的资本是商品资本，是再生产过程的一部分，期限一般受企业生产周转时间的限制，所以商业信用只能解决短期资金融通的需要，而不能用于长期投资。

二、银行信用

（一）银行信用的概念

银行信用是指银行以及非银行金融机构以货币形式通过贷款、贴现等方式向社会和个人提供的信用。银行信用活动包括两个方面：一是以吸收存款等形式集中各方面的闲散资金；二是通过贷款等形式运用这些资金。

（二）银行信用的特点

银行信用是在商业信用的基础上产生的一种信用形式，它克服了商业信用的局限性，具有以下特点。

1. 银行信用是一种间接信用

银行信用的主体是银行和其他金融机构，它们在信用活动中充当信用中介。银行以其特有的负债业务获得资金来源，然后加以运用，充当了资金供给者和需求者的中介，起到桥梁的作用。

2. 银行信用是以货币形态提供的

一方面银行信用能够以信用形式集中社会各方的闲置资金，形成巨额的借贷资本，克服了商业信用在规模上的局限性；另一方面银行信用是以货币形态提供的，可以不受商品流转方向的限制，从而克服了商业信用方向上的局限性。

3. 银行信用期限灵活

银行吸收的各项存款由于存取时间不一致，存取交错在一起，形成银行账户上稳定的余额，为银行发放长期贷款提供了资金来源，因而银行既可以提供短期信用，也可以提供长期信用，克服了商业信用在期限上的局限性。

4. 银行信用作用范围不断扩大

由于银行实力强、信誉高、安全稳定，能与社会各方面发生比较广泛的信用关系，从而克服了商业信用在作用和范围上的局限。

因为银行信用在借贷数量、范围、期限、成本上都优于商业信用，可以在更大程度上满足经济发展的需要，所以银行信用是现代市场经济条件下最主要的信用形式。加上银行信用具有集中性、计划性、安全性、稳定性的特点，使得银行信用在信用体系中居于主导地位。

三、国家信用

（一）国家信用的概念

国家信用是指以国家为主体的借贷行为，它包括国家以债务人的身份取得信用和以债权人的身份提供信用两个方面。国家取得信用分为：国家以债务人的身份向国内居民、企业、团体取得信用，它形成国家的内债；国家以债务人的身份向国外居民、企业、团体、政府和国际金融组织取得信用，它形成国家的外债。国家提供信用包括：国家以债权人的身份向国内企业、居民提供贷款；国家以债权人的身份向外国企业、政府和金融机构提供贷款。

（二）国家信用的形式

1. 国家公债

国家公债是一种长期负债，期限在 1 年以上。筹集的资金一般用于国家的大型项目建设，通常在发行时不注明具体的用途和项目。

2. 国库券

国际上的国库券通常为短期负债，期限多在 1 年以内（包括 1 年），以 1 个月、3 个月和 6 个月居多，也有期限超过 1 年的。

3. 专项债券或重点建设债券

专项债券或重点建设债券是一种在发行时指明用途并将筹集的资金专项使用的债券。

（三）国家信用的特点

（1）国家信用的信誉度高。国债、国库券等以政府的财政收入作为偿还担保，并以一些优惠条件如税收减免、高利息等优惠条件吸引人们购买，因此在必要时，国家信用可以动员更多的资金。

（2）国家信用与银行信用具有相同的资金来源，二者在社会闲散资金总量一定的条件下，存在此消彼长的关系。

（3）国家信用是一种直接信用形式，国家直接向社会成员借款，信用主体与发行单位直接联系，购买债券的社会成员为债权人，发行债券的国家为债务人。

（4）国家信用不以盈利为目的。国家信用通常是为了弥补财政赤字，促进国民经济的均衡发展，并且所筹资金主要投向社会效益高而本身盈利比较低的项目。

四、消费信用

（一）消费信用的概念

消费信用是指银行和非银行金融机构、工商企业以货币或商品的形式向消费者个人提供的、用于生活消费的信用。消费信用有两种类型：一种是由工商企业以赊销、分期付款等形式向消费者提供商品或劳务；另一种是由银行直接向消费者个人发放贷款，用以购买耐用消费品、住房及支付旅游费用等。

（二）消费信用的形式

1. 分期付款

分期付款是指消费者在购买耐用消费品（如汽车、房屋）时，先按规定比例支付一部分货款，然后按合同分期加息支付其余款项。

2. 商品赊销

商品赊销主要用于日常零星购买，属于短期信用，一般采用允许有一定透支限额的消费信用卡方式进行。这是我国消费信用的主要发展方向。

3. 消费信贷

消费信贷是指银行或其他金融机构采用信用贷款或抵押贷款的方式向购买耐用消费品的个人发放的贷款。信用贷款仅凭借款人的信誉进行贷款；抵押贷款则要求借款人以固定资产、金融资产或其他财产作贷款抵押。

（三）消费信用的作用

消费信用对经济有很多积极影响，如可以提高人们的消费水平；在一定条件下可以促进消费品的生产与销售，甚至在某种条件下可以促进经济增长；可以引导消费，调节消费结构；可以调节市场供求关系；可以促进新技术的应用、新产品的推广以及产品更新换代等。但是，消费信用在一定情况下也会对经济发展产生消极作用，它的过度发展会增加经济的不稳定，造成通货膨胀和债务危机。

五、民间信用

（一）民间信用的概念

民间信用也称个人信用，是指个人之间相互以货币或实物提供的信用。

（二）民间信用的形式

民间信用的形式有直接的货币借贷或实物借贷，也有通过自发组织的协会、互助储金会等进行的借贷，还有由中介人担保的借贷等。

（三）民间信用的特点

民间信用借贷利率由双方议定，一般较高，且信用风险大，容易发生违约纠纷。但它具有面广、点多的优越性，能够广泛吸引资金，满足广大城乡经济、个体经济、民营经济等的大量资金需求，是银行信用等信用形式的有力补充。不过，由于民间信用的自发性和盲目性，加大了国家控制资金的难度；同时，民间信用中的金融投机和高利盘剥现象，破坏了国家正常的金融秩序和社会秩序。因此，民间信用是金融监管当局急需规范的信用形式。

六、国际信用

（一）国际信用的概念

国际信用是指国与国之间的企业、经济组织、金融机构及国际经济组织相互提供的与国际贸易密切联系的信用形式。

（二）国际信用的形式

1. 出口信贷

出口信贷是指出口国家政府为了支持和扩大本国产品的出口，提高产品的国际竞争能力，通过提供利息补贴和信贷担保的方式，鼓励本国银行向本国出口商或外国进口商提供的中长期信贷。

出口信贷包括以下两种具体方式：

（1）卖方信贷，是指出口方银行向出口商提供的贷款。由于得到了银行的贷款支持，出口商便可以向进口商提供延期付款的信用。

（2）买方信贷，即出口方银行向进口商或进口方银行提供的贷款。直接向进口商提供的贷款一般要由进口方银行提供担保。

2. 国际商业银行贷款

国际商业银行贷款，是指一些大商业银行向外国政府及其所属部门、工商企业或金融机构提供的中长期贷款。这种贷款利率一般比较高，不享受出口信贷优惠，通常是在伦敦同业拆借利率之上另加一定的附加利率。期限大多为 3~5 年。这种贷款通常没有采购限制，也不限定用途。

3. 国际政府间信用

国际政府间信用，是指一主权国家政府对另一主权国家政府提供的信用。这种信用一般是非生产性的，如用于解决财政赤字或国际收支逆差，必要时还用来应对货币信用危机等。

4. 国际金融机构贷款

国际金融机构贷款主要指包括国际货币基金组织、世界银行在内的国际性金融机构向其会员国提供的贷款。这种信用一般有特定的用途，贷款期限较长，并且贷款条件优惠。

5. 国际资本市场业务

国际资本市场业务主要是指在国际资本市场上的融资活动，包括在国际资本市场上买卖或发行债券、股票。

第三节

信用体系建设

一、信用体系的发展演变过程

信用体系是由相互协调的信用形式、信用工具及其流通方式、信用机构和信用管理体制有机结合的统一体。完善的信用体系是信用诸要素的有机结合体。首先，信用体系的基础是众多的具有民事行为能力的微观经济主体，它们有自然人信用规范和法人信用规范支撑。其次，各种信用形式相互补充、协调发展，每一种信用活动均有信用鼓励和信用失范惩罚的法规与机制。再次，各种信用机构能够展开公平竞争，能够共享征信数据，尽量减少信息不对称产生的逆向选择和道德风险。最后，社会化的信用管理支持系统能够提供公正、高效的信用服务，包括商业化的信用信息和公正、中立的信用评价。在不同的社会经济条件下，信用诸要素有不同的结合方式，从而形成不同的信用体系。下面以我国的信用体系为例，介绍信用体系的发展演变过程。

（一）自然经济条件下的信用体系

在小生产者、自耕农和小手工业者占优势的自然经济条件下，信用形式主要是高利贷信用，信用工具缺乏，信用机构以货币兑换商和原始银行为主体，不具有创造信用的功能，全社会没有形成信用管理的机制。这一阶段的信用体系以个人信用为主要内容，信用范围狭小，信用规模不大，个人资信易于把握，信用活动的风险较小，受实物抵押的约束，借款人逃避债务的可能性不大。这是一种简单的信用体系。

（二）计划经济条件下的信用体系

中华人民共和国成立以后，在相当长一段时间内实行计划经济体制，该体制强调资金的集中分配、集中管理，而不强调独立的经济实体及其独立经济利益的存在，排斥商品经济的同时也就排斥了信用活动。当时的实际情况是，银行、企业之间并不存在信用活动，资金运用财政化的特征明显。这一方面导致资金使用效率低下，加剧了资金稀缺程度；另一方面助长了社会公众对资金供给的依赖。

（三）有计划的商品经济条件下的信用体系

改革开放后，随着经济体制改革的推行，有计划的商品经济体制的建立，社会重新拥有了各种各样的信用活动，呈现出信用主体多元化、信用形式和信用机构多样化的特征，表明我国信用体系开始建立。但这种信用体系仍然是不完整的，它缺少一个重要的元素，即信用管理体系，致使信用失范成为信用活动中比较广泛的、经常的经济现象。它导致了以下不良后果：银行产生大量不良资产；信用债务链不断滋生；银、企结合形成瓶颈，企业融资乏力。

（四）市场经济条件下的信用体系

我国目前正处于社会主义市场经济条件下的信用体系的建设阶段，这是一个复杂的系统工程，在宏观市场体系不够完善的条件下，其建设既具有艰巨性，又具有必要性和迫切性。当前，社会信用体系的建设要分步推进，可分为两个阶段。第一阶段主要工作包括：一是完善法规与制度框架；推广应用机构信用代码，制定信用标准。在个人主体识别用居民身份证号的基础上，全面推广使用机构信用代码，作为信用体系建设主体识别标志。二是建立金融业统一征信平台。在中国人民银行企业和个人信用信息基础数据库基础上，逐步纳入保险、证券等机构的相关信用信息。三是逐步完成信用信息分类。第二阶段主要工作是加强机制建设：一是建立健全政务信用档案体系；二是完善各征信系统，实现非政务信用信息的全覆盖，即覆盖全社会的征信系统；三是大力推动信用信息应用和激励约束机制建设；四是研究制定《社会信用促进法》《信用信息保护法》。

二、征信体系建设

征信体系是指与征信活动相关的法律规章、组织机构、市场管理、文化建设、宣传教育等共同构成的一个体系。作为现代金融体系运行的基石，征信体系是防范金融风险、保持金融稳定、促进金融发展和推动经济社会和谐发展的基础。

（一）征信体系的构成

尽管不同国家的征信体系，在运作模式、管理方式、法律法规等方面存在诸多差异，但其基本的构成要素是一致的，主要包括以下三个组成部分。

1. 征信机构

征信机构是指依法设立的独立于信用交易双方、专门从事征信业务即信用信息服务的专业化第三方机构。征信机构是征信活动的组织载体，是征信市场的核心主体。因此，征信机构是一个国家征信体系的重要组成部分，是征信体系整体发展水平最重要的标志。征信机构种类繁多，目前世界各国征信机构，根据投资主体和经营目的的不同，可以划分为公共征信机构、私营征信机构以及会员制征信机构三类。

2. 征信法律法规体系

征信法律法规体系是规范征信活动主体权利义务关系的相关法律法规的总称，是由若干与征信相关的法律法规组成的整体。总体上，征信法律法规可以分为两大类：征信关联立法和征信主体立法。从各国经验来看，征信法规的立法理念就是保护数据主体的利益。个人征信立法的主要目的是通过立法为个人数据提供适当的保护；企业征信立法的主要目的是通过对企业征信公司的资质认证，确保调查和评价过程的客观、公开及公平。

3. 征信监管体系

征信的监督和管理是征信体系的重要组成部分，是征信体系健康、持续发展的重要保证。征信监管体系的范围和内容主要包括四个方面：

（1）征信机构的市场准入。对直接关系个人、企业经济利益，关系商业银行经营风险和金融系统安全全局的征信机构，各国一般都采用比较严格的准入管理。

（2）对征信机构经营合规性的监管。这主要包括征信数据采集、披露程序和手段的合规性，对采用违反法律规定的程序和手段采集与使用数据的行为有权进行处罚。

（3）对征信信息安全性的监管。在世界各国，一般都把征信信息纳入国家经济信息安全的管理范围，对征信机构数据库的安全性以及征信数据的跨国流动进行严格的检查和监督。

（4）对因征信信息真实性问题而引起的纠纷，进行行政裁决。对于涉及的有关违法行为，征信监管部门接受司法部门的咨询，为征信法律纠纷的司法裁定提供帮助。

（二）中国征信体系的建设现状

1. 各种征信机构陆续成立并迅速发展

目前，我国的征信市场服务主体是中国人民银行征信中心，市场化征信机构建设刚刚起步。中国人民银行征信中心是不以盈利为目的、没有征信牌照的“征信机构”。

社会征信机构方面，据不完全统计，截至 2012 年年底，我国有各类征信机构 150 多家。其中，政府背景的信用信息服务机构 20 家左右，这些机构主要由各级政府或其所属部门推动建立，接收各类政务信息或采集其他信用信息，并向政府部门、企业和社会公众提供信用信息服务。社会征信机构 50 家左右，以从事企业征信业务为主，其业务范围扩展到信用登记、信用调查等领域。纳入中国人民银行统计范围的信用评级机构有 70 多家，主要从事债券市场评级、借款企业评级、担保公司评级等业务。

2013 年，《征信业管理条例》颁布实施后，激发了各类机构申请征信牌照的积极性。个人征信机构的设立实行审核制，企业征信机构设立实行备案制。据此，个人征信方面，2015 年 1 月 5 日，中国人民银行首批批准芝麻信用管理有限公司、腾讯征信有限公司、深圳前海征信中心股份有限公司等 8 家机构开展个人征信业务。企业征信方面，截至

2016 年年末，在中国人民银行备案的企业征信机构 135 家，较 2015 年同期的 78 家增长了近 1 倍，但企业级征信机构多以地方、行业、区域性公司为主，尚未形成具有全国影响力的大型征信机构。

2. 征信法律法规建设相对滞后

中国在信用制度建设方面的立法工作开展得较晚，虽然如《贷款通则》、《中华人民共和国证券法》（以下简称《证券法》）、《中华人民共和国商业银行法》（以下简称《商业银行法》）、《中华人民共和国中国人民银行法》（以下简称《中国人民银行法》）等法律中涉及有关征信的一些规定，但迄今尚没有一部全国性的有关征信的专门法律。

中国针对征信行业的专业法规，仅有国务院 2013 年颁布实施的《征信业管理条例》，且其效力低于全国人民代表大会批准的法律效力。该条例从征信机构、征信业务、异议投诉、金融信用信息基础数据库、监督管理、法律责任等几个方面规范了征信业务活动，使各部门在征信活动中有法可依。但《征信业管理条例》仅是从属于法律的一个规范性文件，其法律高度不够。法律法规建设相对滞后，主要表现在：

（1）缺乏有关征信数据开放的法律。从国外经验看，征信发达的国家一般都有法律明确规范征信数据的开放。但在中国，虽然《证券法》和证券监督管理委员会颁布的有关法规对上市公司的信息披露制度做出了规定，但尚未制定任何对信息进行全面管理的法律和政策。征信机构需要的信息主要分散在政府管理部门、各级人民银行和法院。目前，法律没有规定这些部门或机构公开信息的义务，相反，现行的《税收征收管理制度》和《储蓄存款管理制度》却都规定保守相关秘密的义务，因此征信机构采集信息十分困难。

（2）缺乏关于隐私权保护的法律。征信发达的国家规定，征信机构对个人或企业信息的征集必须在法定程序上进行，在采集数据之前必须事先征得数据主体本身的同意，而且信用信息的发布也必须事先征得数据主体的同意。在中国，目前隐私权并没有得到法律的正当保护，征信机构无须通知主体本身即可获得信息和发布信用报告，这样很容易因侵犯隐私权而对征信的正常运转带来负面影响。

3. 征信监管体系日趋完善

2003 年，国务院赋予中国人民银行“管理信贷征信业，推动建立社会信用体系”的职责，并批准在中国人民银行成立征信管理局，在其分行和省会城市中心支行也相应成立了征信管理处，在地市一级的中心支行也有专岗专人从事征信管理工作。至此，中国人民银行对全国企业和个人征信市场的垂直监管体制已经形成。

同时，各行业协会的征信监管也纷纷展开。例如，2003 年，北京市银行业协会联合在北京开展个人贷款业务的 16 家银行共同建立了“汽车消费贷款信用信息共享系统”；2004 年 1 月，上海证券交易所发布了《上市公司投资者关系管理自律公约》；2004 年 3 月，中国外经贸企业协会信用体系专家评审委员会通过了旨在规范外贸企业信用评级的纲要——企业诚信评价标准系统等。

2013 年，《征信业管理条例》正式实施，以法律形式明确了中国人民银行及其派出机构依法对征信业进行监管，为中国人民银行依法履职提供了完善的法制基础，我国的征信管理体系逐步建立。

2015 年 7 月，中国人民银行、工业和信息化部等部委联合发布《关于促进互联网金融健康发展的指导意见》，为互联网金融、互联网征信的快速发展带来新的契机，中国征信业将迎来大发展的难得机遇，同时，征信业监管部门也将面临更多新挑战。

第四节 利　率

一、利率的概念及利息的计算方法

（一）利率的概念

利息是借款人使用借入资金所付出的代价，也是资金的所有者因让渡资金的使用权而从借款人处取得的超过本金部分的报酬。

利率即利息率，是指借贷期内所形成的利息额与所贷资金额的比率。

（二）利息的计算方法

利息的计算有两种基本方法，即单利法与复利法。

1. 单利法

单利法是指在计算利息额时，只按本金计算利息，而对利息不再付息。其计算公式是：

$$I=P\times i\times n \tag{3-1}$$

$$S=P(1+i\times n) \tag{3-2}$$

式中，I——利息额；

P——本金；

i——利率；

n——借贷期限；

S——本金和利息之和，简称本利和。

例如，一笔为期5年、年利率为4%的10万元贷款，利息总额为100 000×4%×5＝20 000元，本利和为100 000×（1+4%×5）＝120 000元。

2. 复利法

复利法是一种将上期利息转为本金一并计息的方法。如按年计息，第一年按本金计息；第一年年末所得利息并入本金，第二年则按第一年年末的本利和计息；第二年年末的利息又并入本金，第三年则按第二年年末的本利和计息；以此类推，直至信用契约期满。其计算公式是：

$$S=P\times(1+i)^n \tag{3-3}$$

$$I=S-P \tag{3-4}$$

若将上述实例按复利计算，则

$$S=100\ 000\times(1+4\%)^5=121\ 665.29\text{ 元}$$

$$I=121\ 665.29-100\ 000=21\ 665.29\text{ 元}$$

即按复利计息，可多得利息 1 665. 29 元。

二、利率的种类

按照不同的划分方法，利率可以划分成不同的种类。

（一）长期利率和短期利率

此分类以信用行为期限长短为划分标准。一般来说，1 年期以下（含 1 年）的信用行为，通常称为短期信用，相应的利率就是短期利率；1 年期以上的信用行为通常称为长期信用，相应的利率就是长期利率，具体可参见表 3-1 人民币存款利率表。利率的高低与期限长短、风险大小有直接的联系。一般来说，期限越长，投资风险越大，其利率也越高；期限越短，投资风险越小，其利率也越低。

知识链接

表 3-1 人民币存款利率表

日期：2015-10-24

项目	年利率/%
一、城乡居民及单位存款	
（一）活期	0. 3
（二）定期	
1. 整存整取	
三个月	1. 35
半年	1. 55
一年	1. 75
二年	2. 25
三年	2. 75
五年	2. 75
2. 零存整取、整存零取、存本取息	
一年	1. 35
三年	1. 55
五年	1. 55
3. 定活两便	按一年以内定期整存整取同档次利率打 6 折
二、协定存款	1
三、通知存款	
一天	0. 55
七天	1. 1

注：此利率执行至 2017 年 3 月 1 日时，一直未调整。

资料来源：中国工商银行网站。

（二）名义利率和实际利率

此分类以利率是否剔除了通货膨胀率的影响为划分标准。名义利率是直接以货币表示的，市场通行使用的利率。实际利率是名义利率剔除通货膨胀因素以后的真实利率，即在物价不变，从而货币购买力不变条件下的利息率。由于一般以物价上涨率来代替通货膨胀率，且不考虑利息的贬值因素，则实际利率＝名义利率－物价上涨率。因此，判断利率水平的高低，不能只看名义利率，必须以实际利率为依据。当物价上涨率高于名义利率时，实际利率就成为负数，称为负利率。负利率对经济起着逆向调节作用。

（三）市场利率、公定利率和官定利率

此分类以利率是否按市场规律自由变动为划分标准。市场利率是按市场规律而自由变动的利率，即由借贷资本的供求关系直接决定并由借贷双方自由议定的利率。公定利率是指由非政府的金融行业自律性组织确定的利率，如银行公会等所确定的要求各会员银行必须执行的利率。官定利率，也称法定利率，是政府金融管理部门或者中央银行确定的，要求强制执行的各种名义利率。它是国家为了实现宏观调节目标采取的一种政策手段。

（四）基准利率与非基准利率

此分类以该利率在整个利率体系中的地位为划分标准。基准利率是指在整个金融市场上和整个利率体系中处于关键地位，起决定性作用的利率。当它变动时，其他利率也相应发生变动。一般以中央银行的再贴现利率为基准利率。非基准利率是指基准利率以外的所有利率。非基准利率在利率体系中不处于关键地位，不起决定性作用。

（五）固定利率与浮动利率

此分类以借贷期内利率是否调整为划分标准。固定利率是指在借贷期内不做调整的利率。固定利率的最大特点是利率不随市场利率的变化而变化，借贷双方可以十分方便地计算成本与收益，因此，适用于借贷期限较短或市场利率变化不大的情况。浮动利率是一种在借贷期内可定期调整的利率。根据借贷双方的协定，由一方在规定的时间依据某种市场利率进行调整，一般调整期为半年。实行浮动利率，借款人在计算借款成本时比较繁杂和困难，但由于借款双方可以共同承担利率变化的风险，利息负担与资金供求状况密切结合，因而，适宜于中长期贷款。

三、影响利率变动的因素

影响利率变动的因素很多，主要有借贷资金的供求状况、通货膨胀、国际利率水平、国家的经济政策和利率管理体制等。

（一）借贷资金的供求状况

在市场经济条件下，利率作为影响借贷资金价格的因素，其水平要受资金市场的供求状况影响。在整个资金市场上，当借贷资金供过于求时，利率下降；当借贷资金供不应求

时，利率上升。所以，资金的供求状况是影响利率变动的最直接、最重要的因素。

（二）通货膨胀

在信用货币流通的条件下，就有可能产生通货膨胀。在通货膨胀条件下，如果名义利率不变，实际利率必然下降，资金的贷出者必然遭受经济损失。因此，在确定利率时，就要考虑物价上涨对借贷资金本金和利息的影响，采取提高利率水平或采用附加条件等方式来减少通货膨胀带来的损失。另外，国家也常将利率作为抑制通货膨胀、稳定物价的重要手段。因此，利率水平必然要受到通货膨胀的影响。

（三）国际利率水平

国际利率水平对一国利率水平的影响与一国的开放程度有关。一个国家开放程度越高，国际利率水平对其国内利率的影响就越大。国际利率水平对国内利率水平的影响是通过国际资本流动实现的。当国际利率水平高于国内利率水平时，资本会外流，资本外流造成本国资本供给减少，在需求不变的前提下，国内利率水平上升；相反，国内利率水平下降。

（四）国家的经济政策

国家实行不同的经济政策，对利率水平会产生不同的影响。例如，国家实行紧缩的货币政策会使市场利率上升，实行扩张的货币政策会使市场利率下降。另外，国家可以根据其产业发展、地区发展策略对扶植发展的产业给予优惠利率，对不同的行业和地区可以实行差别利率。

（五）利率管理体制

利率管理体制是经济体制的组成部分，它规定金融管理当局或中央银行的利率管理权限、范围和程度，是影响利率的重要因素。利率管理体制有利率管制和利率市场化两种类型，各国因国情不同实行不同的利率管理体制。

此外，影响利率变化的因素还有银行经营成本、传统习惯、法律规定、国际协议等。总之，影响利率波动的原因很多，往往又是多种因素交错在一起，综合影响利率的变动。

四、利率的作用

在现代经济中，利率发挥着极其重要的调节作用，主要表现在以下方面：

（一）激励企业提高资金使用效率

在经济生活中，工商企业向商业银行借款，而商业银行和其他金融机构又向中央银行借款。对于它们来说，利息始终是利润的抵减因素。为了取得最大的经济效益，企业（包括金融机构）一定会加强经营管理，加速资金周转，努力节约资金的使用和占用，减少利息支出。

（二）引导个人的投资行为

一方面，合理的利率能够增强人们储蓄的愿望和热情，因此利率的变动在一定程度上可以调节个人的消费倾向和储蓄倾向，引导人们的储蓄行为。另一方面，在保证一定安全性、流动性的前提下，决定收益性的利率就成为人们投资时着重考虑的因素。因此，利率可以引导人们选择金融资产。

（三）聚集社会闲散资金

在市场经济条件下，资金的短缺制约着一国经济的发展。但同时，社会上也存在一定数量的闲置资金。银行通过合适的利率可把社会再生产过程中暂时闲置的货币资金和社会各阶层闲置的货币收入集中起来，形成巨大的社会资金，通过信贷资金的分配，满足生产发展的资金需要，促进经济快速发展。

（四）合理配置资源，优化产业结构

利率对社会资源的配置、国民经济结构的调节作用，主要是通过采取差别利率政策来实现的。对国家急需重点发展的产业、企业及有关的项目和产品，可以采取优惠利率予以支持；对国家要限制或压缩的产业、企业及有关项目和产品，可以采取惩罚利率予以限制。在利率机制的驱动下，企业投资会逐渐转向高收益的产业、部门和产品，从而优化产业结构，实现社会资源的优化配置，进而促进国民经济的协调、稳定发展。

（五）稳定物价

利率稳定物价的作用可从货币和商品两方面来体现：

1. 调节货币供求

利率的高低直接影响银行的信贷总规模，而信贷规模又直接决定货币供应量。当通货膨胀发生或预期通货膨胀将要发生时，通过提高贷款利率，调节货币需求量，使得货币需求下降，信贷规模收缩，促使物价趋于稳定。

2. 调节商品供求

如果通货膨胀不是由于货币总量不平衡所致，而是由于商品供求结构失衡所致，则对于供不应求的短线产品的生产可降低对其贷款的利率，促使企业扩大再生产，增加有效供给，迫使价格回落。

（六）平衡国际收支

当国际收支逆差较严重时，可以提高本国利率吸引外国短期资金流入本国，同时也可以阻止本国资金的流出。当国内经济衰退与国际收支逆差并存时，就不能简单地调高利率水平，而应调整利率结构：一方面降低长期利率，鼓励投资，刺激经济复苏；另一方面提高短期利率，阻止国内资金外流并吸引外资流入，从而达到内外部同时均衡。

■ 本章小结

本章主要阐述了信用的特征、信用在经济中的作用以及基本的信用形式。介绍了信用体系建设的内容和我国信用体系建设的情况。介绍了利息的计算方法，阐明了利率在微观和宏观经济中的重要作用，列举了影响利率的多种因素。

■ 章后习题

□ 一、重要概念

信用　银行信用　征信体系　利率　实际利率

□ 二、思考题

1. 简述信用的作用。
2. 简述银行信用的特点。
3. 简述利率的作用。
4. 简述影响利率变动的因素有哪些?
5. 简述征信体系的构成要素。
6. 王某向银行存入 10 000 元 5 年期定期存款，以现行的存款利率为标准，试回答如下问题：① 他 5 年后应得利息多少元？② 如他存入 1 年后，全部提前支取，可得利息多少元？③ 如银行按复利计息，以现行的 1 年期的利率为标准，5 年期的定期存款可获利息多少元？④ 根据计算得出的数据说明我国单利制度的合理性。

□ 三、讨论题

结合我国个人经济生活和企业经济活动的实际情况，讨论信用活动对居民生活和企业生产经营活动的影响。

□ 四、案例分析

日本央行实行负利率政策一周年 提振经济效果有限

据日本媒体报道，日本央行实行负利率政策至 2017 年 2 月 16 日将满一周年。虽然作为房贷和企业贷款大致基准的长期利率大幅下降，但日本的个人消费和设备投资增长乏力，看不到对经济的明显提振效果。随着美国等海外经济复苏，日本的利率也在上涨，央行为调控利率正煞费苦心。

负利率政策是通过向金融机构存在日本央行的部分活期存款征收手续费，把短期利率维持在负 0.1%的政策。由于银行越向央行存款，被征收的手续费就越多，因此曾被期待银行会增加对企业和个人的贷款，促进景气回升。

报道称，从实行负利率的2016年2月以来，作为长期利率指标的日本新发10年期国债收益率跌至0以下，房贷和企业贷款的利率也有所下降。日本央行行长黑田东彦强调其意义称：“极为宽松的金融环境支撑了企业和家庭的经济活动。”

然而，节省家庭开支的意识在日本根深蒂固。2017年2月13日发布的2016年第四季度日本国内生产总值显示，个人消费环比下降0.01%，依然低迷。虽然2016年日本国内银行的贷款余额比2015年增加了2%左右，但不动产市场有意见指出“为应对遗产税的公寓建设等有所增加，导致市场过热”。

报道还称，由于负利率政策导致存贷利差进一步缩小，三菱日联金融集团等三大银行2016财年前三财季的净利润同比均有所减少。生命保险业界也苦于资金运用，对负利率政策批评称“说心里话，希望负利率政策尽早结束”。

日本央行考虑长期利率过低的不良影响，2016年9月在维持短期利率负值的同时，引入了将长期利率引导至0左右的目标。

然而，自2016年11月特朗普当选美国总统以来，对减税和投资基础设施等刺激经济政策的期待使资金从债券流向有望升值的股市，美国的利率上升，债券价格下跌。在日本，长期利率2017年2月3日也一度升至0.15%，央行通过实施固定利率无限量购买国债加以遏制。

此外，虽然在原油价格反弹等背景下，看似开始迈向日本央行所希望的物价上涨方向，但日本农林中金综合研究所首席研究员南武志指出：“调控长期利率很困难，加之特朗普可能对外汇政策发言干预等，前景的不安因素并不少。”

资料来源：网易网。

根据上述案例，分析日本央行希望通过采取负利率政策发挥利率的哪些作用？为什么作用效果有限？

■ 延伸阅读

中国的利率市场化

一、利率市场化的含义

利率市场化是指通过市场和价格规律机制，在某一时点上由供求关系决定利率的运行机制。它是指央行不直接规定利率水平，也不制定任何利率变动界限，而是根据国民经济运行的实际情况和需要，通过再贴现率、存款准备金制度、公开市场业务等调节市场利率；存贷款利率由各金融机构自主确定。

与利率管制相比较，利率市场化强调在利率决定中市场因素的主导作用，因此是一种比较理想的、符合社会主义市场经济要求的利率决定机制。要充分发挥出利率对经济的作用，我国需要推进利率市场化的改革，国家控制基准利率，其他利率基本放开，由市场决定。我国利率市场化遵循的是“先外币后人民币，先贷款后存款，先农村后城市，先批发后零售”的原则。

二、利率市场化改革取得关键性进展

1996年以来，我国先后放开银行间拆借市场、债券回购和现券交易等利率，实现了货币市场利率和债券市场利率市场化。2000年以来，陆续放开了境内外币贷款、大额外币存款和1年期以上小额外币存款利率。2004年10月，放开人民币贷款利率上限，贷款利率下限扩大到基准利率的0.9倍，同时放开人民币存款利率下限。2007年，上海银行间同业拆借利率（SHIBOR）正式运行，逐步发挥了货币市场基准利率的作用。以此为基础，2012年中共十八大以来，我国的利率市场化改革又迈出了新的关键性步伐。

（一）利率管制基本放开

逐步实现贷款利率市场化。2012年6月8日和7月6日，在两次下调存贷款基准利率的同时，将金融机构人民币贷款利率下限由基准利率的0.9倍逐步扩大至0.7倍。2013年7月20日，进一步全面放开金融机构贷款利率管制，取消金融机构贷款利率0.7倍的下限。贷款利率管制全面放开后，我国金融机构资产方定价完全实现市场化，对于提升金融机构自主定价能力，增强市场配置资源的决定性功能，促进结构调整和转型升级具有重要意义。

基本放开存款利率管制。2012年6月8日，允许金融机构存款利率上浮，存款利率上限由基准利率调整为基准利率的1.1倍。2014年11月22日、2015年3月1日和5月11日，先后3次将金融机构人民币存款利率上限由基准利率的1.1倍逐步调整为1.2倍、1.3倍和1.5倍。2015年8月26日，进一步放开了1年期以上（不含1年期）定期存款利率浮动上限。2015年10月24日，不再对商业银行和农村合作金融机构等设置存款利率浮动上限，标志着我国人民币利率管制基本放开。

此外，还全面放开了外币存款利率管制。2014年3月1日，在中国（上海）自由贸易试验区试点放开区内小额外币存款利率上限。2015年5月11日，进一步在全国范围内放开小额外币存款利率上限。

（二）市场利率定价自律机制建立健全

2013年9月24日，市场利率定价自律机制正式成立。自律机制成立以来，在对金融机构自主确定的货币市场、信贷市场等金融市场利率进行自律管理，促进金融机构完善法人治理结构、强化财务硬约束、提高自主定价能力，推动同业存单和大额存单发行交易，以及维护金融市场正当竞争秩序、促进市场规范健康发展等方面都发挥了重要的激励约束作用。2015年3月以来，各地区又先后成立了省级市场利率定价自律机制，在促进辖内中小金融机构强化利率定价机制建设、提高自主定价能力等方面发挥了积极作用。

（三）同业存单和大额存单发行交易有序推进

2013年12月和2015年6月，中国人民银行先后发布了《同业存单管理暂行办法》和《大额存单管理暂行办法》，正式启动同业存单和大额存单发行交易。此后，通过有序扩大发行主体范围等途径，积极推进同业存单和大额存单市场发展，同业存单和大额存单的发行交易日趋活跃。截至2015年年末，银行间市场已陆续发行同业存单7 109只，累计发行金额6.24万亿元，二级市场交易总金额达18.85万亿元；大额存单共发行4 757期，累计发行金额2.29万亿元。

（四）金融市场基准利率得到有效培育

进一步健全SHIBOR，积极改进和完善SHIBOR机制，强化SHIBOR报价形成的市场约束和监督管理。2012年10月，将SHIBOR报价行由16家扩充至18家，并将每日报价的剔除家数由最高、最低各2家增加至各4家，提高了SHIBOR报价行的代表性。2013年

10月25日，建立贷款基础利率集中报价和发布机制，对外发布贷款基础利率报价平均利率，为金融机构信贷产品定价提供重要参考。同时，积极参与培育国债收益率曲线，推动财政部门自2015年10月起按周滚动发行3个月期国债，形成较为完整的国债收益率曲线。

（五）中央银行利率调控体系逐步完善

近年来，中国人民银行通过改革再贷款（再贴现）利率形成机制、存款准备金利率制度，完善公开市场操作体系以及创设常备借贷便利（SLF）和中期借贷便利（MLF）等途径，不断完善中央银行利率调控体系，同时积极疏通中国人民银行利率传导渠道，增强引导和调节市场利率的有效性。

资料来源：《中国金融稳定报告（2016）》。

■ 即测即评

市场体系篇

第四章

金融工具与金融市场

【本章学习目标】

通过本章的学习，学生应了解金融工具的概念、特征、分类以及金融市场的基本知识，理解金融市场的一般构成及各子市场的运行，了解金融市场在经济中的作用，掌握如何适当运用金融市场业务来解决实际的投、融资问题。

【本章知识结构图】

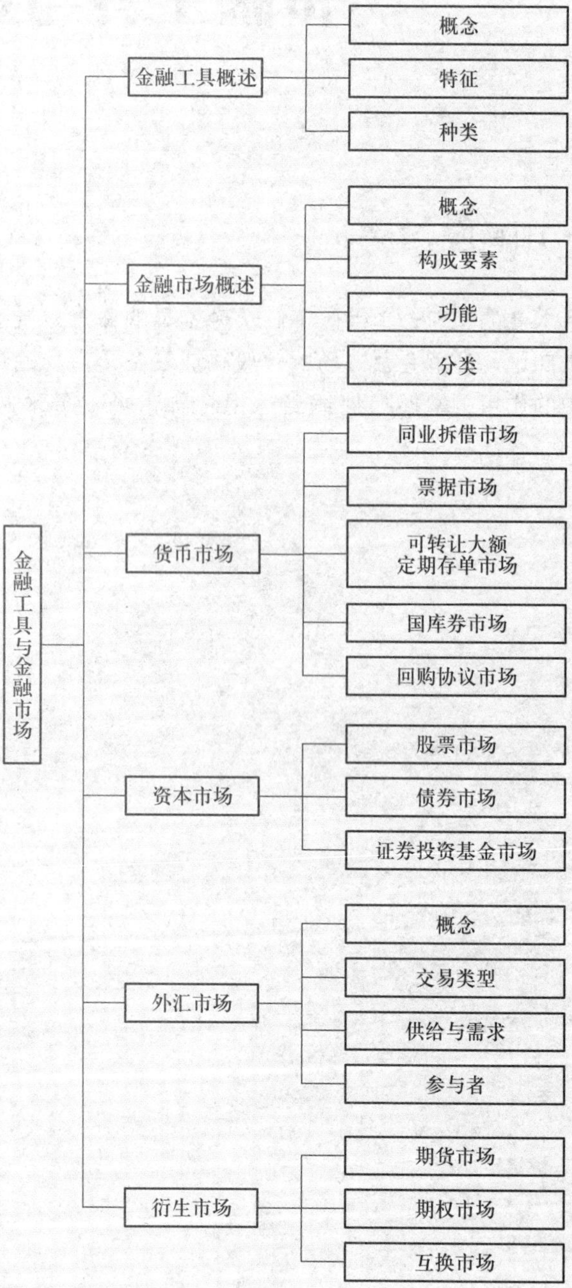
金融工具与金融市场
金融工具概述
概念
特征
种类
金融市场概述
概念
构成要素
功能
分类
货币市场
同业拆借市场
票据市场
可转让大额定期存单市场
国库券市场
回购协议市场
资本市场
股票市场
债券市场
证券投资基金市场
外汇市场
概念
交易类型
供给与需求
参与者
衍生市场
期货市场
期权市场
互换市场

【引例】

三个难题

现实生活中，我们时常看到这样的事实：

某位刚毕业走向工作岗位的大学生，即将为结婚准备一套住房，然而根据他的收入计算，他理想中的住房价格大约相当于他15年的工资收入总和。很明显，他没有这笔钱。那么，购房的理想就只能是个梦想了吗？

某家小企业开发了一种能随着环境的变化而自动变色的材料，市场调查表明，这种材料具有巨大的市场需求，但是投产这种材料却需要数十亿元的长期投资，相当于这家企业50年的利润总和。那么，该企业就不得不放弃这项有利可图的生产计划吗？

某投资基金经过分析得出结论，由于墨西哥湾漏油事件后果严重，因此国际原油价格将猛烈上涨，其结果就是一家生产“高效节油发动机”的公司的股票价格将会大幅上涨。于是该基金决定大批收购这家公司的股票，但该基金账户上已经没有闲置资金可用，出售已有的资产又会面临短期内的较大损失。那么，这家基金是不是只能眼睁睁地看着到手的投资机会白白溜走？

思考： 如何筹集到足够多的资金是解决以上三个难题的关键。一个重要的解决问题的途径就是借助于金融市场。那么，如何通过金融市场融资？本章就将介绍金融市场融资的工具以及金融市场的基本运行和融资问题。

第一节

金融工具概述

一、金融工具的概念

金融市场上所有交易都是围绕着货币资金展开的。不同期限、不同金额、不同使用条件的货币资金在不同的交易者之间流动需要一个载体，这个交易载体就是金融工具。

金融工具是指在信用活动中产生的能够证明债权债务关系或资金所有权关系的、具有法律效力的“书面文件”，它对于债权债务双方所应承担的义务与享有的权利均有法律约束意义。

二、金融工具的特征

1. 期限性

期限性是指一般金融工具都规定有偿还期限。偿还期限是指债务人必须全部归还本金之前所经历的时间。一般情况下各种金融工具上都明确载明偿还的期限、本金偿还方式和利息支付方式。金融工具的偿还期可以有零期限和无期限两个极端。如活期存款的期限可以看作是零期限，而普通股票或永久性债务的偿还则是无期限的。

2. 流动性

流动性是指金融工具在金融市场上迅速变为现金而不致遭受损失的能力。金融工具越容易变现、成本越低，流动性就越强；反之，则流动性越差。一般来说，金融工具的流动性与偿还期成反比。偿还期越短，流动性越强；偿还期越长，流动性越差。但这并不绝对，金融工具的流动性还受其盈利水平高低的影响。一个国家的金融市场如果比较发达，一些盈利水平高的金融工具即使偿还期比较长，往往也具有很强的流动性，很容易在金融市场出售。另外，金融工具的流动性与发行者的资信程度成正比，发行者信誉越高，流动性越强；反之，则流动性越差。

3. 风险性

风险性是指购买金融工具的本金和预期收益遭受损失的可能性。一般情况下，存在两种风险：一是信用风险，即债务人不履行合约，不按期归还本金和支付利息的风险。这种风险的大小主要取决于债务人的信誉和经营状况。二是市场风险，即由于金融工具市场价格的下跌所带来的风险。金融市场瞬息万变，这类风险很难准确预测，比如，股票的市价经常会发生变化，一旦价格下跌，会给投资者带来损失。因此，在金融投资中，采取必要的保值措施非常重要。

4. 收益性

收益性是指金融工具能够给持有者带来一定的收入。金融工具的总收益由资本增益和资本利得两部分组成。前者是持有金融工具期间获得的利息收入，后者是金融工具取得价格与卖出价格（或赎回价格）的差额。金融工具之间在收益上存在差异，其主要决定因素包括产品性质（债券、股票）、收益计算方式、发行人情况、产品期限以及金融市场状况等。

三、金融工具的种类

（一）按金融工具的期限划分，可分为短期金融工具和长期金融工具

短期金融工具主要有商业票据、国库券、银行承兑汇票、可转让大额定期存单、回购协议与逆回购协议等；长期金融工具主要包括股票、公司债券、金融债券及中长期国债等。

1. 短期金融工具

短期金融工具指期限在1年以内（含1年）的信用凭证。它主要有以下几种：

（1）商业票据。商业票据是企业之间由于信用关系形成的短期无担保债务凭证的总称。它是在商业信用的基础上产生的。传统的商业票据有商业汇票和商业本票两种。

商业汇票是由债权人签发的要求债务人按约定的期限向持票人或第三人无条件支付一定款项的命令书。商业汇票必须经过债务人承认才有效。债务人承认付款的手续称为承兑。由债务人承兑的汇票称为商业承兑汇票；由银行受债务人委托承兑的汇票称为银行承

兑汇票。

商业本票又称期票，是债务人向债权人签发的承诺在约定的期限内无条件支付一定款项的债务凭证。

（2）银行票据。银行票据是在银行信用的基础上由银行签发的或由银行承担付款义务的信用凭证。它包括银行汇票、银行本票和银行支票。

银行汇票是汇款人将款项交存当地银行由银行签发给汇款人持往异地办理转账结算或支取现金的票据。

银行本票是申请人将款项交存银行，由银行签发的承诺自己在见票时无条件支付确定的金额给收款人或持票人的票据。

银行支票是指银行的存款人签发的要求银行从其活期存款账户上支取一定金额给指定人或持票人的凭证。

（3）可转让大额定期存单。可转让大额定期存单（CD），是由商业银行签发的注明存款金额、期限、利率，可以流通转让的信用工具。存单不记名，期限较短，面额固定且金额较大，可流通转让，但在期满前不能要求银行偿付。

（4）国库券。国库券是政府为弥补短期财政收支的差额而发行的一种短期债务凭证。国库券的信誉程度高、风险小、流动性强、期限短，因此受到众多投资者的青睐。

（5）回购协议与逆回购协议。回购协议是卖方在卖出某项金融资产时与买方约定在未来的某一时间将该资产以规定的价格，按照规定的条件再买进的合约。逆回购协议是关于买方买进某项金融资产时约定在未来将该金融资产以规定的价格，按照规定的条件再卖出的合约。

2. 长期金融工具

长期金融工具指期限在 1 年以上的信用凭证。它主要有以下几种：

（1）股票。股票是股份有限公司公开发行的用以证明投资者的股东身份和权益，据以获得股息、红利的有价证券。

股票有多种分类方法，按股东享有权利的不同，分为普通股和优先股。

普通股是目前最常见、最典型的一种股票。它是指每一股份对公司财产都拥有平等权益的股票。普通股的股东享有经营管理权、收益分配权、优先认股权、剩余财产分配权，其股息不固定。

优先股指股东有优先于普通股分红和剩余财产分配的权利。优先股的股息通常是固定的。

我国的股票分类具有典型的中国特色，根据股票上市地点和投资者的不同，可分为 A 股、B 股、H 股、N 股等。A 股即人民币普通股，是由我国境内股份有限公司发行，供境内机构和个人（不含港、澳、台投资者）以人民币购买和交易的普通股股票；B 股是由我国境内股份有限公司发行，以人民币标明面值，以外币购买，在境内证券交易所上市，供境内外投资者买卖的股票；H 股、N 股分别是我国境内股份有限公司发行的，在我国香港、纽约上市交易的股票。

按投资主体的性质不同，我国上市公司的股票还被划分为国家股、法人股和社会公众股。国家股是指有权代表国家投资的部门或机构以国有资产向股份有限公司投资形成的股票；法人股是指企业法人或具有法人资格的事业单位和社会团体以其依法可支配的资产投入股份有限公司形成的股票。国家股和法人股统称为国有股。社会公众股是指社会公众依法以其拥有的财产投入股份有限公司形成的上市公司股票。

此外，股票按是否记载股东姓名分为记名股票和不记名股票；按是否载明票面金额分为有面额股票和无面额股票；按公众对股票的评价可分为蓝筹股票、周期性股票、成长性股票、防守性股票和投机性股票。

知识链接

普通股和优先股的利弊

普通股和优先股对发行人和投资人各有利弊。

普通股的优点：一是发行普通股筹措资本具有永久性。这对保证公司对资本的最低需要、维持公司长期稳定发展极为有益。二是发行普通股筹资没有固定的股利负担。三是发行普通股筹集的资本是公司最基本的资金来源。四是由于普通股的预期收益较高并可一定程度地抵消通货膨胀的影响（通常在通货膨胀期间，不动产升值时普通股也随之升值），因此容易吸收资金。

普通股的缺点：一是普通股的资本成本较高。二是以普通股筹资会增加新股东，这可能会分散公司的控制权。

优先股的优点：首先，优先股筹集的资本属于权益资本，通常没有到期日，即使其股息不能到期兑现也不会引发公司的破产。其次，优先股股东一般没有投票权，不会使普通股股东的控制权受到威胁。最后，优先股的股息通常是固定的，在收益上升时期可为现有普通股股东"保存"大部分利润，具有一定的杠杆作用。

优先股的缺点：首先，优先股筹资的成本比债券高，这是由于其股息不能冲抵税前利润。其次，有些优先股（累积优先股、参与优先股等）要求分享普通股的剩余股息所有权，稀释其每股收益。

（2）债券。债券是债务人向债权人出具的，在一定期限内支付利息和到期偿还本金的债务凭证。

债券按不同的方式可以划分为不同的种类。按发行主体的不同，可分为政府债券、公司债券和金融债券。① 政府债券，是国家根据信用原则举借债务的借款凭证。政府债券按偿还期不同可分为短期债券、中期债券、长期债券。一年以内（包括一年）的短期政府债券通常称作国库券；一年以上的中长期政府债券称为国债券，是资本市场的重要金融工具。② 公司债券，是公司向投资者出具的、承诺在规定期限内还本付息的债务凭证。公司债券的风险较大，因此其利率要略高于其他债券。为保证投资人的权益，各国对公司债券的发行都有具体规定。公司债券经过审查，符合规定要求后，可以在二级市场上流通转让。③ 金融债券，是银行或其他金融机构为了筹措中长期贷款的资金而发行的债务凭证。其发行额须经中央银行批准，利率略高于同等期限的定期存款，可以在二级市场上流通转让。

债券按利率的确定方式可以分为固定利率债券、浮动利率债券和指数债券。固定利率债券是将利率印在票面上并按期向债券持有人支付利息的债券，该利率不随市场利率的变化而调整；浮动利率债券的利率水平随着市场利率的变动而进行相应的调整，通常是在某一基准利率之上增加一个固定的溢价，以防止市场利率变动可能造成的价值损失；指数债券是指通过将利率与通货膨胀率挂钩来保证债权人不致因物价上涨而遭受损失的公司债券，挂钩办法通常为：债券利率=固定利率+通货膨胀率+固定利率×通货膨胀率。

债券按抵押担保状况可分为信用债券和抵押债券。信用债券是指完全凭公司信誉，不需提供任何抵押品而发行的债券。一般只有声誉良好的大公司才能发行这种债券，而且期限较短，利率较高。抵押债券是以土地、房屋等不动产为抵押品而发行的一种公司债券。如果公司不能还本付息，债权人有权处理抵押品。

（3）证券投资基金。证券投资基金（以下简称基金）是指一种利益共享、风险共担的集合证券投资方式，即通过发行基金单位集中投资者的资金，由基金托管人托管，由基金管理人管理和运用基金，从事股票、债券等金融工具的投资，并将投资收益按基金投资者的投资比例进行分配的一种间接投资方式。

基金有很多类型，可按不同的标准进行划分。① 按基金运作方式划分，可分为开放式基金和封闭式基金。开放式基金的基金单位总数可随时增减，投资者可按基金的报价在基金管理人指定的营业场所申购或赎回基金；封闭式基金事先确定发行总额，在封闭期内基金单位总数不变，发行结束后可以上市交易，投资者可通过证券商买卖基金单位。② 按基金的组织形式划分，可分为契约型基金和公司型基金。契约型基金是由委托人、受托人和受益人三方订立基金契约，由基金管理公司根据契约运用基金财产，由受托人（在我国为商业银行）负责保管信托财产，投资成果则由受益人（投资者）享有的一种基金；公司型基金是按照《中华人民共和国公司法》组建的投资基金，投资者购买公司股份成为股东，由股东大会选出董事、监事，再由董事、监事投票委托专门的投资管理机构进行公司资金的投资运作。③ 按照投资收益目标不同来划分，可以分为成长型基金、收益型基金和平衡型基金。成长型基金是以基金资产价值能够不断增长为主要目的，重视投资对象的成长潜力，风险较高，投资对象以股票为主；收益型基金则以追求投资的当期收益为主，重视投资对象的当期股利和利息，其投资对象以债券为主；平衡型基金是兼具两者的优点，既追求长期的资本增值也不放弃当期的收入。④ 从投资的区域来划分，可以分为国内基金和海外基金。国内基金是指在一国国内发行的基金，投资于国内的金融产品，通常以投资于国内股市为主；海外基金则是投资于海外的金融市场。

此外，随着行业的发展，市场上出现不少特殊类型基金，如交易型开放式指数基金（ETF）和上市开放式基金（LOF）。ETF 与普通指数基金的区别在于 ETF 是在交易所上市交易。LOF 是开放式基金中的一个类型，该基金发行结束后，投资者既可以在指定网点申购与赎回基金份额，也可以在交易所买卖该基金。

（二）按是否与实际信用活动直接相关，可分为基础性金融工具和衍生金融工具

基础性金融工具是指在实际信用活动中出具的能证明信用关系的合法凭证，如商业票据、股票、债券等；衍生金融工具是指在基础性金融工具如股票、债券的基础上派生出来的新型金融工具。衍生金融工具主要有以下几种：

1. 金融远期

金融远期也称金融远期合约，是指双方约定在未来的某一确定时间，按确定的价格买卖一定数量的某种金融资产的合约。

2. 金融期货

金融期货也称金融期货合约，是指买卖双方在有组织的交易所内以公开竞价的形式达成的，在将来某一特定时间交割标准数量特定金融工具的合约。

金融期货有以下四点特征：

（1）金融期货交易的对象是标准化的金融工具合约，如外汇、股票、利率等。

（2）金融期货的交易过程是在现在完成的，但却在未来某个规定的时间进行交割。

（3）金融期货的交易价格是通过公开的市场竞争形成的，并不随金融工具的市场价格的变化而变化。

（4）金融期货的交易合约在规定的交割日期到来之前，可以在市场上任意转让。

3. 金融期权

金融期权是指在未来特定的期限内，按照特定的协议价格买卖金融工具的选择权。

期权是一种选择权交易，作为期权的买方在向期权的卖方支付一定数量的权利金后，就取得在规定的期限按协定价格向期权卖方购买或出售一定数量的某种商品的权利。对于买方来讲，期权是一种权利，其可以在到期或到期前行使、放弃、转卖这种权利，其最大损失是期权费；对卖方来讲，期权是一种义务，卖方必须承担到期或到期前交割履约的义务。

知识链接

上证 50ETF 期权

经中国证监会批准，上海证券交易所决定于 2015 年 2 月 9 日上市交易上证 50ETF 期权合约品种，证券代码为“510050”，基金管理人为华夏基金管理有限公司。

上证 50ETF 期权合约基本条款

合约标的	上证 50 交易型开放式指数证券投资基金（“50ETF”）
合约类型	认购期权和认沽期权
合约单位	10000 份
合约到期月份	当月、下月及随后两个季月
行权价格	5 个（1 个平值合约、2 个虚值合约、2 个实值合约）
行权价格间距	3 元或以下为 0.05 元，3 元至 5 元（含）为 0.1 元，5 元至 10 元（含）为 0.25 元，10 元至 20 元（含）为 0.5 元，20 元至 50 元（含）为 1 元，50 元至 100 元（含）为 2.5 元，100 元以上为 5 元
行权方式	到期日行权（欧式）
交割方式	实物交割（业务规则另有规定的除外）
到期日	到期月份的第四个星期三（遇法定节假日顺延）

续表

行权日	同合约到期日，行权指令提交时间为 9：15-9：25，9：30-11：30，13：00-15：30
交收日	行权日次一交易日
交易时间	上午 9：15-9：25，9：30-11：30（9：15-9：25 为开盘集合竞价时间） 下午 13：00-15：00（14：57-15：00 为收盘集合竞价时间）
委托类型	普通限价委托、市价剩余转限价委托、市价剩余撤销委托、全额即时限价委托、全额即时市价委托以及业务规则规定的其他委托类型
买卖类型	买入开仓、买入平仓、卖出开仓、卖出平仓、备兑开仓、备兑平仓以及业务规则规定的其他买卖类型
最小报价单位	0.0001 元
申报单位	1 张或其整数倍
涨跌幅限制	认购期权最大涨幅＝max｛合约标的前收盘价×0.5%，min［（2×合约标的前收盘价－行权价格），合约标的前收盘价］×10%｝ 认购期权最大跌幅＝合约标的前收盘价×10% 认沽期权最大涨幅＝max｛行权价格×0.5%，min［（2×行权价格－合约标的前收盘价），合约标的前收盘价］×10%｝ 认沽期权最大跌幅＝合约标的前收盘价×10%
熔断机制	连续竞价期间，期权合约盘中交易价格较最近参考价格涨跌幅度达到或者超过 50% 且价格涨跌绝对值达到或者超过 5 个最小报价单位时，期权合约进入 3 分钟的集合竞价交易阶段
开仓保证金最低标准	认购期权义务仓开仓保证金＝［合约前结算价＋max（12%×合约标的前收盘价－认购期权虚值，7%×合约标的前收盘价）］×合约单位 认沽期权义务仓开仓保证金＝min［合约前结算价＋max（12%×合约标的前收盘价－认沽期权虚值，7%×行权价格），行权价格］×合约单位
维持保证金最低标准	认购期权义务仓维持保证金＝［合约结算价＋max（12%×合约标的收盘价－认购期权虚值，7%×合约标的收盘价）］×合约单位 认沽期权义务仓维持保证金＝Min［合约结算价 ＋max（12%×合约标的收盘价－认沽期权虚值，7%×行权价格），行权价格］×合约单位

资料来源：上海证券交易所。

4. 可转换证券

可转换证券是指其持有者可以在一定时期内按一定比例或价格将之转换成一定数量的另一种证券的证券。可转换证券通常是转换成普通股票。按发行时证券的性质，可转换证券主要分为可转换债券和可转换优先股两种。

5. 互换

互换是指交易双方约定在合约有效期内，以事先确定的名义本金额为依据，按约定的支付率（利率、股票指数收益等）相互交换支付的约定。互换主要有两种类型：一种是货币互换；另一种是利率互换。

6. 存托凭证

存托凭证是指在一国证券市场流通的代表外国公司有价证券的可转让凭证。存托凭证由摩根大通首创，目前主要有美国存托凭证（ADR）。

第二节

金融市场概述

一、金融市场的概念

金融市场是指以金融工具为交易对象而形成的供求关系及其机制的总和。它包括三层含义：一是它是金融工具进行交易的一个有形或无形的场所；二是它反映了金融工具的供应者和需求者之间所形成的供求关系；三是它包含了金融工具交易过程中所产生的运行机制，其中最主要的是价格（包括利率、汇率及各种证券的价格）机制。

二、金融市场的构成要素

金融市场大致包括以下几个构成要素：交易主体、交易对象、交易工具、交易组织形式和交易价格。

（一）交易主体

交易主体就是金融市场的参与者，也就是参与金融市场交易活动而形成供需双方的各经济单位和个人。具体来看，金融市场的交易主体主要有以下四类：

1. 企业

企业在金融市场上主要是作为资金的需求者。任何企业在生产经营的过程中，都可能出现资金的短缺，为了弥补资金短缺，企业除了可以从银行借款外，还可以通过发行公司债券和股票、票据贴现等方法在金融市场上筹资。企业在金融市场上有时也作为资金的供给者，企业在生产经营活动中可能会出现资金的闲置，对于暂时闲置的资金，企业既可以存入银行，也可以用于短期或长期证券的投资。

2. 金融机构

中央银行作为金融市场的参加者之一，不仅是资金的供给者和需求者，同时，其参与金融市场的活动主要是为了实施货币政策，调节和控制货币供应量，以实现稳定货币、发展经济的目标。商业银行，一方面是金融市场上资金的最大供应者，它除了向客户提供各种贷款外，还对各种有价证券进行投资。另一方面商业银行也通过吸收存款以及发行金融债券、定期存单等方式筹集资金，成为资金的需求者。其他金融机构也通过各种方式从金融市场筹集资金或者向金融市场供给资金。

3. 居民个人

居民个人主要是金融市场的资金供给者，他们用现期货币收入或货币积蓄可以进行存款，也可以在证券市场中购买股票、债券，选择多种不同的金融工具进行投资。居民个人在金融市场上有时也是以资金需求者的身份出现的，如进行住房抵押借款、小额质押贷款等。

4. 政府机构

政府机构在金融市场上大多数时候以资金需求者的身份参加交易，比如，政府可能会为了弥补财政赤字和应付季节性收支不平衡而发行国债。

（二）交易对象

金融市场的交易对象是货币资金，无论是银行的存款，还是证券市场上的证券买卖，最终要达到的目标都是货币资金的转移，或贷者向借者的转移，或贷者向贷者的转移，或借者向借者的转移。与商品市场上商品的买卖不同点在于金融交易大多只是表现为货币资金使用权的转移，商品交易则表现为商品所有权和使用权的同时转移。

（三）交易工具

金融市场在进行交易时主要是以金融工具作为交易的凭证。金融交易可以采用口头协定、账面信用和书面凭证三种方式进行。前两种方式虽然简单，但由于协议条件没有正式凭证，不能可靠地确定债权债务关系，容易发生纠纷，并且无法在金融市场上流通转让，不能适应信用关系日益发展和复杂交错的情况。书面凭证则具体载明支付或偿还条件等事宜，可凭此确立信用关系和流通转让，因而成为金融交易的必要工具。金融工具种类繁多、各具特色，能够分别满足资金供求双方的不同需要，由此形成金融市场的各类子市场。

（四）交易组织形式

交易的组织形式，是指金融市场的交易主体进行交易时所采取的方式。其主要有三种：一是交易所交易，这是一种由交易双方集中在交易所内通过公开竞价的方式进行资金交易的组织形式。二是柜台交易，是指在各种金融机构柜台上买卖双方进行面议、分散交易的方式。三是场外交易，这种交易方式没有固定的交易场所，也不需要进行直接接触，而是借助于通信手段完成交易。

（五）交易价格

在金融市场上，利率是资金商品的价格，利率的高低调节着资金供求和引导资金的流向。当资金供不应求时，市场利率会上升；当资金供大于求时，市场利率会下降。各种金融市场都有自己的利率，如贴现市场利率、国库券市场利率、银行同业拆借市场利率等。不同的利率之间有密切的联系。通过市场机制作用，各种利率在一般情况下呈同方向的变化趋势。

三、金融市场的功能

金融市场最主要的功能是实现货币资金的流动，使得货币资金在价格信号的引导下在不同的主体间实现尽可能的优化配置，通过在资金盈余和赤字部门间的余缺调剂，实现社会生产要素的重新组合，从而促进经济效益的提高。具体而言，金融市场的功能主要体现在以下四个方面：

（一）筹集资金的功能

金融市场能够有效地动员和筹集资金，能够把社会上暂时闲置的货币资金聚集起来，将社会储蓄转化为生产资金。不同资金的需求者对于资金的数量、期限有着不同的要求，金融市场上存在种类繁多的金融工具，资金的需求者可以根据自身的要求加以选择。资金的供给者，在提供资金时，一方面想要获利，另一方面又想保证资金安全性和流动性。不同金融工具的安全性、流动性和盈利性是不同的，资金的供给者也可根据自身的投资需求选择不同的金融工具。金融市场为资金的供给者和需求者提供了多种选择，满足双方的不同需求，对资金的供求双方有着强大的吸引力，各种金融工具的自主使用和灵活多样的金融交易提高了融资的效率。

（二）资源配置的功能

一个国家的经济发展除了取决于资金投入的多少以外，还取决于这些资源能否被有效地利用。通过金融市场可以实现资源的优化配置和有效利用。在金融市场上通过资金的合理流动，可以促进生产资源的合理配置。货币资金流向的依据是资金的收益率，一家企业如果经营状况好、效益高、资金收益率高，就会吸引投资者认购该企业发行的股票、债券，从而使该企业顺利地筹措到资金，使资金向效益好、使用效率高、收益率高的产业流动；如果一家企业经营效益差、资金收益率低甚至亏损，该企业将无法顺利地从金融市场上筹集到资金。由此可见，金融市场能自动调节资金的流向，自发调节不合理的产业结构，促使有限资源合理运用。

（三）风险分散和风险转移功能

金融市场的风险分散功能体现在两个方面：一是金融市场上多样化的金融工具为资金盈余者提供了多种选择，他们可以根据自己的风险、收益偏好将自己的盈余资金投资在不同的金融工具上，进行投资组合。如可以将一部分资金存在银行，一部分资金购买保险，一部分资金购买不同公司发行的股票，这就避免了金融投资的集中与单一，实现了投资风险的分散。二是在金融市场上筹集资金的资金需求者面对众多的投资者发行自己的金融工具，使得众多的投资者共同承担了该金融工具发行者运用这笔资金的经营风险。

金融市场的风险转移功能体现在金融工具在流通市场上的转让。当某一种金融工具的持有者认为继续持有该金融工具的风险过高，则其会通过流通市场将此金融工具卖出，在卖出该金融工具的同时，也将该金融工具的风险转移了出去。需要强调的是，金融工具的转让只是将风险转移给了购买该金融工具的另一个投资者，并没有消除风险。

（四）调节功能

金融市场的调节功能是指其调节货币的供给与需求的功能。金融市场是中央银行实施宏观金融间接调控的理想场所，中央银行可以通过金融市场进行公开市场业务操作，调节货币供应量；也可以通过再贴现率的调整，影响信贷规模。当经济过热时，中央银行可以在金融市场上卖出有价证券，回笼货币；也可以提高再贴现率，从而使商业银行的贷款利率上升、信贷规模缩小、货币供给量减少，达到紧缩经济的目的。当经济衰退时，中央银行可以通过在金融市场买入有价证券和降低再贴现率等手段增加货币供给量，促进经济回升。金融市场的存在，增强了中央银行宏观调控的灵活性和有效性。

四、金融市场的分类

金融市场是一个由许多相互独立又相互关联的子市场组成的大市场，按照不同的标准可将其划分为不同的市场。

（一）按金融交易的期限，可将金融市场分为货币市场和资本市场

货币市场是指融资期限在 1 年以内（包括 1 年）的短期资金交易市场。货币市场的金融工具期限短、风险小、流动性强。资本市场是指融资期限在 1 年以上的长期资金交易市场。资本市场的金融工具期限长、风险大、流动性较差。

（二）按成交后是否立即交割，可将金融市场分为现货市场和期货市场

现货市场是指交易达成后立即进行交割或在成交后的第二个营业日内进行交割的市场；期货市场是指交易达成后不立即进行交割，而是按期货合约规定的交割日进行资金的交割清算。

（三）按有无固定场所，可将金融市场划分为有形市场和无形市场

有形市场是指有具体、固定交易场地，有专门组织机构和人员，有专门设备的组织化的市场；无形市场是一种观念的市场，既没有集中固定的场所，也没有专门组织，其交易是通过电话、电传、电报等手段完成的非组织化市场。

（四）按市场中交易的标的物，可将金融市场划分为票据市场、证券市场、衍生市场、外汇市场、黄金市场

票据市场是指各种票据发行、交易的市场，是货币市场重要组成部分；证券市场主要是股票、债券、基金等有价证券发行和流通转让的市场；衍生市场是远期、期货、期权、互换等金融衍生工具进行交易的市场；外汇市场是指由外汇需求者和供给者以及买卖中介机构所构成的在国际从事外汇买卖的交易场所或交易网络；黄金市场是专门集中进行黄金买卖的交易中心或场所。

（五）按金融工具的流通状态，可将金融市场划分为初级市场和次级市场

初级市场也称一级市场和发行市场，是证券和单据等金融工具最初发行的市场；次级市场也称二级市场和交易市场，是已发行的证券或票据等金融工具转让买卖的市场。

次级市场包括：交易所市场、场外市场、第三市场和第四市场。交易所市场也叫场内市场，是重要的次级市场。以股票为例，一般只有那些规模较大、经营较稳定的公司才能

够在交易所上市交易。交易所为会员提供股票交易的设施，只有拥有交易席位（会员资格）的会员才可以在交易所内进行交易。交易席位多为证券经纪公司购买，经纪公司安排经纪人在席位上接受投资者的委托，下达相应的买卖指令，交易所自动交易系统则按照价格优先、时间优先的原则撮合成交。场外市场又被称为 OTC 市场或店头市场，指在传统股票交易所以外进行股票交易的场所，如美国的纳斯达克市场。第三市场是指股票在交易所上市，却在场外进行交易的市场。在 20 世纪 70 年代以前，源自《梧桐树协议》的固定佣金制一直左右着所有股票交易，但这对大宗交易者很不利，他们不愿因为固定佣金制而付出昂贵的交易费用。而非交易所会员的经纪人则不受固定佣金制的限制，其可以收取更低的佣金，于是大宗交易在场外频繁发生，第三市场就发展起来了。第四市场是指投资者不通过经纪人直接进行交易的市场。在美国，电子通信网（electronic communication network，ECN）大大便利了股票交易，人们可以通过 ECN 直接寻找买家或卖家，避免了昂贵的交易费用。这种方式很受一些大宗交易者的欢迎，因为他们不希望暴露自己即将进行的大宗买卖，以免股票价格会因此波动。

（六）按金融交易的地域，可将金融市场划分为国内金融市场和国际金融市场

国内金融市场的活动范围限于本国领土之内，参与交易的双方当事人都为本国的自然人和法人；国际金融市场的活动范围则超越了国界，其范围可以是某一区域性的，如北美地区、东南亚地区等，也可以是世界性的。国际金融市场的交易主体可以是不同国家和地区的自然人与法人。

第三节
货 币 市 场

按交易对象划分，货币市场主要由同业拆借市场、票据市场、可转让大额定期存单市场、国库券市场、回购市场等子市场构成。

一、同业拆借市场

同业拆借市场是金融机构同业间进行短期资金融通的市场。其参与主体仅限于金融机构。金融机构以其信誉参与资金拆借活动，也就是说，同业拆借是在无担保的条件下进行的，是信用拆借，因此市场准入条件往往比较严格。在美国，只有在联邦储备银行开立准备金账户的商业银行才能参加联邦基金市场（同业拆借市场）。我国同业拆借市场的主体目前包括了所有金融机构，但金融机构进入同业拆借市场必须经中国人民银行批准。

（一）同业拆借市场的形成与功能

同业拆借市场的形成源于中央银行对商业银行法定存款准备金的要求。中央银行规

定，商业银行吸收来的存款必须按照一定的比例缴存到其在中央银行开立的准备金账户上，用以保证商业银行的支付清偿能力（流动性）。如果商业银行缴存的准备金达不到中央银行规定的比率，则商业银行将受到中央银行的处罚；如果商业银行缴存的准备金超过了中央银行规定的比率，对于超过部分的超额存款准备金，中央银行不付息或仅支付极低的利息。于是，信息交换后，准备金不足的银行开始从准备金盈余的银行拆入资金，以达到中央银行对法定存款准备金的要求，准备金盈余的银行也因资金的拆出而获得收益。拆出拆入银行间资金的划转通过它们在中央银行开设的准备金账户进行。由此可见同业拆借市场上交易的主要是商业银行等存款性金融机构存放在中央银行存款账户上的超额准备金，其主要功能在于为商业银行提供准备金管理的场所，提高其资金使用效率。

（二）同业拆借市场的特点

同业拆借市场实质是一种资金的借贷活动，但与其他资金借贷活动相比有以下一些特点：

1. 同业拆借市场的资金借贷程序简单快捷

借贷双方可以通过电话直接联系，或与市场中介人联系，在借贷双方就贷款条件达成协议后，贷款方可直接通过代理行经中央银行的电子资金转账系统将资金转入借款方的资金账户上，数秒钟即可完成转账程序。

2. 同业拆借市场的参与者主要是商业银行

由于同业拆借市场期限较短，风险较小，许多银行都把短期闲置资金投放于该市场，以及时调整资产负债结构，保持资产的流动性。特别是那些市场份额有限、承受经营风险能力脆弱的中小银行，更是把同业拆借市场作为短期资金运用的经常性场所。此外，非银行金融机构也是金融市场上的重要参与者，如券商、储蓄贷款协会等。

3. 同业拆借市场利率一般按日计算

利率可以由拆借双方协议确定，也可以借助中介机构通过市场公开竞价确定。国际货币市场广泛使用的利率是伦敦银行同业拆借利率（LIBOR）。

（三）同业拆借市场交易内容

1. 头寸资金拆借

头寸资金拆借是指参加拆借市场的金融机构为了轧平头寸，补足存款准备金和票据清算资金而进行的短期融资活动。银行在轧平当日票据交换差额时，对缺乏资金头寸的银行来说，可以在拆借市场补足头寸，以保证清算正常进行。这种方式比向中央银行申请再贴现或再贷款获取资金要便利快捷得多，拆出资金银行也可获得利差收益。

2. 同业借贷

同业借贷不以调剂短期头寸资金为目的，而是以调剂一段时间中季节性、临时性需要为目的。拆入银行根据自己业务经营的季节性、临时性需要借入资金，用于短期存款或投资获利；拆出银行为自己的短期闲置资金找到出路，增加收益。与头寸拆借不同的是，同业借贷期限较长，盈利要求较高。

知识链接

中国的同业拆借市场

我国的同业拆借市场起步于1984年。1984年，中国人民银行专门行使中央银行职能后，确立了新的“统一计划、划分资金、实贷实存、相互融通”信贷资金管理体制，鼓励金融机构利用资金的行际差、地区差和时间差进行同业拆借。于是，一些地区的金融机构开始出现同业拆借活动，但拆借量很小，没有形成规模市场。

1986年是我国同业拆借市场真正启动的一年。1月，国务院颁布《中华人民共和国银行管理暂行条例》，对银行间资金的拆借做出了具体规定。从此，同业拆借在全国各地迅速开展起来。1988年，部分地区金融机构违反资金拆借的有关规定，超过自己承受能力大量拆入资金，致使拆借资金到期无法清偿，拆借市场秩序混乱，国务院决定对同业拆借市场秩序进行整顿。1990年，中国人民银行下发了《同业拆借管理试行办法》，第一次用法规形式对同业拆借市场管理做了比较系统的规定。1992—1993年，受当时经济金融环境的影响，同业拆借市场又出现了严重的违规现象，影响了银行的正常运营，扰乱了金融秩序。1993年7月，中国人民银行根据国务院整顿拆借市场的要求，把规范拆借市场作为整顿金融秩序的一个突破口，出台了一系列措施，再次对拆借市场进行整顿，撤销了各商业银行及其他金融机构办理同业拆借业务的中介机构，规定了同业拆借的最高利率，拆借秩序开始好转。

1995年，中国人民银行参考意大利屏幕市场模式，决定建立一个全国联网的拆借网络系统，以形成全国统一的同业拆借市场。1996年1月，全国统一的同业拆借市场网络开始运行，标志着我国同业拆借市场进入一个新的规范发展时期。当年6月，中国人民银行放开了对同业拆借利率的管制，拆借利率由拆借双方根据市场资金供求状况自行决定，由此形成了全国统一的同业拆借市场利率即中国银行间同业拆借利率（CHIBOR）。1998年后，中国人民银行努力增加全国银行间同业拆借市场交易，市场交易量不断扩大，拆借期限不断缩短，同业拆借市场已经成为金融机构管理流动性的重要场所。

2007年1月4日，上海银行间同业拆放利率（SHIBOR）的正式运行，标志着中国货币市场基准利率培育工作的全面启动。SHIBOR的建设对于完善中国人民银行的货币政策传导机制发挥着日益巨大的作用。

二、票据市场

票据市场是各类票据发行、流通和转让的市场。通常，票据市场分为商业票据市场、银行承兑汇票市场、票据贴现市场和中央银行票据市场。

（一）商业票据市场

商业票据是一种由企业开具，无担保、可流通、期限短的债务性融资本票。由于无担保，所以只有信誉卓越的大公司才有资格发行商业票据。商业票据的期限较短，在发达的美国商业票据市场上，商业票据的期限不超过 270 天，通常在 20~45 天。

1. 商业票据的发行市场

（1）发行人和投资人。商业票据的发行主体并不仅仅局限于工商企业，各类金融公司更是这个市场的重要筹资主体。金融公司是一种金融中介机构，常常附属于一个制造业公司，其主要业务是为购买该企业产品的消费者提供贷款支持。大型制造业公司（如通用电气公司）的显赫声誉与实力使得其属下的金融公司可以直接通过商业票据的发行来获得低于银行贷款的资金来源。低成本的融资特征使商业票据成为银行贷款的重要替代品。

商业票据的投资人极其广泛，商业银行、保险公司、非金融企业、信托机构、养老基金、货币市场基金等都是商业票据的购买者。

（2）发行方式。商业票据的发行分为直接募集和交易商募集两种方式。直接募集是指不经过交易商或中介机构，商业票据的发行人直接将票据出售给投资人，好处在于节约了付给交易商的佣金。大多数金融公司和一些大型工业公司在发行数额巨大的商业票据时都采用这种方式。交易商募集则是指发行人通过交易商来销售自己的商业票据。市场中的交易商既有证券机构，也有商业银行。无论是直接募集还是交易商募集，商业票据大都以贴现方式发行。

（3）商业票据的发行与贷款承诺。随着越来越多的信用优良的大企业通过发行商业票据来筹集低成本的运营资金，商业银行的短期贷款业务逐渐萎缩，银行的经营面临巨大的挑战。为了应对挑战，商业银行创新出一种新产品——贷款承诺，也叫信用额度，即银行承诺在未来一定时间内，以确定的条款和条件向商业票据的发行人提供一定数额的贷款，为此，商业票据的发行人要向商业银行支付一定的承诺费。贷款承诺降低了商业票据发行人的流动性风险。因为通常情况下，商业票据的发行人会滚动发行票据，即用发行新票据的收入来偿还到期的票据，而票据的这种滚动发行风险很大，一旦由于各种原因使票据的发行人无法出售新票据，则其将面临严重的流动性问题，这有可能导致一个原本有着充足清偿能力的公司破产。商业银行提供的贷款承诺使商业票据的发行人可以及时地从银行获得贷款资金，从而避免上述情况的发生。因此，大多数商业票据发行人都尽量利用商业银行的贷款承诺来为他们的商业票据提供支持，这也降低了票据购买者的风险，降低了票据的利率水平。

2. 商业票据的流通市场

商业票据的流通市场不发达。商业票据的持有者一般都将票据持有到期。如果票据的持有者有迫切的现金需要，可以把票据回售给交易商或发行人。

我国目前还不允许各类企业发行没有交易背景、纯粹为了融资的典型商业票据。《中华人民共和国票据法》第 10 条明确规定：“票据的签发、取得和转让应当遵循诚实信用的原则，具有真实的交易关系和债权债务关系。”这表明我国的票据法将票据仅仅作为商品交易支付和结算的工具，并不希望票据当事人利用票据进行纯粹的融资活动。

（二）银行承兑汇票市场

所谓承兑是指汇票到期前，汇票付款人或指定银行确认票据记明事项，在票面上做出承诺付款并签章的行为。汇票之所以需要承兑是由于汇票的出票人与付款人不是同一个人，汇票的出票人单方面将付款人、金额、期限等内容记载于票面，付款人必须承诺兑付，否则汇票是无效的。只有承兑后的汇票才具有法律效力，才能在金融市场上流通转让。汇票由银行承兑的叫银行承兑汇票，是货币市场中的一种重要金融工具。

银行承兑汇票广泛地运用于国际与国内贸易中。以国内贸易为例，A 公司与 B 公司达成了商品交易合同，约定 6 个月后 A 公司向 B 公司支付 100 万元的货款。在此项商业信用中，为了规避风险，B 公司要求 A 公司开具银行承兑汇票，则 A 公司向其开户银行中国建设银行申请开立以 A 公司为出票人、B 公司为收款人、中国建设银行为承兑人、票面金额为 100 万元人民币、期限为 6 个月的汇票。中国建设银行审查同意后，对汇票进行承兑。A 公司将此张经中国建设银行承兑的汇票交付给 B 公司，B 公司向 A 公司发货。汇票到期前，A 公司应将 100 万元人民币的货款交存中国建设银行。汇票到期后，B 公司向建设银行提示汇票，则中国建设银行向 B 公司支付货款。如果汇票到期时 A 公司在中国建设银行存款账户上的存款不足 100 万元，中国建设银行也必须向 B 公司无条件地履行支付责任，并对其垫付的部分款项视同逾期贷款向 A 公司收取罚息，直至还清为止。

（三）票据贴现市场

票据贴现市场是因票据贴现活动而产生的融资市场。票据贴现是指票据的持有人将未到期的票据转让给银行，银行扣除一定的利息后将票面的余额支付给持票人的行为。票据贴现市场所转让的商业票据主要是经过背书的本票和汇票。从表面看，票据贴现是一种票据转让行为，但实质上它构成了贴现银行的授信行为，将商业信用转化为银行信用。银行办理票据贴现后，若出现资金短缺，可将客户向其贴现的票据办理转贴现和再贴现。

贴现利息＝票面金额×贴现率×（未到期天数÷365）

贴现金额＝票面金额－贴现利息

＝票面金额×［1－贴现率×（未到期天数÷365）］

例如，某公司于 4 月 15 日持一张商业汇票到 M 银行办理票据贴现业务，该汇票 3 月 3 日开出，6 月 16 日到期，面额为 100 万元，年贴现率为 6.6%，求银行贴现付款额。

银行贴现付款额＝100×（1－6.6%×62÷365）＝98.88（万元）

（四）中央银行票据市场

中央银行票据是中央银行为调节商业银行超额准备金而向商业银行发行的短期债务凭证，其实质是中央银行债券。之所以叫“中央银行票据”，是为了突出其短期性特点。大多数中央银行票据的期限在 1 年以内。

中央银行票据与金融市场各发债主体发行的债券具有根本的区别：各发债主体发行的债券是一种筹集资金的手段，其目的是为了筹集资金，即增加可用资金；而中央银行发行的中央银行票据是中央银行调节基础货币的一项货币政策工具，目的是减少商业银行可贷资金量。商业银行在支付认购央行票据的款项后，其直接结果就是可贷资金量的减少。从而起到适度紧缩货币的作用，并为央行提供可供调度的资金来源。

中央银行票据的作用如下：

1. 丰富公开市场业务操作工具，弥补公开市场操作的现券不足

引入中央银行票据后，央行可以利用票据或回购及其组合，进行“余额控制、双向操作”，对中央银行票据进行滚动操作，增加了公开市场操作的灵活性和针对性，增强了执行货币政策的效果。

2. 为市场提供基准利率

国际上一般采用短期的国债收益率作为该国基准利率。但从中国的情况来看，财政部发行的国债绝大多数是三年期以上的，短期国债市场存量极少。在财政部尚无法形成短期国债滚动发行制度的前提下，由央行发行票据，在解决公开市场操作工具不足的同时，利用设置票据期限可以完善市场利率结构，形成市场基准利率。

3. 推动货币市场的发展

目前，中国货币市场的工具很少，由于缺少短期的货币市场工具，众多机构投资者只能去追逐长期债券，带来债券市场的长期利率风险。央行票据的发行将改变货币市场基本没有短期工具的现状，为机构投资者灵活调剂手中的头寸、减轻短期资金压力提供重要工具。

三、可转让大额定期存单市场

可转让大额定期存单是指商业银行签发的注明存款金额、期限、利率，可以流通转让的信用工具。

（一）可转让大额定期存单市场的产生及意义

可转让大额定期存单产生于20世纪60年代初的美国。由于此前美国金融市场活跃，金融工具种类很多，利率不断上升，而商业银行又受美国联邦储备委员会Q条例的存款利率上限的限制，活期存款不支付利息，致使不少投资者纷纷把手中的现金投资于安全性和收益性比较好的短期票据市场，引起银行存款的大量流失。为此，1961年2月美国花旗银行宣布开始对大公司和其他大客户发行大面额存单，统一面额和期限，利率高于同期限的定期存款，并允许持有者在存单到期前将其转让。纽约一贴现公司宣布同意作为交易公司买卖100万美元为面额的可转让存单，为其创造了一个二级市场，引起了其他金融机构的仿效，纷纷发行此存单，这样可转让大额定期存单市场产生。

可转让大额定期存单面市后，商业银行增加了一种新的筹资工具。与存款负债比，它更加具有主动性、灵活性，能够吸收数额较大、期限稳定的存款。此外，它还改变了商业银行资产负债管理偏重贷款、投资的资产管理思想，加强了负债调剂流动性品种，商业银行可以通过可转让大额定期存单主动增加负债，控制资金来源，利用所筹资金达到自己的经营目标。对于投资者，通过可转让大额定期存单可以充分利用自己的闲散资金，增加收益，需要资金时可以变现，享受了活期存款的流动性。由于发行可转让大额定期存单的一般是有资信的大银行，安全性较高。

知 识 链 接

Q 条 例

Q条例是指美国联邦储备委员会按字母顺序排列的一系列金融条例中的第Q项规定。美国1929年经济大萧条后，金融市场开始了一段管制时期，美国联邦储备委员会颁布了一系列金融管理条例，并且按照字母顺序为这一系列条例进行排序，如第一项为 A 条例，其中对存款利率进行管制的规则正好是 Q 项，因此该项规定被称为 Q 条例。后来，Q 条例成为对存款利率进行管制的代名词。

Q 条例的内容是：银行对于活期存款不得公开支付利息，并对储蓄存款和定期存款的利率设定最高限度，即禁止联邦储备委员会的会员银行对它所吸收的活期存款（30 天以下）支付利息，并对上述银行所吸收的储蓄存款和定期存款规定了利率上限。Q 条例的实施，对 20 世纪 30 年代维持和恢复金融秩序、40—50 年代初美国政府低成本筹措战争资金、第二次世界大战后美国经济的迅速恢复，起到了一定的积极作用。

20 世纪 60 年代，美国通货膨胀率提高，市场利率开始明显上升，有时已经超过存款利率的上限。证券市场的不断发展，金融国际化、投资多样化又导致银行存款大量流向证券市场或转移至货币市场，造成金融中介的中断和“金融脱媒”现象的发生，且愈演愈烈，Q 条例约束和分业经营的限制，使银行处于一种不公平的竞争地位。各存款类机构都出现经营困难，一些储蓄协会和贷款协会出现了经营危机，银行信贷供给能力下降，全社会信贷供给量减少。1980 年 3 月，美国政府制定了《存款机构放松管制的货币控制法》，决定自 1980 年 3 月 31 日起，分 6 年逐步取消对定期存款利率的最高限，即取消 Q 条例。

（二）可转让大额定期存单与一般银行存款单的区别

1. 是否记名的区别

普通存单是记名的，不能转让，更不能在金融市场上流通；而可转让大额定期存单则采取不记名，可以转让流通的形式。

2. 面额固定与否的区别

普通存单票面金额不固定，存款额有大有小；而可转让大额定期存单面额固定，存款额度大，起点高，一般是 10 万美元以上。

3. 能否流通的区别

普通存单到期才能支付利息，如提前支取要遭受部分利息损失；而可转让大额定期存单可以在二级市场进行买卖变现。

4. 期限长短的区别

普通存单期限较长，一般 1 年以上；而可转让大额定期存单期限较短，最短为 7 天，一般为 3 个月、6 个月。

5. 利率浮动与否的区别

普通存单利率大多固定；而可转让大额定期存单利率可固定，可浮动，即使是固定利率存单，在二级市场转让时还按市场利率计算价格。

四、国库券市场

1877 年，英国财政大臣诺斯考特爵士求教了《经济学家》刊物的主编巴佐特先生一个问题：政府筹措款项困难怎么办？巴佐特认为，政府拥有最佳信用，不妨仿照商业习惯发行短期政府债券来筹资。于是，在英国出现了世界上最早的以贴现方式发行的短期政府债券。国库券即短期政府债券，是一国政府为满足短期财政资金的需要而发行的一种短期债券。国库券市场即国库券发行、流通转让的市场。

（一）国库券发行市场

1. 国库券的发行人

国库券的发行人是政府及政府的授权部门，以财政部为主。在大多数发达国家，所有由政府发行的债券统称为公债，以区别于非政府部门发行的私债，只有中央政府发行的1年期以内的债券才称为国库券。在我国改革开放初期，曾经将所有由政府财政部门发行的政府债券都称为国库券，而不管其期限是在1年以内还是1年及以上。目前，将中央政府发行的所有期限的债券统称为国债，对国库券的界定也与国际社会一致。

政府发行国库券的主要目的有两个：一是融通短期资金调节财政年度收支的暂时不平衡，弥补年度财政赤字。在一个财政年度内，政府财政状况出现上半年支大于收、下半年收大于支的情况，通过发行国库券可以很好地解决这个问题。此外，通过发行国库券，政府可以获得低息、长期的资金来源用以弥补年度的财政赤字。二是调节经济。20世纪30年代之后，经济学家们逐渐认识到政府干预经济的重要性，美国经济学家A. 勒纳提出功能财政论：政府的财政政策，政府的开支与税收，政府的债务收入与债务清偿，政府的新货币发行与货币收缩等政策运用，都应该着眼于这些举动对经济所产生的结果。于是，作为一项重要的财政政策工具，国库券的发行又被赋予了调控宏观经济的功能。

2. 国库券的发行方式

作为短期债券，国库券通常采用贴现发行方式，即政府以低于国库券面值的价格向投资者发售国库券，国库券到期后按面值支付，面值与购买价之间的差额即为投资者的利息收益。

国库券通常采取拍卖方式定期发行。以美国为例，3个月和6个月的国库券每周发行一次，发行数量通常在前一个星期二的下午公布；12个月的国库券在每个月的第三个星期发行，公布日是在前一个星期五。财政部接收出价最高的订单，出价最高的购买者首先被满足，然后按照出价的高低顺序，购买者依次购得国库券，直到所有国库券售完为止。在这个过程中，每个购买者支付的价格都不相同，是国库券发行市场中的“美国式招标”。如果国库券的最终发行价格按所有购买人实际报价的加权平均价确定，不同的购买人支付相同的价格，则称为“荷兰式招标”。

当政府财政出现临时性资金短缺时，财政部也可以不定期地发行一定数量的国库券，在美国被称为“现金管理券”，期限与财政部预计资金短缺的时间一致。

3. 国库券发行市场中的一级交易商

国库券的拍卖发行通常需要专门的中介机构进行，其中最重要的中介机构是一级交易商。一级交易商是指具备一定资格、可以直接向国库券发行部门承销和投标国库券的交易商团体，一般包括资金实力雄厚的商业银行和证券公司。一级交易商通过整买，然后分销、零售，使国库券顺利地到达最终的投资者手中，形成“批发——零售一体化”的分工型发售环节，有利于降低发行费用、减少发行时间，明显提高了发行效率。

（二）国库券的流通市场

国库券的流通市场非常发达，市场参与主体十分广泛，中央银行、商业银行、非银行金融机构、企业、个人及国外投资者等都广泛地参与到国库券市场交易活动中。在这个市场中，还有一级交易商发挥做市商的职能，通过不断地买入和卖出国库券活跃市场，保持市场交易的连续性、及时性和平稳性，提高市场的流动性。

各国法律大都规定，中央银行不能直接在发行市场上购买国库券，因此，中央银行参与国库券的买卖只能在流通市场上。中央银行买卖国库券的市场被专业化地称为“公开市场”。在这个市场上，中央银行仅与市场的一级交易商进行国库券的现券买卖和回购交易，用以影响金融机构的可用资金数量，可见，国库券的流通市场是中央银行进行货币政策操作的场所。

商业银行等金融机构积极参与国库券市场的交易活动。它们投资国库券的主要目的在于实现安全性、收益性与流动性相统一的投资组合管理。国库券的高安全性、高流动性和税收优惠特点使各类金融机构都将其作为投资组合中的一项重要的无风险资产。

非金融企业和居民个人参与国库券市场的交易活动大都通过金融中介机构。20 世纪 70 年代后，货币市场基金成为居民个人参与国库券交易的主要渠道。

五、回购协议市场

回购协议是 20 世纪货币市场最重要的金融创新活动。

回购协议的出现和回购协议市场的发展深刻地改变了以商业银行为代表的金融机构对资产管理的理念，显著地增强了各种金融工具的流动性和资产组合的灵活性，从而大大提高了资金的使用效率，促进了金融体系的稳定，丰富了中央银行公开市场操作的手段。

（一）回购协议的优越性

（1）对于资金借入方来说，回购协议可以使其免受购回金融资产时市场价格上升引起的损失，降低市场风险。

（2）对于资金借出方来说，回购协议中涉及的抵押证券可以使其在减少债务人无法按期还款的信用风险的同时，也免受卖出时市场价格下降引起的损失。

（3）回购协议的出现，使得商业银行可以将大量的资产投资于国库券、银行承兑汇票等有利可图的生息资产，将超额准备金降到最低限度，从而最大限度拓展业务，增加盈利，避免了由于发放贷款或者支付需要而以贴现的方式出售原有的金融资产或回收贷款，加大了银行资金运用的灵活性。

（4）商业银行利用回购协议获得的资金无须向中央银行交纳法定存款准备金，从而降低了商业银行筹集资金的成本，增加了商业银行扩张业务的积极性。

（5）降低了银行间同业拆借的风险和成本，能够更好地引导信贷资金实现最佳配置。

（6）中央银行采用回购协议可以保证对货币供应量的调节不致失控，同时降低公开市场操作的成本。

（二）回购协议市场的主要参与者

回购协议市场的参与者主要是银行、企业、政府等。

1. 银行

银行是回购协议市场的最主要的参与者。这个市场可以为银行提供廉价的资金来源，而且不受政府有关法定准备金比率的限制，对于银行提高资金利用效率，具有重要的意义。银行既是回购协议市场的资金供给者，也是资金需求者。

2. 企业

企业参与回购市场主要是为其掌握的短期资金寻找能够带来利息收益的、安全的投资项目，因此企业主要是回购协议市场的资金提供者。

3. 政府

政府参与回购协议的交易，主要是在法律允许的范围内为其掌握的闲置资金寻找具有还款保障的短期投资渠道。

知识链接

债券回购交易流程

1. 回购委托。客户委托证券公司做回购交易。

2. 回购交易申报。根据客户委托，证券公司向证券交易所主机做交易申报，下达回购交易指令。回购交易指令必须申报证券账户，否则回购申报无效。

3. 交易系统前端检查。交易系统将融资回购交易申报中的融资金额和该证券账户的实时最大可融资额度进行比较，如果融资要求超过该证券账户实时最大可融资额度属于无效委托。

4. 交易撮合。交易所主机将有效的融资交易申报和融券交易申报撮合配对，回购交易达成，交易所主机相应成交金额实时扣减相应证券账户的最大融资额度。

5. 成交数据发送。T 日闭市后，交易所将回购交易成交数据和其他证券交易成交数据一并发送结算公司。

6. 标准券核算。结算公司每日日终以证券账户为单位进行标准券核算，如果某证券账户提交质押券折算成的标准券数量小于融资未到期余额，则为“标准券欠库”，登记公司对相应参与人进行欠库扣款（由于采取前端监控的方式，一般情况下，不会出现参与人和投资者“欠库”的问题，只有标准券折算率调整才可能导致“标准券欠库”）。

7. 清算交收。结算公司以结算备付金账户为单位，将回购成交应收应付资金数据，与当日其他证券交易数据合并清算，轧差计算出证券公司经纪和自营结算备付金账户净应收或净应付资金余额，并在 T+1 日办理资金交收。

第四节

资本市场

资本市场主要由股票市场、债券市场和证券投资基金市场构成。

一、股票市场

（一）股票的发行市场

股票的发行市场是指股份有限公司通过发行股票向投资者筹集股本金的市场，又称为一级市场或初级市场。

1. 股票发行市场的参与者

股票发行市场的参与者相对集中，主要是：（1）发行股票的股份有限公司；（2）购买股票的投资者（股东）；（3）为发行股票提供服务的金融中介机构，主要是证券公司。

2. 股票的发行方式

股票的发行方式是指股票推销出售的方式。

根据募集对象划分，可将股票发行方式分为私募发行和公募发行。私募发行又称不公开发行或内部发行，是指只向少数特定的投资者发行股票的方式；公募发行又称公开发行，是指发行人通过中介机构向不特定的社会公众广泛地发售证券。在公募发行情况下，所有合法的社会投资者都可参加认购。与私募发行相比，公募发行可筹集到大额资金，证券的流动性较强，有利于提高发行人的社会信誉，但发行过程复杂、发行费用较多。

根据发行者推销出售股票的方式不同，可将股票的发行方式分为直接发行与间接发行。直接发行又叫直接招股，是指股份公司自己承担股票发行的一切事务和发行风险，直接向认购者推销出售股票的方式。这种发行方式只适合于有既定发行对象或发行风险小、手续简单的股票，一般私募发行采取这种方式。间接发行又称间接招股，是指发行者委托证券发行中介机构出售股票的方式。股票的间接发行有两种方式：代销和包销。

知识链接

路　　演

路演的本意译自英文 Roadshow，是国际上广泛采用的证券发行推广方式，指证券发行商发行证券前针对机构投资者的推介活动，是在投融资双方充分交流的条件下促进股票成功发行的重要推介、宣传手段。路演的主要形式是举行推介会，在推介会上，公司向投资者针对公司的业绩、产品、发展方向等进行详细介绍，充分阐述上市公司的投资价值，让准投资者们深入了解具体情况，并回答机构投资者关心的问题。路演的目的是促进投资者与股票发行人之间的沟通和交流，以保证股票的顺利发行。

在海外股票市场，股票发行人和承销商要根据路演的情况来决定发行量、发行价和发行时机。众所周知，搜狐在纳斯达克发行股票时，就是根据当时情况，将发行价进行调整后才得以顺利发行的；还有中国联通在我国香港招股时，则是早期定价比较保守，后来又根据路演情况调高了招股价。当然，也有路演失败的案例，比如中海油的海外融资，在路演过程中投资者对公司反应冷淡，公司虽然宣布缩减规模并降低招股价，市场仍然没有起色，加上有关部门的意见分歧，招股计划只好放弃，转而等待下一个机会。随着网络技术的发展，这种传统的路演同时搬到了互联网上，出现了网上路演，即借助互联网的力量来推广。网上路演现已成为上市公司展示自我的重要平台和推广股票的重要方式。

这一新型宣传推广模式在中国刚一出现不仅得到了上市公司、券商、投资者的关注和青睐，也引起了其他企业的广泛关注和浓厚兴趣，并效仿证券业的路演方式来宣传推广企业的产品，形成时下盛行的企业“路演”。路演不仅被企业成功地移用，其概念和内涵已改变和延伸，成为包括新闻发布会、产品发布会、产品展示、产品试用、优惠热卖、以旧换新、现场咨询、填表抽奖、礼品派送、有奖问答、卡拉 OK 比赛、文艺表演、游戏比赛等多项内容的现场活动。现在很多企业都开始积极采用路演的形式通过和消费者面对面的交流来宣传推广产品。

3. 公开发行股票的运作程序

（1）选择承销商。公开发行股票一般都需要承销商的参与。在我国证券公司通常充当承销商这个角色。承销商的作用主要有：与发行人就有关发行方式、日期、发行价格、发行费用等进行磋商，达成一致；编制向主管机构提供的有关文件；在股票发行数量很大时，组织承销团，筹划组织召开承销会议，承担承销团发行股票的管理，协助发行人申办有关法律方面的手续；向认购人交付股票并清算价款，包销未能售出的股票，做好发行人的宣传工作和促进其股票在流通市场的流动性；其他跟进服务，如协助发行人筹谋新的融资方式或融资渠道等。

（2）准备招股说明书。招股说明书是股份公司公开发行股票计划的书面说明，是投资者决定是否购买该股票的主要依据。招股说明书包括公司的财务信息和公司经营历史的陈述、高级管理人员的状况、筹资目的和使用计划、公司内部悬而未决的问题如诉讼等。

（3）发行定价。当股票发行公司计划发行股票时，就需要根据不同情况，确定一个发行价格以推销股票。一般而言，股票发行价格有面值发行、时价发行、中间价发行和折价发行等。

面值发行，即按股票的票面金额确定为发行价格，也称平价发行。由于市价往往高于面额，因此以面额为发行价格能够使认购者得到因价格差异而带来的收益，使股东乐于认购，保证了股份公司顺利地实现筹措股金的目的。

时价发行，即不是以面额而是以流通市场上的相关类型股票的价格（时价）为基础确定发行价格。这种价格一般高于票面金额，二者的差价称溢价，溢价带来的收益归该股份公司所有。时价发行能使发行者以相对少的股份筹集到相对多的资本，从而减轻负担。

中间价发行，即股票的发行价格取票面金额和市场价格的中间值。这种价格通常在时价高于面额，公司需要增资但又需要照顾原有股东的情况下采用。中间价发行对象一般为该股票的原有股东，在时价和面额之间采取一个折中的价格发行，实际上是将差价收益的一部分归原有股东所有，另一部分归公司所有，用于扩大经营。因此，在进行分摊时要按比例配股，不改变原有股东享有的权利。

折价发行，即发行价格是在票面金额的基础上打了折扣。折价发行有两种情况：一种是优惠性的，通过折价使认购者分享权益；另一种是该股票行情不佳，发行有一定困难，发行者与推销者共同议定一个折扣率，以吸引那些预测行情要上浮的投资者认购。由于各国一般规定发行价格不得低于票面金额，因此，这种折扣发行需经过许可方能实行。

（4）认购与销售股票。股票发行公司完成准备工作之后，即可按照预定的方案发售股票。承销商执行承销合同，以包销或代销两种方式向投资者销售股票。

（二）股票的流通市场

股票的流通市场又称二级市场，是指由股票持有人买卖或转让已发行的股票所形成的市场。

1. 证券交易所

（1）股票上市交易。公开发行的股票达到一定的条件后可以进入证券交易所进行交易，这种行为通常被称为股票上市交易，相应的股份公司被称为上市公司。股票上市交易可以提高上市公司的声誉和知名度，提高股票的流动性。

股票上市的一般程序为：股份公司达到上市条件后由保荐人保荐，向证券交易所提出上市申请，由证券交易所设立的上市委员会对上市申请进行审议。审议通过后，股票发行公司要与证券交易所签订上市协议书，并将股东名册送交证券公司或证券登记结算公司备案。之后，其股票可以进入证券交易所挂牌交易。股票投资者要进入证券交易所参与上市股票交易，必须要遵循证券交易所规定的交易程序：开户，委托，成交，交割和过户。

（2）股票交易制度。做市商交易制度和竞价交易制度是证券交易所采取的两种基本交易制度。我国的证券交易所实行的是竞价交易制度。

做市商交易制度也称报价驱动制度，是指证券交易的买卖价格均由做市商给出，证券买卖双方并不直接成交，而是向做市商买进或卖出证券。做市商的利润主要来自买卖差价。做市商要根据买卖双方的需求状况、自己的存货水平以及其他做市商的竞争程度来不断调整买卖报价，直接决定了价格的涨跌。

竞价交易制度也称委托驱动制度，买卖双方直接进行交易或将委托通过各自的经纪商送到交易中心，由交易中心进行撮合成交。

竞价交易制度又有集合竞价制度和连续竞价制度两种。

在集合竞价制度下，交易中心将规定时段内收到的所有交易委托集中起来，在该时段结束时统一进行交易，因此，集合竞价制度只有一个成交价格，所有委托价在成交价之上的买进委托和委托价在成交价之下的卖出委托都按该唯一的成交价格全部成交。成交价的确定原则通常是最大成交量原则，即在所确定的成交价格上满足成交条件的委托股数最多。集合竞价制度是一种多边交易制度，其最大优点在于信息集中功能，即把所有拥有不同信息的买卖者集中在一起共同决定价格。当市场意见分歧较大或不确定性较大时，这种交易制度的优势就较明显。因此，很多交易所在开盘、收盘和暂停交易后的重新开市都采用集合竞价制度。

连续竞价制度是指证券交易可在交易日的交易时间内连续进行。在连续竞价过程中，当新进入一笔买进委托时，若委托价大于等于已有的卖出委托价，则按卖出委托价成交；当新进入一笔卖出委托时，若委托价小于等于已有的买进委托价，则按买进委托价成交。若新进入的委托不能成交，则按“价格优先，时间优先”的顺序排队等待。这样循环往复，直至收市。连续竞价制度是一种双边交易制度，其优点是交易价格具有连续性。我国的证券交易所实行的是竞价交易制度。

(3) 股票交易价格。股票的交易价格是指股票在二级市场上进行转让时的实际成交价格。从理论上来说，股票交易价格主要取决于预期股利收益和市场利率，用公式可表示为：

股票交易价格=预期股利收益÷市场利率

由公式可知，股票交易价格与预期股利收益成正比，与市场利率成反比。但这个公式只是一个理论上的公式，实际上股票的交易价格受多种因素的影响。影响股票价格变动的因素主要有：

一是经济因素。这是引起股价变动的最主要因素，包括经济政策、经济周期、利率、通货膨胀、汇率等。由于这些因素的变化，会影响公司的经营活动及盈利状况，从而影响预期股利收益。

二是政治因素。它主要指一些重大的、突发性的政治事件，如政府更迭、政治动乱、战争爆发甚至于政府首脑的健康状况或丑闻等。这些政治事件的发生，会引起市场供求关系的变化，进而引起股票价格的变化。

三是市场因素。这里主要指在股票市场上通过对股票买卖进行操纵而引起股价波动的一些活动，如投机性炒作、大户买卖等。

(4) 股票交易方式。在证券交易所里，股票的交易方式主要有现货交易、期货交易、期权交易和信用交易。

① 现货交易。这是指股票买卖成交后，交易双方在1-3个交易日内办理交割手续的交易方式。

现货交易有以下几个显著的特点：第一，成交和交割基本上同时进行。第二，是实物交易，即卖方必须实实在在地向买方转移证券，没有对冲。第三，在交割时，购买者必须支付现款。第四，交易技术简单，易于操作，便于管理。

② 期货交易。在期货交易中，买卖双方就买卖股票的数量、成交的价格及交割时间达成协议，但双方并不马上进行交割，而是在规定的时间履行交割，买方交付款项，卖方交付股票。

③ 期权交易。期权实际上是一种选择权交易，规定期权的买方在支付一定的期权费后，其有权在一定期限内按交易双方所商定的协议价格购买或出售一定数量的股票。对期权的买方来说，期权合约赋予他的只有权利，而没有任何义务；对期权的卖方来说，他只有履行合约的义务，而没有任何权利。

期权交易最显著的特点：

一是交易的对象是一种权利，一种关于买进或卖出股票权利的交易，而不是任何实物。这种权利，具有很强的时间性，它只能在合约规定的有效日期内行使，一旦超过合约规定的期限，就被视为自动弃权而失效。

二是交易双方享受的权利和承担的义务不一样。对期权的买入者，享有选择权，他有权在规定的时间内，根据市场情况，决定是否执行合约。

三是期权买方的风险较小。对于期权合约的买方来说，利用期权交易进行股票买卖其最大的风险不过是购买期权的费用。

④ 信用交易。信用交易又称垫头交易或保证金交易，是指股票的买方或卖方通过交付一定数额的保证金，得到证券经纪人的信用而进行的股票买卖。我国股票市场酝酿多时的“融资融券”业务实际上就是信用交易。

信用交易分为保证金买长交易和保证金卖短交易两种。

保证金买长交易，是指对某一股票市场行情看涨的投资者交付一定比例的初始保证金，其余款项由经纪人垫付，为他买进指定股票的交易。

对于客户来说，通过保证金买长交易可以减少自有资本金不足的限制，扩大投资效果。当投资者对行情判断正确时，其盈利可大增。当然，如果投资者对市场行情判断错误，则其亏损也是相当严重的。

保证金卖短交易，是指对某一股票行情看跌的投资者在本身没有股票的情况下，向经纪人交纳一定比率的初始保证金（现金或证券），从经纪人处借入股票在市场上卖出，并在未来股价下跌后买回该股票归还经纪人的交易。

信用交易对投资者来说最主要的好处是使其能够以超出自身所拥有的资金力量进行大宗的交易，甚至使得手头没有任何股票的客户可以通过从证券公司借入的方式从事股票买卖，这样就大大便利了客户。但是，信用交易具有的杠杆作用在可能给投资者带来可观利润的同时，也可能会给其带来巨大的损失。

(5) 股票价格指数。为了记录、衡量、分析股市行情的来龙去脉，经济学家以数学为工具编制了各种股票价格指数，以适应各类需要。股票价格指数是以计算期样本股市价总值除以基期市价总值再乘以基期指数而得到的。通行的做法是由专门的指数编制公司负责编制和发布股票价格指数，在证券交易所、证券经营机构的各种金融类媒体上公开发布。股价指数是反映股票市场中股票价格变动总体水平的重要尺度，更是分析、预测发展趋势进而决定投资行为的主要依据。

根据所选取成份股的不同，目前各国股票价格指数分为综合指数和成份指数两种。前者包括全部上市股票，后者则从上市股票中选择一些具有代表性的上市公司编制。我国的上海证券综合指数和深圳证券综合指数均属综合指数，而上证 30 指数与深圳成份股指数则为成份指数。国际上比较著名的道·琼斯工业平均指数、日经 225 指数、英国金融时报股票价格指数等也都是成份指数。

2. 场外交易市场

场外交易是相对于证券交易所交易而言的，凡是在证券交易所之外的股票交易活动都可称为场外交易。由于这种交易起先主要是在各证券商的柜台上进行的，因而也称为柜台交易。

与证券交易所不同，场外交易市场是一个分散的无形市场。它没有固定的、集中的交易场所，而是由许多各自独立经营的证券经营机构分别进行交易。场外交易市场中的股票交易通常在证券经营机构之间或是证券经营机构与投资者之间直接进行，不需要中介人。

证券经营机构可根据市场情况随时调整所挂的牌价。证券经营机构既是交易的直接参加者，又是市场的组织者，它们制造出股票交易的机会并组织市场活动，因此被称为做市商。在场外交易市场进行交易的股票，大多是未能在证券交易所批准上市的股票。

美国的纳斯达克股票市场是世界上最著名的场外交易市场。

知识链接

A 股三次被 MSCI 拒之门外

2016 年 6 月 15 日凌晨，国内众多的券商分析师和股民也许都有点失望：全球著名的指数公司明晟（MSCI）决定暂时不把中国的 A 股纳入其新兴市场指数。这已经是明晟公司第 3 次拒绝 A 股。

作为全球最知名的指数公司之一，明晟公司编制的指数被全球各大基金公司追踪并作为投资参考。一旦被纳入 MSCI，毫无疑问将为 A 股带来大量的国际资金。这么巨量的资金从 A 股的大门前“溜走”，到底是为什么？难道中国资本市场的吸引力真的这么差？

在明晟公司看来，A 股最大的问题还是市场准入太严。明晟公司指出，目前暂不纳入 A 股的主要原因有如下三点：

1. QFII 制度管得太严。

就如同前两次拒绝 A 股一样，明晟公司这一次拒绝把 A 股纳入新兴市场指数，一个主要原因是 QFII 制度的问题。

所谓 QFII（qualified foreign institutional investors），指的是合格境外机构投资者。中国之所以采用 QFII 制度，是因为这种制度可以有效地在利用外资的同时防范游资侵入，保护尚不健全的新兴国家金融体系。简而言之，QFII 制度就是在最大程度避免外资对本国的冲击下，“给外资稍微开了一个小的口子”。

相较于我国台湾地区、韩国等其他新兴经济体，中国大陆的 QFII 门槛更高、限制也相对较多。这一点常常被国际投资者拿来说事。在这一次 MSCI 的官方文件中，拿出了专门的一段文字强调取消月度赎回限额 20% 的建议。在国际投资者看来，这一规定限制了资金的流动。从 2002 年筹备成立以来，QFII 已然经历了多次的制度改革。获审批的公司数量由 2005 年的 24 家猛增到 2016 年的 273 家，总额度也已达到 810. 98 亿美元。从额度层面来说，各方都表示满意，主要的问题就是资金的自由流动。

是否该取消每月 20% 的赎回限额？从长远来看答案应该是肯定的。但是对于一个刚刚经历了股市动荡的市场，轻易取消限额是相当冒险的。

2. A 股停牌是想停就能停。

在 MSCI 拒绝 A 股的新闻稿中，关于广泛性自愿停牌的担忧也被提及。不用 MSCI 提醒，在 A 股二级市场里的资深老股民们一定都对中国的停牌制度颇有感触。每每遇到所谓“重大事项”或“重大资产重组”，停牌就成了必然，复牌后股票的表现却往往难以预计。与西方不同，中国的停牌制度相对保守，频率高，条目众多。简而言之，上市公司是“想停就能停”，而西方大部分国家是“能不停就不停”。中国的停牌制度虽然降低了监管成本，但也加大了流动性风险，与 MSCI 所提倡的资金自由流动的目标背道而驰。

为了应对 MSCI 的审核，上海证券交易所和深圳证券交易所均已经在 2016 年 5 月 27 日出台了上市公司停复牌新规。新规明确规定了停牌的最长期限：最长的停牌时间不得超过 3 个月，除非停牌后连续筹划重组的，停牌不超过 5 个月。然而，6 月 15 日查询 Wind

资讯数据后无奈地发现，竟然仍有39家上市公司无视新规，停牌已经超过3个月，最长的停牌时间达到了228天！做一个简单的对比，根据美国证券监督委员会（SEC）的数据，美国2016年第一季度的累计停牌公司数量只有6家，占上市公司的比重不到1‰。而中国的A股仅6月15日一天的停牌公司数量就有290家，占比高达10.16%。虽然中国已经做出了努力，但是达到成效尚需一些时日。

3. “独一无二”的预审制度。

MSCI拒绝A股的三大理由中，也包含了对中国交易所的预先审批制度的不满。MSCI声称，上海和深圳交易所对金融机构在全球任何交易所推出的包括中国A股在内的金融产品，设立了预先审批的限制，涵盖了新推出的和现有的金融产品，带来的不确定性使国际投资者感到顾虑。MSCI甚至认为："这个预审限制的涵盖范围之广也是在新兴市场中是独一无二的"。

MSCI进一步解释，倘若中国A股被纳入MSCI新兴市场指数，但中国的交易所不批准MSCI授权MSCI新兴市场指数与现有MSCI新兴市场指数挂钩的产品，那么该类产品将会受到交易中断的潜在威胁。因此绝大多数投资者指出，在A股进入他们的投资标的范畴之前，解除相关制度并与国际标准接轨，对他们来说至关紧要。

资料来源：DT财经网，2016-06-15。

二、债券市场

（一）债券发行市场的要素

债券发行市场由债券发行市场主体、债券市场工具和债券发行市场的组织形式构成，称为债券发行市场的三大要素。

1. 债券发行市场主体

按照债券发行市场主体在债券发行市场扮演的角色不同，可以把它划分为发行者、投资者、中介机构和管理者四类。

（1）发行者。发行者即资金的需求者，是债权债务关系中的债务人，可以是以发行债券形式筹措资金的企业、政府和金融机构。

（2）投资者。投资者即债券的认购者，是资金的供给者，也是债权债务关系中的债权人。投资者可以是个人、企业、金融机构和政府机构。

（3）中介机构。中介机构在债券发行市场上负责办理从发行开始到发行完毕的所有手续和为公开信息披露而制定有关文件。中介机构主要指那些为债券发行提供服务的机构，一般包括承销商、受托人、财务代理人、担保人、会计师等。

（4）管理者。管理者主要负责监督管理债券的发行、承销以及买卖等经营行为，以维护证券市场的正常秩序。管理者主要指对债券发行市场进行监督管理的政府机构。

2. 债券市场工具

债券市场工具也就是债券本身。随着债券市场的不断扩大、筹集手段与技术水平的不断发展，债券市场工具也日趋多样化。按照不同的划分方式，可把债券市场工具划分为不同的种类。

3. 债券发行市场的组织形式

债券发行市场的组织形式是指为把债券销售出去，从而把参与市场者联系起来的一种市场组织方式。它包括有形市场和无形市场两种方式。有形市场方式是指承销人向投资者在柜台上销售债券的方式；无形市场方式是指不通过固定的柜台或确定的场所发行债券的方式。

4. 债券发行条件

债券发行条件是指债券发行者在以债券形式筹集资金时所必须考虑的有关因素，包括发行金额、票面金额、期限、偿还方式、票面利率、付息方式等内容。如果筹资者（发行人）对这些因素考虑不周全，就会影响发行的效果、降低发行收入、增大筹资成本。债券的发行方式一般也采取私募发行和公募发行两种方式。

（二）债券的价格与收益

1. 债券的价格

债券的价格包括以下方面：

（1）债券的发行价格。债券的发行价格是指在发行市场（一级市场）上，投资者在购买债券时实际支付的价格。目前通常有三种不同情况：一是按面值发行、面值收回，其间按期支付利息；二是按面值发行、按本息相加额到期一次偿还，我国目前发行债券大多数是这种形式；三是以低于面值的价格发行、到期按面值偿还，面值与发行价之间的差额，即为债券利息。

（2）债券的市场交易价格。债券发行后，一部分可流通债券在流通市场（二级市场）上按不同的价格进行交易。交易价格的高低，取决于公众对该债券的评价、市场利率以及人们对通货膨胀率的预期等。一般来说，债券价格与到期收益率成反比。也就是说，债券价格越高，从二级市场上买入债券的投资者所得到的实际收益率越低；债券价格越低，从二级市场上买入债券的投资者所得到的实际收益率越高。

不论票面利率与到期收益率的差别有多大，只要离债券到期日越远，其价格的变动越大。实行固定票面利率的债券的价格与市场利率及通货膨胀率呈反方向变化，但实行保值贴补的债券例外。

2. 债券的收益

债券的收益可以用债券收益率表示。债券收益率是债券投资者在债券上的收益与其投入的本金之比。一般来说有两种不同的收益指标：

（1）票面利息率。它是固定利息收入与票面本金额的比率，一般在债券票面上注明，这是投资于债券时最直观的收入指标。面值相同的债券，票面注明的利息率高的，利息收入自然就高，风险也比较小；反之亦然。但是，由于大多数债券都是可转让的，其转让价格随行就市，所以，投资者认购债券时实际支出的价款并不一定与面值相等，这样，用票面利息率衡量投资收益就不再有实际意义。

（2）直接收益率。直接收益率又称现行收益率，是投资者实际支出的价款与实际利息之间的比率。其公式是：

$$\text{直接收益率}=\frac{\text{票面面额}\times\text{票面利率}}{\text{实际购买债券价格}}\times 100\%$$

三、证券投资基金市场

（一）基金的发行和募集

基金的设立在获得主管部门批准后，便进入募集发行阶段，即向特定投资者或社会公众宣传介绍基金的情况，通过基金承销机构或基金自身向投资者销售受益凭证或基金公司股份募集资金。只有在募集资金达到法规对投资基金的要求后，募集的资金才能用来进行投资。

基金的发行和股票的发行一样，有着多种形式。除了按照发行的对象不同可以分为私募发行和公募发行以外，还可以按照基金发行销售的渠道分为自办发行和承销发行两种方式。其中，自办发行即基金公司通过自己的销售渠道直接向投资者发售基金单位，采用这种发行方式的费用较低。承销发行即通过中介机构向投资者发售基金单位，它又可分为代销和包销。我国目前按照《证券投资基金管理暂行办法》的规定，投资基金只能采用公募即公开发行的方式。

（二）基金的净值及买卖

前已述及，基金按不同的方式可以划分为不同的种类，在此我们主要介绍开放式基金和封闭式基金的买卖及价格。

1. 基金净值、单位净值与累计单位净值

基金净值也称为基金资产净值，是指某一时点上基金资产的总市值扣除负债后的余额，代表了基金持有人的权益。

基金单位净值又称基金份额净值，即基金单位资产净值，是指每一基金单位（份额）所代表的基金资产净值。

基金单位净值=（总资产-总负债）÷基金总份数

=基金资产净值÷基金总份额

基金累计单位净值=基金单位净值+基金成立后累计单位派息金额

2. 开放式基金的认购、申购与赎回

开放式基金的认购是指投资者在基金募集期内购买一定的基金份额。认购份额的计算公式为：

认购份额=认购金额×（1-认购费率）÷基金单位面值

开放式基金的申购是指投资者在基金募集期结束后购买基金份额的行为。

基金购买股票、债券等有价证券后，基金的资产价值会随着股票、债券等证券的市场价格的变化而变化，从而基金净值也发生变化。因此，申购份额的计算与认购份额的计算有所不同。基金申购份额的计算如下：

申购份额=申购金额×（1-申购费率）÷申购日基金单位净值

开放式基金的赎回是指投资者把手中持有的基金份额按规定的价格卖给基金管理人并收回现金的过程，是与申购相对应的反向操作过程。赎回金额的计算公式为：

赎回金额=（赎回份数×赎回日基金单位净值）×（1-赎回费率）

3. 封闭式基金的认购、赎回

封闭式基金在封闭期内不能向基金管理公司提出赎回，通常是在证券交易所挂牌，交易方式类似于股票及债券的买卖。投资者通过证券商代理其买卖，封闭式基金的价格由市场供求情况决定，其价格随行就市。

知识链接

基金定投知识

1. 什么是定投？

定投是常见的基金投资方式，指在固定间隔的时间点上对目标基金进行金额固定的分批投入。定投的投资方式能够较好地分散投资风险，具有聚少成多的理财功能，其机械化操作带来了投资的简便性，同时也能够降低主观操作风险。

2. 哪里定投费用更省？

定投基金的费用与单笔投资基金的费用相同，都包括申购费、管理费、托管费和赎回费。其中在基金买卖过程中需要由投资者支付的费用为申购费与赎回费。投资者从独立基金销售机构定投基金费用会更优惠。投资者通过银行做基金定投，申购费率一般不优惠或者优惠幅度不高，如投资者通过一般银行进行基金定投，基本上无任何费率优惠，要收取1.5%的申购费。但投资者通过独立基金销售机构做定投，大多数申购费率可打4折，即0.6%。按简单单利计算，如果有A、B两个投资者均每月定投某股票型基金1 000元，投资者A通过普通银行网上银行进行定投，投资者B通过独立基金销售机构（也可以网上交易）进行定投，那么A比B每个月要多扣9元。10年后，同样是投入了120 000元，A比B在申购费上要多扣1 080元。

3. 定投的方式：

（1）定时定额投资。定时定额投资是指投资者指定投资的时间（每月任意一个工作日）和金额，在投资者指定的投资时间进行扣款，扣款金额为投资者指定的金额。

（2）智能定投。智能定投是建立在传统定投基础上，进行适当择时操作的投资方式。它一方面保留了普通定投的机械化、降低主观操作风险的优点；另一方面又通过数量分析方法进行择时，优化投资成本。如今智能定投可以从金额、日期、周期、涨跌、均线等多方面进行选择。

第五节

外汇市场

外汇市场是国际金融的枢纽，它的存在和发展调节了各国和地区间外汇的余缺和外汇供求的平衡，并解决了不同国家和地区间的支付结算和债权债务清算，实现了国际资本转移和借贷资金的融通，促进了国际贸易和金融的发展，从而对各国经济乃至整个世界经济的发展起着重要的推动作用。

一、外汇市场概念

外汇市场是指由外汇需求者和外汇供给者以及买卖中介机构所构成的在国际从事外汇买卖的交易场所或交易网络。

外汇市场有广义和狭义之分。狭义的外汇市场即通常所称的外汇批发市场——银行与银行间的外汇买卖市场，包括：同一市场各银行间的外汇交易；不同市场各银行间的外汇交易；中央银行与外汇指定银行之间的交易及各国中央银行之间的交易。广义的外汇市场除了包括批发市场外，还包括外汇零售市场——银行与一般顾客间的外汇买卖市场。

二、外汇市场交易类型

（1）货币兑换业务。货币兑换业务是指顾客与外汇银行的不同币种之间以一定汇率进行兑换的业务。

（2）即期外汇交易。即期外汇交易又称现汇买卖，是交易双方以当时外汇市场的价格成交，并在成交后的两个营业日内办理有关货币收付交割的外汇交易。即期交易的汇率是即期汇率，或称现汇汇率。通常采用以美元为中心的报价方法，即以某个货币对美元的买进或卖出的形式进行报价。

（3）套汇交易。套汇交易是即期交易在外汇市场上的表现形式之一，是指套汇者利用不同地点、不同货币在汇率上的差异进行低买高卖，从中套取差价利润的一种外汇交易。套汇交易又分为直接套汇和间接套汇。

（4）远期外汇交易。远期外汇交易是指外汇买卖成交后，双方约定货币种类、数量、汇价，在约定的将来某个时间即到期日进行交割的一种外汇交易，其期限一般是 30 天、60 天、90 天、180 天或 1 年。

（5）外汇期货交易。外汇期货交易即通过标准化的合约规定在未来的特定时间以特定价格购买特定数量的某种外汇，这种交易在专门的期货交易所进行，交易双方要缴纳足够的保证金，随时可以通过了结差价的形式结清交易。

（6）掉期外汇交易。掉期外汇交易是指投资者将一定金额的同种货币一方面买入（卖出），另一方面卖出（买入），其结果是他所持有的货币期限发生了变化。这种交易有如下两种情况：即期对远期的掉期和远期对远期的掉期。所谓即期对远期的掉期，指投资者在买入（卖出）即期外汇的同时，卖出（买入）远期外汇，以避免外汇风险的交易，而远期对远期的掉期指投资者在买入（卖出）一种远期外汇的同时，卖出（买入）另一种期限的远期同种外汇的交易。

（7）外汇期权交易。外汇期权交易指交易双方按照约定的汇价就将来是否买入或卖出某种外汇资产选择权达成合约，合约持有人即期权的买方获得的是一种权利而不是义务，可以选择执行或不执行合同，当行市不利时，可以放弃买入（卖出）该种外汇资产；而期权的卖方则有义务在买方要求执行合同时同买方进行交易。

（8）套利交易。套利交易是利用两国利率之差与两国货币掉期率的不一致来获利的交易。其中抛补套利较为常见，套利者在把资金从低利率国调往高利率国的同时，还要在外汇市场上卖出远期的高利率国货币以防止其汇价下跌的损失。

三、外汇市场的供给与需求

外汇作为一种商品，与其他商品一样，其价格取决于外汇市场上供求双方的力量对比。

外汇供给指的是外汇市场上人们所要出售的外汇数量，是在一定的汇率下人们愿意提供的外汇数量。一般来说，外汇供给量与外汇汇率呈同方向变动。产生外汇供给的途径包括：

（1）商品出口收入。

（2）劳务出口收入。其包括投保的保费收入、外国保险公司对本国投保人的赔偿金收入、外国人到本国旅行的旅游收入等。

（3）在外国投资取得的外汇收入。其包括本国在外国的直接或间接投资的利润、利息和租金收入。

（4）外国资本流入。其包括外国在本国的直接投资、间接投资；偿还本国在国外投资的本金等。

（5）外国援助外汇收入。

（6）侨民汇款收入。

外汇需求是指外汇市场上人们欲购买的外汇数量，是在一定汇率下，人们根据其购买力所愿意兑入的外汇数量。外汇需求量与外汇汇率呈反向变动。外汇需求包括以下内容：

（1）商品进口外汇支出。

（2）劳务进口外汇支出。其包括保险费和保险赔偿金支出、旅游支出等。

（3）投资外汇支出。其包括外国人将其在本国投资所得的利润、利息和租金汇回国内，而形成的本国的外汇支出。

（4）资本流出。其包括本国对外国的借贷支出、直接投资支出等。

（5）对外援助支出。

（6）侨民汇款支出。

外汇供给的形成与外汇需求是相对应的。影响外汇供求变动的主要因素如下：

（1）国民收入的增减。

（2）利率的变化。本国与外国的利率差异是引起国际投机套利活动的根源。

（3）物价水平的涨跌。

（4）一国对外国商品与劳务的偏好变化。

（5）一些偶然因素也会引起外汇供求的变动，如战乱、政变、外汇政策等。

总体来说，外汇供给量与外汇汇率呈同方向变动，外汇需求量与外汇汇率呈反方向变动。外汇供求量与汇率水平是互相影响的，外汇汇率的变动引起供求的增减，而外汇供求的数量变化又会影响汇率水平的高低。

四、外汇市场的参与者

外汇市场上的参与者主要由专业参与者和一般顾客以及中央银行等管理机构组成。

（一）专业参与者

1. 外汇指定银行

外汇指定银行是外汇市场上最重要的参与者。外汇指定银行是指各国根据外汇法由中央银行指定可以经营外汇业务的商业银行和其他金融机构。外汇指定银行包括：外国银行在本国的分行或分支机构；本国的外汇专业银行和兼营外汇业务的本国银行；经营外汇业务的金融机构如信托公司、财务公司等。

外汇指定银行主要经营如下业务：

（1）外汇买卖业务，包括买卖外币、买卖外国有价证券、买卖外币支付凭证等。

（2）外汇存放款业务，主要是吸收外币存款，向外国银行存放、拆借外汇，或发放外汇贷款等。

（3）国际贸易结算业务，是在国际贸易中为办理国际货币的收付而进行的业务活动，结算方式一般为汇款、托收、信用证等现汇结算方式和记账贸易结算。

（4）非贸易结算业务，如汇出汇款、解付外汇款项、购买各种支票、兑付旅行支票等。

（5）其他外汇业务，包括信托业务、外汇担保、咨询等。

2. 外汇交易员

外汇交易员是在外汇银行中直接进行外汇业务操作的人员。其直接对客户报出汇价，代表银行进行交易。外汇交易员专门负责某一种或几种货币的交易。外汇交易员依照经验和授权交易范围的不同，分为首席交易员、高级交易员、交易员、初级交易员等。首席交易员一般只在碰到与银行关系重大的问题时做出决策。

3. 外汇经纪人

经纪人是促成商业银行之间的交易，依靠同外汇银行的密切联系和对汇率变动的判断，促成交易，从中收取手续费的外汇市场中介者。由于电信系统的日益完善，各银行的报价公开显示，使得经纪人面临很大竞争，因此又有一种以自己的资金参与买卖并承担损益的经纪人。

（二）一般顾客

一般顾客包括外汇的实际供应者、外汇需求者、外汇投机者。其中外汇投机者是外汇市场的主要力量。在其余的顾客中，一部分是出于交易的目的，为满足国际结算的需求而进行外汇买卖；另一部分是为了保值而进行套期交易等。

（三）中央银行

中央银行是外汇市场上重要的参与者，其在外汇市场上有两大职能：首先是监督市场，通过制定和颁布条例和法令，防止违法行为，维护外汇市场的正常运行；其次是干预市场，通过吸纳或抛售外汇来控制本国的货币供给量和稳定本国货币。中央银行干预市场，主要是干预即期市场，保持币值的稳定，避免汇率对本国出口商品竞争力的不利影响，维护国际收支平衡。

第六节
衍生市场

衍生市场是指以金融衍生工具为交易对象的市场，一般表现为一些合约市场，如远期、期货、期权、互换等。

一、期货市场

期货市场是商品经济发展的产物。欧洲是近代商品经济的中心，也是期货市场的发源地。1570 年，世界第一个商品期货交易所英国皇家交易所于伦敦成立。美国第一家期货交易所芝加哥期货交易所于 1848 年成立，现在已经成为世界最大的综合性期货交易所。1972 年 5 月，美国国际货币市场首次推出了外汇期货。1974 年 12 月，开始有黄金期货。芝加哥期货交易所于 1973 年 4 月开始做买进期权，1977 年 6 月，开始做卖出期权。1982 年 2 月，美国堪萨斯农产品交易所开始经营股票指数期货。在美国首创金融期货交易后，其他国家纷纷效仿，金融期货市场飞速发展，交易品种日益增多，交易数量增长很快。在市场发展过程中，期货交易工具分化为两种类型：一是买卖双方以实物交割为目的而签订的远期合约交易；二是在高度组织化的交易所买卖由交易所统一制定的关于某种商品或金融工具的标准化合约的期货交易。

（一）期货市场交易种类

1. 商品期货

（1）农产品期货。期货发展初期主要以农产品的避险为主，因此农产品可以说是最古老的期货商品，农产品期货可分为谷物类期货，如玉米、小麦、稻米、大豆（其副产品豆粕、豆油）、红小豆等；畜禽类期货，如黄油、鸡蛋等；经济作物类期货，如咖啡、可可、蔗糖等。

（2）金属期货。金属期货可分为贵金属如黄金、白银等及一般金属如铜、铝等期货。

（3）能源期货。能源期货主要是以石油及其附属产品（原油、燃油、汽油等）为主的期货。

2. 金融期货

（1）利率期货。利率期货是在 20 世纪 70 年代西方国家经济空前动荡、利率剧烈波动的背景下产生的。它以各类融资工具为交易对象，主要包括各国的中长期国债、短期政府债券、欧洲美元存款等。其中交易量最大的是 3 个月欧洲美元期货合约、美国国库券期货合约。

(2) 货币期货。从一个国家货币的角度来看，货币期货就是外汇期货。货币期货交易，是指在期货交易所内交易双方通过公开叫价，买进或者卖出某种非本国货币，并签订一份在未来某一时间根据协议价格交割标准数量外汇的合约。外汇期货交易的目的是避免外汇风险而进行的套期保值。

(3) 股票价格指数期货。股票价格指数期货是金融市场的又一大创新。它以反映股票价格水平的股票指数为依据，以期货合约的形式进行交易。股票价格指数期货交易是一种契约化的交易方式，买卖双方交易的不是抽象的股票指数，而是代表一定价值的股票指数期货合约，它利用股票综合指数的变化来代表期货合约价值的涨跌。在整个交易过程中，没有股票的转手，只有指数期货合约的买卖。

（二）期货交易的特点

(1) 任何期货交易都是对绝对标准化的期货合约进行交易，交易者只能通过买卖标准化合约的份数来调整交易金额。

(2) 在期货交易中，到期前每天的结算都由交易所和结算所根据当天的行情来进行保证金账户划转，结算所随时可以对不能补足保证金的一方做清仓处理，从而减少了违约风险。

(3) 期货交易的交易双方是通过第三方期货交易所和结算所来完成交易和清算，交易双方不直接发生联系。

(4) 期货交易多采用保证金结算和对冲了结合约，很少进行实物的交割。

（三）期货市场的结构

期货交易是针对标准化合约的保证金交易，这种交易必须在严格的组织环境中进行。所有的期货交易都是通过期货市场进行的。期货市场是由期货交易所、期货结算所、期货经纪人和期货交易者组成。

1. 期货交易所

期货交易所是由会员联合组成的组织，自身不参与交易，只是为期货交易提供场所、设备，制定交易规则，维护公开平等的交易的专门机构。只有期货交易所的会员才能进入交易所内交易，非会员只能委托会员代理交易。

2. 期货结算所

期货结算所是负责期货的结算，包括到期合约的交割与未到期合约的平仓，并保证每笔交易的清算以及合约购入者最终获得其所需的商品的专门机构。期货结算所的结算秩序依赖一系列规章制度维持，主要有登记制度、开仓押金制度、最高持仓制度、风险处理制度。

3. 期货经纪人

期货经纪人是专门接受委托、代客交易并收取佣金的期货交易所会员。

期货经纪人的主要责任是：代理客户办理买卖期货的各种手续；向客户介绍和解释期货合约的内容和交易规则；向客户通报市场信息并在可能的情况下提出有利的交易机会；报告期货合约的完成情况与盈亏结果。

4. 期货交易者

期货交易者主要是两大类：投机者和真实交易者（生产商、加工商和贸易商）。投机者参加期货交易的目的是要承受价格风险，以获得更大的利润。生产商、加工商和贸易商等真实交易者是把期货市场当作转移价格风险的场所，利用期货合约作为将来在现货市场上买卖商品的替代物，利用期货市场进行对冲交易以减少价格风险。

（四）期货市场的作用

期货市场是现代金融市场不容忽视的重要组成部分，其作用主要表现在风险回避和价格发现两个方面。

1. 风险回避

期货市场的存在，使得未来某一个时间的价格是锁定的。生产者可以根据已明确的价格从事生产，需求者也可以支付固定的价格，而不受价格变动的影响。期货市场的风险回避包含两层内容：

（1）交易者可以事先明确商品的交易价格，锁定价格，排除价格变化对自己的任何影响。

（2）期货市场为交易者减少损失、降低风险提供了可能。商品交易价格由于受供求关系影响发生不利于某一交易者时，可以做与原来相反的交易，从而减少损失。

2. 价格发现

期货交易价格是交易者对目前与未来供求关系价格趋势的综合观点。由于期货交易价格完全由买卖双方公开竞价来决定，所有的交易者都有同等的机会在现有的供求关系下，按其认为最合适的价格来成交，期货交易价格反映了价格的相对合理的水平。其可以为企业的生产与经营、促进经济资源的有效利用起导向作用。

知识链接

难以忘却的国债327事件

“327”是“92（3）国债06月交收”国债期货合约的代号，对应1992年发行1995年6月到期兑付的3年期国库券，该券发行总量是240亿元人民币。

1995年时，国家宏观调控提出3年内大幅降低通货膨胀率的措施，到1994年年底、1995年年初的时段，通胀率已经被控下调了2.5%左右。众所周知，在1991—1994年中国通胀率一直居高不下的这3年里，保值贴息率一直在7%~8%的水平上。根据这些数据，时任万国证券总经理的管金生预测，327国债的保值贴息率不可能上调，即使不下降，也应维持在8%的水平。按照这一预测，327国债将以132元的价格兑付。因此当市价在147~148元波动时，万国证券联合辽宁国发集团，成为市场空头主力。

而另一边，当时的中国经济开发有限公司（简称中经开），隶属于财政部，有理由认为，它当时已经知道财政部将上调保值贴息率。因此，中经开成为多头主力。

1995年2月23日，财政部发布公告称，327国债将按148.5元兑付，空头判断彻底错误。当日，中经开率领多方借利好大肆买入，将价格推到了151.98元。随后辽宁国发的高岭、高原兄弟在形势对空头极其不利的情况下由空翻多，将其50万口做空单迅速平仓，反手买入50万口做多，327国债在1分钟内涨了2元。这对于万国证券意味着一个沉重打击——60亿元人民币的巨额亏损。管金生为了维护自身利益，在收盘前8分钟时，做出避免巨额亏损的疯狂举措：大举透支卖出国债期货，做空国债。下午4：22，在手头并没有足够保证金的前提下，空方突然发难，先以50万口把价位从151.3元轰到150元，然后把价位打到148元，最后一个730万口的巨大卖单把价位打到147.4元。而这笔730万口卖单面值1 460亿元。当日开盘的多方全部爆仓，并且由于时间仓促，多方根本没来得及有所反应，使得这次激烈的多空绞杀终于以万国证券盈利而告终。而以中经开为代表的多头，则出现了约40亿元的巨额亏损。

2月23日晚上10点，上海证券交易所（上交所）在召开紧急会议后宣布：23日16时22分13秒之后的所有交易是异常的、无效的，经过此调整当日国债成交额为5 400亿元，当日327品种的收盘价为违规前最后签订的一笔交易价格151.3元。也就是说当日收盘前8分钟内多头的所有卖单无效，327产品兑付价由会员协议确定。上交所的这一决定，使万国证券的尾盘操作收获瞬间化为泡影。万国亏损56亿元人民币，濒临破产。

2月24日，上交所发出《关于加强国债期货交易监管工作的紧急通知》，就国债期货交易的监管问题做出六项规定：① 从2月24日起，对国债期货交易实行涨跌停板制度；② 严格加强最高持仓合约限额的管理工作；③ 切实建立客户持仓限额的规定；④ 严禁会员公司之间相互借用仓位；⑤ 对持仓限额使用结构实行控制；⑥ 严格国债期货资金使用管理。同时，为了维持市场稳定，开办了协议平仓专场。

5月17日，中国证监会鉴于中国当时不具备开展国债期货交易的基本条件，发出《关于暂停全国范围内国债期货交易试点的紧急通知》，开市仅2年零6个月的国债期货无奈地画上了句号。中国第一个金融期货品种宣告夭折。

9月20日，国家监察部、中国证监会等部门公布了对"327事件"的调查结果和处理决定，称"这次事件是一起在国债期货市场发展过快、交易所监管不严和风险控制滞后的情况下，由上海万国证券公司、辽宁国发（集团）公司引起的国债期货风波"。决定认为，上交所对市场存在过度投机带来的风险估计严重不足，交易规则不完善，风险控制滞后，监督管理不严，致使在短短几个月内屡次发生严重违规交易引起的国债期货风波，在国内外造成极坏的影响。经过4个多月深入调查取证，国家监察部、中国证监会等部门根据有关法规，对有关责任人分别做出了开除公职、撤销行政领导等纪律处分和调离、免职等组织处分，涉嫌触犯刑律的移送司法机关处理，对违反规定的证券机构进行经济处罚。

二、期权市场

（一）期权交易的特点

1. 期权交易中，期权买卖双方的权利与义务不对称

期权交易的买方所购买的仅是一种权利，而不是一种义务，买方不承担必须买进或卖出的义务。卖方必须承担到期时的卖出或买进的义务。由于期权的卖方收取了一定的期权费，这就使得他将选择权转让给了期权的买方，只要期权的买方要求履约，期权的卖方就必须履约。

2. 期权交易中，期权买卖双方的风险不对称

期权的买方获得了选择权，承担的风险锁定，其所承受的风险上限是期权费，比其他期货交易的风险小。期权的卖方承受的风险理论上是无穷大。

3. 期权交易中，期权买卖双方的收益不对称

期权的买方收益理论上是无穷大。期权的卖方收益上限是买方支付的期权费。

（二）期权的种类

1. 按期权买方的权利划分

按期权买方的权利划分，期权可分为看涨期权和看跌期权。凡是赋予期权买方购买标的资产权利的合约，就是看涨期权；而赋予期权买方出售标的资产权利的合约就是看跌期权。

2. 按期权合约的标的资产划分

按期权合约的标的资产划分，期权合约可分为利率期权、货币期权（也称外汇期权）、股票价格指数期权、股票期权以及金融期货期权。

3. 按期权买者执行期权的时限划分

按期权买者执行期权的时限划分，期权可以分为欧式期权和美式期权。欧式期权的买方只有在期权到期日才能执行期权；而美式期权允许买方在期权到期前的任何时间执行期权。

（三）期权费的决定

1. 期权合约的有效期

有效期越长，期权买方的获利机会越大，因此期权费越高。

2. 期权有效期的种类

一个阶段要比某一时刻对期权的买入者更为有利，美式期权的期权费要比欧式期权的期权费高。

3. 协定价格的高低

看涨期权的期权费随着协定价格的升高而减少，看跌期权的期权费随协定价格的下降而下降。

4. 证券市场行情

在证券价格趋于上涨时，看涨期权的期权费将增加；而在证券价格呈下降趋势时，看跌期权的费用将会上升。在证券市场处于剧烈波动时，期权费要比稳定的证券市场高。

5. 证券自身的特点

价格波动剧烈的证券的期权费要比价格波动不大的证券的期权费低。

三、互换市场

（一）互换的条件

（1）双方对对方的资产或负债均有需求。

（2）双方在两种资产或负债上存在比较优势。

比较优势理论是金融互换合约产生的理论基础。比较优势理论是英国著名经济学家大卫·李嘉图提出的，他认为，在两国都能生产两种产品，且一国在这两种产品的生产上均处于有利地位，而另一国均处于不利地位的条件下，如果两国进行专业化分工，各自专门生产自己具有比较优势的产品，那么通过国际贸易，双方能够从中受益。

（二）金融互换的主要种类

1. 利率互换

利率互换是指两笔债务以利率方式互相调换，一般期初和到期日都没有实际本金的交换。在利率互换中，本金被作为计算利息的基础，而真正交换的只是双方不同特征的利息。利率互换有三种形式：同种货币的固定利率与浮动利率互换；以某种利率为参考的浮动利率与以另一种利率为参考的浮动利率互换；某种货币固定利率与另一种货币浮动利率的互换。互换的期限通常在 2 年以上。

以一个例子来说明利率互换的交易过程及其功能，资料见表 4-1。

表 4-1　金融市场融资成本表

	A	B	A、B 筹资成本差
固定利率（%）	10	12	2
浮动利率	LIBOR+0.5%	LIBOR+0.75%	0.25%

注：LIBOR 为伦敦同业拆借市场利率。

从表 4-1 中可以看出，A 公司无论是在固定利率融资方面还是在浮动利率融资方面成本均低于 B 公司，但其在固定利率融资方面有比较优势，B 公司在浮动利率融资方面有比较优势。双方利用各自的比较优势融资。假设 A 公司和 B 公司融资额相等，如果由 A 公司筹集一笔固定利率资金，B 公司筹集一笔浮动利率资金，然后进行利率互换，则能以更低的价格获得这笔资金。

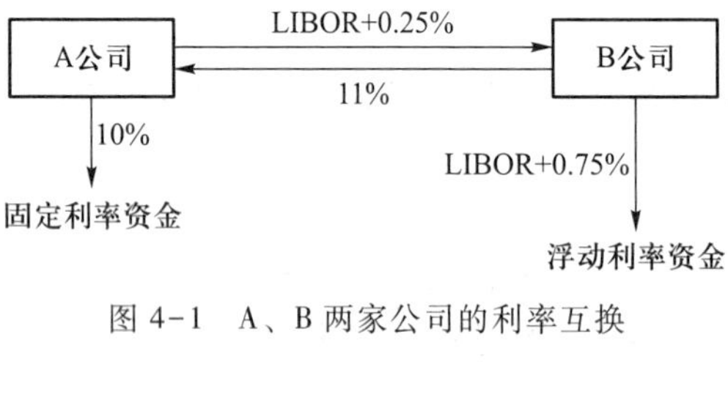

图 4-1　A、B 两家公司的利率互换

从图 4-1 中可以看出，通过商业银行等互换中介，A、B 公司达成了利率互换协议。A 公司以 10%的固定利率吸收资金，B 公司以 LIBOR+0.75%的浮动利率吸收资金，A 公司向 B 公司支付的利率为 LIBOR+0.25%，B 公司向 A 公司支付利率为 11%，互换后 A 公司获得资金的成本为 10%+LIBOR+0.25%-11%=LIBOR-0.75%，比 LIBOR+0.5%节省 1.25%，B 公司获得资金的能力是 LIBOR+0.75%+11%-（LIBOR+0.25%）=11.5%，比 12%节省 0.5%的利息成本。

2. 货币互换

货币互换是根据交易双方的互补需要，将持有的不同种类的货币，以商定的筹资本金和利率为基础，进行货币本金的交换并结算利息。它有三个基本步骤：第一步，本金的初期互换。这是互换之初，双方按协定的汇率交换两种不同货币的本金，而该汇率一般以期初的即期汇率为基础。第二步，利率的互换。交易双方按协定的利率，以未偿还本金为基础，相互交换一组利息。第三步，到期日本金的再次互换。在合约到期日，交易双方又按事先协定的汇率再次互换，换回期初交换的本金。

■ 本章小结

本章介绍了金融工具的概念特征、分类以及各种金融工具的具体内容，阐述了金融市场的构成要素、功能，介绍了包括货币市场、资本市场、外汇市场、衍生市场等各个子市场的具体内容，为进一步学习金融市场的各种投融资活动奠定了基础。

■ 章后习题

□ 一、重要概念

金融工具　　金融市场　　股票　　债券

□ 二、思考题

1. 金融工具的特征有哪些？
2. 资本市场包括哪些子市场？
3. 期货交易的特点有哪些？

□ 三、讨论题

在资本市场上，公司可直接在一级市场上筹集资金，为什么还必须同时在二级市场存在和充分发展？

□ 四、案例分析

在一个有着发达的国库券市场的国家中，“重阳一号”对冲基金企图通过复杂的金融交易牟取暴利，这个交易的核心是使市场利率出现较大上升。那么理论上，“重阳一号”对冲基金应当在国库券市场上采取什么样的交易策略？如果该国的中央银行发现了该基金的意图，却又打算仅通过经济手段——在国库券市场上的公开市场业务中挫败这一图谋，那么中央银行应当采取什么样的措施？

■ 延伸阅读

新股发行与申购新规

新股发行是指首次公开发行股票（IPO），是指企业通过证券交易所首次公开向投资者发行股票，以期募集用于企业发展资金的过程。

从2016年开始，A股新股发行将按新规申购，主要包括取消现行新股申购预先缴款制度，改为新股发行采用市值申购的方法。投资者只要有市值就能申购，中签之后才缴款，强调新股申购自主决策、自担风险、自负盈亏，券商不得接受投资者全权委托申购新股。

新股申购规则：

一、T-2日（含）前20个交易日日均必须至少持有1万元非限售A股市值才可申购新股，上海、深圳分开单独计算。

二、姓名、身份证号相同的所有账户（含融资融券账户）合并计算T-2日市值。

三、上海每持有1万元市值可申购1 000股，深圳每持有5 000元市值可申购500股；自己的账户能申购多少股，在下单时交易软件会有提示。

四、有市值的账户才能申购，上海和深圳均在普通或信用账户申购，只有第一次下单有效（按发行价买入）且不能撤销。

五、申购时间：

上海9：30-11：30/13：00-15：00；

深圳9：15-11：30/13：00-15：00。

六、当客户累计有3次中签后没有兑付相对应金额申购费的，就会被暂停半年申购新股功能。

新股申购是为获取股票一级市场、二级市场间风险极低的差价收益，不参与二级市场炒作，不仅本金非常安全，收益也相对稳定，是稳健投资者的理想投资选择。

■ 即测即评

第五章

金融机构体系

【本章学习目标】

通过对本章的学习，学生可了解金融机构的分类构成情况及国际金融机构体系；明确主要金融机构的性质、职能；熟知中国现行的金融机构体系；掌握各种金融机构的业务范围和职责分工。

【本章知识结构图】

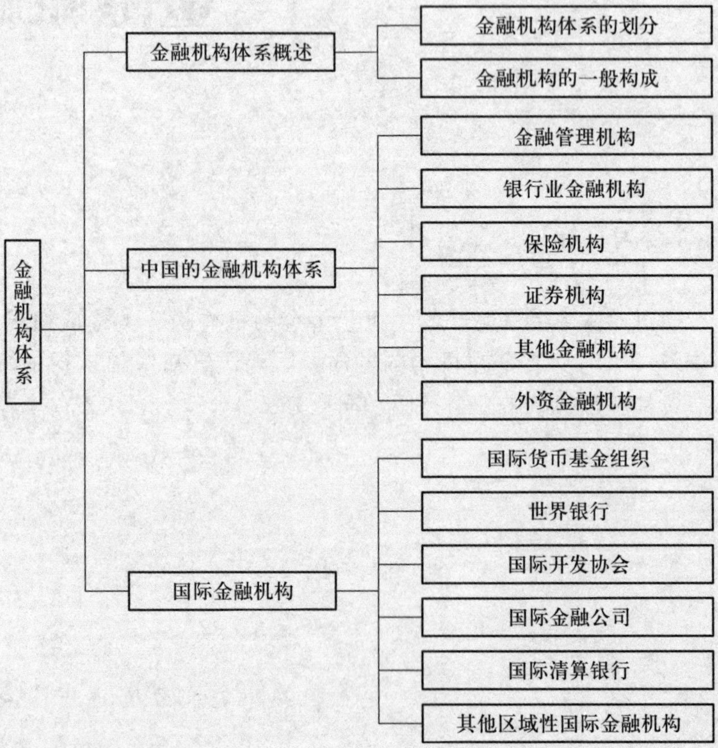
金融机构体系
金融机构体系概述
金融机构体系的划分
金融机构的一般构成
中国的金融机构体系
金融管理机构
银行业金融机构
保险机构
证券机构
其他金融机构
外资金融机构
国际金融机构
国际货币基金组织
世界银行
国际开发协会
国际金融公司
国际清算银行
其他区域性国际金融机构

【引例】

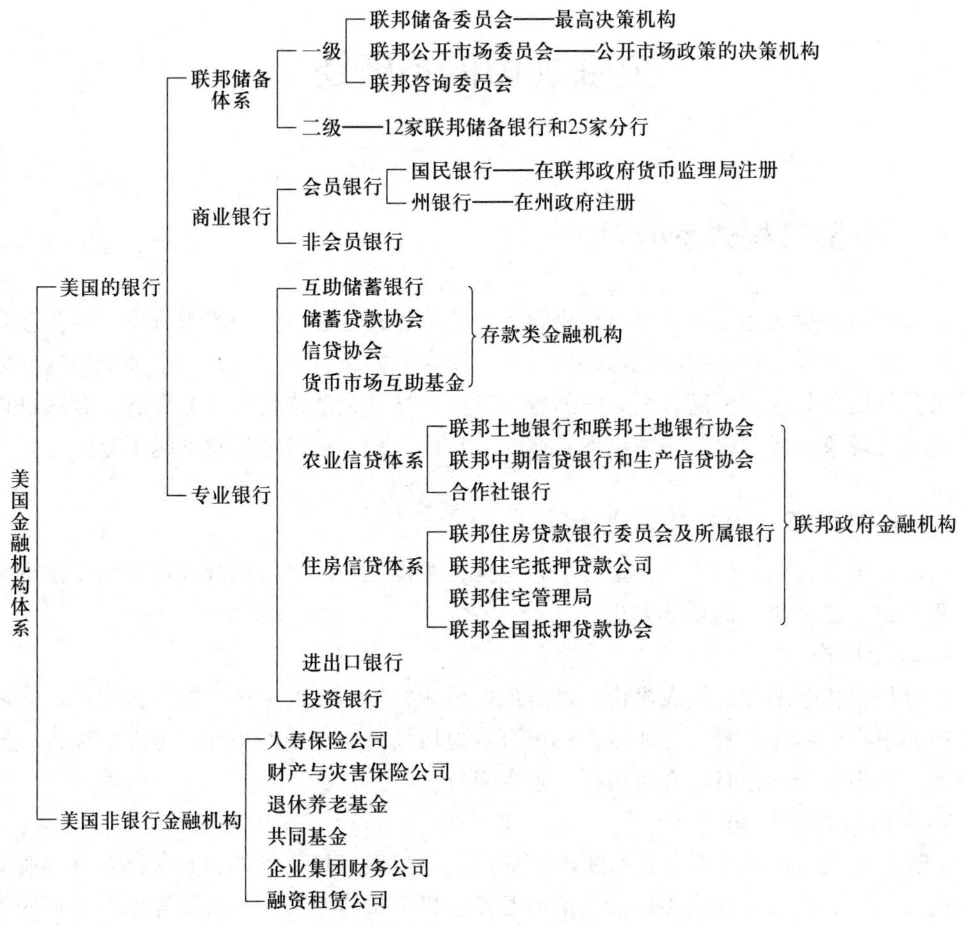

图 5-1　美国金融机构体系

思考：如图 5-1 所示，由于金融机构种类、数量繁多，人们对金融机构体系的构成及职责分工的认识非常模糊。每种金融机构的性质是什么？可以开展哪些业务？有什么作用？本章就是要讲述金融机构体系的分类构成及各种金融机构的性质、职能、业务范围和职责分工等问题。

第一节
金融机构体系概述

一、金融机构体系的划分

金融机构一般是指经营货币与信用业务，从事各种金融活动的组织机构。因为金融活动极其广泛，开展金融业务的机构众多，其性质和职能又各有不同，所以金融机构的分类也是从多角度划分的。但随着金融业的竞争日趋激烈，金融创新的日益发展，金融机构间的业务交叉现象和经营综合化现象不断增强。目前，划分标准已经越来越不分明。

（一）银行与非银行金融机构

银行机构是古老、传统、典型的金融机构，所以把金融机构划分成银行和非银行金融机构两大类，是最普遍的划分方法。

1. 银行机构

银行是现代金融业的代表机构，也是现代金融机构体系的主体。银行机构按职能可划分为中央银行、商业银行、专业银行；还可按地域划分为全国性银行、地方性银行；按资金来源划分为股份制银行、合资银行、独资银行。

2. 非银行金融机构

非银行金融机构是相对于银行机构而言的，是指银行机构以外的其他经营金融业务的机构或组织。非银行金融机构以接受信用委托、提供保险服务、从事证券融资等不同于银行的多种业务形式进行融资活动，以其适应市场经济多领域、多渠道融资的需要，成为各国金融体系中重要的组成部分。非银行金融机构主要包括保险公司、证券公司、信用合作社、投资基金管理公司、信托公司、财务公司、租赁公司等。

（二）存款类金融机构和非存款类金融机构

1. 存款类金融机构

存款类金融机构是指主要依靠吸收存款作为资金来源的金融机构，主要包括商业银行、信用合作社以及储蓄银行等。

2. 非存款类金融机构

非存款类金融机构是指以接受资金所有者根据契约规定缴纳的非存款性资金为主要来源的金融机构，主要包括保险公司、投资银行、信托公司、金融公司等。

当今，为适应高度发达的市场经济的要求，世界上大多数国家都形成了以中央银行为核心，以商业银行为主体，包括各类非银行金融机构的规模庞大的金融机构体系。

二、金融机构的一般构成

（一）银行机构

1. 中央银行

中央银行处于一国金融体系的中心环节，是统领全国货币金融业务的最高权力机构，也是全国信用制度的枢纽和金融管理最高当局。对内它代表国家对整个金融体系实行领导和管理，维护金融体系的安全运行，实施宏观金融调控；对外它是一国货币主权的象征。

中央银行是在银行业发展过程中，为适应统一银行券、给政府提供资金、为普通银行实施信贷支持、统一全国的清算以及管理全国宏观金融业等多种客观需要而出现的。中央银行最初一般由商业银行演变而成，如世界上公认的第一家中央银行是1694年成立的英格兰银行，但多数国家的中央银行是由政府直接设立的，如美国的联邦储备体系和第二次世界大战后许多发展中国家建立的中央银行。现在几乎所有国家或地区都设立了中央银行或类似中央银行的金融机构。有关中央银行的性质职能和业务等内容将在以后章节中详述。

2. 商业银行

商业银行是以获取利润为目标，以经营金融资产和金融负债为主要内容的综合性、多功能的金融企业。商业银行是最早出现的现代金融机构，其主要业务是经营个人储蓄和工商企业存、贷款，并为客户办理汇兑结算和提供多种服务。通过办理转账结算，商业银行实现了国民经济中的绝大部分货币周转，同时起着创造存款货币的作用。

在各国，商业银行以机构数量多、业务渗透面广和资产总额比重大而成为金融机构体系中的骨干和中坚，具有其他金融机构所不能代替的重要地位。有关商业银行的性质职能和业务等内容将在以后章节中详述。

3. 专业银行

专业银行是专门经营某种特定范围的金融业务和提供专门性金融服务的银行机构，一般包括投资银行、储蓄银行、政策性银行、抵押银行和贴现银行等。

（1）投资银行。投资银行为投资性金融中介，是主要从事证券发行、承销、交易，企业兼并重组及投资分析、风险投资、项目融资等业务的金融机构。投资银行是美国和欧洲大陆的通用名称，在英国称为商人银行，在法国称为实业银行，在日本则称为证券公司。

虽然被称为银行，但投资银行并非通常意义上的银行，因为它不吸收存款，资金来源主要是发行自己的股票和债券。它的业务范围发展迅速，已经突破了证券发行与承销、证券交易经纪、证券私募发行等传统业务框架，将企业并购、项目融资、风险投资、公司理财、投资咨询、资产及基金管理、资产证券化、金融创新等纳入其核心业务中。投资银行在现代社会经济发展中发挥着沟通资金供求、构造证券市场、推动企业并购、促进产业集中和规模经济形成、优化资源配置等重要作用。

典型案例

高盛集团在中国

高盛集团（Goldman Sachs），一家国际领先的投资银行，向全球提供广泛的投资、咨询和金融服务，拥有大量的多行业客户，包括私营公司、金融企业、政府机构以及个人。高盛集团成立于1869年，是全世界历史最悠久及规模最大的投资银行之一，总部位于纽约，并在日本东京、英国伦敦和我国香港设有分部，在23个国家拥有41个办事处。其所有运作都建立在紧密一体的全球基础上，由优秀的专家为客户提供服务。同时拥有丰富的地区市场知识和国际运作能力。

高盛于1994年进入中国市场，在中国建立了领先的投资银行业务。国内大型企业就如何利用资本市场实现增长向高盛寻求意见。高盛牵头经办了来自中国最大型及最重要的股票发行，包括在境内外市场的公开发行和定向配售。高盛还为中国企业及在华开展业务的跨国公司承销了多宗大型、创新的债务发行。高盛为中国国有企业（如中国石化、中国海洋石油、国家电网、中国工商银行、中国人寿和平安保险）及领先民营企业（如百度、碧桂园、广州富力地产和新浪）执行了多宗资本市场方案。

高盛还积极投资中国市场，2011年成立了旗下首只人民币私募股权基金，承诺资本总额50亿元。

2004年，高盛与其战略合作伙伴高华证券在中国设立了合资公司。高盛持有合资公司高盛高华证券33%股权，其余股权由高华证券持有。高华证券是一家拥有全牌照的内资证券公司，可从事A股证券经纪和交易、自营、资产管理等业务。2012年，高华证券完成对乾坤期货的收购，在中国涉足期货交易。

资料来源：高盛银行网站。

（2）储蓄银行。储蓄银行是专门吸收居民储蓄存款，并为居民个人提供金融服务的银行。

这类银行的服务对象主要是居民消费者，资金来源主要是居民储蓄存款。资金运用主要是为居民提供消费信贷和其他贷款等，如对居民发放住房抵押贷款。此外，也在可靠的债券市场或房地产市场投资，如购买国债。

储蓄银行既有公营的，也有私营的。为了保护众多小额储蓄者的利益，许多国家对储蓄银行的业务活动制定专门的法规加以约束，限定其聚集的大量资金的投向，如不得经营支票存款，不得经营一般工商信贷等。但近些年来这些规定已有所突破，储蓄银行业务正在向商业银行靠近。

储蓄银行的名称在各国有所不同，在美国称为互助储蓄银行、信贷协会、储蓄贷款协会等，英国称为信托储蓄银行，日本称为储蓄银行。由于储蓄银行直接服务于广大居民，因而其数量在各国都比较多。

（3）政策性银行。政策性银行是政府创办的以扶持特定的经济部门或促进特定地区经济发展为主要任务、在特定的行业领域从事金融活动的专业银行。政策性银行属于政府金融机构，它贯彻政府意图，取得政府资金，不以营利为目的，具有政府机关的性质；同时，它又经营金融业务，以金融方式融通资金，具有金融企业的性质。

在经济发展过程中，常常存在一些商业银行从盈利角度考虑不愿意融资的领域，或者其资金实力难以达到的领域。这些领域通常包括那些对国民经济发展、社会稳定具有重要意义，投资规模大、周期长、经济效益见效慢、资金回收时间长的项目，如农业开发项目、重要基础设施建设项目、外贸进出口项目等。为了扶持这些项目，各国政府往往采取各种鼓励措施，采用的办法是设立政策性银行，专门对这些项目融资，如开发银行、农业银行、进出口银行。

知识链接

德国复兴信贷银行

德国复兴信贷银行（KFW）是一个与联邦德国一起成长的国家政策性银行。1948 年，为第二次世界大战后联邦德国的紧急重建需求提供资金的德国复兴信贷银行成立了，坐落于莱茵河支流美因河畔的法兰克福市。KFW 成立时的原始股本约为 10 亿马克，其中联邦政府占 80%，各州政府占 20%。

在 KFW 的发展过程中，从最初为第二次世界大战后联邦德国的重建提供资金，到现在为德国企业提供长期投资贷款，业务性质专一。而在投资信贷当中，首要任务是为促进德国中小企业的发展，为其在国内外投资项目提供优惠的长期信贷，因为占德国企业 99%的中小企业，解决了德国近 2/3 就业人口的就业问题。KFW 的信贷业务具体体现在基础设施、环保和住房改造项目的信贷提供上。同时，KFW 为德国企业提供出口信贷和项目融资，主要集中在能源、通信与交通信息等领域。KFW 在财政合作上也有很大的发展，受联邦政府委托，为发展中国家的投资项目提供融资，此外还提供咨询等相关服务。

（4）抵押银行。抵押银行是“不动产抵押银行”的简称，是指专门从事以土地、房屋和其他不动产为抵押办理长期贷款业务的银行。不动产银行有不同的名称，如法国的房地产信贷银行、美国的联邦住房放贷银行、德国的私人抵押银行和公营抵押银行。抵押银行有公营、私营和公私合营三种形式。抵押银行的资金来源，主要是发行不动产抵押证券募集。

此外，还有住房贷款银行、信托银行、清算银行、外汇银行等各种类型的专业银行。

（二）非银行金融机构

1. 保险公司

保险公司是以投保人缴纳的保险费建立保险基金，并运用该基金进行投资以取得收益，对发生的保险事故进行经济补偿的金融机构。在现代经济中，保险业务已经渗透到社会生活的方方面面，保险公司也因所设立的保险种类不同而形式多样，如人寿保险公司、财产保险公司、存款保险公司、灾害和事故保险公司、信贷保险公司、再保险公司等。所以保险业在西方国家十分发达，保险公司也是各国最重要的非银行金融机构。

保险公司的资金来源稳定，且其获得的保险费收入通常远远超过它的保险金支出，因而能聚集大量的货币资金，成为西方国家金融体系长期资本的重要来源。保险公司筹集的资金，除保留一部分以供赔付所需外，将其投资于诸如债券、股票、抵押贷款和其他贷款之类的资产上，并运用从这些资产所获得的收益来支付保单所确定的权益。所以保险公司像银行一样，经营的是金融中介业务。

2. 信托投资公司

信托投资公司是一种以受托人的身份，代人理财的金融机构。信托投资公司的职能是财产事务管理，即接受客户委托，代客户管理、经营、处置财产，将受益交给受益人。信托投资公司具有财产管理和运用、融通资金、提供信息与咨询以及社会投资等功能。其在经营中是以受托人身份出现，收益来源为手续费，因此有关法律对其进行严格限制，避免信托机构利用信托财产为自己牟利。

3. 金融租赁公司

租赁是由财产所有者按契约规定，将财产租让给承租人使用，承租人根据契约按期支付租金给出租人的经济行为。金融租赁公司是专门为承租人提供资金融通的长期租赁公司。它以商品交易为基础将融资与融物相结合，既有别于传统租赁又不同于银行贷款，其提供的租赁服务是所有权和经营权相分离的一种新的经济活动方式，具有投资、融资、促销和管理的功能。

4. 企业集团财务公司

企业集团财务公司，简称财务公司，是指以加强企业集团资金集中管理和提高企业集团资金使用效率为目的，为企业集团成员单位提供财务管理服务的非银行金融机构。财务公司的资金来源主要是各种形式的负债，其经营环境比较宽松，经营机制比较灵活，业务涉及成员单位的存款、贷款、交易款项收付、转账结算、担保、投资、票据承兑与贴现等。

5. 金融资产管理公司

金融资产管理公司是各国主要用于清理银行不良资产的金融机构。金融资产管理公司通常是在银行出现危机或存在大量不良债权时由政府设立的，通过剥离银行不良债权向银行系统注入资金以重建公众对银行的信心，通过有效的资产管理和资产变现尽可能从不良资产中多收回些价值。由金融资产管理公司处理不良债权有利于降低清理成本，盘活资产，稳定金融市场。

6. 退休养老基金会

退休养老基金会是指以定期收取退休或养老储蓄金的方式，向退休者提供退休收入或年金的金融机构。这类机构与保险公司一样，同属契约性储蓄机构，通常由雇主或雇员按期缴付工资的一定比例，受益人退休后可一次性取得或按月支取退休养老金。这类基金之前大多数是由保险公司管理的，其资金运作也比较简单，主要用于购买国债和存放银行生息。由于近年西方国家人口老龄化问题严重，养老基金运营开始转向资本市场和海外证券市场，以获得更高的投资回报率。

7. 信用合作社

信用合作社是由个人集资联合组建的以互助为主要宗旨的合作金融组织。其基本的经营目标是以简单的手续和较低的利率向合作社成员提供信贷服务，帮助经济力量薄弱的个人和中小企业解决资金困难。信用合作社作为群众性互助合作金融组织，分为农村信用合作社和城市信用合作社。信用合作社一般规模不大，其资金主要来源于合作社成员所缴纳的股金和吸收的存款，其贷款主要以信用合作社的成员为对象。最初信用合作社主要发放短期生产贷款和消费贷款，目前一些较大的信用合作社也为解决生产设备更新、技术改造等提供中长期贷款，并逐步采取了以不动产或有价证券为担保的抵押贷款方式。

除此之外，非银行金融机构还有担保公司、贷款公司、基金管理公司等多种类型。

第二节

中国的金融机构体系

中国现行的金融机构体系形成以中国人民银行、中国证券监督管理委员会、中国保险监督管理委员会、中国银行业监督管理委员会为领导，商业银行为主体，政策性银行、非银行金融机构并存、分工协作的格局，同时还包括港澳地区和在华外资金融机构等。

一、金融管理机构

（一）中国人民银行

中国人民银行成立于1948年12月1日，是我国的中央银行，是我国金融机构体系的核心。按照《中华人民共和国中国人民银行法（修正案）》的规定，中国人民银行的职能正式表述为，“制定和执行货币政策、维护金融稳定、提供金融服务”，同时明确界定中国人民银行为国务院组成部门，是中华人民共和国的中央银行，是在国务院领导下的宏观调控部门，即中国人民银行在国务院领导下，制定和执行货币政策，防范和化解金融风险，维护金融稳定。中国人民银行具体职责包括：

（1）发布与履行其职责有关的命令和规章。

（2）依法制定和执行货币政策。

（3）发行人民币，管理人民币流通。

（4）监督管理银行间同业拆借市场和银行间债券市场。

（5）实施外汇管理，监督管理银行间外汇市场。

（6）监督管理黄金市场。

（7）持有、管理、经营国家外汇储备、黄金储备。

（8）经理国库。

（9）维护支付、清算系统的正常运行。

（10）指导、部署金融业反洗钱工作，负责反洗钱的资金监测。

（11）负责金融业的统计、调查、分析和预测。

（12）作为国家的中央银行，从事有关的国际金融活动。

（13）国务院规定的其他职责。

（二）中国证券监督管理委员会

中国证券监督管理委员会简称证监会，成立于1992年10月，是国务院直属事业单位，也是全国证券期货市场的主管部门，依照法律、法规和国务院授权，统一监督管理全国证券期货市场，维护证券期货市场秩序，保障其合法运行。证监会具体职责包括：

（1）研究和拟定证券期货市场的方针政策、发展规划；起草证券期货市场的有关法律、法规；制定证券期货市场的有关规章。

（2）统一管理证券期货市场，按规定对证券期货监督机构实行垂直领导。

（3）监督股票、可转换债券、证券投资基金的发行、交易、托管和清算；批准企业债券的上市；监管上市国债和企业债券的交易活动。

（4）监管境内期货合约上市、交易和清算；按规定监督境内机构从事境外期货业务。

（5）监管上市公司及其有信息披露义务股东的证券市场行为。

（6）管理证券期货交易所；按规定管理证券期货交易所的高级管理人员；归口管理证券业协会。

（7）监管证券期货经营机构、证券投资基金管理公司、证券登记清算公司、期货清算机构、证券期货投资咨询机构；与中国人民银行共同审批基金托管机构的资格并监管其基金托管业务；制定上述机构高级管理人员任职资格的管理办法并组织实施；负责证券期货从业人员的资格管理。

（8）监管境内企业直接或间接到境外发行股票、上市；监管境内机构到境外设立证券机构；监督境外机构到境内设立证券机构、从事证券业务。

（9）监管证券期货信息传播活动，负责证券期货市场的统计与信息资源管理。

（10）会同有关部门审批律师事务所、会计师事务所、资产评估机构及其成员从事证券期货中介业务的资格并监管其相关的业务活动。

（11）依法对证券期货违法违规行为进行调查、处罚。

（12）归口管理证券期货行业的对外交往和国际合作事务。

（13）国务院交办的其他事项。

（三）中国保险监督管理委员会

中国保险监督管理委员会简称保监会，成立于1998年11月18日，是国务院直属事业单位，也是中国商业保险的主管机关。其成立基本目的是深化金融体制改革，进一步防范和化解金融风险，根据国务院授权履行行政管理职能，依照法律、法规统一监督和管理保险市场。保监会具体职责包括：

（1）拟定保险业发展的方针政策，制定行业发展战略和规划；起草保险业监管的法律、法规；制定业内规章。

（2）审批保险公司及其分支机构、保险集团公司、保险控股公司的设立；会同有关部门审批保险资产管理公司的设立；审批境外保险机构代表处的设立；审批保险代理公司、保险经纪公司、保险公估公司等保险中介机构及其分支机构的设立；审批境内保险机构和非保险机构在境外设立保险机构；审批保险机构的合并、分立、变更、解散，决定接管和指定接受；参与、组织保险公司的破产、清算。

（3）审查、认定各类保险机构高级管理人员的任职资格；制定保险从业人员的基本资格标准。

（4）审批关系社会公众利益的保险险种、依法实行强制保险的险种和新开发的人寿保险险种等的保险条款和保险费率，对其他保险险种的保险条款和保险费率实施备案管理。

（5）依法监管保险公司的偿付能力和市场行为；负责保险保障基金的管理，监管保险保证金；根据法律和国家对保险资金的运用政策，制定有关规章制度，依法对保险公司的资金运用进行监管。

（6）对政策性保险和强制保险进行业务监管；对专属自保、相互保险等组织形式和业务活动进行监管；归口管理保险行业协会、保险学会等行业社团组织。

（7）依法对保险机构和保险从业人员的不正当竞争等违法、违规行为以及对非保险机构经营或变相经营保险业务进行调查、处罚。

（8）依法对境内保险及非保险机构在境外设立的保险机构进行监管。

（9）制定保险行业信息化标准；建立保险风险评价、预警和监控体系，跟踪分析、监测、预测保险市场运行状况，负责统一编制全国保险业的数据、报表，并按照国家有关规定予以发布。

（10）承办国务院交办的其他事项。

（四）中国银行业监督管理委员会

中国银行业监督管理委员会简称银监会，是国务院直属负责对全国银行业金融机构及其业务活动进行监督管理的金融管理机构。银行业金融机构，是指在中华人民共和国境内设立的商业银行、城市信用合作社、农村信用合作社等吸收公众存款的金融机构和政策性银行，以及金融资产管理公司、信托投资公司、财务公司、金融租赁公司和经国务院银行业监督管理机构批准设立的其他金融机构。

银监会于 2003 年 4 月 28 日起正式履行职责，此前银行业的监管职能是由中国人民银行履行的。银监会的成立有利于中国人民银行履行宏观调控职能，更好地执行货币政策，同时意味着我国分业监管体制的进一步完善。银监会具体职责包括：

（1）依照法律、行政法规制定并发布对银行业金融机构及其业务活动监督管理的规章、制度。

（2）依照法律、行政法规规定的条件和程序，审查批准银行业金融机构的设立、变更、终止以及业务范围。

（3）对银行业金融机构的董事和高级管理人员实行任职资格管理。

（4）依照法律、行政法规制定银行业金融机构的审慎经营规则。

（5）对银行业金融机构的业务活动及其风险状况进行非现场监管，建立银行业金融机构监督管理信息系统，分析、评价银行业金融机构的风险状况。

（6）对银行业金融机构的业务活动及其风险状况进行现场检查，制定现场检查程序，规范现场检查行为。

（7）对银行业金融机构实行并表监督管理。

(8) 会同有关部门建立银行业突发事件处置制度，制定银行业突发事件处置预案，明确处置机构和人员及其职责、处置措施和处置程序，及时、有效地处置银行业突发事件。

(9) 负责统一编制全国银行业金融机构的统计数据、报表，并按照国家有关规定予以公布。

(10) 对银行业自律组织的活动进行指导和监督。

(11) 开展与银行业监督管理有关的国际交流、合作活动。

(12) 对已经或者可能发生信用危机，严重影响存款人和其他客户合法权益的银行业金融机构实行接管或者促成机构重组。

(13) 对有违法经营、经营管理不善等情形银行业金融机构予以撤销。

(14) 对涉嫌金融违法的银行业金融机构及其工作人员以及关联行为人的账户予以查询；对涉嫌转移或者隐匿违法资金的申请司法机关予以冻结。

(15) 对擅自设立银行业金融机构或非法从事银行业金融机构业务活动予以取缔。

(16) 负责国有重点银行业金融机构监事会的日常管理工作。

(17) 承办国务院交办的其他事项。

(五) 金融机构行业自律组织

金融机构行业自律，是指金融机构设立行业自律组织，通过制定同业公约，提供行业服务、加强相互监督等方式，实现金融行业的自我约束、自我管理，以规范、协调同业经营行为，保护行业的共同利益，促进各家会员企业按照国家金融、经济政策的要求，努力提高管理水平，优化行业品种，完善金融服务。我国的金融机构行业自律组织包括：中国银行业协会、中国证券业协会、中国保险行业协会和中国财务公司协会等。

二、银行业金融机构

(一) 商业银行

1. 国有股份商业银行

国有股份商业银行包括中国工商银行、中国建设银行、中国银行、中国农业银行和交通银行，是我国金融机构体系的主体，目前，国有股份商业银行均已完成了股份制改革并实现上市。无论在人员总数、机构网点数量，还是在资产规模及市场占有份额上，五家国有控股商业银行都在我国整个金融领域中处于绝对的优势地位。

中国工商银行（Industrial and Commercial Bank of China，ICBC），成立于 1984 年 1 月 1 日，基本任务是依据国家的法律和法规，通过国内外开展融资活动筹集社会资金，加强信贷资金管理，支持企业生产和技术改造，为我国经济建设服务。中国工商银行是中国五大银行之首，世界五百强企业之一。2016 年《财富》世界 500 强排行榜，中国工商银行排名第 15 名；2017 年度 Brand Finance 全球 500 强品牌榜单，中国工商银行排名第 10。

中国建设银行（China Construction Bank，CCB。它简称建设银行或建行，最初行名为中国人民建设银行，1996 年 3 月 26 日更名为中国建设银行）成立于 1954 年 10 月 1 日，拥有建信基金、建信租赁、建信信托、建信人寿、中德住房储蓄银行、建行亚洲、建行伦敦、建行俄罗斯、建行迪拜、建银国际等多家子公司。2016 年《财富》世界 500 强排行榜，中国建设银行名列第 22 名；2017 年度 Brand Finance 全球 500 强品牌榜单，中国建设银行排名第 14。

中国银行（Bank of China Limited，BOC），成立于 1912 年 2 月 5 日，业务范围涵盖商业银行、投资银行、保险和航空租赁，旗下有中银香港、中银国际、中银保险等控股金融机构，在全球范围内为个人和公司客户提供金融服务，是中国国际化和多元化程度最高的银行。2006 年 6 月 1 日和 7 月 5 日，中国银行股份有限公司分别在我国香港联合交易所和上海证券交易所成功上市。2016 年《财富》世界 500 强排行榜，中国银行名列第 35 名；2017 年度 Brand Finance 全球 500 强品牌榜单，中国银行排名第 29。

中国农业银行（Agricultural Bank of China，ABC），成立于 1951 年，业务包括公司银行、零售银行、金融市场业务及资产管理业务，业务范围还涵盖投资银行、基金管理、金融租赁、人寿保险等领域。2010 年完成“A+H”两地上市。2016 年《财富》世界 500 强排行榜，中国农业银行名列第 29 名；2017 年度 Brand Finance 全球 500 强品牌榜单，中国农业银行排名第 34。

交通银行（Bank of Communications，全称为交通银行股份有限公司）始建于 1908 年，1987 年重新组建成第一家全国性的股份制商业银行，业务范围涵盖商业银行、投资银行、证券、信托、金融租赁、基金管理、保险、离岸金融服务等诸多领域。旗下全资子公司包括交银国信国际、交银保险和交银金融租赁，控股子公司包括交银基金、交银信托、交银人寿以及四家交银村镇银行。交通银行分别于 2005 年、2007 年先后在我国香港联合交易所和上海证券交易所上市。2016 年，交通银行已连续 8 年跻身《财富》世界 500 强，营业收入排名第 153 位；位列《银行家》杂志全球 1000 家大银行一级资本排名第 13 位，连续 2 年跻身全球银行 20 强。

2. 股份制商业银行

股份制商业银行分为全国性和地方性两种。全国性的股份制商业银行在全国设立分支机构并开展经营业务，如光大银行、招商银行、民生银行、兴业银行、浦发银行等。地方性的股份制商业银行是指在一定区域范围内经营金融业务的商业银行，如以城市命名的商业银行。我国《商业银行法》规定，设立全国性商业银行的注册资本最低限额为 10 亿元人民币，设立地方性城市商业银行的注册资本最低限额为 1 亿元人民币。地方性股份制商业银行因经营规模扩大，超出了经营地域的界限可转为全国性的股份制商业银行，如上海浦东发展银行、深圳发展银行、招商银行等。

股份制商业银行尽管在规模、数量和人员总数上远不能与国有控股商业银行相比，但其资本、资产及利润的增长速度较快，呈现出较强的经营活力，股份制商业银行已成为我国银行体系中的一支重要力量。

3. 农村商业银行

农村商业银行是由辖内农民、农村工商户、企业法人和其他经济组织共同入股组成的股份制地方性金融机构。我国的农村商业银行源于原农村信用社的股份制改造，是在原农村信用社的基础上，由民营企业、股份公司、有限责任公司、自然人出资组成的地方股份制银行。

（二）政策性银行

1994 年，本着政策性金融和商业性金融相分离的原则，我国设立了三家政策性银行，即国家开发银行、中国农业发展银行和中国进出口银行。

1. 国家开发银行

2008 年 12 月，国家开发银行整体改制为国家开发银行股份有限公司，2015 年 3 月，国务院明确国家开发银行定位为开发性金融机构，旗下拥有国开金融、国开证券、国银租赁和中非基金等子公司。国家开发银行主要通过开展中长期信贷与投资等金融业务，为国民经济重大中长期发展战略服务。

2. 中国农业发展银行

中国农业发展银行的主要职责是按照国家的法律法规和方针政策，以国家信用为基础筹集资金，承担农业政策性金融业务，代理财政支农资金的拨付，为农业和农村经济发展服务。

3. 中国进出口银行

中国进出口银行的主要任务是：执行国家产业政策和外贸政策，为扩大机电产品和成套设备等资本性货物出口提供政策性金融支持；以办理出口买方和卖方信贷业务为主，同时开办信用保险及信贷担保业务。

（三）中国邮政储蓄银行

1919 年，中国邮政储蓄银行的前身邮政储金局成立，开办邮政储金业务；1942 年，储金汇业局成为当时六大金融支柱“四行两局”的重要组成部分；在中华人民共和国成立初期，1953 年邮政储蓄业务停办，邮政继续办理汇兑业务；1986 年，邮政储蓄正式恢复开办。中国邮政储蓄银行于 2007 年 3 月 20 日正式挂牌成立，2016 年 9 月 28 日在我国香港联交所主板上市。中国邮政储蓄银行坚持普惠金融理念，自觉承担“普之城乡、惠之于民”的社会责任，走出了一条服务“三农”、服务中小企业、服务社区的特色发展之路。

（四）农村中小金融机构

我国农村中小金融机构主要包括农村信用社、农村商业银行、农村合作银行和村镇银行。

农村信用合作社是 20 世纪 50 年代，在农村合作化过程中开始组建的，是由社员入股组成、实行民主管理、主要为社员提供金融服务的农村合作金融机构。2003 年国务院关于《深化农村信用社改革试点方案》，明确要把农村信用社办成为“三农”服务的社区和地方金融机构，对不同地区，实行不同的股权制度和组织形式。在股权制度上，分别实行股份制、股份合作制、合作制等；在组织形式上，分别成立农村商业银行、农村合作银行、县（市）农村信用合作联社等。2006 年年末，我国放宽农村银行业金融机构准入政策，颁布《村镇银行管理暂行规定》，允许金融机构在农村设立村镇银行。村镇银行是指由镜内外金融机构、境内非金融企业法人、境内自然人出资，在农村地区设立的主要为当地农民、农业和农村经济发展提供金融服务的银行业金融机构。

三、保险机构

保险机构是指从事保险业务的金融机构，包括保险公司、保险中介机构等。我国的保险业发展非常迅速，机构数量和保费收入不断增长。

按照《中华人民共和国保险法》的规定，保险公司的业务范围有两大项：一是从事财产保险业务，包括财产损失保险、责任保险、信用保险等；二是从事人身保险业务，包括人寿保险、健康保险、意外伤害保险等。同时规定，同一保险公司不得兼营财产保险业务和人身保险业务，但是经营财产保险的保险公司经保险监管机构核定，可以经营短期健康保险业务和意外伤害保险业务。

保险中介机构是专门从事保险业务咨询与招揽、风险管理与安排、价值衡量与评估、损失鉴定与理算等中介服务活动，并从中收取佣金或手续费的机构。保险代理公司是指根据保险人的委托，在保险人授权的范围内代为办理保险业务，并依法向保险人收取代理手续费的单位。保险经纪人是基于投保人的利益，为投保人与保险人订立保险合同提供中介服务，并依法收取佣金的机构。保险公估人是指依照法律规定设立，受保险公司、投保人或被保险人委托办理保险标的的查勘、鉴定、估损以及赔款的理算，并向委托人收取酬金的公司。其他保险中介机构还有保险精算师事务所、保险会计师事务所、保险律师事务所等为保险市场提供中介服务的机构。保险中介机构是保险市场上促进保险交易、扩大保险供给渠道、维护市场公平的重要的组成部分。

四、证券机构

证券机构是指从事证券业务的金融机构，包括证券公司、证券交易所、期货公司、基金管理公司、证券登记结算公司、证券投资咨询公司、证券评估公司等，其中证券公司和证券交易所是最主要的证券机构。

随着我国国有企业股份制改造及上市公司的不断增加，我国的证券公司也得到了发展。按照我国《证券法》的规定，经国务院证券监管机构的批准，证券公司可以经营下列部分或者全部业务：证券经纪；证券投资咨询；与证券交易、证券投资活动有关的财务顾问；证券承销与保荐；证券自营；证券资产管理；其他证券业务。

证券交易所是不以营利为目的，为证券的集中和有组织地交易提供场所设施，并履行相关职责、实行自律性管理的会员制金融机构。目前，我国有 4 家证券交易所，1990 年 12 月成立的上海证券交易所、1991 年 7 月成立的深圳证券交易所及香港证券交易所和台湾证券交易所。

此外，我国还存在大量的信托公司、财务公司、金融租赁公司以及金融资产管理公司等金融机构。

五、其他金融机构

（一）金融资产管理公司

我国的金融资产管理公司是经国务院决定设立的收购国有独资商业银行不良贷款，管理和处置因收购国有独资商业银行不良贷款形成的资产的国有独资非银行金融机构。我国于 1999 年成立 4 家资产管理公司，即中国华融资产管理公司、中国长城资产管理公司、中国东方资产管理公司、中国信达资产管理公司，分别接收从中国工商银行、中国农业银行、中国银行、中国建设银行剥离出来的不良资产。目前我国金融资产管理公司的政策性任务基本完成，已开始逐步向商业性机构转型，形成了以资产管理业务为主、投资银行和其他金融业务并举的业务格局。

（二）财务公司

我国的《企业集团财务公司管理办法》中规定企业集团财务公司，简称财务公司，是指以加强企业集团资金集中管理和提高企业集团资金使用效率为目的，为企业集团成员单位提供财务管理服务的非银行金融机构。财务公司的业务分为两类，一类是基础类业务，涵盖了商业银行可以办理的全部资产、负债、中间业务；另一类是满足一定条件的财务公司可以办理的业务，包括发行财务公司债券、承销成员单位企业债、对金融机构的股权投资、有价证券投资、成员单位产品的消费信贷、买方信贷及融资租赁等业务。

（三）金融租赁公司

金融租赁公司是指经中国银行业监督管理委员会批准，以经营融资租赁业务为主的非银行金融机构。金融租赁公司经营业务包括：融资租赁业务；吸收股东 1 年期（含）以上定期存款；接受承租人的租赁保证金；向商业银行转让应收租赁款；经批准发行金融债券；同业拆借；向金融机构借款；境外外汇借款；租赁物品残值变卖及处理业务；经济咨询等。

（四）汽车金融公司

所称汽车金融公司，是指经中国银行业监督管理委员会批准设立的，为中国境内的汽车购买者及销售者提供金融服务的非银行金融机构。汽车金融是由消费者在购买汽车需要贷款时，可以直接向汽车金融公司申请优惠的支付方式，可以按照自身的个性化需求，来选择不同的车型和不同的支付方法。与其他金融机构相比，汽车金融公司的优势在于对车辆和品牌经销商足够了解，回收车辆处理更便利。汽车金融公司经营业务包括：接受境外股东及其所在集团在华全资子公司和境内股东 3 个月（含）以上定期存款；接受汽车经销商采购车辆贷款保证金和承租人汽车租赁保证金；发行金融债券；同业拆借；向金融机构借款；提供购车贷款业务；提供汽车经销商采购车辆贷款和营运设备贷款，包括展示厅建设贷款和零配件贷款以及维修设备贷款等；提供汽车融资租赁业务；向金融机构出售或回购汽车贷款应收款和汽车融资租赁应收款业务；办理租赁汽车残值变卖及处理业务；从事与购车融资活动相关的咨询、代理业务；经批准，从事与汽车金融业务相关的金融机构股权投资业务等。

（五）货币经纪公司

货币经纪公司是指经中国银行业监督管理委员会批准在中国境内设立的，通过电子技术或其他手段，专门从事促进金融机构间资金融通和外汇交易等经纪服务，并从中收取佣金的非银行金融机构。货币经纪公司从事的业务包括：境内外外汇市场交易；境内外货币市场交易；境内外债券市场交易；境内外衍生产品交易等。

（六）贷款公司

贷款公司是指经中国银行业监督管理委员会依据有关法律、法规批准，由境内商业银行或农村合作银行在农村地区设立的专门为县域农民、农业和农村经济发展提供贷款服务的银行业非存款类金融机构。贷款公司是由境内商业银行或农村合作银行全额出资的有限责任公司。贷款公司业务包括：办理各项贷款；办理票据贴现；办理资产转让；办理贷款项下的结算等。

（七）信托公司

信托公司是依法设立的、主要经营信托业务的金融机构。信托业务是指信托公司以营业和收取报酬为目的，以受托人身份承诺信托和处理信托事务的经营行为。我国信托行业经过多次大规模整顿、规范，信托公司数量也存在较大波动。2007 年，中国银行业监督管理委员会出台《信托公司管理办法》和《信托公司集合资金信托计划管理办法》，信托行业进入新的发展阶段。

（八）消费金融公司

消费金融公司是指经中国银行业监督管理委员会批准，在中华人民共和国境内设立的，不吸收公众存款，以小额、分散为原则，为中国境内居民个人提供以消费为目的的贷款的非银行金融机构。消费金融公司可以经营的业务包括：发放个人消费贷款；接受股东境内子公司及境内股东的存款；向境内金融机构借款；经批准发行金融债券；境内同业拆借；与消费金融相关的咨询、代理业务；代理销售与消费贷款相关的保险产品；固定收益类证券投资业务等。

六、外资金融机构

随着改革开放的不断深入，在华的外资金融机构数量及业务不断增加，现已成为我国金融机构体系的重要组成部分。目前，在我国境内的外资金融机构主要分为两大类：一类是外资金融机构在华的代表处，主要进行工作洽谈、联络、咨询、服务等，不从事直接营利的业务活动；另一类是外资金融机构在华设立的营业性分支机构，包括独资银行、外国银行分行、合资银行、外资非银行金融机构等。

我国现行金融体系的构成如图 5-2 所示。

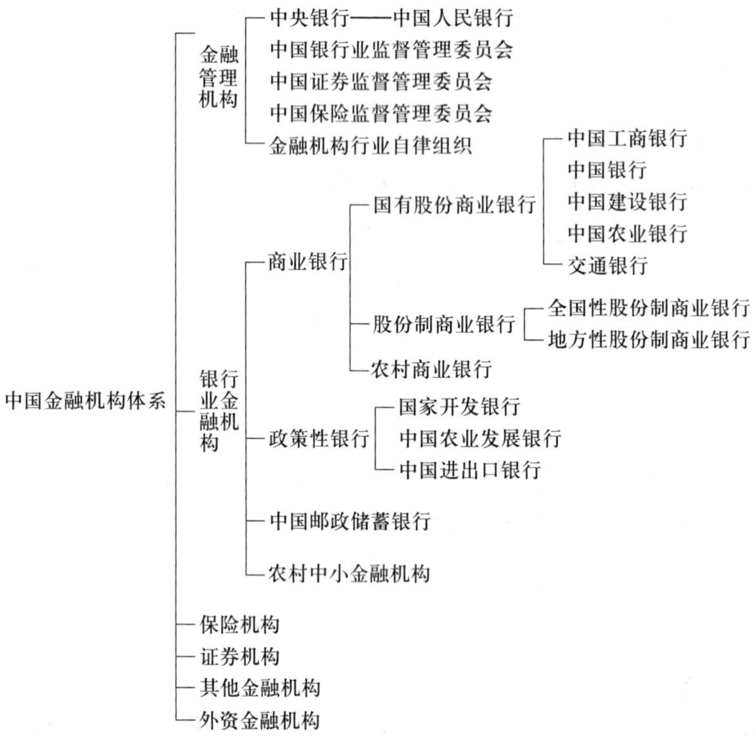

图 5-2 金融体系构成图

第三节

国际金融机构

国际金融机构又称国际金融组织，泛指从事国际融资业务，协调国际金融关系，维持国际货币及信用体系正常运作的超国家性质的金融机构。国际金融组织大体分为两种类型：一类是全球性的国际金融组织，如国际货币基金组织、世界银行等；另一类是区域性的国际金融组织，如亚洲开发银行、非洲开发银行等。国际金融组织的主要业务是向其成员国提供用于进行工业、农业等项目建设的优惠性贷款。不同机构的贷款条件是不同的，但都具有援助性质。使用贷款采购物资则多要求采用国际招标方式。

一、国际货币基金组织

（一）国际货币基金组织的成立

国际货币基金组织（IMF）是根据 1944 年 7 月 44 个国家在美国新罕布什尔州布雷顿森林达成的《国际货币基金协定》，于 1946 年 3 月正式成立的。1980 年 4 月 17 日，IMF

正式决定恢复中国的合法席位。截至 2016 年 12 月，基金组织成员已达 189 个。

该组织是通过一个常设机构来促进国际货币合作，为国际货币问题的磋商和协作提供方法，总部设在华盛顿。IMF 的最高决策机构是理事会，日常行政工作由执行董事会负责。基金组织的份额由特别提款权（SDR）表示，份额的多少同时决定了在 IMF 的投票权。

（二）国际货币基金组织的宗旨

作为汇率监督、资金融通、提供国际货币合作与协商场所的 IMF 的宗旨是：

（1）促进成员国在国际货币问题上的磋商与协作。

（2）促进汇率的稳定和有秩序的汇率安排，从而避免竞争性的汇率贬值。

（3）为经常项目收支建立一个多边支付和汇兑制度，消除外汇管制。

（4）提供资金融通，缓解国际收支不平衡，促进国际贸易的发展，实现就业和实际收入水平的提高及生产能力的扩大。

（三）国际货币基金组织的资金来源

IMF 的资金主要来源于成员国缴纳的份额、借款、出售黄金所得的信托基金以及有关项目的经营收入。

1. 份额

份额是指成员国参加 IMF 时所要认缴的一定数额的款项。份额是根据成员国的国民收入、黄金和外汇储备、进出口贸易及其他经济指标来决定，按一套较为复杂的方法计算出来的。

2. 借款

借款是 IMF 另一个主要的资金来源。这种借款是在 IMF 与成员国协商后向成员国借入的资金，其主要作用是向成员国提供资金融通。

3. 出售黄金

1976 年 1 月，IMF 决定将其所持有黄金的 1/6 即 2 500 万盎司，分 4 年按市价出售，以所得收益中的一部分，作为建立信托基金的资金来源之一，用以向最贫穷的成员国提供信贷。

（四）国际货币基金组织的主要业务

1. 汇率监督

为了保证有秩序的汇兑安排和汇率体系的稳定，取消不利于国际贸易的外汇管制，防止成员国操纵汇率或采取歧视性的汇率政策以谋求竞争利益，IMF 对成员国的汇率政策进行监督。

2. 磋商与协调

为了能够履行监督成员国汇率政策的责任，了解成员国的经济发展状况和政策措施，迅速处理成员国申请贷款的要求，IMF 按《国际货币基金协定》的规定，每年原则上应与成员国进行一次磋商，对成员国的经济、金融形势和政策做出评价。这种磋商在 IMF 专家小组与成员国政府官员之间进行。

3. 金融贷款

金融贷款是IMF的一个主要业务活动，其形式多种多样，条件很严格，特点十分明显。根据《国际货币基金协定》的规定，当成员国发生国际收支不平衡时，IMF对成员国提供短期信贷。

（1）国际货币基金组织贷款原则。

① 国际货币基金组织贷款的对象仅限于成员国政府。

② 贷款用途只限于解决短期性的国际收支不平衡。

③ 贷款额度是按各成员国的份额及规定的各类贷款的最高可贷比例，确定其最高贷款总额。

④ 贷款方式是根据磋商同意的计划，由借款成员国使用本国货币向基金组织购买其他成员国的等值货币（或特别提款权）。

（2）国际货币基金组织贷款的种类。

① 普通贷款，亦称普通提款权，是IMF最基本的贷款，期限不超过5年，主要用于成员国弥补国际收支逆差。

② 中期贷款，亦称扩展贷款。用于成员国因在生产、贸易等方面存在结构性问题而进行较长期调整的一项专用贷款。

③ 补偿与应急贷款。成员国在执行IMF支持的经济调整计划中，如遇突发性、临时性的经济因素而造成经常项目收支偏离预期调整目标时，可申请该项贷款。

④ 缓冲库存贷款，是一种为帮助初级产品出口国家维持库存从而稳定物价而发放的贷款。

⑤ 石油贷款，专门为解决因中东战争后石油涨价而引起的国际收支困难的资金需要而设立的一种临时性贷款。

⑥ 信托基金贷款，用于援助低收入的发展中国家。低收入发展中国家的标准是：1973年人均国民收入不足300特别提款权单位。此项贷款现已结束。

⑦ 补充贷款，目的是帮助成员国解决庞大的、持续的国际收支逆差。

⑧ 结构调整贷款，帮助低收入发展中国家通过宏观经济调整，解决国际收支长期失衡的问题。

⑨ 制度转型贷款，帮助苏联和东欧国家克服从计划经济向市场经济转变过程中出现的国际收支困难。

二、世界银行

世界银行也称国际复兴开发银行，世界银行集团则包括国际复兴开发银行、国际开发协会、国际金融公司、多边投资担保机构和解决投资争端国际中心五个机构。

1944年7月，在美国布雷顿森林举行的联合国货币金融会议上通过了《国际复兴开发银行协定》。1945年12月27日，国际复兴开发银行正式成立。1947年11月5日起其成为联合国专门机构之一，总部设在美国首都华盛顿，并在巴黎、纽约、伦敦、东京、日内瓦及20多个发展中成员国核心城市设立了办事处。

（一）世界银行的宗旨

（1）对生产性投资提供便利，协助成员国的经济复兴以及生产和资源的开发。

（2）促进私人对外贷款和投资。

（3）鼓励国际投资，开发成员国的生产资源，促进国际贸易长期、均衡发展，维持国际收支平衡。

（4）配合国际信贷，提供信贷保证。

（二）世界银行的组织机构

世界银行的会员必须是 IMF 的成员国。截至 2017 年 3 月，世界银行拥有 189 个成员国。

世界银行设有理事会、执行董事会和以行长和若干副行长、局长、处长、工作人员组成的办事机构，并在许多国家设有办事处，以办理贷款事宜。

（三）世界银行的资金来源

世界银行的资金来源主要有五个方面：成员国缴纳的银行股份、借款、转让债权、业务净收益和贷款资金回流。其中借款是世界银行的主要来源。

1. 成员国缴纳的银行股份

世界银行同 IMF 一样，也是采用由成员国入股方式组成的企业性金融机构。凡世界银行的成员国都要认缴一定数额的银行股份，每个成员国认缴额的多少取决于该国的经济和财政力量，同时参照该国在 IMF 中所缴纳的份额，由世界银行与有关国家协商确定，并由世界银行董事会批准。

2. 借款

由于世界银行不像商业银行那样吸收短期存款，因此发行债券是世界银行筹资的主要来源之一，世界银行对外贷款的 70% 是靠发行债券筹措的资金。

3. 业务净收益

世界银行的业务收益主要有投资收益和贷款收益（利息和承诺费）两部分，收益扣除支出即是业务净收益。世界银行历年来的业务净收益不分配给股东，除赠予国际开发协会和撒哈拉以南非洲地区特别基金款项外，都留做准备金，作为世界银行发放贷款的资金来源之一。

4. 转让债权

世界银行为了扩大贷款能力，还把贷出款项的债权转让给私人投资者，主要是国际商业银行等金融机构，这样可以迅速收回一部分资金，提高世界银行贷款资金的周转能力。

5. 贷款资金回流

世界银行将按期收回的贷款资金供周转使用。

（四）世界银行的主要业务

按照世界银行协定的有关规定，世界银行的主要业务是发放贷款。世界银行的贷款由于贷款条件严格、贷款利率相对较高，因此又称硬贷款。

1. 世界银行贷款原则

（1）只贷给成员国政府或由成员国政府、中央银行担保的机构。

（2）世界银行只对无法以合理的条件从其他方面取得贷款的成员国发放贷款，不与其他贷款机构竞争。

（3）贷款必须用于世界银行审定批准的工程项目，即项目贷款，只有在特定情况下，才发放非项目贷款，用以解决进口物资、设备，支持生产发展和克服自然灾害发展经济的资金需要。

（4）贷款必须专款专用，并接受世界银行的监督。

（5）因为贷款的资金来源主要是国际金融市场上的借款，必须确保贷款能如期收回，所以，贷款只贷给有偿还能力的成员国。

2. 世界银行贷款的主要特点

（1）贷款用途广。国际货币基金组织发放的借款只限于弥补成员国国际收支暂时不平衡和经常项目支付，而世界银行发放贷款包括工业、农业、能源、交通、运输、教育、旅游等各个领域。

（2）贷款期限长。最长可达到 30 年，并有 5 年宽限期。

（3）贷款数额不受借款国认缴股份的限制，主要考虑是否有偿还能力。

（4）借款国要承担汇率变动风险。

（5）贷款手续严密，程序严格。

（6）世界银行发放的贷款一律以美元入账，借款国可按其需要的货币支取款项。

3. 世界银行贷款的种类

世界银行的贷款分为项目贷款、部门贷款、结构调整贷款、联合贷款和第三窗口贷款等几种类型，其中项目贷款是其贷款业务的主要组成部分。

项目贷款又称特定投资贷款，用于资助成员国某个具体的发展项目。世界银行对农业和农村、教育、能源、工业、交通、城市发展等方面的大部分贷款都属于此类贷款。

世界银行除了发放贷款以外，其业务活动还包括对非商业性的风险提供担保，为提高贷款的经济效益而提供技术援助、人员培训和进行社会经济调查等。

三、国际开发协会

世界银行通过决议，1960 年 9 月 24 日国际开发协会正式成立，同年 11 月正式营业，总部设在华盛顿。凡世界银行的成员均可成为国际开发协会的成员。

（一）国际开发协会的宗旨

作为世界银行的一个附属机构，国际开发协会是为了补充世界银行对发展中国家的贷款活动而专门设立的。其宗旨是向发展中国家提供比世界银行的贷款条件更为优厚的长期信贷，以减轻其国际收支负担，促进它们的经济发展，提高其居民的生活水平，从而对世界银行的工作起补充作用，推动世界银行目标的实现。

（二）国际开发协会的资金来源

（1）成员国认缴的股金。成员国认缴股本数额，根据其在世界银行认购股份比例确定。

（2）成员国和其他资助国的补充资金和特别捐款。

（3）世界银行的赠款。世界银行从其净收益中划出一部分款项作为对协会的赠款。

（4）协会本身业务经营的净收入。净收入是指协会经营业务所获得的净收益，但这部分款项为数甚少。

（5）基金收入。国际开发协会于1982年10月设立了特别基金，1985年5月又设立了一项非洲基金。这两项基金均由该成员国及世界银行及其他国家的捐款组成，用以解决特殊贷款的资金需要。

（三）国际开发协会的业务

国际开发协会的主要业务，是向低收入的发展中国家提供长期优惠性贷款，具有明显的援助性质。因国际开发协会提供的贷款优惠而宽松，故被称为软贷款，又称开发信贷。

（1）按1989年新标准的规定，只有人均国民生产总值在580美元以下的成员国，才能获得此种贷款。接受贷款较多的国家是印度、孟加拉、巴基斯坦等。

（2）贷款用于农业和农村发展、能源、工业、教育、人口保健、营养、电信、旅游、运输等部门项目。

（3）贷款期限为50年，头10年为宽限期不必还本，从第二个10年起每年还本1%，其余30年每年还本3%。

（4）在整个贷款期限中免收利息，只对已拨付的部分每年收取0.75%的手续费。

四、国际金融公司

国际金融公司是专门向经济不发达成员国的私人企业提供贷款和投资的国际性金融组织。国际金融公司成立于1956年7月24日，它也是世界银行的一个附属机构，其总部设在华盛顿。

（一）国际金融公司的宗旨

为发展中国家成员国私人企业的新建、扩建、改建提供没有政府机构担保的贷款，促进发展中国家的私人经济增长和资本市场的发展。

（二）国际金融公司的组织机构

国际金融公司的组织形式与国际开发协会相同。与国际开发协会不同的是国际金融公司有独立的办事机构。公司办事机构的日常工作由一名执行副总裁主持，几名副总裁协助，下设若干局。国际金融公司的成员国必须是世界银行的成员，但世界银行的成员国并不一定都要加入国际金融公司。

（三）国际金融公司的资金来源

（1）成员国认缴的股金。

（2）从世界银行及其他国家得到的贷款。

(3) 公司收益。

(4) 转让投资股本。与世界银行相类似，公司通过转让投资股本取得周转资金。

(四) 国际金融公司的业务

国际金融公司的资金主要用于向成员国的私人企业提供贷款或直接投资。

(1) 直接投资的对象是不发达国家的私营（包括公私合营）企业，一般投资额不超过总股份的 25%（最低的只有 2%），但收益率要在 10% 以上。

(2) 贷款不需要成员国政府提供担保，常与私人商业银行等联合提供。

(3) 贷款期限一般为 7~15 年，每笔贷款限于 200 万~400 万美元。

(4) 利率一般高于世界银行利率而稍低于市场利率，未提用部分每年收 1% 的承担费。

(5) 贷款使用范围较为广泛，可用于发展中国家的采掘、加工、制造、公用事业、旅游等行业。

(6) 还款条件较严，必须以原借款的货币偿还。

在进行投资的同时，还向项目主办企业提供必要的技术援助，并且还向成员国政府提供政策咨询服务，以协助创造良好的投资环境，从而达到促进私人投资的目的。

五、国际清算银行

(一) 国际清算银行的建立

国际清算银行于 1930 年 5 月根据《海牙协议》，由英国、法国、意大利、德国、比利时、日本的中央银行以及美国的三大金融机构（摩根保证信托公司、纽约花旗银行、芝加哥花旗银行）共同组建，行址设在瑞士的巴塞尔。

(二) 国际清算银行的宗旨

国际清算银行的宗旨是促进中央银行之间的合作，并向它们提供更多的国际金融业务的便利，在国际金融清算业务方面充当受托人或代理人。

(三) 国际清算银行的组织机构

国际清算银行的最高权力机构是股东大会。董事会由董事长、副董事长各 1 名及 11 名董事组成。董事会下设经理部，有总经理和副总经理及正、副经理十余人组成，下设四个机构：银行部、货币经济部、秘书处和法律处。

(四) 国际清算银行的资金来源

(1) 成员国认缴的股金。

(2) 国际清算银行接受各中央银行的存款。目前全世界有 80 多家中央银行将其大约 10% 的外汇储备和 3 000 多吨黄金储备存于该行。存款在该行的资金来源中占有很重要的地位。

（3）向成员国中央银行的借款。

（五）国际清算银行的业务

（1）处理国际清算事务。

（2）办理或代理有关银行业务。

（3）定期举办中央银行行长会议。

六、其他区域性国际金融机构

（一）亚洲开发银行

亚洲开发银行（ADB）简称亚行，是西方国家和亚洲及太平洋地区发展中国家联合创办的面向亚太地区的区域性政府间金融机构。

亚行是根据联合国亚洲及太平洋经济与社会委员会的决议，并经 1963 年 12 月在马尼拉举行的第一次亚洲经济合作部长级会议决定，在 1966 年 11 月正式建立，并于同年 12 月开始营业。亚行总部设在菲律宾首都马尼拉。亚行的成员国由初建时的 31 个，扩展到 67 个，分别来自亚太地区、西欧和北美地区，包括美国、英国、德国、法国、加拿大、意大利等工业发达国家。所以，亚行既是一个区域性的国际金融组织，又带有明显的国际性。

亚行创建时，中国的台湾地区以中国名义参加。1986 年 2 月 17 日，亚行理事会通过决议，接纳中国大陆加入该行。同年 3 月 10 日，中国大陆成为亚行正式成员国，台湾地区以“中国台北”名义留在该行。

1. 亚行的宗旨

亚行的宗旨是向其成员国与地区成员提供贷款与技术援助，帮助协调成员国在经济、贸易和发展方面的政策，同联合国及其专门机构进行合作，以促进亚太地区经济的发展。同时，鼓励各国政府及私人资本向亚太地区投资，以促进该地区发展中国家的经济发展。

2. 亚行的资金来源

（1）普通资金。

① 亚太地区成员国应缴纳的股金。

② 非亚太地区成员国认缴的股金由亚行理事会确定。

③ 新接纳成员国认缴的股金由亚行理事会确定。

（2）借款。亚行主要向国际金融市场借款，多数依赖在国际资本市场发行长期债券筹集，也向有关成员国政府、中央银行及其他金融机构直接安排债券销售，同时还直接从商业银行借款。

（3）特别基金和开发基金。

① 技术援助特别基金。

② 亚洲开发基金。

③ 日本特别基金。

3. 亚行的业务

亚行的业务有三个方面：贷款、股本投资和技术援助。

（1）贷款。亚行贷款是亚行最主要的业务，按贷款条件可分为硬贷款、软贷款或赠款三种形式。

（2）股本投资。股本投资是指亚行通过购买私人企业股票或私人开发金融机构股票等形式，用于对发展中国家私人企业融资。

（3）技术援助。亚行对成员国提供技术援助，主要包括咨询服务、派遣长期或短期专家顾问团指导、协助拟订和执行开发计划等。

（二）亚洲基础设施投资银行

亚洲基础设施投资银行（Asian Infrastructure Investment Bank，AIIB,）简称亚投行，是一个政府间性质的亚洲区域多边开发机构，重点支持基础设施建设，成立宗旨是加快亚洲区域建设的互联互通化和经济一体化的进程，并且加强中国与其他亚洲国家和地区的合作，是首个由中国倡议设立的多边金融机构，总部设在北京，法定资本 1000 亿美元。2017 年 3 月 23 日，亚投行宣布正式批准 13 个新成员的申请，这是 2016 年 1 月正式开业运营的亚投行在 57 个创始成员基础上首次扩容，成员总规模达到 70 个。目前，从成员规模上来看，亚投行已经成为仅次于世界银行的全球第二大多边开发机构。

1. 亚投行的宗旨

通过在基础设施及其他生产性领域的投资，促进亚洲经济可持续发展、创造财富并改善基础设施互联互通；与其他多边和双边开发机构紧密合作，推进区域合作和伙伴关系，应对发展挑战。

2. 亚投行的主要职能

（1）排动区域内发展领域的公共和私营资本投资，尤其是基础设施和其他生产性领域的发展。

（2）利用其可支配资金为本区域发展事业提供融资支持，包括能最有效支持本区域整体经济和谐发展的项目和规划，并特别关注本区域欠发达成员的需求。

（3）鼓励私营资本参与投资有利于区域经济发展，尤其是基础设施和其他生产性领域发展的项目、企业和活动，并在无法以合理条件获取私营资本融资时，对私营投资进行补充。

（4）为强化这些职能开展的其他活动和提供的其他服务。

3. 亚投行的业务类型

根据协定，亚投行的业务分为普通业务和特别业务。

普通业务是指由亚投行普通资本（包括法定股本、授权募集的资金、贷款或担保收回的资金等）提供融资的业务。

特别业务是指为服务于自身宗旨，以亚投行所接受的特别基金开展的业务。两种业务可以同时为同一个项目或规划的不同部分提供资金支持，但在财务报表中应分别列出。

（三）非洲开发银行

非洲开发银行（AFDB）简称非行，是非洲国家在联合国非洲经济委员会的帮助下，于 1964 年 11 月成立的一个面向非洲的区域性政府间金融组织。该行于 1966 年 7 月开始正式营业，总部设在科特迪瓦（象牙海岸）首都阿比让。

按成立时的规定，参加该行的只能是非洲独立国家，随着形势的发展，在 1979 年 5 月的总裁理事会年会上通过决定，美国、日本、西德、法国等一批非地区性的国家首先成为该行的非地区成员国。1985 年，中国也成为其成员国。现在，非行的成员国除 50 个区内国家外，还有 25 个区外国家。

非行的宗旨是向非洲成员国提供投资和贷款或给予技术援助，充分利用本地区的人力等资源，以促进各国经济发展和社会进步，帮助非洲大陆制定经济和社会发展的总体规划，协调区内各成员国的发展计划，从而达到非洲经济一体化。

非行的最高决策机构是理事会，由各成员国指派 1 名理事组成。理事一般为成员国的财政部部长或中央银行行长。理事会每年开一次，每个理事的表决权按成员国股本的多少来计算。理事会选出 18 名成员（其中非洲国家占 12 名）组成董事会，负责非行全部业务。董事会选举行长（董事长）。行长在董事会指导下组织银行的日常业务工作。

非行经营的业务分普通贷款业务和特别贷款业务。普通贷款业务是该行用普通股股本资金提供的贷款和担保；特别贷款业务是用该行规定专门用途的特别基金开展的优惠贷款业务。非行的贷款主要用于农业、教育、卫生、交通运输、公用事业、工业和金融业。

（四）泛美开发银行

泛美开发银行（IDB）是由美洲及美洲以外的国家联合建立，向拉丁美洲国家提供贷款的半区域性国际金融机构。泛美开发银行成立于 1959 年 4 月，1960 年 10 月开始营业，行址设在美国华盛顿，创办时由美国和 19 个拉丁美洲国家组成。

泛美开发银行的宗旨是集中动员洲内外的力量，对需要资金的拉丁美洲国家或地区的经济和社会发展计划提供资金和技术援助，从而促进拉丁美洲国家的经济发展与经济合作。

泛美开发银行的主要业务是提供普通贷款和特别业务基金贷款。普通贷款是对成员国政府、公司团体的经济项目的贷款。特别业务基金贷款是对以公共工程为主的特别经济项目的贷款。前者期限为 10~25 年，后者期限为 10~30 年，而且利率较低。

■ 本章小结

本章首先介绍了金融机构体系的一般构成，世界上大多数国家都形成了以中央银行为核心，以商业银行为主体，包括投资银行、储蓄银行、政策性银行、保险公司、信用合作社等多种金融机构并存的金融机构体系。在此基础上介绍了中国现行的金融机构体系，最后介绍了包括国际货币基金组织、世界银行等全球性的国际金融组织及区域性国际金融组织的国际金融机构体系。

■ 章后习题

□ 一、重要概念

金融机构　中央银行　商业银行　投资银行　储蓄银行

二、思考题

1. 一国金融机构体系中有哪些主要的机构？它们分别具有怎样的性质和职能？
2. 中国现行的金融机构体系包括哪些机构？
3. 国际货币体系主要包括哪些金融组织？

三、讨论题

结合当前实际，讨论我国金融机构发展方向。

四、案例分析

世界银行集团宣布提供破纪录的570亿美元援助撒哈拉以南非洲

2017年3月19日，在出席G20财长和央行行长会议之后，世界银行集团行长金墉宣布在未来三个财年世行将为撒哈拉以南非洲各国提供创纪录的570亿美元资金，之后金墉启程前往卢旺达和坦桑尼亚访问，以强调世行集团对整个非洲地区的支持。

这笔资金中的大部，即450亿美元，将来自世行集团面向最贫困国家的基金国际开发协会（IDA）。提供给撒哈拉以南非洲的资金还包括来自世行集团面向私营部门的国际金融公司（IFC）约80亿美元，以及世行集团面向政府的非优惠贷款机构国际复兴开发银行（IBRD）的40亿美元。

2016年12月，发展伙伴一致同意为IDA捐助创纪录的750亿美元资金，大幅增资的基础是将捐助国给IDA的捐资与世行集团自有资金混合使用并加上资本市场筹资。

IDA资金的60%预计将流向撒哈拉以南非洲，该地区一半以上国家符合IDA的资助条件。这笔资金的使用期限为IDA第18轮增资期（IDA18），即2017年7月1日到2020年6月30日。

为非洲项目提供的IDA资金对于消除阻碍该地区释放潜力的路障至关重要。为了支持非洲各国的发展优先重点，扩大的投资将集中用于解决冲突、脆弱性与暴力，建立抵御各种危机的韧性，包括被迫流离失所、气候变化和流行病等，减少性别不平等，还将促进加强治理和制度建设及就业与经济转型。

IDA的450亿美元资金大部分专用于各国项目的同时，还有很多资金将通过特殊“窗口”用于资助地区性倡议和变革性项目，援助难民和接受难民的社区，帮助各国进行危机善后处理。新成立的“私营部门窗口”（PSW）将作为补充，这对于非洲尤其重要，由于缺乏资金和认知风险，许多良好的投资未能得到利用。“私营部门窗口”还将作为IFC和多边投资担保机构（MIGA）现有工具的补充，通过减少风险、混合融资和本币贷款促进良好的投资。MIGA是世行集团提供政治风险担保和信用增级的机构。

世行集团的这笔资金将在2018—2020财年支持变革性项目。IBRD的优先重点包括医疗卫生、教育和基础设施项目，比如扩大通水通电等。私营部门投资的优先重点包括基础设施、金融市场和农商企业。IFC还将深化在脆弱和受冲突影响国家的介入，并增加气候相关投资。

IDA的预期结果包括为多达4亿人提供医疗卫生和营养服务，为多达4500万人改善水源，增加5吉瓦的可再生能源发电能力。

扩大IDA融资将建立在非洲现有的总计500亿美元的448个项目的基础上，其中正在筹备的16亿美元融资方案将用于应对撒哈拉以南非洲部分地区及其他地区可能出现的饥荒威胁。

根据案例资料，分析各金融机构业务内容。

■ 延伸阅读

联邦储备体系的起源

在世界上所有的中央银行中，联邦储备体系的组织结构可能是最特殊的。为了理解这种结构的起源，我们需要回顾1913年美国联邦储备体系创立之前的情景。

20世纪之前，美国政治的一个主要特征是对中央集权的恐惧，这不仅体现在《美国宪法》的制约和平衡上，而且表现在对各个州权利的保护上。这种对中央集权的恐惧症是美国长期抵制建立中央银行的原因之一。另外一个原因是美国社会长期以来对金融业持怀疑态度，而中央银行恰恰是金融业最突出的代表。美国公众对中央银行的公开敌意，导致了旨在管理银行体系的中央银行最初两次实践的破产：1811年，美利坚第一银行解散；1836年，美利坚第二银行作为国民银行的执照到期，因为1832年该银行的执照展期的议案被安德鲁·杰克逊总统否决了。

美利坚第二银行的国民银行执照到期，对美国金融市场是一个严峻的考验，因为没有最后贷款人为银行体系提供准备金，以防止银行业恐慌发生。于是，19世纪末和20世纪初期，美国全国范围的银行业恐慌频频发生，几乎每20年一次，其中，1907年的恐慌达到了顶峰，导致大范围的银行破产和储户的惨重损失。严峻的事实教育了美国公众：需要建立中央银行，以防止未来突发的危机。

美国公众对银行和中央集权的敌意，对建立一个类似英格兰银行那样的单一中央银行形成了巨大的阻力。有两种担忧十分盛行：一是华尔街的金融业（包括大公司和大银行）可能操纵中央银行，进而控制经济；二是联邦政府掌管中央银行运作会导致政府过多干预私人银行事务。在中央银行应当是一家私人银行还是一个政府机构的问题上，存在巨大的分歧。对这些问题的激烈争执的结果是一个折中方案的出台。依照美国的传统，国会在1913年的《联邦储备法》（Federal Reserve Act）中，精心设计了一套制约和平衡的体系，这才创立了拥有12家地区联邦储备银行的联邦储备体系。

■ 即测即评

金融机构篇

第六章

商业银行

【本章学习目标】

通过本章的学习，学生应了解商业银行的资产业务、负债业务、中间业务和表外业务，了解网络银行的概念、特点、业务，掌握商业银行经营管理的理论，熟悉商业银行经营管理的基本方法。

【本章知识结构图】

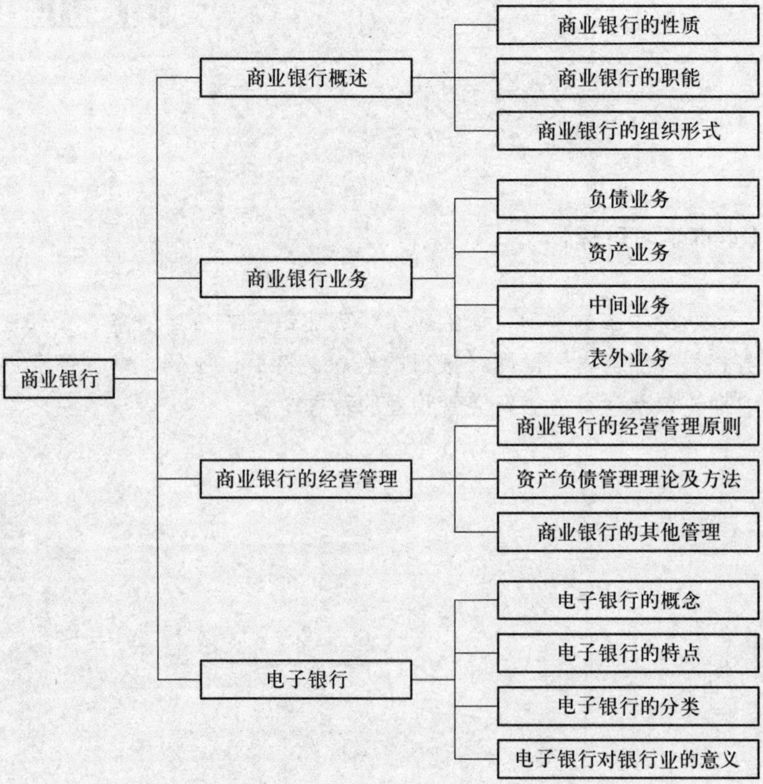
商业银行
商业银行概述
商业银行的性质
商业银行的职能
商业银行的组织形式
商业银行业务
负债业务
资产业务
中间业务
表外业务
商业银行的经营管理
商业银行的经营管理原则
资产负债管理理论及方法
商业银行的其他管理
电子银行
电子银行的概念
电子银行的特点
电子银行的分类
电子银行对银行业的意义

【引例】

商业银行贷款发放方式发生新的改变

随着国际国内经济金融形势的变化，商业银行的经营信贷环境发生了较大的变化，主要表现为：经济金融全球化，银行业务多样化、综合化、网络化、不断创新化；行为法制化；体制股份化等。我国商业银行在新的经营环境下，贷款发放方式发生了新的改变。传统的贷款方式以信用贷款、银行单独贷款为主，现在逐渐以担保贷款为主且出现了以下新的变化：① 银团贷款逐渐成为固定资产大额贷款的发放形式；② 票据贴现贷款占流动资金贷款的比率逐渐增加；③ 中小企业贷款出现了供应链金融的融资模式。供应链金融是银行围绕某核心企业，从原材料采购到制成中间产品及最终产品，最后由销售网络把产品送到消费者手中这一供应链条，将供应商、制造商、分销商、零售商直到最终用户连成一个整体，全方位地为链条上的 N 个企业提供融资服务，通过相关企业的职能分工与合作，实现整个供应链的不断增值。

思考：商业银行可以为企业和个人提供更多的贷款服务，是商业银行最重要的资产业务。那么，商业银行这一同经济社会各个环节都紧密联系的企业，它的资金来源于何处呢？它是怎样运用其资金的呢？它都开展哪些业务？这就是本章要学习的商业银行业务及管理问题。

第一节

商业银行概述

一、商业银行的性质

商业银行是以获取利润为目标，以经营金融资产和金融负债为主要内容的综合性、多功能的金融公司。

商业银行是发展历史悠久、服务功能全面、对社会经济生活有着重大影响的金融企业。人们之所以称这一特殊金融机构为商业银行，是由于这一金融机构最初是专门从事短期商业融资的。而现代商业银行的业务已经全能化了，是一种提供综合性服务的“全能”特殊金融企业。

商业银行的性质具体体现在以下三方面：

（一）商业银行是企业

商业银行的本质就是企业，其经营目标和经营原则与一般企业一样。追求利润最大化，获取最大利润既是商业银行经营与发展的基本前提，也是其发展的内在动力。商业银行在经营原则上也与一般企业一样，实行依法设立、依法经营、照章纳税、自担风险、自负盈亏、自求发展的原则。

（二）商业银行是特殊的企业

商业银行经营的是特殊的商品——货币，是以金融资产和金融负债为经营对象。一般企业的活动范围是商品生产和流通领域，而商业银行的活动范围是在货币信用领域。一般企业创造的是商品的使用价值，而商业银行创造的是能充当一般等价物的存款货币。商业银行的这些特点使其区别于一般的企业成为特殊的企业。

（三）商业银行是一种特殊的金融企业

商业银行同中央银行和其他金融机构比较也有所不同。中央银行只向政府机构和金融机构提供服务，商业银行则面向工商企业、公众、政府及其他金融机构。其他金融企业的业务都是专业性的，往往只提供某一方面或几方面的金融服务，而商业银行的业务更综合、功能更齐全，而且其业务触角已延伸至社会经济生活的各个角落，因而有人称现代商业银行是“金融百货公司”。

知识链接

从早期银行到现代银行

货币产生以后，因不同国家和不同地区所使用的货币种类不同，在交换商品中产生了货币的兑换问题，逐渐有一部分商人从普通商人中分离出来专门从事货币兑换业务。后来，这些货币兑换商又开始替商人保管货币，同时受商人的委托兼办货币的收付、结算和汇兑等中间业务，这样简单的铸币兑换就演变成货币经营业了，货币经营业是银行的前身。

货币经营业适应了商品交换的需要，业务得到不断的扩大，货币经营者的手中也逐渐聚集起大量的货币，其中有一部分不需要立即支付，出现了暂时的闲置。于是，货币经营者就把这部分货币贷放出去以获得利息收入。同时，社会上也有越来越多的人把货币存放在货币经营者手中以获得利息。这种在货币经营业务基础上产生的存款、贷款、结算业务，使货币经营业转变成了早期的银行业。

历史上公认的第一家以“银行”名义命名的机构是成立于1580年的意大利的威尼斯银行，后来扩展到欧洲其他国家，相继出现了米兰银行、阿姆斯特丹银行、汉堡银行及纽伦堡银行等。但早期银行是高利贷性质的银行，而不是现代意义上的银行。

随着资本主义生产关系的确立和资本主义商品经济的发展，高利贷性质的银行业已经不能适应资本扩张的需要，因为资本的本质是要获取尽可能高的利润，利息率必须低于平均利润率；同时，资本主义经济工业化的过程需要资金雄厚的现代银行作为其后盾，高利贷性质的银行已成为资本主义经济发展的障碍。在这种背景条件下，高利贷性质的早期银行逐渐被能适应资本主义经济发展需要的现代银行取代。

世界上公认的第一家现代股份制银行是1694年在英国成立的英格兰银行，该行一开始就把向工商企业的贷款利率定为4.5%~6%，而当时的高利贷利率高达20%~30%。所以英格兰银行的成立标志着现代商业银行的诞生。从此以后，股份制银行在英国以及其他各资本主义国家普遍建立起来。这些股份制银行资本雄厚、业务全面、利率较低，建立了较为规范的信用货币制度，极大地促进了工业革命的进程，也逐渐成为现代金融业的主体。

现代银行之所以称为商业银行，是因为其最初的意义是指经营短期商业资金的银行，但事实上现代银行早已突破了这一概念范畴，已经是全能的、综合性的金融机构的代名词了，而且在现代银行的发展过程中，逐渐形成了各种类型的银行机构，形成了较完善的银行体系，进而形成了以银行为主体的现代金融机构体系。

二、商业银行的职能

由于商业银行业务的综合性、广泛性和它在金融体系中不可替代的主体地位，使得商业银行既有作为信用机构的共性职能，同时又具备了其他金融机构所不具备的职能。

（一）信用中介职能

信用中介职能是商业银行最基本也是最能反映其经营特征的职能。它的实质是商业银行通过负债业务，将社会上的各种闲散货币资金集中到银行，再通过资产业务将货币资金投向社会经济各部门。商业银行作为货币资金的贷出者和借入者来实现货币资金的融通。一方面，商业银行通过支付利息吸收存款，集中货币；另一方面，为获利发放贷款，存贷款的利息差额，便是商业银行所获利润。

同其他企业的商品经营不同，商业银行买卖的不是货币资金本身的所有权，而是货币资金的使用权，但正是这种使用权的转变，对经济活动起到了多层面的调节转化作用。

1. 可以将暂时闲置的资本转化为可用资本

商业银行通过各种存款形式，把再生产过程中暂时闲置的资本转化为生产资本、商品资本等职能资本，在社会资本总量不变的情况下，提高资本使用效率，同时也提供了扩大生产和就业的机会。

2. 可以将消费资金转化为投资资本

在利息的吸引下，居民会将准备在以后消费的收入存入商业银行，商业银行通过办理信贷业务将货币投向生产部门，这就实现了货币从消费领域到生产领域的转移，从而扩大了社会资本总量，促进了经济的发展。

3. 通过信用中介职能将短期资金转化为长期资金

商业银行将若干个短期小额存款在期限上相衔接，就形成数额巨大的长期稳定余额，从而能满足长期贷款需求。

4. 优化产业结构

在利润原则支配下，商业银行还可以把货币资本从效益低的部门引向效益高的部门，从而起到优化产业结构的作用。

（二）支付中介职能

在办理存款业务的基础上，商业银行通过代理客户支付货款、费用以及兑付现金等，逐步成为企业、社会团体和个人的货币保管者、出纳者和支付代理人，通过存款在不同账户之间的转移，完成了代理客户支付货款和债务的偿还，这使商业银行成为整个社会信用链条的枢纽。由于商业银行广泛使用支票等先进的结算支付工具，大大减少了现金的使用，节约了社会流通费用，加速了结算过程和货币资金周转，这就是商业银行的支付中介职能。

（三）信用创造职能

在信用中介和支付中介的基础上，商业银行又产生了信用创造职能。这一职能是商业银行利用其所吸收的存款发放贷款，在支票流通和转账结算的基础上，贷款又转化为存款，在存款不提取现金或不完全提取现金的前提下，存款的反复贷放会在整个银行体系中形成数倍于最初存款（原始存款）的派生存款。商业银行的信用创造职能有助于形成一个全社会信用货币供应的弹性的信用制度，从而有利于对经济的促进和调控（关于派生存款与信用创造问题将在以后的章节中详述）。

（四）金融服务职能

这一职能是商业银行发展到现代银行阶段的产物。商业银行利用其联系面广、信息灵通快捷，特别是借助于电子银行业务的发展，在传统的资产业务以外，不断开拓业务领域，广泛开办了一系列服务性业务，从而使商业银行具有了金融服务职能，如代收代付、咨询、资信调查、充当投资顾问等。不仅如此，商业银行还不断深化和拓展对个人的金融服务业务，个人不仅可以得到商业银行的融资服务，还可以得到咨询等中间性服务。可见，金融服务职能在现代经济社会中已越来越成为商业银行的重要职能。

三、商业银行的组织形式

从一般意义上讲，商业银行的组织形式主要有单一制、分支行制、控股公司制和跨国银行制等。

（一）单一银行制

单一银行制又叫单元制，是指银行业务只由各自独立的银行机构经营而不设立分支机构的银行制度。单一银行制的典型代表是美国。美国曾实行完全的单一银行制，不许银行跨州经营和设立分支机构，但随着经济的发展，地区经济联系加强，加上金融业竞争的加剧，对开设分支机构的限制已有所放松，美国已不完全实行单一银行制。

（二）分支行制

分支行制又叫总分行制，是指在总行之下，可在本地或外地设立若干分支机构的银行制度。这种银行的总行一般都设在一国的首都或金融中心城市，在本国或国外的其他城市设立分支机构。由于分支行制更符合经济发展的客观要求，因而成为当代商业银行的主要组织形式。目前，世界各国一般都采用这一银行制度，尤其以英国、德国、日本等为典型。我国的商业银行绝大部分采取分支行制。

（三）控股公司制

控股公司制是指由某一集团成立股权公司，再由该公司控制或收购若干银行的组织形式，被收购的银行业务和经营决策统属于股权公司控制。正是因为控股公司回避了开设分支机构的限制问题，所以在美国得到了较好的发展。控股公司有两种类型：一是由非银行的大企业通过控制银行的大部分股权而组建起来的；二是大银行通过控制小银行的大部分股权而组建起来的。

（四）跨国银行制

跨国银行制又叫国际财团制，是指由不同国家的大型商业银行合资组建银行财团的一种商业银行组织形式。跨国银行制的商业银行经营国际资金存贷业务，开展大规模投资活动。目前，在世界经济一体化和跨国公司发展的背景下，跨国银行制这种组织形式也日渐增加。

第二节

商业银行业务

商业银行是发展历史悠久、服务功能全面、对社会经济生活有着重大影响的金融企业。其业务一般分为负债业务、资产业务、中间业务和表外业务四大类。

一、负债业务

负债业务是商业银行筹集资金、借以形成资金来源的业务。商业银行的资金来源分为自有资本和外来资金两部分，外来资金又包括存款及借入资金等。负债业务是商业银行资产业务、中间业务和表外业务的基础。

（一）自有资本

自有资本是商业银行自身所拥有的资金，是商业银行所有者的权益，包括实收资本、资本公积、盈余公积和未分配利润。

1. 实收资本

实收资本是商业银行投资者实际投入商业银行经营活动中的各种财产物资，即商业银行所有者对商业银行的原始投入。实收资本反映了资金的属性，表明了商业银行所有者对商业银行应负担的义务和享有的权利。实收资本依据所有者主体不同，可以划分为国家投资、单位投资、个人投资和外商投资等。我国目前实行注册资本制度，要求商业银行的实收资本与注册资本相一致。注册资本是商业银行设立时在工商行政管理部门登记的资本。前已述及，我国《商业银行法》规定，设立全国性商业银行的注册资本最低限额为 10 亿元人民币；设立城市商业银行的注册资本最低限额为1亿元人民币；设立农村商业银行的注册资本最低限额为5 000万元人民币。注册资本应当是实缴资本。

2. 资本公积

资本公积是商业银行在非经营业务中发生的资产增值。其包含一些本属资本属性，但不列入实收资本的项目，主要有商业银行在筹集资金中的资本溢价、股票溢价、法定资产重估增值及接受捐赠的资产价值等。资本溢价，是指商业银行设立时实际收到投资者投入的资金总额超过其注册资本的部分。股票溢价，是指股票发行价格超过其面值的部分。有些国家法律规定，商业银行在开始营业时，必须拥有至少等于股金总额20%的资本公积。

3. 盈余公积

盈余公积是商业银行按照有关规定，从税后利润中提取的公积金，它既可以用于弥补亏损，又可以转增银行资本。商业银行应在税后利润中提取10%作为盈余公积，当盈余公积达到注册资本的50%时可不再提取。

4. 未分配利润

未分配利润是商业银行在经过各种形式的利润分配后剩余的利润。这部分利润尚存于商业银行中，是银行增加自有资本的重要方法，特别是对那些难以进入股市筹资的银行。在经济发展缓慢、资金紧张或所得税税率较高时，商业银行也往往选择这种方法增加自有资本。

自有资本是商业银行可独立运用的最可靠、最稳定的资金来源。虽然自有资本一般只占银行资金来源的极小比重，但它却起着极为重要的作用。它不仅是银行存在和发展的先决条件，而且是客户存款免遭偶然损失的保障，同时，它还是银行正常经营的保障及衡量银行实力的重要标准。

（二）存款

存款是商业银行最主要的资金来源，因此吸收存款成为商业银行最重要的负债业务。根据不同的标准，可以将存款划分为不同的种类。通常商业银行的存款按其性质和支取方式划分为活期存款、定期存款和储蓄存款三种类型。

1. 活期存款

活期存款是指存款客户可以随时提取和支付的存款。存入这种存款账户的资金主要是用于交易和支付用途的款项。这种存款在支用时，一般使用支票，因而有支票存款之称。企业、个人、政府机关、金融机构都能在银行开立活期存款账户。开立这种存款账户的目的是通过银行进行各种支付结算。由于支付频繁，银行提供服务要付出较高费用，所以一般不对存户支付利息。虽然活期存款时存时取，流动性很强，但存取错综交替之中总会在银行形成一笔相当稳定、数量可观的余额，这是银行用于贷款的重要资金来源。

2. 定期存款

定期存款是指事先约定存款期限，到期才能提取的存款，如需提前支取，存户将蒙受利息损失。存入这种存款账户的资金是近期暂时不用和作为价值储存的款项。定期存款存入时，银行一般向存户出具存单，也有采用存折形式的。由于定期存款的期限既定且一般较长，所以银行要给予利息，其利率的高低与期限的长短成正比。20世纪60年代以来，银行为了更广泛地吸收存款，推出了“可转让”的定期存单，这种存单在到期日之前可在货币市场上转让买卖。

3. 储蓄存款

储蓄存款主要是针对居民个人积蓄货币和取得利息收入之需而开办的一种存款业务。它可以进一步分为活期储蓄和定期储蓄两类。这种存款通常由银行发给存户存折，以作为存款和取款的凭证，一般不能签发支票，支用时只能提取现金或先转入活期存款账户。储蓄存款定期居多，但无论定期、活期，都需支付利息，只是利率高低有区别。

（三）借入资金

借入资金是商业银行一种持久地增加资金来源的手段。商业银行的借入资金主要包括中央银行借款、银行同业借款、国际货币市场借款、发行金融债券等。

1. 中央银行借款

商业银行资金不足时，可以向中央银行借款。一般来说，商业银行向中央银行借款主要的、直接的目的在于缓解资金暂时不足，而非用来牟利。向中央银行借款主要有两种形式：一是再贴现，即商业银行把因办理贴现业务所买进的未到期票据再转卖给中央银行；二是再贷款，即商业银行用自己持有的有价证券作为抵押品向中央银行取得抵押贷款。由于一般只是在必要时商业银行才向中央银行借款，因而通常该项目在商业银行负债中的比重和在中央银行资产中的比重都较小。

2. 银行同业借款

银行同业借款主要包括：① 同业拆借。同业拆借是商业银行之间的短期资金融通活动。商业银行在每天营业终了或在票据交换结算结束时，总会出现有的银行头寸不足、有的银行头寸多余的情况。为了实现资金平衡、保持资金正常周转，头寸不足的银行就需从头寸多余的银行临时拆入资金并支付利息；而头寸多余的银行也愿意将暂时盈余的资金拆出以获得利息。这样就发生了银行同业拆借活动。同业拆借具有期限短、数额大、利率适中等特点。目前，许多大银行都把拆入资金作为一项经常性的资金来源。② 抵押、质押借款。商业银行在资金紧张、周转不畅等情况下，也通过抵押、质押的方式向其他金融机构取得资金。作为抵押、质押的资产大部分是客户的担保资产。③ 转贴现借款。当银行资金发生周转困难时，可通过将贴现买进的未到期票据交给其他商业银行或贴现机构，要求予以转贴现以获取资金。

3. 国际货币市场借款

第二次世界大战以后，特别是近二三十年来，商业银行尤其是大的商业银行在国际货币市场上广泛地通过办理定期存款，发行大额定期存单，出售商业票据、银行承兑票据及发行债券等方式筹集资金。

4. 发行金融债券

发行金融债券是指商业银行经批准，通过向社会公众推销债务凭证的方式筹集资金的业务。它通常具有可及时、足额筹集资金且资金的稳定程度较高等特点。

二、资产业务

商业银行的资产业务，是指商业银行将通过负债业务积聚起来的货币资金加以应用的业务。

（一）商业银行资产的构成

根据国际通行的银行资产负债表，商业银行资产主要划分为现金资产、贷款、证券投资和固定资产四大类。

1. 现金资产

商业银行的现金资产由库存现金、存放中央银行款项、存放同业资金和在途资金等项目组成。现金资产是银行全部资产中最富流动性的部分，是银行随时可用来支付客户现金需要的资产。但现金资产又是资产中的非营利或微利资产，故各国商业银行都尽可能将其占用量降到必需的最低水平。一般情况下，现金资产占全部资产的比率为12%。

2. 贷款

贷款又称放款，是银行将货币资金的使用权以一定条件为前提转让给客户，并约期归还的资产运用方式。贷款是商业银行的主要营利资产业务。国际上商业银行贷款资产占总资产的比率为60%左右。我国商业银行由于目前资产结构比较单一，故贷款占资产的比率高于国际商业银行平均水平。

3. 证券投资

证券投资是指银行购买有价证券的经营行为。证券投资在银行资产中占有重要地位。由于各国法律对商业银行证券投资业务的管制程度不同，因此证券投资资产占总资产的比重也相差悬殊，低的在10%左右，高的达25%~30%。根据我国《商业银行法》的规定，商业银行在中华人民共和国境内不得从事信托投资和证券经营业务，只限于买卖政府债券、金融债券，因此我国商业银行证券资产的比重远远低于国际平均水平。

4. 固定资产

固定资产是商业银行拥有的房地产和设备。一般来说，各国商业银行的自用固定资产占银行全部资产的比率为0.5%~2%。一些国家的法律允许商业银行从事房地产经营和其他固定资产投资，其固定资产占总资产的比率可达4%~15%。我国《商业银行法》明确规定，商业银行不得投资于非自用不动产。因此我国商业银行固定资产占总资产的比率约为2%。

在商业银行资产中，贷款和证券投资是营利性资产，并占有绝对比重，构成商业银行的主要资产业务。

（二）贷款业务

贷款是商业银行最重要的资产业务，是商业银行经营利润的主要来源。

1. 贷款的种类

贷款业务的种类很多，从不同角度可划分为下列不同类型：

（1）按贷款是否有担保来划分，分为信用贷款、担保贷款和票据贴现。① 信用贷款是指以借款人的信誉发放的贷款。这种贷款的风险很大，因此，除了对一些资信特别好、资金实力雄厚的客户外，一般不对其他客户发放。② 担保贷款，包括保证贷款、抵押贷款和质押贷款。保证贷款，是指以第三人承诺在借款人不能偿还贷款时，按约定承担一般保证责任或者连带责任而发放的贷款。抵押贷款，是指以借款人或第三人的财产作为抵押物发放的贷款。质押贷款，是指以借款人或第三人的动产或权利作为质物发放的贷款。作为抵押物和质押物的资产必须是能够在市场上出售的。如果贷款到期借款人不愿偿还，银行可以取消抵押物和质押物的赎回权并将其处理。③ 票据贴现是指客户持未到期的商业票据向银行提前融通资金的行为。贴现业务是一种特殊的贷款。它和普通贷款相比，虽然都是资金运用并收取利息，但毕竟有许多不同之处。第一，普通贷款是到期以后收取利息，票据贴现则是在贴现业务发生时从票面额中预扣利息；第二，普通贷款期限较长，且常有转期情况，而贴现的票据期限一般较短，通常都是 3 个月到期，最长不会超过 1 年，到期即可收回；第三，普通贷款的申请人即为银行的直接债务人，而贴现的申请人并非银行的直接债务人，票据的出票人、承兑人和背书人均应对票面款项负责；第四，普通贷款利率要略高于票据贴现利率，这是因为贴现业务发生时，银行要按票据面额预扣利息将余额付给客户，银行的实际付款额要低于票面额，所以，贴现利率要低于普通贷款利率。

知识链接

抵押和质押的区别

抵押贷款与质押贷款虽然在本质上都属于物权担保贷款，但毕竟是性质不同的两种担保贷款方式。抵押和质押的主要区别如下：

(1) 质权的标的物与抵押权的标的物范围不同。质权的标的物为动产和财产权利，动产质押形成的质权为典型质权。抵押权的标的物可以是动产和不动产，以不动产为常见。

(2) 标的物的占有权是否发生转移不同。抵押权的设立不转移抵押标的物的占有，而质权的设立必须转移质押标的物的占有。这是质押与抵押最重要的区别。

(3) 对标的物的保管义务不同。抵押权的设立不交付抵押物的占有，因而抵押权人没有保管标的物的义务；而在质押的场合，质权人对质物则负有善良保管人的注意义务。

(4) 受偿顺序不同。在质权设立的情况下，一物只能设立一个质押权，因而没有受偿的顺序问题。而在抵押权设立的情况下，一物可设数个抵押权，当数个抵押权并存时，有受偿的先后顺序之分。

资料来源：刘金波．银行经营管理．北京：中国金融出版社，2012.

(2) 按贷款期限是否既定划分，分为定期贷款和活期贷款。① 定期贷款是指银行与借款人事先约定偿还期，到期须偿还的贷款。定期贷款按期限的长短，又可分为短期贷款、中期贷款和长期贷款。短期贷款，是指贷款期限在 1 年以内（含 1 年）的贷款；中期贷款，是指贷款期限在 1 年以上 5 年以下（含 5 年）的贷款；长期贷款，是指贷款期限在 5 年以上的贷款。② 活期贷款又称通知贷款，是指商业银行与借款人事先并不约定偿还期，借款人可以随时偿还，商业银行也可随时通知借款人还款的贷款。

(3) 按还款方式划分，分为一次性偿还的贷款和分期偿还的贷款。① 一次性偿还的贷款是在贷款到期时一次偿还本金，但利息则根据约定，或在整个贷款期间分期支付，或在贷款到期时一次支付。② 分期偿还的贷款是按年、按季、按月以相等或不等的金额还本付息。

(4) 按风险程度划分，分为正常贷款、关注贷款、次级贷款、可疑贷款和损失贷款。

① 正常贷款指借款人能够履行合同，没有足够理由怀疑贷款本息不能按时足额偿还的贷款。② 关注贷款指尽管借款人目前有能力偿还贷款本息，但存在一些可能对偿还产生不利影响因素的贷款。③ 次级贷款指借款人的还款能力出现明显问题，完全依靠其正常营业收入已无法足额偿还贷款本息，即使执行担保，也可能会造成一定损失的贷款。④ 可疑贷款指借款人无法足额偿还贷款本息，即使执行担保，也肯定要造成较大损失的贷款，即贷款肯定要发生一定的损失，只是因为存在借款人重组、兼并、合并、抵押物处理和未决诉讼等待定因素，损失金额还不能确定。⑤ 损失贷款指在采取所有可能的措施或一切必要的法律程序之后，本息仍然无法收回，或只能收回极少部分的贷款，即贷款大部分或全部发生损失。

正常、关注贷款通称为正常贷款，次级、可疑、损失贷款通称为不良贷款。

2. 贷款业务的一般过程（见图 6-1）。

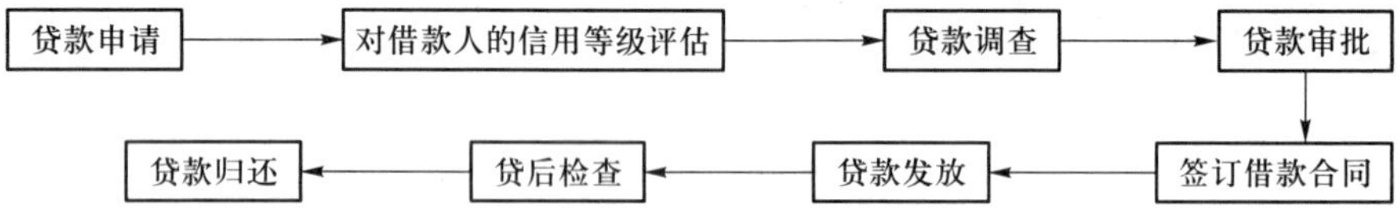

图 6-1　贷款业务流程图

第一步，贷款申请。借款客户必须填写包含借款用途、偿还能力、还款方式等主要内容的贷款申请书，并提供有关资料。

第二步，对借款人的信用等级评估。商业银行应当根据申请借款客户的领导者素质、经济实力、资金结构、经营效益和发展前景等因素，评定借款客户的信用等级。信用等级高的企业，优先取得贷款；信用等级低的企业，应当限制贷款。评级可以由商业银行独立进行，内部掌握，也可由主管部门批准的机构进行。

第三步，贷款调查。商业银行受理借款客户的申请后，应当对借款客户的信用等级以及借款的合法性、安全性、盈利性等情况进行调查，核实抵押物、质物、保证人情况，测定贷款的风险度。

第四步，贷款审批。商业银行应当按照审贷分离、分级审批的贷款管理制度进行贷款的审批。审查人员应当对调查人员提供的情况资料进行核实、评定，复测贷款风险度，提出贷款意见，按规定权限报有权审批人员批准。

第五步，签订借款合同。商业银行发放的所有贷款，都应当与借款客户签订借款合同。借款合同应当约定贷款种类、贷款用途、金额、利率、还款期限、还款方式、违约责任和双方认为需要约定的其他事项。保证贷款则还应当由保证人与贷款银行签订保证合同或保证人在借款合同上写明并签名盖章。抵押贷款、质押贷款应当由抵押人、出质人与贷款银行签订抵押合同、质押合同，并依法办理登记。

第六步，贷款发放。商业银行要按借款合同规定按期发放贷款，如商业银行没按合同规定按期发放贷款，则要偿付违约金。

第七步，贷后检查。贷款发放后，商业银行应当对借款客户执行借款合同情况及其资信情况进行追踪调查和检查。

第八步，贷款归还。借款客户应当按照借款合同规定按时足额归还贷款本息。借款客户不按合同规定归还贷款的，应当承担违约责任，并加付利息，任何单位和个人不得干涉。如果借款客户提前归还贷款，则应当与贷款银行协商一致确定。

3. 贷款的原则

西方国家的商业银行，为了确保贷款的安全与盈利，非常重视对借款客户信用状况的审查，并在多年的实际操作中逐渐形成了系统的衡量标准，这就是通常所说的贷款审查“6C”原则。

（1）品德（character），是指借款客户品格。如果是个人，则指其工作作风、生活方式和诚信等品德；如果是企业法人，则指其负责人的品德、企业管理和资金运用等制度健全与否、经营稳妥与否及偿还愿望强烈与否等。不论具体借款客户是个人还是企业，其以往履行协议，特别是及时足额偿还贷款的记录，对其品德的判断都具有重要意义。

（2）才能（capacity），是指个人或企业负责人的才干、经验、判断能力、业务素质等优劣。没有才能极易导致经营失败，给贷款的安全性带来威胁。

（3）资本（capital），是指借款客户必须拥有一定的资本。通常借款客户资本雄厚与否与贷款风险是负相关的。

（4）担保品（collateral），是指借款客户提供的用作还款保证的抵押物。有抵押物作为担保品的贷款，比信用贷款的风险要小得多。特别是在中长期贷款中，没有抵押物作为担保品，银行通常不予贷款。

（5）经营环境（condition），是指借款客户的行业在整个经济中的发展趋势、政局变化、经济周期、同业竞争等状况。此外，企业自身的经营情况，如技术力量、劳资关系、购销条件等也应在考虑的范围内。

（6）事业的连续性（continuity），是指对借款客户持续经营前景（如应变能力、适应发展需要能力）的审查。因为现代科学技术日新月异、飞速发展，产品更新换代的周期日趋缩短，市场竞争愈演愈烈，所以，企业只有适应经济形势及市场行情的变化，才能继续生存并发展下去。唯其如此，才能避免贷款收不回来的风险。

（三）证券投资业务

投资与贷款相比，具有较强的主动性、独立性，而且由于投资证券的流动性较强，即变现能力较强，加上购买证券时，银行不是唯一债权人，所以风险较小。

商业银行投资的目的主要是增加收益和增加资产的流动性，因此，证券投资的主要对象是信用可靠、风险较小、流动性较强的政府及所属机构的证券，如公债、国库券等。此外，一些财力雄厚、信誉较高的公司债券，也是商业银行投资的对象。银行投资于债券，一方面，为其暂时多余的资金找到投放途径，从而取得收益；另一方面，需要资金时又可在证券市场上迅速售出变现，其调度资金的灵活性优于贷款。

伴随着20世纪80年代金融自由化趋势和金融业国际、国内竞争的加剧，金融混业经营已形成大趋势，相应地，各国对商业银行投资的限制也开始放松、放开。

三、中间业务

中间业务是指商业银行不需动用自己的资金，代理客户承办支付和其他委托事项而收取手续费的业务。由于办理这些业务既不形成银行的负债，也不形成银行的资产，从债权债务关系的角度讲是中性的，故称中间业务，也称无风险业务。中间业务主要有以下内容。

（一）结算业务

结算业务是指各经济单位之间由于商品交易、劳务供应、资金转移等原因所引起的货币收付行为。按结算方式的不同，可以分为同城结算与异地结算两种。

1. 同城结算

同城结算是指收款人与付款人在同一城市或地区的结算，主要通过支票进行结算，如收付双方不在同一银行开户，则结算要通过票据交换所进行。票据交换所是银行同业间为提高支票结算效率而设立的机构，而现在一种更先进的系统是票据交换的自动转账系统，结算速度更快。

2. 异地结算

异地结算是指收款人与付款人不在同一地区的结算。异地结算有汇兑、托收和信用证结算三种方式。汇兑是指汇款人委托银行将款项汇给外地收款人的一种结算方式，分为电汇和信汇两种。托收是由收款人先行发货或先行提供劳务、供应服务，然后再由收款人提供收款的依据，委托银行向付款人收取各种款项的代收性质的结算业务。信用证结算是银行向卖方做出付款保证的支付方式，可以解决买卖双方互不信任的矛盾。

（二）代理业务

代理业务是指商业银行在客户指定的委托范围内代客户办理某些特定业务的一种中间业务。目前，我国商业银行所开展的代理业务主要有代理收付款、代为清理债权债务、代理保管等。

1. 代理收付款业务

代理收付款业务是指银行为客户代为办理指定项目的收付款事宜。其可分为代收业务和代付业务。代收包括代收货款、管理费及水、电、煤气费等，代付包括代付货款、运费、租金、保费等。

2. 代为清理债权债务业务

代为清理债权债务可分为代理清理“人欠”货款、代理清理“欠人”货款、代理融资三项业务。前两项业务比较简单。代理融资是指商业银行或专业的代理融通公司代客户收取应收款项，并向客户提供资金融通的一种业务方式。

3. 代理保管业务

代理保管即保管箱业务，是指金融信托机构设置保管库，接受单位或个人的委托，代为保管各种贵重物品或单证的业务。它又可分为露封代保管、密封代保管、保管箱出租三种方式。

（三）信用卡业务

信用卡是银行发放消费信贷的一种工具。发卡银行为消费者提供“先消费、后付款”的便利，并允许一定额度的善意透支。消费者在商店购买物品或接受服务以后，由计算机系统提供清算，银行汇总向顾客收款。现在特约商号一般都通过销售终端机（POS）与发卡单位联网，持卡人购物或消费后，货款将自动从持卡人的账户中转入特约商号的账户中。这样，大大方便了消费者，也减少了现金在流通中的数量。

除信用卡外，还有其他银行卡，如方便转账的记账卡、自动办理提款和转账业务的自动出纳机卡等，依据电子资料处理系统，使客户得到最大限度的方便。

此外，商业银行还开办租赁、信托、咨询等中间业务。

四、表外业务

表外业务有两种定义：广义的表外业务是指商业银行经营的所有不在资产负债表中反映的业务，包括中间业务；狭义的表外业务是指对银行的资产负债表没有直接影响，但能够为银行带来额外收益，同时也使银行承受额外风险的经营业务。目前商业银行狭义的表外业务有以下几类。

（一）贸易融通类业务

贸易融通类业务主要有银行承兑业务与商业信用证业务。

1. 银行承兑业务

银行承兑业务是由银行为客户开出的商业汇票提供承兑服务，即承诺兑付。经银行承兑后的票据，可贴现流通。汇票到期后，承兑银行成为票据的第一支付人，承兑行付款后再向客户收取款项。银行提供承兑业务可获得收入，但其同时也必须承担客户的信用风险，一旦客户支付困难，银行将无法收回已支付的款项。

2. 商业信用证业务

商业信用证是在国际贸易中由银行开出的一种支付保证书，是结算业务的一种。银行从事的商业信用证业务是银行担保业务的一种类型，主要发生在国际贸易结算中。商业信用证业务是一种重要的表外业务。在该业务中，银行以自身的信誉为进出口商之间的业务活动做担保。银行在开立信用证时，往往要求开证申请人（进口商）交足一定比例的押金，一般来说不会大量占用银行自有资金，但可以收取手续费，是银行获取收益的一条重要途径；同时，进口商所交纳的押金在减小信用证风险的同时也为银行提供了一定量的流动资金来源。

（二）金融保证类业务

金融保证类业务主要由备用信用证、贷款承诺、票据发行便利、保函以及资产证券化等业务构成。

1. 备用信用证业务

备用信用证是银行应客户要求为其开立的信用保证书，属于一种信用担保。当客户与其受益人达成某种协议，表明客户对受益人负有偿付义务，客户为确保自己的信誉，可要求银行为其开立备用信用证，保证客户无力支付时，由银行代客户向受益人进行偿付，银行为此支付的款项变成了向客户的贷款。银行开立备用信用证，提高了客户的信誉，银行据此可收取手续费。备用信用证与商业信用证的不同之处在于，商业信用证业务中银行承担的是第一支付人的责任；而在备用信用证业务中，银行只承担了支付的连带责任，只有在客户无法履行支付义务时，才由银行代为支付。

2. 贷款承诺业务

贷款承诺是指银行与借款客户达成的一种具有法律约束力的正式契约，银行将在正式的有效期内，按照双方约定的金额、利率，随时准备应客户的要求提供贷款。银行提供这种承诺的同时，要按一定比例向客户收取承诺费，即使在规定期限内客户并未申请贷款，也需交纳承诺费。

3. 票据发行便利业务

票据发行便利是指银行承诺帮助工商企业或政府发放短期票据融资，售不出去的部分将全部由银行按事先约定的价格买下。银行赚取承诺费，但同时承担流动性风险和信贷风险。

4. 保函业务

保函业务是一种较简单的担保业务，银行为客户的融资或其他活动出具保函提供信用担保，并收取担保费，一旦客户到期不能履约支付，银行负有连带支付责任。

5. 资产证券化业务

资产证券化业务又称贷款销售，是指银行可将贷款以证券方式转售给第三方，以提高资产的流动性，银行也可为“售出后贷款”提供收取本息的服务。

此外，金融衍生工具交易业务近年来越来越成为重要的表外业务。

第三节 商业银行的经营管理

一、商业银行的经营管理原则

根据我国《商业银行法》的要求和商业银行业务经营的特点，商业银行在业务经营活动中必须贯彻营利性、安全性和流动性原则。

（一）营利性原则

营利性原则，是指商业银行要以实现利润最大化为经营目标。获取利润是商业银行经营的最终目标，商业银行的一切经营活动，包括设立分支机构、开发新的金融产品、提供何种金融服务、建立哪种资产组合等均要服从这一目标，这是由商业银行的企业性质所决定的。坚持营利性原则，对于提高信贷资金运用效率、扩大银行业务范围、加强银行经营管理、改善银行服务质量，具有重要意义。

（二）安全性原则

安全性原则，是指商业银行要避免经营风险，保证资金安全。银行业是一个高风险的行业，如果管理者对此重视不够、处理不善，轻者造成巨大损失，重者会导致银行破产倒闭。因此，安全性原则是商业银行经营必须遵循的重要原则。

（三）流动性原则

流动性原则，是指商业银行要保证能够满足客户随时提取存款的需求。商业银行的流动性包括资产的流动性和负债的流动性两个方面。资产的流动性，是指资产在价值不受损失的条件下具有迅速变现的能力。负债的流动性，是指银行以较低的成本随时获取资金的能力。

商业银行在经营活动中必须遵循这三项基本原则，然而它们之间又存在一定的矛盾。安全性原则要求商业银行扩大现金资产，减少高风险、高盈利资产；营利性原则则要求商业银行尽可能减少现金资产，扩大高盈利资产。如何协调这一矛盾呢？大多数银行家认为，正确的做法应当是：在对资金来源和资产规模以及各种资产的风险、收益、流动性进行全面预测和权衡的基础上，首先考虑安全性，在保证安全的前提下，争取最大的利润。解决安全性和营利性的矛盾，实现安全性和营利性统一的最好选择就是提高银行经营的流动性。因此，商业银行必须从资产和负债两个方面加强管理。

二、资产负债管理理论及方法

（一）资产负债管理理论的形成与发展

商业银行自产生以来，其经营管理理论随着经济、金融环境的变化而不断演变，大致经历了资产管理理论、负债管理理论和资产负债综合管理理论三个阶段。

1. 资产管理理论

资产管理理论是最早出现的系统指导银行管理的重要理论，在20世纪60年代以前一直盛行。该理论认为商业银行的利润主要来源于资产业务，银行能够主动加以管理的也是资产业务，而负债主要反映客户的意愿，银行处于被动地位。因此，银行经营管理的重点是资产业务，银行要致力于通过资产结构的合理安排，求得安全性、流动性和营利性的协调统一。

2. 负债管理理论

20世纪60年代，金融市场迅速发展，一种全新的银行经营管理理论开始在银行业兴起，这就是负债管理理论。该理论认为，银行对于负债并非完全被动、无能为力，而是完全能够也应该采取主动，可以主动到市场上争取资金、扩大负债，有了更多的负债，才能有更多的资产获利。

3. 资产负债综合管理理论

20世纪70年代中期起，由于市场利率大幅度上升、计算机技术的发展，更高层次的系统管理——资产负债综合管理理论随之产生，并在今天的银行业中占据了支配地位。资产负债综合管理不像资产管理或负债管理那样，将经营管理的重点放在资产方或负债方。资产负债综合管理所追求的目标是财富极大化，或者说预期净值的极大化。由于银行的净值是其资产与负债的差额，因此资产负债综合管理必须兼顾银行的资产与负债结构，强调资产与负债两者之间的整体规划与搭配协调，通过资产结构与负债结构的共同调整和资产、负债两方面的统一协调管理，保持资金的高度流动性，从而在市场利率波动的情况下，实现利润最大化的经营目标。这就是资产负债综合管理理论的主要思想。

（二）资产负债综合管理理论的要点

资产负债综合管理理论的要点在于资产与负债结构是否合理，这可从以下四个方面反映出来。

1. 资产与负债的期限结构状况对银行资金的流动性有直接影响

倘若银行的资金来源是长期的，资金运用是短期的，则银行的资金流动性必然较高，但这会对银行的收益有不利的影响；若银行的资金来源多是短期的，而资金运用多为长期的，则银行的资金流动性必然较差，容易导致流动性风险发生。

2. 资产与负债的总量结构状况对银行的利率管理效果有直接影响

在利率波动频繁的情况下，银行随时要对其资产负债的总量结构进行调整。如果银行的负债总额过大，在市场利率大幅度下降时，就可能遭受利率风险；如果银行的资产总额过大，则当市场利率大幅度提高时，也会遭受利率风险。

3. 资产与负债的内部结构是否合理对银行的资本管理效率有重要影响

根据 20 世纪 70 年代中期实行的资本管理模式的要求，资产可按其风险不同分为六类，每类资产都有不同的资本比率要求，资产风险越小，资本比率要求越低；反之，则越高。从负债方面看，长期借入资金可当作银行资本的一部分，而存款则不论其期限多长，都不能当作银行资本。

4. 资产收益与负债成本是否协调对银行的利润最大化目标能否实现有直接影响

单位资产收益与单位负债成本的差额是决定银行利润的要素，也是综合反映银行经营管理水平的主要指标。如果银行的综合经营管理水平较高，则单位资产收益会大于单位负债成本；如果银行的综合经营管理水平较低，则可能使单位资产收益小于单位负债成本，使银行亏损。

（三）资产负债综合管理的主要方法

1. 缺口管理法

资产负债综合管理强调的是利率风险管理，最终目的是获得稳定的利差收益。利率风险，是指当利率变化时银行收益变化的可能性。缺口指的是一家银行所持有的可变利率资产超过可变利率负债的额度。对缺口的决策有三种模型，如图 6-2 所示。

从图 6-2 中可以看出，三种经营模式的主要区别在于对各类资产和负债所持有的比例不同，因而带来不同的结果：

第一，零缺口模型意味着账面收支相抵，在计划内收益的变动最小，因为无论利率是升是降，风险将由不同种类的资产和负债分别承担、相互抵销。但零缺口未必可以消除利率风险，因贷款利率可能由于管理上的原因慢于市场利率变动，当市场利率上升时，零缺口模型将阻碍银行的利润增大。

第二，正缺口模型是指浮动利率资产与固定利率负债的比例相对较大，这在利率上升时，对银行的好处是显而易见的：资产收益因利率上升而增加较多，而负债成本却增加

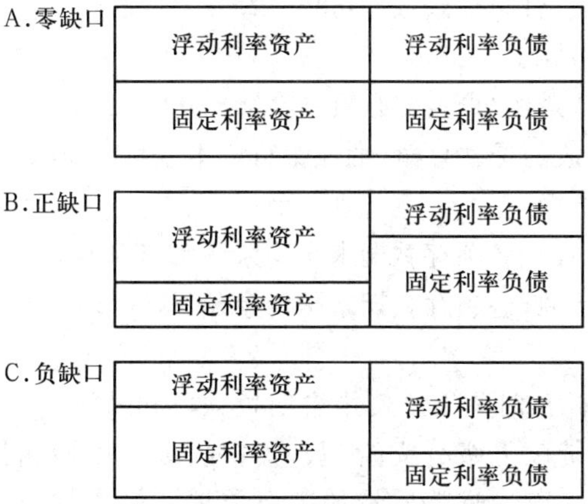

图 6-2　缺口管理法

有限。

第三，负缺口模型与正缺口模型刚好相反，银行持有的浮动利率负债与固定利率资产的比重较大。这种模型适用于预期利率将下降时，有助于减轻银行的利息负担。

根据利率的变化调整资产负债结构，这是采用缺口管理的积极方式。缺口的正负、大小与准确的利率预测紧密相关，因此预测利率要力求准确。在一个完整的利率周期里，如能准确把握利率的动态过程并不失时机地制定战略，将会使银行的利差收益放大。

2. 比例管理法

资产负债比例管理，是指通过一系列指标体系约束银行的资金运用，以确保银行资金的安全性、营利性、流动性三者均衡与协调，从而使银行能够做到稳健经营的一种管理方法。这种管理方法所定的比例指标体系一般分为四大类：一类是流动性指标，如存贷比例、备付金比例、同业拆借比例、中长期贷款比例等；二类是安全性指标，如抵押、担保贷款比例，资本充足率比例，单项贷款比例等；三类是营利性指标，如资金利润率、贷款收息率等；四类是业务发展指标，如盈利资产增长率、存款增长率等。

在上述两种资产负债管理方法中，资产负债比例管理法有鲜明的量的限度和结构规定，因而具有较强的可操作性，受到各国商业银行的广泛欢迎。1994 年，中国人民银行下发了《关于对商业银行实行资产负债比例管理的通知》，规定了商业银行实行资产负债比例管理的暂行监管指标。从 1998 年开始，国有商业银行指令性贷款规模取消，我国商业银行开始实行全面的资产负债比例管理。《商业银行法》修订时又对资产负债比例管理规定进行了修改。我国商业银行资产负债比例管理主要由以下指标组成：

(1) 资本充足率指标。

资本总额÷风险加权资产×100%≥8%

一级资本÷风险加权资产×100%≥6%

(2) 中长期贷款的比例指标。

余期 1 年以上（含 1 年）的中长期贷款月末平均余额÷余期 1 年以上（含 1 年）的存款月末平均余额×100%≤120%

(3) 资产流动性比率指标。

流动性资产余额÷流动性负债余额×100%≥25%

(4) 单个贷款比率指标。

对同一借款客户贷款余额÷商业银行资本余额×100%≤10%

对最大 10 家客户发放的贷款总额÷商业银行资本余额×100%≤50%

(5) 拆借资金比例指标。

拆入资金期末平均余额÷各项存款期末平均余额×100%≤4%

拆出资金期末平均余额÷各项存款期末平均余额 ×100%≤8%

(6) 贷款质量。

我国的贷款质量指标长时间以来使用逾期贷款率和呆滞、呆账贷款率，近年来，按国际惯例我国逐步推行贷款五级分类管理，其中次级、可疑和损失贷款被视为不良贷款。以五级分类管理作为衡量贷款质量的主要依据，使贷款质量由期限管理过渡为风险管理。

三、商业银行的其他管理

(一) 资本管理

商业银行资本是其股东为赚取利润而投入的资本和保留在银行中的收益。过高或过低的资本量对银行经营管理都不利。资本量太小，首先，会影响银行信誉，稍有不慎即易引发客户的挤兑危机，危及银行生存；其次，银行只能采取保守的经营战略，如必须多保持高流动性、低收益的资产以规避风险，不利于同业竞争和争夺市场份额。资本量太大，由于增加资本的成本高于借入负债，不利于发挥财务杠杆的边际效应；而且对于银行股东来说，资本数额过高，每股税后平均收益必然降低，从而损害股东的利益。

因此，商业银行资本管理的主要任务是确立资本的结构与资本的适度水平。目前，在国际上比较具有权威性的、受到各国认同并共同遵守的标准就是《巴塞尔协议》。

《巴塞尔协议》于 1988 年 7 月达成，该协议以资本充足率或资本适宜度来衡量一家银行的资本与资产负债规模是否相适应，具体包括三方面内容：

(1) 资本及构成。银行资本划分为两大类：核心资本和附属资本。核心资本是银行资本中最重要的组成部分，由实收资本（包括股本、非累计优先股）和公开储备（如股票溢价、保留利润、普通准备金和法定准备金的增值等）构成。附属资本由未公开储备、资产重估储备、普通准备金或普通贷款损失准备、混合资本工具和次级长期债务资本构成。

(2) 风险资产权数的规定。该协议对风险的阐述分三部分：一是资产负债表表内不同种类资产的风险；二是资产负债表表外项目的风险；三是国家风险。资产风险的计算采取加权的方法，并根据各类资产的相对风险的考虑而计算出的风险加权比率（风险权数）来衡量各类资产风险度。

(3) 标准化比率。该协议要求各国商业银行都应统一标准计算资本与风险资产的比率，全部资本对风险加权资产的比率至少为 8%，其中核心资本与风险加权资产的比率至少为 4%。

知识链接

巴塞尔银行监管委员会于1998年开始修改《巴塞尔协议》，1999年6月，巴塞尔银行监管委员会提出了以三大支柱——资本充足率、监管部门监督检查和市场纪律为主要特点的新资本监管框架草案第一稿，并广泛征求有关方面的意见。《巴塞尔协议Ⅱ》于2006年年底在十国集团开始实施。《巴塞尔协议Ⅱ》全面考虑了商业银行经营过程中面临的三种风险：信用风险、市场风险和操作风险，还强调了监管部门监管与市场约束的重要性。该协议指出，以三大要素（资本充足率、监管部门监督检查和市场纪律）为主要特点的新协议代表了资本监管的发展趋势和方向。

2010年9月12日，巴塞尔银行监管委员会宣布，各方代表就《巴塞尔协议Ⅲ》的内容达成一致。根据这项协议，商业银行的核心资本充足率将由目前的4%上调到6%，同时计提2.5%的防护缓冲资本和不高于2.5%的反周期准备资本，这样核心资本充足率的要求可达到8.5%~11%，总资本充足率要求仍维持8%不变。此外，还将引入杠杆比率、流动杠杆比率和净稳定资金来源比率的要求，以降低银行系统的流动性风险，加强抵御金融风险的能力。

分析：资本对资产的比例越高，其资产的安全性就越强，银行的信誉就越好，从而出现资不抵债而倒闭的可能性就越小。资本充足度减低了银行破产的可能性，增加了银行资产的流动性。一旦金融管理当局认为商业银行的资本金率低于一定限度，就会责令其增加资本金。提高资本充足率的措施是：增加资本；减少资产规模；调整资产组合中高的风险资产的比重。

（二）财务管理

财务管理作为现代商业银行经营管理的核心，是对银行资金筹集、运作、分配及与之相关的成本、费用、质量、收益等指标进行计划、组织、调节和控制等工作的总称。商业银行财务管理的目标是在注重稳健经营和提高资产质量的基础上实现利润最大化。

商业银行财务管理涉及银行的每一项价值运动，是与商业银行业务管理紧密相关的，因此，认识银行财务管理的内容应该与银行业务管理相结合，具体包括财务预算管理、筹资管理（资本金和负债管理）、资产管理（盈利资产和非盈利资产管理）、成本管理（筹资成本和业务费用的管理）、利润和利润分配管理（股利管理）、财务报告与财务评价等方面的内容。

（三）内部控制

商业银行的内部控制是商业银行在经营过程中，为实现经营目标、防范风险，保证资产安全、会计数据准确真实，而对内部机构、职能部门及工作人员的经营活动和业务行为进行规范、控制、牵制而采取的相应方法、措施和手段。

随着经济的发展，银行间竞争日益加剧，作为经营货币资金特殊行业的商业银行更加注重确保资金的安全、金融资产的完整，而金融风险的不断加大且更加复杂化，也促使银行对自身的内部控制日益重视。从商业银行经营管理的实践看，有效的内部控制既能从管理层次围绕既定目标降低经营风险，又能从操作层次上查错防弊、堵塞漏洞。因此，实施内部控制，使其成为风险防范的第一道屏障已成为商业银行的重要管理内容。

（四）风险管理

商业银行风险是指在商业银行经营过程中由于各种不确定因素的存在，而使银行蒙受经济损失的可能性。银行风险是金融业务中一种客观存在的必然现象，所以，银行业务从头至尾都是一种风险经营和风险管理的过程。风险管理的内容包括资产负债风险管理、信贷风险管理、投资风险管理和外汇交易风险管理。此外，风险管理还包括防范银行欺诈、盗窃、洗黑钱以及各类计算机犯罪等。风险管理是商业银行管理的重要工作。

（五）人力资源管理

商业银行人力资源管理，是对商业银行人力资源的取得、培训、保持和利用等方面所进行的计划、组织、指挥和控制的活动。它是在兼顾银行员工、银行以及社会三方面利益的基础上，为获得必要数量和质量的人才，并充分发挥其潜能而设计的一整套业务。当前，经济的发展速度突飞猛进，市场竞争的焦点已经由过去对资源、资金的竞争转为对人才的竞争。因此，银行的人力资源管理是否成功，关系银行经营的成败。对于一家商业银行来说，有一批高素质的人才，是其得以在竞争中立于不败之地的重要保证之一。

现代商业银行业的稳健迅猛发展，迫切需要以下几种类型的人才：商业银行的中枢——改革创新的决策型人才，商业银行的中坚力量——奋力开拓的经营管理型人才，商业银行发展的开路先锋——面向未来的科技型人才，商业银行的基本力量——熟练精干的实务型人才，适应市场发展的复合型人才。

（六）信息管理

进入信息时代，银行信息在银行的经营决策、管理行为中起着越来越大的作用，对银行信息的管理，也就成为商业银行经营管理的重要内容。银行信息，是指与银行经营活动有关的，反映客观经济事务特征的，经过加工整理的消息、数据、知识的总称。例如，关于金融市场的价格涨跌、供求状况、货币的投放与回笼情况，对外贸易现状，其他银行的业务情报，最新的经济政策及最新经营管理理论等，都在银行信息的范畴之内。

获得信息的途径很多，银行部门可通过其信息网加强系统内外联系。银行信息的传递可以通过各种公文和刊物，或是通过电报、电话与计算机网络系统。为了开展各项银行业务，银行也会主动调查、搜集相关信息，如召开专题会议、特约调查、抽样调查等。

信息反馈是信息管理的重要环节，各项任务、指令发出后所产生的实际效果应及时返回决策层，以便决策层不断地修订、改善原来的计划和检查任务的完成情况。

银行信息的交流功能、预测功能和咨询功能决定了它在现代银行管理中的重要地位。随着先进的科学技术的使用，各国银行的经济信息网络无不朝着更科学、更完善的方向发展。

第四节

电子银行

一、电子银行的概念

20世纪50年代后期，美国商业银行率先利用电子计算机处理银行业务，随着电子信息技术日新月异的发展，特别是网络技术的成熟应用，金融电子化已经在全球现代商业银行被广泛认可、采用并占据越来越重要的地位。现今，电子银行已成为全球银行业维护现有优质客户、吸引新客户、挖掘潜在客户、提高竞争力的一种手段。

电子银行是指以计算机、通信技术等为媒介，客户使用各类接入设备自助办理银行业务的新型银行服务手段。中国银监会发布的《电子银行业务管理办法》中对电子银行进行了定义："是指商业银行等银行业金融机构利用面向社会公众开放的通讯通道或开放型公众网络，以及银行为特定自助服务设施或客户建立的专用网络，向客户提供的银行服务。电子银行业务包括利用计算机和互联网开展的银行业务，利用电话等声讯设备和电信网络开展的银行业务，利用移动电话和无线网络开展的银行业务，以及其他利用电子服务设备和网络，由客户通过自助服务方式完成金融交易的银行业务。"

电子银行业务包括基于计算机技术进行查询、交割、转账、投资理财等相关的金融服务活动，支付、资金划拨和相关金融信息服务是该业务的核心，还包括银行会计核查、管理信息系统等内容。

知识链接

安全第一网络银行

1995年10月，美国诞生了全球第一家网络银行——安全第一网络银行（Security First Network Bank，SFNB）。这家银行除了设立在亚特兰大的总部外，没有任何"钢筋混凝土"式的营业大厅和分支机构，完全在网上运作，客户通过互联网进入SFNB网站就可享受服务。SFNB在短期内取得了长足的发展，虽然员工数不足100名，但客户遍及全美50个州和全球各地，提供电子钞票兑付、在线交易登记、支票转账等多种服务。

二、电子银行的特点

（一）"3A"式服务

电子银行利用网络技术把自己和客户连接起来，突破了时间、空间的限制，在各种安全机制的保护下，客户可以随时随地在不同的电子终端登录办理各项银行业务。电子银行是一种在任何时间（anytime）、在任何地点（anywhere）、以任何方式（anyhow）提供金融服务的全天候银行，即电子银行利用互联网的技术实现以客户为中心的“3A”式服务。

（二）打破了传统商业银行的结构和运行模式

电子银行建立在开放的互联网之上，这是电子银行与传统银行的根本区别。电子银行以互联网为基础，主要通过创新银行的业务类型来扩展业务；传统银行主要通过在各地设置分支机构来扩展业务。因此，电子银行的组织结构和人力资源构成与传统银行有本质的区别，其分销渠道和营销策略也发生了根本的变革。电子银行不仅起到了方便客户、降低经营成本的作用，而且打破了传统金融业的专业分工，模糊了银行业与证券业、保险业之间的界限，银行业由此不仅能够提供存贷款、结算等传统业务，而且可以更加方便地提供客户投资、理财、保险等综合性、全方位的金融服务，为商业银行的经营创新提供了新的空间。

（三）银行业务运营的电子化

传统银行使用的票证被全面电子化，如电子支票、电子汇票和电子收据等。同时，全面使用电子货币，即电子钱包、电子现金和安全零钱等。银行的业务文件和办公文件完全改为电子化文件、电子化票据，签名也采用数字化签名。票据和文件的传送，改由计算机和数据通信网完成，往来结算由电子资料交换进行，客户不必到银行去，就可以通过电子银行，获得令人满意的服务。电子化办公大大提高了操作速度，降低了成本，提高了服务的准确性和精确度，减少或消灭了差错，提高了服务质量，大宗资金的跨地区交易可以在瞬间完成。

三、电子银行的分类

电子银行包括电话银行、纯粹的网上银行、家庭银行、手机银行、多媒体自助终端机、自助柜员机（ATM）、POS、企业银行以及电视银行等多种形式。

（一）网上银行

广义的网上银行是指电子银行，本书所说的网上银行是指狭义的概念。网上银行是指采用互联网数字信息技术，以互联网作为基础的交易平台和服务渠道，在线为公众提供办理结算、信贷服务的商业银行机构，也可以理解为互联网上的虚拟银行柜台。网上银行按服务对象不同分为企业网上银行和个人网上银行。

（二）手机银行

手机银行，又称为网络移动银行，是指利用移动网络与移动通信技术实现银行与手机的连接，通过手机界面操作或者发送短信完成各种金融服务的一种电子银行创新业务产品。手机银行具有贴身性强、私密性强、银行主动性强和用户规模增长的特点，市场潜力更加巨大。

（三）自助银行

自助银行系统就是指客户在一个独立、安全的室内区域，根据银行提供的各种自助设备，由客户自己操作，能够独立完成存取款业务、外币兑换业务、账户金融信息查询等一系列操作的银行系统。简单地说，自助银行就是一种现代化的银行服务方式，它是商业银行为满足客户的理财需求而开发的金融创新产品，属于银行柜面业务的延伸，是银行电子化和自动化的一部分。它将银行的自助服务终端集中起来，为客户提供全天候 24 小时的综合全面的金融服务，一般由自助柜员机、现金存款机（CDM）、外汇兑换机、存折补登机、夜间金库、自助查询终端等多种自助设备组成。

四、电子银行对银行业的意义

随着全球经济的发展，传统的银行经营和服务模式已经无法适应迅猛发展的金融市场，几乎所有银行都意识到只有加大信息化建设力度，大量采用先进信息技术，不断推出新型金融工具和金融服务才能不被市场淘汰。

（一）降低银行运营成本

传统的商业银行不仅需要大量的人力去经营业务，而且需要大量的财力、物力去建设网点，做广告宣传，而金融电子化使得客户的交易成为一种跨越空间的交易，金融业的营业网点已从砖墙式建筑向 ATM、POS、移动终端等转移，提高了金融业的效率，降低了经营成本。

（二）提高银行的服务质量

通过金融电子化建立虚拟化金融业市场，银行将不受营业网点的空间局限。只要网络和通信能够到达的地方，都可以成为银行的市场范围，银行可以向客户提供全天候、大范围、跨地区、跨国界的交易服务，从而大幅度地提高银行的服务效率。

（三）拓宽银行的服务领域

金融信息化能够融合银行、证券、保险业等分业经营的金融市场，减少各类金融业针对同样客户的劳动重复，拓宽金融业进行产品更新换代的空间，银行业将从事全能金融业务，如存贷款、国际结算、财务顾问、证券经纪、信托保险代理、各种中间业务等。此外，电子银行还能从金融交易中提取有用信息，向客户提供各种增值的金融信息服务。

（四）增加银行市场占有份额

由于使用电子银行不用理会时间以及地域限制也可以处理银行交易，客户可以随时随地处理网上个人财务安排，同时电子银行能够满足客户对办理银行业务便捷性、高效性的需求，目前使用电子银行的客户数量正在持续增长，电子银行服务的潜在发展客户队伍更加庞大。

（五）为银行带来新的利润增长点

电子银行已经从初期较为单一的业务品种发展成为一个多渠道、一体化的电子银行服务体系，涵盖了企业网上银行、个人网上银行、电话银行、手机银行、多媒体自助终端、自助柜员机等多种系列。客户通过电子银行办理业务数量逐年递增，这大大减轻柜面压力，节约成本，促进银行业务转型发展。随着业务量的增长，电子银行业务逐步成为商业银行新的利润增长点。

■ 本章小结

本章首先介绍了商业银行的性质、职能、组织形式等基础知识及商业银行的负债业务、资产业务、中间业务和表外业务四大类业务。在此基础上，介绍了商业银行的经营管理原则以及基本管理方法。

■ 章后习题

□ 一、重要概念

商业银行　自有资本　活期存款　贷款　抵押贷款　票据贴现　中间业务

□ 二、思考题

1. 商业银行的业务分为哪几类？各由哪几部分组成？
2. 商业银行的经营管理应遵循的基本原则有哪些？
3. 商业银行经营管理理论经历了哪几个阶段的演变？

□ 三、讨论题

我国商业银行表外业务和中间业务收入能否成为商业银行的主营业务收入？

□ 四、案例分析

××银行资产负债表　　　　单位：亿元人民币

	2015 年	2016 年		2015 年	2016 年
资产：	27 622	22 830	**负债：**	1	0.5
现金及存放中央银行款项	3 175	1 839	向中央银行借款	10 915	92 237
	390	102	同业及其他金融机构存放款项	2 498	1 256
存放同业及其他金融机构款项	1 605	649	拆入资金	1 720	67
贵金属			当期损益的金融负债	126	106
拆出资金	1 522	130	衍生金融负债	2 063	849
当期损益的金融资产	175	133	卖出回购款项	414	93
衍生金融资产	3 494	2 622	存款证	122 612	111 456
买入返售款项	75 940	66 234	客户存款	238	203
客户贷款及垫款	8 401	9 048	应付职工薪酬	610	409
可供出售金融资产	24 248	23 128	应交税费	2 042	1 023
持有至到期投资	4 988	5 017	已发行债务证券	1	3
应收款项类投资	328	403	递延所得税负债	1 950	1 681
长期股权投资	1 002	906	其他负债		
固定资产	161	103	**股东权益：**	3 491	3 491
在建工程	219	217	股本	1 264	1 228
递延所得税资产	1 499	1 225	资本公积	744	538
其他资产	154 769	134 586	盈余公积	1 043	931
资产合计			一般准备	3 133	2 012
			未分配利润	(108)	6
			外币报表折算差额	9 567	8 204
			归属于母公司股东的权益	11	12
			少数股东权益	9 578	8 217
			股东权益合计	154 769	134 586
			负债及股东权益总计		

结合上述资产负债表情况，试分析该商业银行在经营过程中，应注意哪些方面的管理问题？

■ 延伸阅读

美国次级抵押贷款及相关名词

2000 年前只有信誉非常好的优质借款人才能申请到住房抵押贷款，这种贷款称为优质抵押贷款（prime mortgage）。然而，计算机技术的进步与新的统计工具出现后，银行可以对风险较大的住房抵押贷款进行较好的定量评估。次级抵押贷款（subprime mortgage）指的是向信用记录较差的借款人发放的抵押贷款。可选优质抵押贷款（alta mortgage）的借款人预期违约率高于优质借款人，但信用记录优于次级借款人。

拥有信用记录的居民都可以得到一个数量化的信用分数（credit score），也就是 FICO 分数，这个分数可以用来预测借款人债务违约的可能性。此外，计算机技术可以通过节约交易成本，将一揽子金额较小的贷款打包成标准化的债务证券，这个过程即为证券化（securitization）。

■ 即测即评

第七章

中央银行

【本章学习目标】

通过本章的学习，学生应了解中央银行的性质和职能，掌握中央银行的调控性和服务性两大方面的业务，了解中央银行的制度类型和资本组成类型。

【本章知识结构图】

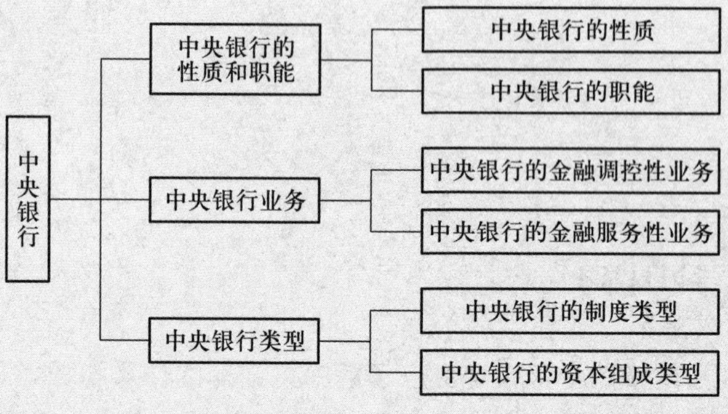

中央银行
中央银行的性质和职能
中央银行的性质
中央银行的职能
中央银行业务
中央银行的金融调控性业务
中央银行的金融服务性业务
中央银行类型
中央银行的制度类型
中央银行的资本组成类型

【引例】

中国央行将成首个发行数字货币的央行

2017年年初，中国央行在发行数字货币方面取得了新进展。有媒体援引内部人士获悉，央行推动的基于区块链的数字票据交易平台已测试成功，由央行发行的法定数字货币已在该平台试运行，2017年春节后央行旗下的数字货币研究所也将正式挂牌。这意味着在全球范围内，中国央行将成为首个发行数字货币并开展真实应用的中央银行。

或为洗钱、或为投机、或为转移资产，比特币作为一种载体在中国资本市场上扮演着一个强大的角色。它的交易在此前尚未被纳入监管，直到它的价格即将突破10 000元/个的时候，才引发监管层的警觉。自2017年1月11日起央行在上海和北京对比特币交易平台展开现场检查，查出不少问题，尤其是隐藏着的平台和第三方机构对投机人提供的配资交易是否违反外汇管理规定及反洗钱规定。1月24日，国内最大的3家比特币交易平台在经过检查后，对外宣布收取交易费用，致使比特币交易出现暴跌，每小时交易量暴跌八成以上。而比特币价格则维持在6 300元左右/个。

虽然比特币经此一役之后，价格和名声都一落千丈，但是因比特币而出名的区块链却得到了全球金融机构乃至央行的关注。

央行在对比特币在中国的交易进行严格监管同时，对于区块链技术的应用则不遗余力推进。2017年1月25日，央行开始推动区块链技术在金融行业中的场景测试。这意味着在全球范围内，中国央行将成为首个发行数字货币并开展真实应用的中央银行，并率先探索了区块链的实际应用。

2016年12月15日，央行数字票据基于区块链的全生命周期的登记流转和基于数字货币的票款对付（DVP）结算功能已经全部实现，显示数字货币在数字票据场景的应用验证落地。目前已按计划完成了数字票据平台、数字货币系统模拟运行环境的上线部署，并与试点银行进行了网络联通。

在银行业，区块链技术的应用正在不断扩大。2017年1月10日，中国邮政储蓄银行和IBM联合宣布推出基于区块链的资产托管系统，该系统于2016年10月上线，已在真实业务环境中顺利执行了上百笔交易。这是中国银行业将区块链技术应用于银行核心业务系统的首次成功实践。2016年12月，浙商银行也正式上线基于区块链技术移动数字汇票产品，搭建了基于区块链技术移动数字汇票平台，可为客户提供在移动客户端签发、签收、转让、买卖及兑付移动数字汇票功能，并在区块链平台实现公开、安全记账。

资料来源：花旗银行官网，有改动。

思考：发行货币是一国中央银行的主要业务之一。那么，什么是中央银行？其具有怎样的性质和职能？都从事哪些业务？有哪些类型？本章将讲述这些问题。

第一节
中央银行的性质和职能

一、中央银行的性质

回顾中央银行的发展史可以看到，中央银行最初只是一般的商业银行，在银行业大发展带来货币发行失控、货币流通不稳定等问题后，为了克服货币危机和信用危机，那些个别与政府关系密切、资金雄厚、信誉卓著的大银行就从普通的商业银行中分化出来，有幸发展成为中央银行。但自从这些商业银行演变为中央银行后，就不再是普通的银行，其经营业务和经营对象都发生了变化，更重要的是其性质发生了根本性的改变，成为特殊的金融机构。虽然各国的社会历史状况、经济政治制度、商品经济和货币信用制度、金融环境有很大的差异，但各国中央银行的性质还是有一些共同点的。这些共同点就是：中央银行是国家赋予其制定和执行货币政策，对国民经济进行宏观调控和对金融业进行管理监督的特殊的金融机构。

中央银行的性质可以通过以下几个方面体现。

（一）中央银行地位的特殊性

中央银行处于国家金融管理体系的中心环节，是统领全国货币金融的最高权力机构。虽然作为一个政府的公共机构，中央银行与政府有千丝万缕的联系，但它又是一种特殊的货币管理机构，这就要求它在政治、人事、货币政策目标、货币政策手段、政府融资、法律等方面与政府划清界限，保持相对独立性。中央银行独立性的内容包括：

1. 建立独立的货币发行制度，以维持货币的稳定

这方面具体有三层含义：第一，中央银行必须垄断货币发行权，不能搞多头发行；第二，中央银行不应在政府的干预和影响下搞财政发行，也没有向财政长期、无限地提供资金或为财政透支的义务；第三，中央银行发行货币的数量、结构、时间、方式等，都应由其根据货币政策目标和经济金融发展的一般规律自行决定，而不能受政府或其他利益团体的干扰。

2. 独立地制定或执行货币金融政策

中央银行必须掌握货币政策的制定权和操作执行权，政府及政府其他部门都无权干预，并尽可能配合中央银行的政策运作。

3. 独立地管理和控制整个金融体系和金融市场

中央银行应在国家法律授权和保障下，独立地行使对金融体系和金融市场的管理权、控制权和制裁权，政府或其他部门不得干扰。

（二）中央银行业务经营的特殊性

中央银行的业务活动虽然也围绕存款、贷款和汇兑业务展开，但其业务内容及经营目的与普通金融机构完全不同。

1. 业务对象的特殊性

中央银行的业务对象不是普通的工商企业和居民个人，而是政府和金融机构。这就决定了中央银行不经营一般的商业银行和其他金融机构的业务，不会成为商业银行和其他金融机构的竞争对象。

2. 经营目的的特殊性

虽然中央银行在其业务经营过程中会取得一定的利润，但其经营不以营利为目的。中央银行是国家的政府机关，其所需要的各项经费由国家财政拨付，其开展的各项金融业务活动，都是为了保持货币币值的稳定，为了实现国民经济的良性发展。

3. 业务权力的特殊性

中央银行拥有普通商业银行不具备的一些特殊的业务权力，如发行货币、代理国库、集中保管存款准备金、制定金融政策等。

（三）中央银行管理的特殊性

1. 管理手段的特殊性

中央银行虽然是政府的管理机构，但其管理职责的履行主要是通过特定的金融业务进行的，对金融和经济的管理调控基本上采用的是经济手段，这与主要靠行政手段进行管理的国家机关明显不同。

2. 管理机制的特殊性

中央银行对经济的宏观调控是分层次实现的：中央银行通过货币政策工具操作直接调节金融机构的行为和金融市场的运作，通过金融机构和金融市场间接调节影响各经济部门的行为，从而达到对整个国民经济进行宏观调节和控制的目的。

二、中央银行的职能

中央银行的职能是由其性质决定的，从不同的角度其职能可以有多种分类。

（一）根据承担的任务划分

根据承担的任务可以将中央银行的职能划分为发行的银行、银行的银行和政府的银行。

1. 发行的银行

中央银行作为发行的银行，具有两重含义：一是垄断货币发行权，成为全国唯一的现钞发行机构；二是中央银行因独占货币发行权，从而可以通过掌握货币的发行权，直接影响整个社会的信贷规模和货币供给总量，进而影响经济，实现中央银行对国民经济的控制和调节，在决定一国货币供应量方面具有至关重要的作用。

中央银行发展初期的一百多年历史，就是中央银行垄断货币发行的历史。中央银行发行的货币是其重要资金来源，为其调节金融活动提供了资金储备。同时，由于货币供应量的变化与一国经济行为的变化密切相关，因此，中央银行统一货币发行有利于保证一国的货币正常有序流通，便于中央银行进行金融调控。

2. 银行的银行

中央银行作为银行的银行，不直接与工商企业和个人发生业务往来，只同商业银行及非银行金融机构有业务关系。具体业务如下：

（1）存款业务。中央银行集中保管各商业银行和其他金融机构的存款准备金。一般来说，各国银行法都规定商业银行吸收的存款要按一定的比例作为法定准备金，存放在中央银行的账户上。中央银行集中保管存款准备金最初的目的是保障存款人和金融机构的安全，后来逐渐演变为调控信贷规模和货币供应量的重要手段。一般地，商业银行在中央银行的存款是没有利息收入的，但在我国，中央银行对存款机构的存款支付利息。

（2）贷款业务。中央银行的贷款业务，是指中央银行作为最后贷款人，在金融机构资金周转困难而其他途径都无法筹集资金的时刻，对其提供资金援助。中央银行的贷款作用体现在：一是支持陷入资金困境的金融机构，避免因为个别银行发生挤兑，而导致整个金融系统的危机和崩溃；二是通过调控中央银行向商业银行贷款的规模，调节商业银行对企业的信贷规模，实现调节社会信用规模和货币供给量的目的，传递和实施宏观调控的意图。通常，商业银行从中央银行融进资金的方式有再贴现、再抵押、回购协议、直接贷款等。

（3）清算业务。中央银行利用各金融机构在其开立的准备金存款账户，可根据每一家银行的清算差额，通过其在中央银行账户上存款资金的划转实现银行间的债权债务的集中清算，使中央银行成为全国的清算中心。这一方面可以节约资金的使用，减少清算费用，解决单个银行资金清算所面临的困难；另一方面也有利于中央银行通过清算系统，对商业银行等机构的经营状况进行监督控制。

3. 政府的银行

所谓政府的银行是指中央银行既作为政府管理金融的工具，又为政府提供金融服务，代表国家贯彻执行财政金融政策。其职能有：

（1）代理国库。国家财政收支不另设国库机构，而由中央银行代理，政府的收入与支出均通过财政部在中央银行内开立的各种账户进行。

（2）代理政府金融事务。如代理国债券的发行、推销、还本付息事宜；代表政府保管黄金外汇储备或办理黄金外汇的买卖业务；代表政府参加国际金融活动等。

（3）为政府融资。中央银行原则上不向财政垫资，但当财政发生困难时，中央银行有向财政融资的义务，但只能提供临时性的资金融通，向财政提供短期贷款。中央银行可向财政提供低息或无息的短期贷款或从公开市场上购买政府债券间接向政府放款。

（4）执行国家的金融行政管理。如依法对金融机构的设置、撤并、迁移等进行审批和注册；对金融机构的业务范围、清偿能力、资产负债结构、存款准备金交存等情况进行检查等。

（5）制定和执行货币政策。

（二）根据职能性质划分

根据职能的性质可以将中央银行的职能划分为调控职能、服务职能和监管职能。

1. 调控职能

中央银行作为国家最高的金融管理机关，其首要的职能就是金融调控职能。这一职能是指中央银行运用特有的金融政策工具，对全社会的货币信用活动进行调节和控制，进而影响国民经济的整体运行，实现既定的国家宏观经济目标。中央银行的调控职能主要表现在以下三方面。

（1）调节货币供应量。中央银行垄断了货币发行权，流通中的货币都来自中央银行。中央银行发行的货币则成为基础货币，经济活动中处于中央银行系统以外的各种货币无不受其影响。中央银行通过改变基础货币的供应量，起到收缩或扩张社会货币供应量的作用，从货币供应方面保障社会总需求与总供给在一定程度上的均衡。可以说，调节货币供应量是中央银行实施货币政策的核心。

（2）调整存款准备金率与再贴现率。中央银行根据经济与金融情况的变化，调整存款准备金率与再贴现率，是其宏观调控的重要手段，前者在控制信贷规模中具有乘数作用，后者对商业银行的信贷成本有重要影响。中央银行调整存款准备金率与再贴现率，可以迅速起到调整全社会商业银行的信贷规模的功效。

（3）公开市场操作。中央银行根据货币政策的需要，可以通过购进和抛售有价证券的方式，控制金融市场的货币投放量，或防止市场资金过剩，或避免市场资金短缺，以实现国民经济的良性发展，使国家宏观经济政策的预期目标得以实现。

此外，中央银行还可通过金融政策的确定实现调节的目的。

2. 服务职能

服务职能是指中央银行以特殊银行的身份向政府、银行及其他金融机构所提供的各种金融服务。

（1）为政府服务。中央银行作为政府的银行，与政府之间有着密切的关系，为政府提供各种金融服务。服务的内容如下：① 为政府融通资金。当政府出现临时性财政资金短缺时，中央银行为其提供短期融资。② 协助政府债券的发行与流通。中央银行通过公开市场业务买卖政府债券，一方面可以扩大市场的交易行为，增强政府债券的流动性；另一方面通过买入债券，向市场注入资金，以保证政府债券的顺利发行；同时，对到期政府债券，中央银行代理还本付息事宜。③ 代理国库，充当国家财政预算收支的出纳。④ 代理国家管理黄金和外汇。为政府在金融市场上买卖黄金、调剂外汇，保持国际收支的平衡与汇率的基本稳定。⑤ 代表政府参加境外各种国际金融组织和有关金融活动，处理有关的国际金融事务。⑥ 充当政府制定金融方针政策的顾问和参谋。

（2）为商业银行和非银行金融机构服务。中央银行作为银行的银行，是现代金融体系的核心和资金往来的枢纽，并为商业银行和非银行金融机构提供多种金融服务。其具体内容如下：① 保管存款准备金。一是为了保证商业银行和一些非银行金融机构稳健经营的需要；二是为了保证商业银行和非银行金融机构日常资金清算的需要。② 为商业银行和非银行金融机构提供票据交换和资金清算服务，及时结清商业银行和非银行金融机构之间的债权债务，保证社会资金的正常运行。③ 为商业银行和非银行金融机构提供短期资金融通服务。当商业银行等金融机构出现临时资金头寸短缺或遭遇流动性困难时，中央银行从维护金融业的稳定以及执行货币政策的需要出发，通过再贴现、再贷款的形式为其提供短期的资金融通。

(3) 为社会公众服务。中央银行作为国民经济的综合部门之一，根据自身业务的特点，为社会公众提供相关的金融服务。其主要内容如下：① 中央银行掌握着货币发行的特权，并根据国民经济发展和商品流通的需要，控制货币发行的数量，以保持货币币值稳定，为提高和稳定人民生活水平服务。② 中央银行通过其自身的各项业务活动，能够比较全面地了解和掌握国民经济的发展动态，为社会公众提供经济发展所需要的信息。③ 中央银行通过制定和执行货币金融政策，引导和调节资金的流向和流量，为国民经济的发展服务。④ 中央银行通过对商业银行等金融机构的管理，保持金融秩序的正常运行，有利于维护客户存款的安全，保护其合法财产不受损害。

3. 监管职能

监管职能是指中央银行作为一国金融管理的最高部门，为维护金融体系的健康与稳定，防止金融紊乱给社会经济发展造成困难，代表国家对商业银行等金融机构的金融活动和金融市场进行的监督和管理。其具体内容如下：

(1) 制定金融政策、法令及规章制度。中央银行是国民经济的重要调节机构之一，为了进行宏观金融调控，除主要采取经济手段以外，还应适当采取法律手段。因此，中央银行必须根据国家的宏观经济政策的需要、根据中央银行管理的需要制定有关的金融管理法令、政策、基本制度，使金融机构与金融市场的活动有章可循，避免金融动荡。

(2) 依法监测金融市场的运行情况。随着金融市场的不断发展，金融市场的风险也在不断地增加，为了保证金融市场安全、稳定、有序、高效地运转，使金融市场能更好地发挥筹集资金和融通资金的功能，中央银行必须加强对金融市场的监测与管理，及时掌握金融市场的发展动态，并根据国民经济发展对金融市场的需求情况，对金融市场实施宏观调控，促进其协调发展。

(3) 检查监督金融机构。中央银行应对金融机构的业务活动范围、清偿能力、资产负债结构、存款准备金缴存等情况，进行定期或不定期的检查监督。通过各种业务账表、报告的查对、稽核，分析了解情况，发现问题，以督导银行及金融机构的业务经营活动，使其遵守有关金融法令和制度规定。

4. 各职能之间的关系

中央银行的调控职能、服务职能与监管职能是由中央银行的性质所决定的。三者之间是相互依存、相互补充、相互统一的关系，其中调控是根本，服务是基础，监管是手段。调控职能是中央银行发挥其在国民经济中的作用的重要保证，中央银行通过运用其所掌握的各种货币政策工具调控国民经济，促进了国民经济健康、稳定地发展，因此，中央银行的各项工作都必须围绕调控职能来展开。服务职能贯穿于调控职能和监管职能过程的始终，中央银行的服务职能为调控职能和监管职能的发挥打下了坚实的基础，但又必须服从于调控职能和监管职能。监管职能是指中央银行借助于行政手段和法律手段来辅助其各项调控政策措施的顺利执行，对调控职能有积极的促进作用，有效地监管有利于调控职能的顺利实施和调控目标的实现。中央银行在履行好服务职能的同时，必须有监管职能的配合，这样才能创造一个良好的金融环境。因此，中央银行只有正确地处理三项职能之间的关系，才能更好地发挥中央银行的作用。

第二节

中央银行业务

中央银行是以国家宏观金融管理机关的身份存在的特殊金融机构，其业务是由其职能决定的。前面已述及中央银行主要具有金融调控和金融服务职能，其业务也主要分为两大类：金融调控性业务和金融服务性业务。

一、中央银行的金融调控性业务

为了履行宏观金融调控的经济职能，中央银行主要开展了以下几项业务，即货币发行业务、准备金存款业务、再贷款业务、再贴现业务、证券买卖业务和国际储备业务。

（一）货币发行业务

1. 货币发行业务的含义

货币发行是中央银行根据国民经济发展的需要，通过信贷形式向流通中注入货币，构成流通领域的现金货币。货币发行有两层含义：一是指货币从中央银行的发行库通过各家商业银行的业务库流通到社会；二是指货币从中央银行流出的数量大于从流通中回笼的数量。中央银行资产负债表中的货币发行指的就是后者。

2. 货币发行业务的原则

中央银行发行货币一般坚持以下三条基本原则：

（1）垄断发行原则。这指货币发行权高度集中于中央银行，由中央银行集中统一发行货币。这样才能统一国内的通货形式，避免多头发行造成的货币流通混乱，并且便于中央银行制定和执行货币政策，灵活、有效地调节流通中的货币量，稳定货币流通。

（2）信用保证原则。这指中央银行发行货币不能光凭国家信用，必须建立相应的发行准备制度，使货币发行与外汇、证券、黄金等资产保持一定的联系。

（3）弹性发行原则。这指中央银行要根据经济情况，不断向市场投放或回笼货币，使货币发行具有一定的伸缩性和灵活性。既要充分满足经济发展的要求，避免因货币发行不足而导致通货紧缩与经济衰退；也要严格控制货币发行数量，避免因货币过量供应造成通货膨胀与经济混乱。

3. 货币发行业务的渠道

中央银行的货币发行是通过再贴现、再贷款、购买证券、购买金银和外汇等业务活动，将货币注入流通的，并通过同样的渠道反向组织货币的回笼，从而满足国民经济发展、商品生产与流通等对流通手段和支付手段的需求。中央银行发行的货币，包括现金货币和存款货币。图 7-1 以现金货币为例，介绍货币的发行和回笼的渠道。

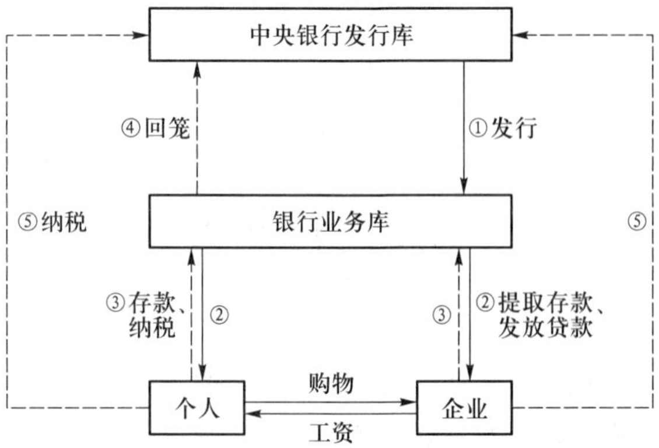

现金投放：工资、提取存款、发放贷款、采购农产品、企业管理支出等。

现金回笼：商品销售收入、服务收入、纳税、存款等。

图 7-1

（二）准备金存款业务

1. 准备金存款业务的含义

准备金存款是指商业银行将吸收的存款按中央银行确定的法定存款准备金率转存于中央银行的存款。货币发行和准备金存款是中央银行货币投放的主要资金来源，因而也被称为基础货币或储备货币。准备金存款不仅可以保障存款人的资金安全以及银行等金融机构的安全，更重要的是，还可以通过调整法定存款准备金率来调控商业银行的信用规模，进而调节社会货币供应量。因此，准备金存款是中央银行一项重要的政策工具。

2. 准备金存款业务的内容

准备金存款业务一般包括以下几方面的内容：

（1）规定法定存款准备金率。在准备金存款制度下，商业银行等金融机构吸收的存款必须按照法定比率提取准备金并缴存于中央银行，其余部分才能用于放款或投资。

（2）按存款的类别规定准备金提取比率。对不同类型的存款，多数国家规定了不同的法定存款准备金率，一般顺序为：活期存款准备金率最高，定期存款次之，储蓄存款准备金率最低。但也有只规定一个准备金比率的。

（3）规定法定存款准备金率的调整幅度。由于法定存款准备金率的调整会对商业银行的信用创造能力产生巨大的影响，其调整效果往往过于强烈，因而多数国家中央银行都对法定存款准备金率的调整幅度有不同程度的规定，有些国家制定了调整的最高与最低界限，少数国家对存款准备金率的调整幅度不予限制。

（4）规定可充当法定存款准备金的内容。能够充当法定存款准备金的只能是存放在中央银行的存款，商业银行持有的其他资产不能充作法定存款准备金。

（5）确定存款准备金计提的基础。这主要涉及两个问题：一是如何确定存款余额；二是如何确定缴存存款准备金的基期。

（三）再贷款业务

再贷款业务是指中央银行直接为商业银行提供贷款。再贷款是中央银行向社会提供基础货币的主要渠道。

中央银行通常定期公布再贷款利率。商业银行提出借款申请后，中央银行根据货币政策的需要决定对商业银行贷款的数额、期限、利率和方式。中央银行对商业银行的放款有严格的限制，一般只发放短期贷款，只能用于解决临时性的资金周转困难，绝不能用于证券投资和长期放款。再贷款的方式一般有两种：一是信用放款，即仅凭商业银行的信用而提供的贷款，只有少数信用极佳的商业银行才能得到。二是抵押放款，即再抵押。抵押对象多为政府债券和商业票据。为减少风险，防止失控，中央银行经常以抵押贷款形式向商业银行贷款。

（四）再贴现业务

1. 再贴现业务的含义

再贴现是中央银行买进商业银行已贴现的票据，即当商业银行资金周转困难时，把从客户手中贴现来的未到期票据再拿到中央银行办理贴现。再贴现从形式上看是一种票据买卖，实质上是一种特殊的放款。中央银行通过办理再贴现，一方面可以向商业银行提供资金，满足商业银行的资金需要；另一方面还可以根据需要决定是否给予贴现或调整再贴现率，以达到控制、引导资金流向和规模的目的，最终实现对国民经济的宏观调控。

2. 再贴现业务的内容

（1）再贴现业务的对象。只有在中央银行开立了账户的商业银行等金融机构才能够成为再贴现业务的对象。

（2）再贴现业务的申请和审查。商业银行必须以已办理贴现但尚未到期的合法票据申请再贴现。中央银行受理再贴现申请时，应审查票据的合理性和申请人的资金营运状况，确定是否符合再贴现的条件。

（3）贴现金额和贴现利率的确定。再贴现的实付金额是按票据票面金额扣除再贴现利息后的余额。再贴现率是官定利率，通常采取定期挂牌的方法公布。

（4）再贴现票据的规定。商业银行等存款性金融机构向中央银行申请办理再贴现业务的票据，必须是确以商品交易为基础的真实票据。

（5）再贴现的收回。再贴现的票据到期，中央银行通过票据交换和清算系统向承兑单位或承兑银行收回资金，如承兑单位账户存款不足，由承兑单位开户银行将原票据按背书行名退给申请再贴现的商业银行，按逾期贷款处理。

（五）证券买卖业务

证券买卖业务，是指中央银行公开市场业务，即在金融市场买卖各种有价证券。一般来说，中央银行应持有优质且流动性较好的证券，因此，中央银行在公开市场上买卖的证券主要是政府公债、国库券以及其他流动性很高的有价证券。

中央银行买卖证券一般有两种形式：

1. 一次性买卖

当中央银行认为需要压缩或增加商业银行的超额准备金时，就会一次性出售或购买证券，直到售足或购足为止。

2. 回购

回购即在卖出（或买入）证券时，就约定在未来某个时间再买入（或卖出）证券。前者称为正回购，后者称为逆回购。当中央银行欲在一定时间段内减少货币供给时，可实行正回购；当中央银行欲在一定时间段内增加货币供给时，可实行逆回购。

可见，中央银行持有证券和买卖证券的目的并不在于营利，而是为了调节市场银根松紧和控制货币供应量。因此，证券买卖是中央银行一项重要的货币政策工具。

（六）国际储备业务

1. 国际储备业务的含义

国际储备业务是指中央银行为保证国际收支平衡、汇率稳定，要统一掌握和负责管理国家的黄金、外汇等国际储备资产。这具体是指需要黄金、外汇者可向中央银行申请购买，中央银行通过买卖黄金、外汇来集中储备，达到调节货币资金、改善经济和外贸结构、保持币值、稳定金融市场的目的。所以，一国的黄金外汇储备是否雄厚，是该国经济实力强弱的一个重要标志。

2. 国际储备管理的内容

（1）要确定合理的储备数量。国际储备过多是对资源的浪费，过少则有可能丧失国际支付能力。因此，确定合理的持有水平是一个十分重要的问题，一般认为一国外汇储备应相当于 3 个月的进口额。

（2）要确定合理的储备结构，一般从安全性、流动性和收益性三个方面来考虑。

总之，金融调控性业务都直接与货币资金相关，都将引起货币资金的运动或数量变化。在上述业务中，货币发行、准备金存款业务是形成中央银行资金来源的业务，即负债业务；而再贷款、再贴现、证券买卖及国际储备业务是中央银行的资产业务，这些业务所形成的债权债务状况综合反映在中央银行的资产负债表内（见表7-1）。

表 7-1　货币当局资产负债表

2016 年 11 月　　　　单位：亿元人民币

国外资产	232 763. 26	储备货币	291 922. 96
外汇	222 603. 28	货币发行	71 303. 82
货币黄金	2 541. 50	其他存款性公司	220 619. 14
其他国外资产	7 618. 49	不计入储备货币的金融性公司存款	6 246. 10
对政府债权	15 274. 09	发行债券	500. 00
其中：中央政府	15 274. 09	国外负债	3 441. 53
对其他存款性公司债权	77 293. 36	政府存款	36 166. 56
对其他金融性公司债权	6 657. 90	自有资金	219. 75
对非金融性公司债权	70. 92	其他负债	1 242. 61
其他资产	7 679. 99		
总资产	339 739. 52	总负债	339 739. 52

资料来源：中国人民银行网站。

二、中央银行的金融服务性业务

中央银行的服务职能，是指中央银行为政府、金融机构、企业、个人提供金融服务。为了履行这一职能，中央银行主要开展以下几项业务，即代理国库业务、资金清算业务、信贷征信业务、反洗钱业务、会计业务和统计分析业务。这类业务主要是一些与货币资金运动相关但不进入中央银行资产负债表的银行性业务和一些管理性业务。

（一）代理国库业务

1. 代理国库业务的含义

国库是国家金库的简称，是国家储藏财富的仓库。中央银行代理国库业务是指中央银行接受政府的委托，根据国家的法规条款，负责国库的组织建制、业务操作和管理监督。

中央银行代理国库，一方面，可以吸收大量的财政金库存款，形成它的重要资金来源之一；另一方面，这种存款通常都是无息的，因而可以降低其总的筹资成本。对于政府而言，由中央银行代理国库，既可减少（甚至完全免去）收付税款的成本，又可安全地保管资金，为其妥善使用提供方便。同时，它可以沟通财政与金融之间的联系，使国家的财源与金融机构的资金来源相联结，充分发挥货币资金的作用，并为政府资金的融通提供一个有力的调剂机制，即当政府资金短缺时，还可借助中央银行融通短期资金。但是，我国从法律上限制了中央银行向政府贷款。如《中国人民银行法》第 29 条规定：中国人民银行不得对政府财政透支，不得直接认购、包销国债和其他政府债券。第 30 条规定：中国人民银行不得向地方政府、各级政府部门提供贷款。

2. 代理国库业务的内容

（1）为政府保管资金，负责办理国家预算资金的收纳和库款的支拨。国家的全部预算收入须由国库收纳入库，一切预算支出须由国库拨付。

（2）代理政府债券的发行和兑付以及相关工作。在政府债券发售之前，中央银行协助政府确定债券收益率、预测市场需求；在发售时，中央银行负责公布发行条件、接受投标和认购，在报价人之间分配和发送证券，收取款项；到期时，由中央银行负责支付利息和兑付。

（3）代理政府进行黄金和外汇买卖（具体体现在前文的国际储备业务中）。

（二）资金清算业务

1. 资金清算业务的含义

中央银行的资金清算业务，是指中央银行作为一国支付清算体系的参与者和管理者，通过一定的方式、途径，使金融机构之间的债权债务清偿及资金转移顺利完成并维护支付系统的平稳运行，从而保证经济活动和社会生活的正常进行。资金清算业务是中央银行的重要职能活动，对一国的金融稳定和经济安全具有重大意义。

2. 资金清算业务的主要内容

（1）组织票据交换清算。票据交换是同城银行间进行债权债务和资金清算最基本的手段。其具体是指各银行收到客户提交的支票、本票和汇票等票据后，需通过票据交换的方式，将代收的票据交给付款行，并收回其他银行代收的以己方为付款行的票据，彼此间进行债权债务抵销和资金清算。

（2）办理异地跨行清算。由于各行间的异地债权债务形成了各行间的异地汇兑，会引起资金头寸的跨行、跨地区划转。各国中央银行通过各种方式、途径提供服务，保证异地跨行清算的顺利进行。

（3）提供证券和金融衍生工具交易清算。由于证券交易金额大，不确定因素多，易引发支付系统风险，尤其是政府证券交易直接关系到中央银行公开市场业务的操作效果，所以中央银行对其格外关注，有些国家的中央银行甚至直接参与其支付清算活动。

（4）提供跨国清算。跨国清算就是按照一定的规则、程序并借助结算工具和清算系统，清偿国际债权债务和实现资金跨国转移的行为。中央银行作为一国的货币管理部门，不仅为国内经济与金融活动提供支付清算服务，在国家的对外支付结算和跨国支付系统网络建设中，也发挥着不可或缺的重要作用。

（三）信贷征信业务

1. 信贷征信业务的含义

征信是指为信用活动提供的信用信息服务，具体是指专业化的机构依法采集、调查、保存、整理、提供企业和个人的信用信息，并对其资信状况进行评价，以此满足从事信用活动的机构在信用交易中对信用信息的需要。中央银行的信贷征信业务是指由中央银行管理信贷征信业、推动建立社会信用体系。

2. 信贷征信业务的内容

按照国务院的授权，根据《企业和个人征信体系建设方案》，我国中央银行信贷征信业务的主要内容如下：

（1）推进征信法律法规建设。推动包括关于征信业管理和关于政务、企业信息披露及个人隐私保护两大方面的征信法律法规建设，以规范征信机构运行和管理，提高政府部门、企业和个人信息透明度，实现信息共享，保护企业商业秘密和个人隐私不受侵害。

（2）推进征信机构体系建设。逐步建立少数采集保存全国信用信息资源的大型征信机构和众多提供信用信息评估等信用增值服务的征信服务公司并存、相互分工、公平竞争、运行高效的社会征信机构体系。

（3）推进信用信息数据库建设。逐步建成覆盖全国的、统一的、以金融机构和金融市场为服务对象的企业和个人信用信息数据库。

（4）推进征信行业标准化建设。建立信息标志，信息分类数据格式编码和安全保密等征信行业标准化工作，为各部门建立的系统实现互通互联、信息共享及信息安全奠定基础。

（5）加强对征信市场的监管。积极发挥对征信市场监管的主导作用，建立必要的监管制度，大力促成《征信管理条例》的尽快正式推出，以便依法规范征信市场运行，维护国家经济信息安全和社会稳定。

（四）反洗钱业务

反洗钱是指政府动用立法、司法力量，调动有关的组织和机构对可能的洗钱者予以识别，对有关款项予以处置，对相关机构和人士予以惩罚，从而达到阻止犯罪活动目的的一种系统行为。

中央银行的反洗钱业务是指为了预防通过各种方式掩饰、隐瞒毒品犯罪、黑社会性质的组织犯罪、恐怖活动犯罪、走私犯罪、贪污贿赂犯罪、破坏金融管理秩序犯罪、金融诈骗犯罪等犯罪所得及其收益的来源和性质的洗钱活动，中央银行依照法律规定采取相关措施的行为。

（五）会计业务

中央银行会计业务是针对中央银行的职能特点及业务范围，按照会计的基本原则制定核算形式和核算方法，体现和反映中央银行履行职能，监督、管理、核算财务的会计业务。中央银行会计是金融系统会计的重要组成部分，是由中央银行的特有地位和职能所决定的一种专业会计。

会计业务的内容包括：正确组织会计核算、加强服务与监督、加强财务管理、加强会计检查与分析和防范会计风险等。

（六）统计分析业务

中央银行的统计分析业务是指按照规定的统计制度，根据统计的一般原理，运用科学的统计方法，对金融活动的数量信息进行收集、整理、分析，从而为经济和金融决策提供依据及政策建议的过程。中央银行统计分析业务是中央银行获取金融信息的基本渠道，也是分析和研究一国经济金融状况的重要途径。统计分析业务包括：货币供应量统计、信贷收支统计、金融市场统计、资金流量统计和对外金融统计等。

总之，对中央银行业务的上述分类，是为了更清楚地了解中央银行的具体业务活动。但是，上述的分类是相对而言的，虽然各类业务各有特点和范围，但它们之间的界限并不是那么分明，彼此之间也不能截然分离，各类业务之间存在有机联系并密切相关。

第三节

中央银行类型

一、中央银行的制度类型

当今世界各国基本上都实行中央银行制度，但并不存在一个统一的模式。由于各国的社会制度、政治制度、经济体制和金融业发展程度等方面都存在差别，各国的中央银行体制也存在较大的差异。按其组织形式的不同进行归纳，大致可分为单一式中央银行体制、复合式中央银行体制、跨国式中央银行体制以及准中央银行体制四种类型。

（一）单一式中央银行体制

单一式中央银行是指国家单独建立的中央银行机构，全面行使中央银行的职能。单一式中央银行体制又分为两种类型：

1. 一元式中央银行体制

一元式中央银行体制是指全国只设一家统一的中央银行机构，由该机构全面行使中央银行职能并兼有金融监管的一种制度。这种制度一般采取总分行制，通常总行设在首都，按照行政或经济区划设立分支机构。这种形式的中央银行的特点是权力集中统一、职能完善，根据需要在全国设立一定数量的分支机构，是中央银行最完整和标准的形式。至于分支机构的多少依据各国中央银行的性质和在本国经济中的地位而定。目前，世界上大多数国家实行这种制度，如英国、法国、日本等，我国也实行这种中央银行制度。

2. 二元式中央银行体制

二元式中央银行体制是指中央银行体系由中央和地方两级相对独立的中央银行共同组成。中央级中央银行和地方级中央银行在货币政策方面是统一的，中央级中央银行是最高权力管理机构和金融决策机构，地方级中央银行虽然也有其独立的权力，但其权力低于中央级中央银行，并接受中央级中央银行的监督和指导。在组织结构上，一般来说，地方级中央银行与中央级中央银行并不是总、分行的关系。实行这种二元式中央银行体制的主要是一些联邦政治体制的国家，如美国、德国等。

（二）复合式中央银行体制

复合式中央银行体制是指一个国家（或地区）没有专门设立行使中央银行职能的机构，而是由一家大银行既行使中央银行的职能，同时又经营商业银行的业务。这种中央银行制度往往与中央银行初级发展阶段和国家实行计划经济体制相适应，主要存在于苏联和东欧国家以及 1984 年以前的中国。

（三）跨国式中央银行体制

跨国式中央银行体制是指由参加某一货币联盟的所有成员国联合组成的中央银行机构，在联盟各国内部统一行使中央银行职能的中央银行制度。这种中央银行在货币联盟成员国内发行共同的货币，制定统一的金融政策，以推进联盟内各成员国的经济发展和货币稳定。采用跨国式中央银行体制的目的是适应联盟内部经济一体化的进程，主要是一些疆域相邻、文化与民俗相近、国力相当的国家。以往主要有西非货币联盟的西非国家中央银行（1962 年设立）、中非货币联盟的中非国家中央银行（1973 年设立）、东加勒比货币区的东加勒比中央银行（1983 年设立）等，这些跨国中央银行都在欠发达国家和地区。但是欧洲经济货币联盟于 1998 年设立的欧洲中央银行打破了这一局面，第一次在发达国家之间建立了跨国的中央银行。

（四）准中央银行体制

准中央银行体制是指有些国家或地区不设中央银行机构，只有政府设置类似中央银行的货币管理机构或授权某个或某几个商业银行来行使部分中央银行职能的制度。采用这种中央银行制度的国家和地区很少，主要是地域较小而同时又有一家或几家银行在本国或本地区处于垄断地位的国家和地区，如新加坡、利比里亚及我国的香港特别行政区等。

二、中央银行的资本组成类型

中央银行的资本组成是指作为中央银行营业基础的资本金是怎样形成的，即中央银行的资本所有制形式。概括起来，世界各国中央银行的资本组成有如下五种形式。

（一）全部资本国家所有

资本全部为国家所有的中央银行即国有化的中央银行，目前世界各国的中央银行大多数属于这种类型。国家拥有中央银行的全部资本，可以使中央银行更加具有独立性和权威性，因而能更好地代表国家调控国民经济。全部资本为国家所有的中央银行有两种情况：一是国家收购私人股份，将私人所有或部分国家所有的中央银行改组成全部资本为国家所有的中央银行；二是由国家直接拨款建立中央银行。在中央银行的长期发展和演变过程中，国家为了加强对经济的干预，认识到排除私人资本更有利于为国家整体经济目标服务，因此开始逐步实行中央银行的国有化，特别是在第二次世界大战结束后，掀起了中央银行国有化的高潮。英国和法国等欧洲的历史比较悠久的中央银行就是在这个时期实现国有化的，而在这个时期新成立的中央银行大多是由国家出资建立的。

（二）公私资本混合所有

公私资本混合所有的中央银行即半国有化中央银行，国家持有中央银行的一部分资本金，一般占总资本的50%以上，其余资本为私人所有。在国家不拥有全部资本的中央银行中，法律一般都对非国家股份持有者的权利做了限制性的规定，如只允许有分取红利的权利而无经营决策权，其股份转让也必须经中央银行同意后方可进行等。例如，日本的中央银行——日本银行就是公私资本混合所有的中央银行。其银行总资本为1亿日元，国家持有总资本的55%，其余45%由私人持有。日本《银行法》规定，日本银行不成立股东大会，股东不能参加日本银行的经营活动，负责日本银行日常运营的理事更不是由股东推举产生的。股东的权限仅仅是按照法律规定，每年领取最高不超过5%的红利。日本银行的盈余在扣除红利和公积金以后全部上缴国库，私人持有股份的转让需要获得日本银行的同意。中央银行采取这种所有制形式的还有比利时（国家所有占50%）、墨西哥（国家所有占51%）以及奥地利和土耳其等国。

（三）全部资本私人所有

全部股份私人所有的中央银行实际上是国家不持有股份，资本金全部由私人股东投入，即私人银行经政府授权，执行中央银行职能。由于中央银行的特殊性，私人银行执行中央银行职能受到一定的限制。意大利银行和美国12家联邦储备银行是此种中央银行资本组成类型的典型代表。在1936年意大利银行成为全国唯一发行货币的银行，但根据同年发布的《储蓄保护和信用管制法》，意大利银行的股份持有人被限定为储蓄银行、全国性银行、公营信贷机构等金融机构。美国12家联邦储备银行的资本金也都是由联邦储备银行各会员银行出资的，商业银行要成为联邦储备银行的会员银行，必须购买所属联邦区的联邦储备银行的股份，购买的股份既不能多也不能少，而是按照规定相当于该银行资本金和公积金的6%，实际上缴3%，联邦储备银行董事会根据需要可以要求会员银行上缴其余的3%。会员银行不能将所持联邦储备银行的股份转卖和用于抵押，可以依据所持股份，获得最高不超过6%的红利。

（四）无资本金

无资本金的中央银行是指在中央银行建立之初，没有资本金（无创设资本，而不是其资产负债表中没有所有者权益），由国家授权其执行中央银行职能。中央银行运用的资金，主要是各金融机构的存款和流通中的货币，或者是由国家法律规定。由于中央银行获得国家的特别授权执行中央银行职能以后，马上就可以通过发行货币和吸收金融机构的准备金存款获得资金来源，因此，作为中央银行，有无资本金在其实际业务活动中并不重要。例如，韩国的中央银行——韩国银行就是无资本金的特殊法人。

（五）资本多国共有

资本多国共有的中央银行是指跨国中央银行制度中，共同组建中央银行的各成员国按照一定比例认缴中央银行资本，各国以认缴比例拥有对中央银行的所有权。如欧洲中央银行的资本是由所有欧元区成员国按其人口数量和国内生产总值（GDP）的大小向欧洲央行认购的。西非货币联盟、中非货币联盟和东加勒比海货币管理局也采用这种制度。

中央银行的资本组成虽然有上述五种类型，但有一点是共同的，即无论是哪种类型的中央银行，都不会对中央银行的性质、职能、地位、作用等发生实质性影响，因为国家对中央银行拥有直接控制和监督的权力，私人持股者既无决策权，也无经营管理权。因此，从这个意义上讲，任何一个国家的中央银行本质上都是政府机构。

■ 本章小结

本章主要介绍了中央银行的性质及三项职能，介绍了由其职能决定的中央银行的调控性和服务性两大类业务。阐述了中央银行机构类型以及中央银行的资本组成类型，为后续学习货币政策与宏观调控奠定了基础。

■ 章后习题

□ 一、重要概念

货币发行　准备金存款　单一式中央银行体制　准中央银行体制

□ 二、思考题

1. 简述中央银行的性质。

2. 简述准备金存款业务的内容。

3. 简述中央银行买卖证券的形式。

4. 简述代理国库业务的内容。

5. 简述中央银行制度的类型。

6. 简述中央银行资本组成的类型。

□ 三、讨论题

结合我国中央银行——中国人民银行的具体业务，讨论我国中央银行是如何发挥“发行的银行、银行的银行和政府的银行”的职能的？

□ 四、案例分析

欧元区危机重重　欧央行任重道远

2016 年 4 月 25 日，欧元区依旧深陷严重的经济危机中。全球经济走强、石油价格走低一度给予欧洲经济以支持，但很明显，现在的欧元区，只有通过更加果断的行动才能从危机中抽离。作为行动之一，欧央行近期加大了量化宽松货币政策规模。

欧元区现在仅回到了 2008 年金融危机前的经济水平。此外，欧元区受困于持续的超高失业率以及极低通货膨胀率（油价大幅下跌只是部分原因）。即使是剔除了能源价格的核心通胀水平，在很长时间内也仅处于 1%的水平，商品及服务生产者价格指数则更低。员工薪酬增速放缓，年增长率仅为 1%。这些都是需求低迷的典型特征。供应端的表现也不尽如人意。欧元区正经历超低生产率增长。2002—2015 年，单位劳动力附加值平均每年仅增加 0.5%。

欧央行作为少数几个有助于解决问题的机构，通过各种货币政策工具坚守自己的使命，确保中期价格稳定。一方面，价格稳定是健康、可持续经济发展和需求增长的必要条件。在眼下利率近零时，过低的价格水平会抬升实际利率，从而导致产能利用率下降，并有降低中期增长潜力的趋势。另一方面，稳定的价格水平是家庭部门、劳资协定相关方、企业及投资者确立长期协议的必要条件。

与其他央行一样，欧央行将略低于 2%的通货膨胀率设定为价格稳定水平。然而，欧央行不仅现在达不到此目标，在可预见的未来也难以达成。基于市场和调研的数据，通胀预期在接下来的几年里远低于目标水平。如果欧央行无法在目前的情况下通过使用可用工具改变此局面，则意味着欧央行有违使命，并有损害其可信度的风险。

一些指标显示低利率水平和欧央行的资产购买计划在过去一年半的时间里是有效果的，这些措施降低了长期利率水平，增强了南部欧洲的借贷行为，虽然只是一点点。但如果欧央行不采取这些行动可能的后果是更低的增长、更高的失业率。早行动、果断行动，是货币政策成功的关键。

资料来源：和讯网，有改动。

根据上述案例，分析作为中央银行，欧洲中央银行应发挥哪些职能？实际效果如何？为什么？

■ 延伸阅读

中央银行与政府关系的模式

由于中央银行在一国国民经济中的特殊地位，世界各国都非常强调中央银行的独立性。中央银行独立性是指中央银行履行自身职责时法律赋予或实际拥有的权利、决策与行动的自主程度。其实质是中央银行与政府之间的关系问题。

一、独立性较强的模式

独立性较强的中央银行有德国联邦银行、美国联邦储备体系、瑞典银行等。其主要特点是中央银行直接对国会负责，中央银行在较大程度上独立于政府。例如，美国 1913 年通过的《联邦储备法》规定，联邦储备委员会有权独立地制定和执行货币政策，总统未经国会批准，不能对联邦储备委员会发布指令。联邦储备体系没有向政府提供长期融资的义务，财政融资只能通过公开市场发行债券。又如，德意志联邦银行是独立性和权威性最强的中央银行，它的地位被写入了宪法，在行使授予的权力时不受政府指令的干涉，联邦银行虽然也有义务在保证其完成自身任务的前提下，支持政府总的经济政策，但当两者出现矛盾时，联邦银行则以完成自己的职责为主。联邦银行的行长由总统任命，任期 8 年，一般不得中途罢免。联邦政府的成员虽然有权参加联邦银行理事会的会议并可提出决议，但没有表决权。再如，瑞典银行法规定，瑞典银行直属国会，银行理事会只接受来自国会的指示，而不受政府的干预。

二、独立性较弱的模式

独立性较弱的中央银行有意大利银行、法兰西银行等。其特点是，中央银行隶属于政府，不论是在名义上还是实际上，中央银行在制定和执行政策、履行其职责时，都较多地服从政府或财政部的指令。例如，在体制上，意大利银行受财政部统辖，其货币政策措施一般也要经过信用与储蓄部委员会的批准才能执行。当意大利银行的意见与政府不一致时，一般也是以政府的指令为准。又如，法兰西银行的独立性也是较弱的，其理事会的成员大都是由财政部提名、内阁会议通过后由总统任命。

三、独立性居中的模式

独立性居中的中央银行有英格兰银行、日本银行等，一些新兴的工业化国家的中央银行大致也属于这种类型。这类中央银行的特点是，中央银行隶属于政府，在名义上独立性较弱，但实际上中央银行拥有较大的决策与管理权和独立性。例如，作为中央银行发展历史最早的英格兰银行，从名义上来看，就不如德国联邦银行、美国联邦储备体系、瑞士银行等。它隶属于政府的财政部，名义上的独立性较差。但在实际运作中，英格兰银行拥有较大的决策与管理权和独立性，比法律规定的要大得多。特别是 1997 年 5 月工党执政以来，英格兰银行的独立性进一步增强。英格兰银行的独立性主要表现在以下几个方面：① 1987 年的《银行法》，以立法的形式规范了英格兰银行的权利和责任。政府一贯尊重英格兰银行有关货币政策的意见，从不过问货币政策的制定；财政部也从未行使过向英格兰银行发布命令的权力。② 英格兰银行的最高决策机构是董事会，其中 16 名成员均由政府推荐，英王任命，政府人员和下议院议员不得担任董事。③ 在与政府的资金关系方面，英格兰银行一般不给政府垫款，只提供少量的隔夜资金融通。它通过两个办法来解决政府的资金问题，一是每周对国库券进行招标；二是每日在证券市场上卖出国库券。④ 在货币政策工具的运用方面，英格兰银行也有直接决定的权力，如调整利率等。⑤ 进入 20 世纪 90 年代以来，英格兰银行的独立性进一步提高，它可以独立出版通货膨胀报告以及英格兰银行和财政部定期会议的纪要。英格兰银行的行长可以直接向财长和首相提供建议，可以通过其每季报告影响有关的经济和货币政策。

资料来源：盛宝莲，徐琤．中央银行学．上海：华东理工大学出版社，2012：25-26.

■ 即测即评

宏观调控篇

第八章

货币需求

【本章学习目标】

通过本章的学习，要求学生了解货币需求的含义，熟悉传统货币数量论、凯恩斯货币需求理论、现代货币数量论的假定，掌握这三种货币需求理论分析的思路和结论，明确这三种理论之间的不同。在此基础上，联系实际了解现实中影响货币需求的因素及货币需求量的测定。

【本章知识结构图】

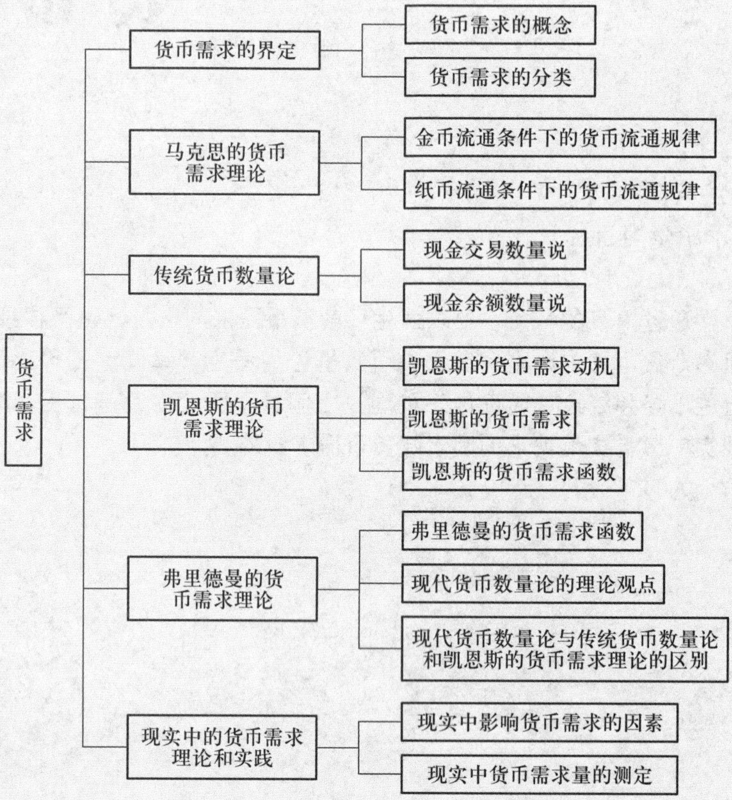
货币需求
货币需求的界定
货币需求的概念
货币需求的分类
马克思的货币需求理论
金币流通条件下的货币流通规律
纸币流通条件下的货币流通规律
传统货币数量论
现金交易数量说
现金余额数量说
凯恩斯的货币需求理论
凯恩斯的货币需求动机
凯恩斯的货币需求
凯恩斯的货币需求函数
弗里德曼的货币需求理论
弗里德曼的货币需求函数
现代货币数量论的理论观点
现代货币数量论与传统货币数量论和凯恩斯的货币需求理论的区别
现实中的货币需求理论和实践
现实中影响货币需求的因素
现实中货币需求量的测定

【引例】

中国的“超额”货币需求现象

改革开放以来，我国的 M2 增长速度经常高达 30%以上，从 1993 年开始大于 M1，货币流通速度呈现明显的下降趋势。这往往被人们称为“超额”货币需求现象。学者们从不同的角度研究“超额”货币需求问题，到目前为止还没有形成比较统一的看法。货币化说把货币化率引入货币需求函数，具有较强的说服力和解释现实的能力。

经济学家用 M2 除以 GDP 的比值表示一个国家经济的货币化率，也称货币化指数。截至 2016 年年末，中国货币化率近 208%，即中国的货币总量已经是 GDP 规模的 2.08 倍。

思考：随着经济改革开放进程的不断推进，我国经济快速发展，GDP 规模逐年扩大，与此同时，货币需求量也水涨船高，呈现快速增长的态势。那么，中国出现“超额”货币需求的原因何在？什么是货币需求？分析货币需求的理论有哪些？影响货币需求的因素又有哪些？这些问题将在本章得到解答。

第一节 货币需求的界定

一、货币需求的概念

现实中，人们之所以需要货币，是因为货币具有一定的购买力，能满足人们日常生活的消费需求。经济学上所说的需求，是有一定限制条件的，本质上指的是有效需求。例如，商品需求，就是指消费者在既定的收入水平下以一定的价格愿意而且能够购买的商品数量，如果没有约束条件，那么消费者的需求就可以无限放大，而现实则是，消费者的欲望无限，需求有限。同样，货币需求也面临诸多约束，是一种有效需求，并不简单地意味着人们想持有多少货币。那么，如何更好地理解货币需求呢？

货币需求是指在既定时间上一国社会各部门（居民、企业及政府）在既定的收入或财富范围内能够而且愿意以货币形式持有的数量。对于货币需求含义的理解，还需把握以下几点：

(1) 货币需求是一个存量概念。它考察的是在某个时点和空间内，社会各部门在其拥有的全部资产中愿意以货币形式持有的数量或份额。而不是在某一段时间内，各部门所持有的货币数额的变化量。因此，货币需求是个存量概念，而非流量概念。然而，货币存量的多少与流量的大小和速度密切相关，因此，在货币需求量的研究中，需要把存量与流量结合起来考察，做静态和动态的全面分析。

（2）货币需求是一种有支付能力的需求。经济学意义上的需求指的是有效需求，不单纯是一种心理上的欲望，而是能力和愿望的统一体。货币需求作为一种经济需求，理当是由货币需求能力和货币需求愿望共同决定的有效需求，这是一种客观需求。

（3）货币需求不仅包括对现金的需求，而且包括对存款的需求。因为货币需求是所有商品、劳务的流通以及一切有关货币支付所提出的需求。这种需求不仅现金可以满足，存款货币也同样可以满足。如果把货币需求仅局限于现金，显然是片面的。

（4）人们对货币的需求既包括了执行流通手段和支付手段职能的货币需求，也包括了执行价值贮藏手段职能的货币需求。二者差别只在于持有货币的动机不同或发挥职能的作用不同，但都在货币需求的范畴内。

二、货币需求的分类

（一）微观货币需求和宏观货币需求

从货币需求的主体考察，货币需求可以分为微观货币需求和宏观货币需求。前者是指从微观经济主体即个人、家庭或企业的角度进行考察，研究一个微观经济单位在既定的社会经济条件下，持有多少货币从而使机会成本最低、效用最大的问题。其内容既包括执行流通手段和支付手段职能的货币需要量，也包括执行贮藏手段职能的需要量。后者是指从宏观社会的角度进行分析，把货币视为交易的媒介，探讨一个国家在一定时期经济正常稳定发展所必需的货币量，内容一般仅指执行流通手段和支付手段的货币需要量。

微观货币需求与宏观货币需求是既有区别又有联系的同一个问题的两个方面。从理论上讲，全部微观货币需求的总和即为宏观货币需求。因此，对货币需求的研究，必须根据需要从两个方面进行相互联系的综合研究。

（二）名义货币需求和实际货币需求

从价格变动对货币需求的影响来看，货币需求分为名义货币需求和实际货币需求。名义货币需求是指一个社会或一个经济部门在不考虑价格变动的情况下的货币需求。在经济运行过程中，名义货币需求在很大程度上受物价因素的影响。例如，在一定时间生产、流通规模和实际产出水平并没有变化，而物价涨了 1 倍，进而使全社会的商品和劳务的名义价值增加了 1 倍，假定货币流通速度等其他影响货币需求的因素不变，人们即使是完成不变产量下的商品和劳务的购买与支付，也需要比过去多 1 倍的货币，即货币需要量因物价的上涨而增加 1 倍。

实际货币需求则是经济主体的名义货币需求在扣除价格变动因素以后的货币需求，也就是以某一不变价格为基础计算的商品和劳务量对货币的需求，它等于名义货币需求（M_d）除以物价水平（P），即$\frac{M_d}{P}$。

名义货币需求与实际货币需求的根本区别，在于是否剔除了通货膨胀或通货紧缩所引起的物价变动的影响。

第二节

马克思的货币需求理论

马克思的货币需求理论主要反映在他的《资本论》和《政治经济学批判》两本著作中。马克思认为，货币是一切商品的一般等价物，因此，它是由商品世界中的一种商品来充当的，故货币既有商品的属性，又有货币的特性。货币作为商品流通的媒介，执行流通手段和支付手段的职能。马克思的货币需求理论也就表现在对货币流通规律的研究上。

一、金币流通条件下的货币流通规律

马克思的货币需求理论，是以劳动价值论为基础建立起来的，研究人们对货币的交易需求，即执行流通手段和支付手段职能的货币需求。它不但研究了流通中对金属货币的需求量，也研究了纸币流通条件下对纸币的需求量。

（一）执行流通手段职能的货币需求量

流通中对金属货币的需求量的计算是以金币价值与商品价值的对比关系为前提的。其论据是：① 商品进入交换前已有价格，是由货币发挥价值尺度职能加以衡量并以价格形式表现出来的。② 商品进入流通后，根据价格的高低以一定量的货币实现其流通。③ 商品与货币交换后，商品就退出了流通，而货币始终存在于流通中，继续发挥媒介作用。由上述分析可得，流通中必需的货币量为实现流通中待销售商品价格总额所需的货币量。在商品流通中，货币是交换的媒介，因此，待销售商品价格总额决定了所需的货币量。但考虑单位货币可以多次充当商品交易媒介，由商品价格总额决定的货币量应当是货币流量而非存量。

$$\text{执行流通手段职能的货币需求量}=\frac{\text{商品价格总额}}{\text{单位货币的流通速度}}$$

即：

$$M=\frac{PQ}{V}$$

式中：M——一定时期流通中的货币需求量；

P——商品价格水平；

Q——待出售的商品数量；

V——单位货币的流通速度。

马克思揭示的这一规律是以金属货币流通为背景的，但所揭示的基本原理普遍适用于一切有货币流通的社会。这一基本原理是：作为流通手段的货币需求量（M），与待销售商品价格总额（PQ）成正比，与单位货币的流通速度（V）成反比。由于待销售商品价格总额（PQ）是商品数量（Q）与商品价格（P）的乘积，而商品价格又可分解为商品价值和货币价值两个因素，因此，这四个因素对货币需求量的影响如下：当单位货币流通速度不变时，货币需求量同待销售的商品数量和商品价值成正比，同币值成反比；流通中货币需求量同单位货币流通速度成反比。

还应指出，马克思的货币需求量公式是从货币的交易媒介功能出发来探讨货币需求量问题的。至于作为贮藏手段所需的货币，则可以通过货币流通速度的减缓来体现：在一定时期内，假设货币量不变，货币用于贮藏的规模越大，时间越长，货币流通速度就越慢，货币需求量就相应越大。

（二）流通中的货币需求总量

由于货币流通是服务于商品流通的，因此，随着商品生产和商品交换的发展，货币的职能也随之向前发展。当货币的支付手段职能产生后，商品流通由于货币的支付手段这个新的因素的加入又发生了新的变化。这样，马克思又进一步对货币流通规律做了更完善、更充分地揭示。

我们知道，商品流通有的是用现金交易，有的则是赊账交易。货币作为流通手段沟通现金交易，作为支付手段又沟通赊账交易。流通中货币需要量也就决定于货币的这两种职能相互交替而发生作用的客观实际。一定时期内，在货币周转速度一定的情况下，如果现金交易的商品多，赊账交易少，到期支付少，到期支付时相互抵销的数额也少，则流通中需要的货币量就大；反之，流通中需要的货币量就小。根据上述关系，马克思说："现在我们来考察一定时期内的流通货币的总额。假定流通手段和支付手段的流通速度是已知的，这个总额等于待实现的商品价格总额加上到期的支付总额，减去彼此抵消的支付，最后减去同一货币交替地时而充当流通手段、时而充当支付手段的流通次数。"① 由此可知，流通中所需货币量不仅由货币执行流通手段职能所引起，还包括执行支付手段职能的货币量。货币充当支付手段职能主要体现在：一是商品的赊销，当时不需要货币；二是到期应偿付的债务，本期需要货币；三是由商品交易形成的债权、债务相互冲销，需要货币。执行流通手段职能和执行支付手段职能的货币需要量，构成流通中的货币需求总量。

$$\text{流通中的货币需求总量}=\frac{\text{待售商品价格总额}-\text{赊销商品}+\text{到期应付总额}-\text{相互抵销的总额}}{\text{单位货币作为流通手段和支付手段的平均流通速度}}$$

马克思的货币流通规律不只是一个数学方程式，也不是一般的计算技术问题。它所要揭示的是流通中所必需的货币量究竟是由哪些因素决定以及这些因素之间的关系和它们如何运动的问题。因此，它指出的只是对货币流通量起长期作用和本质作用的因素，而未包括各个具体项目和各种偶然发生的现象。

二、纸币流通条件下的货币流通规律

上述分析是以金币流通为背景的，在金币本位制下，经济中存在数量足够多的黄金贮藏，能自发地调节流通中货币的数量，使之与商品始终保持对应关系。然而在金块和金汇兑本位制下，实际流通的是纸制的银行券，而不是金币。马克思进而分析了纸币流通条件下货币需求量与商品价格的关系。纸币流通规律实际上就是这两种货币制度下的银行券流通规律。在这两种

① 马克思恩格斯全集. 23卷. 人民出版社，1972：159.

货币制度下，银行券本身不具有内在价值，只能代表流通中所需要的金币的价值。

马克思指出：纸币是金币的代表，纸币之所以流通是由于国家强有力的支持。同时，纸币本身没有价值，只有流通，才能作为金币的代表。因此，纸币一旦进入流通，就不可能退出流通。如果说流通中必要的金币数量是客观决定的，那么流通中无论多少纸币也只能代表客观已经决定了的金币数量，所以纸币流通规律与金币流通规律不同。

在金币流通条件下，流通中的货币数量由商品价格总额决定，货币供给可以自发适应货币需求量的变化。而在纸币作为唯一流通手段的条件下，因纸币始终存在于流通中，失去了自发适应货币必要量的性能，流通中实际存在的货币数量与货币需求量经常存在差异，必然引起商品价格变化。通过商品价格的上涨，原来过多的纸币量被商品价格上涨所吸收，变成价格上涨后的货币需求量的部分。可见，在金块与金汇兑本位货币制度下，银行券的流通既受足值金本位货币流通规律的制约，即银行券的发行量应该严格控制在足值金属本位币需要量范围内；又受其自身特殊规律所支配，即银行券的发行量一旦超过足值金属本位币客观需要量，单位银行券就会贬值，物价就会上涨。

马克思的货币总需求量公式有重要的理论指导意义，它揭示了决定货币需求量的本质，反映了货币需求的基本原理。

第三节

传统货币数量论

货币数量论由来已久，早期的货币数量论并不把货币需求作为直接的研究对象，而是研究名义国民收入及物价是如何决定的。但由于它建立了名义国民收入同货币量之间的关系，从一个侧面说明了在一定名义国民收入条件下货币的需求量，因而也被看作一种货币需求理论。

西方经济学家一般把凯恩斯货币需求理论学派以前的经济学派统称为古典经济学派。一般来说，古典经济学派的货币需求理论就是传统货币数量论。传统货币数量论主要有两个不同的版本——费雪的现金交易数量说和剑桥学派的现金余额数量说。

一、现金交易数量说

美国经济学家欧文·费雪（Irving Fisher）在1911年出版的《货币的购买力》一书中，对传统货币数量论进行了最好的概括和总结。他认为，货币的唯一功能是充当交易媒介，货币并不能直接满足人们的欲望，人们需要货币仅是因为它具有购买力，可以用来交换商品和劳务。因此，他提出了著名的交易方程式，即：

$$MV_T = PT \tag{8-1}$$

式中：M——在一定时期内流通中货币的平均量；

V_T——货币的平均流通速度，也就是货币在一定时期内从交易的一方被支付给另一方的次数；

P——适当选定的一个价格平均数，代表所有交易商品或劳务的平均价格；

T——一个适当选定的数量指标，代表该时期内商品或劳务的总交易量；

PT——该时期内商品或劳务交易的总价值。

式 8-1 描述了这样一个简单的事实：在交易中发生的货币支付总额（等于货币存量乘以货币的流通速度，即 MV_T）等于被交易商品或劳务的总价值（PT）。

由于所有商品或劳务的总交易量资料不容易获得，而且人们关注的重点往往在于国民收入，而不在于总交易量，所以交易方程式通常被写成下面的形式（数量方程的国民收入形式）：

$$MV=PY \qquad (8-2)$$

式中：Y——以不变价格表示的一年中生产的最终产品和劳务的总价值，也就是实际国民收入；

P——一般物价水平（用价格指数表示）；

PY——名义国民收入；

V——一年每单位货币用来购买最终产品或劳务的平均次数，它被称为货币的收入流通速度。

显然，式 8-1 和式 8-2 表达的实质内容是一样的。那么，它们又是如何描述货币数量论的观点的呢？这主要是由于费雪等坚持货币数量论的经济学家对式中的某些变量做出了特殊的假定，从而得出了货币数量论的观点。假定如下：

（1）费雪认为，货币流通速度（V_T 或 V）是由制度因素决定的，具体地说，它取决于人们的支付习惯、信用的发达程度、运输与通信条件及其他与流通中的货币量无关的社会因素。由于这些因素是随时间的推移而缓慢变化的，所以在短期内可以将货币的流通速度视为一个常数。

将货币流通速度视为相对固定的常数具有重要的理论意义。因为如果货币流通速度变动不定的话，货币和交易总价值及名义国民收入就不会有稳定的关系，交易方程式也就变成一个毫无意义的恒等式（事实上，不少凯恩斯学派的经济学家正是这样认为的）。但是只要货币流通速度是固定的，就意味着名义国民收入完全取决于货币供应量，而这正是货币数量论的主要观点。

（2）和许多其他古典经济学家一样，费雪也认为通过工资和物价的灵活变动，经济会保持在充分就业的水平上，因而实际国民收入（Y）处于潜在国民收入水平，也将保持不变。由于货币流通速度（V）和国民收入（Y）都保持不变，所以货币供应量（M）的变化就将完全体现在价格（P）的变化上。例如，当 M 增加 1 倍时，P 也将上涨 1 倍。这样我们又得出了传统货币数量论的又一个重要观点：货币供应量的变化将引起一般物价水平的同比例变化。

从交易方程式中不难得出货币需求的表达式。以式 8-2 为例，只要等式的两边同除以 V，就可得：

$$M=\frac{1}{V}PY$$

在货币市场均衡的情况下①，货币存量（M）就等于人们所愿意持有的货币量，即货币需求（M_d）。因此，我们有：

$$M_d=\frac{1}{V}PY \tag{8-3}$$

式8-3就是由传统货币数量论导出的货币需求函数。从中可以看出，货币需求取决于货币流通速度和名义国民收入。②而根据货币数量论的观点，货币流通速度是一个相对固定的量，所以货币需求就取决于名义国民收入。

从式8-3可以看出，要使V成为一个常数，M_d必须和PY成固定比例。如果货币仅仅是一种交易的媒介，人们持有货币仅是为了用它来进行交易，这种假定还有可能成立。因为可以设想，随着一个人名义收入的增加，他为了交易持有的货币余额可能成比例地增加。但货币同时是一种财富持有形式，这就意味着人们可能出于多种原因而想要持有货币，同时人们这种持有货币的愿望还会受到多种因素的影响（如后文中提到的利率就是所有这些因素中非常重要的一个）。因此，当某些因素发生变化而名义收入并没有变化时，人们仍可能在货币和其他财富持有形式之间进行调整。这样货币需求就不可能是名义收入的一个固定比例，从而货币流通速度也不可能是一个常数。事实上，凯恩斯正是从这一点出发，对传统货币数量论进行猛烈抨击的。因此，将货币流通速度视为一个常数，并据此来预测货币需求是不科学的。

尽管如此，式8-3还是有一定理论和实践意义的。在货币流通速度变化比较平稳的时期，中央银行也常常利用它来预测货币需求。③但是这样做要冒很大的风险，因为即便对货币流通速度预测误差只有1%，用它去除以名义国民收入预测值之后所得的货币需求预测值误差仍是相当惊人的。

二、现金余额数量说

传统货币数量论的另一个版本——现金余额数量说是由剑桥的经济学家马歇尔、庇古等人发展起来的。它虽然得出了和现金交易数量说完全相同的结论，但是分析的出发点却完全不同。它首先将货币视为一种资产，然后探讨哪些因素决定了人们对这种资产的需求，并最终得出货币量和价格水平同比例变动的货币数量论观点。虽然现金余额说的最终结论是错误的，但是它作为一种货币需求理论却影响至深，开创了从个人资产选择角度来探讨货币需求的分析方法，使得后来的经济学家在谈到货币需求时，不再是讨论流通中所需要的货币量是多少，而是讨论人们希望持有的货币额是多少，也就是在人们的资产总额中希望以货币这种资产形式持有的部分是多少。

在剑桥经济学派看来，影响人们希望持有的货币额的因素主要有以下三个方面：

---

① 一般认为，金融资产的调整是较为迅速的，因此货币市场上的失衡会很快地消失。

② 从式8-3还可得$\frac{M_d}{P}=\frac{1}{V}Y$，即实际货币需求取决于货币流通速度和实际国民收入。

③ 例如，中国在计划经济条件下曾长期奉行所谓1∶8的经验公式，也就是说，对应于8元的消费品，需要有1元的发行货币量。

（1）个人财富总额。正如我们曾指出的那样，货币需求仅是指人们希望以货币这种形式持有其财富的愿望，而不是指一个人漫无边际地想要多少货币。一个身无分文的人可能梦想着腰缠万贯，但这种梦想并不是构成经济学家所讨论的货币需求。因此，货币需求首先受个人财富总额的限制。

（2）持有货币的机会成本，也就是货币以外的各种资产的收益。持有货币虽然能给人带来不少方便，但是却不能产生收入，所以人们必须在持有货币的好处和持有其他金融资产或实物的好处（如利息收入或消费满足等）之间进行权衡。

（3）货币持有者的预期。货币持有者对未来收入、支出和物价等的预期，也会影响其愿意持有的货币额。例如，当一个人预期未来的物价将上升时，为避免因货币贬值带来的损失，他将增加消费支出，从而减少货币持有额。

上述分析表明，剑桥学派的经济学家已经考虑了影响货币需求的多种因素。但遗憾的是，他们在做出结论时，把其他因素都忽略了，而只是简单地断定人们的货币需求同财富的名义值成比例，财富又同国民收入成比例，所以货币需求就同名义国民收入成比例。即：

$$M_d = k \cdot PY \tag{8-4}$$

式中：M_d——货币需求；

k——比例系数①；

P——一般价格水平；

Y——实际国民收入；

PY——名义国民收入。

因此，k 代表了人们愿意以货币这种形式持有的名义国民收入的比例。

剑桥学派还假定，货币供给和货币需求会自动趋于均衡，即 $M=M_d$，于是便有：

$$M = k \cdot PY$$

这便是著名的剑桥方程式。如果把 k 看成一个常数，该方程式和费雪的交易方程式就只有符号的不同，只需令 $k=1/V$，它们便完全一样了。从中也可以得出名义国民收入决定于货币供应量，乃至物价水平与货币供应量成比例的货币数量论观点（后一个观点只需进一步假定实际国民收入固定在充分就业水平上即可得出，而这一假定在古典经济学家看来，是不言自明的）。事实上，剑桥学派的经济学家正是这样推导出了传统货币数量论另一个版本的。

从上面的叙述可以发现，剑桥学派是从货币需求函数出发推导出货币数量论，而不像现金交易数量说那样从货币数量论出发推导出货币需求函数。这种逻辑顺序的不同却使现金余额数量说蕴含着较多的合理成分，因为它的出发点是正确的。从式 8-4 的导出可以发现，其中的系数 k 是由人们的选择行为决定的，它受多种因素（如利率、预期通货膨胀等）的影响，因而可能上下波动。剑桥学派仅是因为贪图方便，或者急于得出货币数量论的观点，而放弃了对它的进一步研究，简单地将它视为一个常数。但是剑桥学派开创的这一研究角度，却为后来的经济学家研究货币需求以及货币和国民

---

① 相应地，我们也可以根据式 8-4 得 $\frac{M_d}{P}=kY$。

收入的关系，奠定了坚实的基础。凯恩斯的流动性偏好理论正是在现金余额数量说的基础上发展起来的。

第四节
凯恩斯的货币需求理论

凯恩斯继承了剑桥学派的分析方法，从资产选择的角度来考察货币需求。所不同的是，凯恩斯没有像他的前辈那样，在概括地陈述了影响货币需求的各种因素后，草率地断定只有国民收入才是影响货币需求的主要因素，而是对人们持有货币的各种动机进行了详尽的分析，进而得出了实际货币需求不仅受实际收入的影响而且受利率影响的结论。

一、凯恩斯的货币需求动机

凯恩斯认为，人们的货币需求动机包括：交易动机、预防动机和投机动机。

（一）交易动机

交易动机是指人们为进行日常交易而产生的持有货币的愿望。从个人的角度来看，在这方面持有现金的目的在于度过从支出费用到取得收入这一段时间间隔。交易动机的强度又主要取决于收入的大小和收入间隔的正常长度。从一家企业的角度来看，持有现金是为了在业务上度过从支出到获得销售收入这一段时间间隔；而商人持有现金为的是度过从进货到售出这一段时间间隔。这种需求的强度主要取决于本期收入数额和本期产品到达消费者手中所需时间的长短。不管是企业还是商人，他们持有货币都是为了应付在收支时差中的业务开支需要。基于交易动机而产生的货币需求称为交易性货币需求。

（二）预防动机

预防动机也称谨慎动机，是指为应付意外支出而持有一部分货币的愿望，如个人或企业为应付事故、失业、疾病等意外事件而事先持有一定数量货币。因此，如果说货币的交易需求产生于收入和支出间缺乏同步性，则货币的预防性需求产生于未来收入和支出的不确定性。经济学家认为，个人对货币的预防需求量主要决定于他对意外事件的看法，但从全社会来看，这一货币需求量大体也和收入成正比，是收入的函数。这类货币的需求叫作预防性货币需求。

（三）投机动机

投机动机是指人们根据对市场利率变化的预测，需要持有一定数量货币伺机购买有价证券从中获利的动机。凯恩斯假定人们一时不用的财富只能用货币形式或债券形式来保存，债券能带来收益，闲置货币则没有收益，那么人们为什么不全部购买债券而要在二者之间做选择呢？原来是因为人们想利用利率水平或有价证券价格水平的变化进行投机。在实际生活中，债券价格与利率水平成反比例的关系。投机动机是三大动机中最重要、最复杂的一个，这类货币需求称为投机性货币需求。

知识链接

投机动机的表现

假定一张债券1年可获得利息10美元，若市场利率为10%，则这张债券的市价就为100美元，若市场利率为5%，则这张债券的市价就为200美元，因为200美元在利率为5%时存到银行也可得利息10美元，可见，债券价格一般随利率变化而变化。由于债券市场价格是经常波动的，凡预计债券价格将上涨（预期利率将下降）的人，就会用货币买进债券以备日后以更高的价格卖出；反之，凡预计债券价格将下跌（预期利率将上升）的人，就会卖出债券保存货币以备日后债券价格下跌时再买进。这种预计债券价格将下跌（预期利率将上升）而需要把货币保留在手中的情况，就是货币的投机性需求。可见，有价证券价格的未来不确定性是对货币投机需求的必要前提，这一需求与利率成反向变化。利率越高，即有价证券价格越低，人们若认为这一价格已降低到正常水平以下，预计很快会回升，就会抓住机会及时买进有价证券，于是，人们手中出于投机动机而持有的货币量就会减少；相反，利率越低，即有价证券价格越高，人们若认为这一价格已涨到正常水平以上，预计就要回跌，于是，他们就会抓住时机卖出有价证券。这样，人们手中出于投机动机而持有的货币量就会增加。

二、凯恩斯的货币需求

凯恩斯认为，货币需求是指特定时期公众能够而且愿意持有的货币量。人们之所以需要持有货币，是因为存在流动性偏好这种普遍的心理倾向，这一流动性偏好就构成了对货币的需求。因此，凯恩斯将人们持有货币的动机称为流动性偏好，故凯恩斯的货币需求理论也被称为流动性偏好理论。凯恩斯把交易动机和预防动机产生的货币需求统称为交易性货币需求，把投机性动机产生的货币需求称为投机性货币需求。

（一）交易性货币需求

凯恩斯以M_1代表为满足交易性需求所持有的现金额，Y代表收入，L_1代表和部分现金相应的流动性偏好函数。L_1主要决定于收入水平，也就是说，如果收入中公众为满足交易性需求作为闲置货币余额持有的部分，占了收入中的一个正常比率，那么为满足这种需求所持有的实际货币数量将随着收入水平的升降而增减，即在其他条件不变的情况下，L_1是M_1与收入的函数关系，用公式表示为：$M_1=L_1(Y)$。

按照凯恩斯的观点，对于货币的交易性需求来说，主要是受经济发展状况和收入水平两个客观因素现实变化的影响，而受心理预期因素的影响很小。

交易性货币需求主要有以下几个特征：

(1) 相对稳定，可以预见。出于交易动机的货币需求一般可以事先确定，因为人们对当前某一时期（如一周、一月或一季）内用于交易的货币金额、用途、支出时间是完全可以事先预计的，因而这类货币需求是稳定的。出于预防动机的货币需求虽不如交易动机那么确定，但由于它主要是作为交易的备用金，所以一方面受限于交易的规模、货币的收入，另一方面要考虑持有货币的机会成本，即手持现金而丧失的利息收入。这些因素在短期内都是相对稳定的，因此出于预防动机的货币需求也是可以预计的。

(2) 货币主要充当交易媒介。货币的交易需求和预防需求主要用于商品交换，以满足商品交易的需要。

(3) 对利率不太敏感。基于交易需求的货币主要用于必不可少的日常交易，利率再高、利息再大也必须保持一定额度的现金，以保证交易的正常进行和起码的预防需要。因此，这类货币需求对利率的变化不太敏感。

(4) 交易性货币需求是收入的递增函数。凯恩斯认为，交易性货币需求的大小主要取决于收入的多少和货币流通速度的快慢。又由于货币流通速度在短期内是相对稳定的，因此这类货币需求主要取决于人们的收入。收入的增加会使开支增加、交易数量增加，也必然增加货币的交易需求；反之亦然。货币的预防需求也主要取决于人们的收入。因为预防需求只有在一定的收入水平上才会产生，并随着收入的增加而上升。所以，货币的交易需求和预防需求都是收入的递增函数。

（二）投机性货币需求

凯恩斯关于货币交易需求的分析和古典经济学家们没有什么不同，他关于货币预防需求的分析虽然强调了不确定性在货币需求中的作用，但是由于它和交易需求一样，也主要取决于收入的大小，所以上述区分并未对传统的货币需求理论构成实质性的冲击。凯恩斯货币需求理论的真正创新之处在于他引入了对货币的投机性需求的分析，从而强调了利率在货币需求中的影响。这一点对于他的整个宏观经济理论体系也是至关重要的。

所谓投机性货币需求是指人们为了在未来某一适当时机进行投机活动而愿意持有的一部分货币。决定这部分货币需求的因素是什么呢？为分析方便起见，凯恩斯假定人们可以以两种形式持有其财富（这一点继承了剑桥学派从资产选择的角度分析货币需求的思路）：货币或生息资产，后者可以用长期政府债券来做代表。因此，影响财富在这二者之间进行分配的因素也就是影响货币投机性需求的因素。

那么究竟有哪些因素会影响人们在货币和生息资产之间的选择呢？凯恩斯认为，主要取决于这两种资产分别能给人带来多少预期报酬。他假定，货币的预期报酬为零。在凯恩斯生活的年代，支票存款是不支付利息的，所以他做出这个假定是很自然的。但实际上我们的目的仅仅是比较两种资产的相对报酬率，货币的预期报酬率是不是真正为零并不重要。和货币不同的是，债券等生息资产却可能有两种报酬：利息和资本利得。

利息收入显然取决于利率的高低。资本利得则是债券的卖出价和买入价之间的差额，它也是和利率相关的。我们知道，债券的价格是和利率呈反向变化的。利率越高，债券的价格就越低；利率越低，债券的价格就越高。因此，如果你现在买入一张债券，3 个月后利率下降了，你的债券就能升值，你也就可以获得一笔资本利得；反之，如果3个月后利率上升，你就必须蒙受资本损失（也就是负的资本利得）。可见，预期资本利得的大小（包括正和负）取决于预期的利率波动。那么，人们又是如何预测未来利率波动的呢？凯恩斯假定，每个人心目中都会有一个利率的“安全水准”。当利率低于这个安全水准时，人们就会预期它会上升；反之，当利率高于这个安全水准时，人们就预期它将下降。因此，预期资本利得就取决于当前利率与安全利率的偏离程度。

由此我们就至少有两个理由相信，货币的投机性需求与利率成反向变化。首先，当利率较高时，持有生息资产的利息收入较大；其次，当利率较高时，它高于安全利率，从而在未来时期内下降的可能性较大，所以持有生息资产获得资本利得的可能性也较大。这两方面因素加起来，就使利率更高，生息资产更有吸引力，货币的投机需求更小。反之，当利率水平很低时，从生息资产上获得的利息收入还不足以补偿可能的资本损失，所以人们就宁愿持有货币。在极端情况下，当利率水平低到所有人都认为它肯定将上升时，货币的投机性需求就可能变得无限大，任何新增的货币供给都会被人们所持有，而不会增加对债券的需求，结果使利率进一步下降。这就是后人所谓“流动性陷阱”。对于这种情形是否真的存在，经济学家们有着广泛的争论。

应该注意的是，由于预期资本利得是取决于当前利率与安全利率的偏差，而不是当前利率水平，所以当安全利率，也就是人们对利率的安全水准为多少的看法发生变化时，货币的投机性需求进而整个货币需求与利率的对应关系就要发生变化，也就是货币需求曲线将发生位移。

以 M_2 代表满足投机动机而持有的货币量，i 代表市场利率，L_2 代表 M_2 与 i 之间的函数关系，则有：$M_2=L_2(i)$。

投机性货币需求的特征主要有：

（1）货币需求难以预测。因为人们出于投机动机产生的货币需求，注重的是货币的流动性，但人们的流动性偏好随着他们对未来状况所做的估计而起变化，并且各人对未来的估计不尽相同，它们大相径庭。这种心理现象是变幻莫测的，加上市场行情变化的影响，导致货币需求难以预测。

（2）货币主要充当贮藏财富的手段。凯恩斯认为由于货币自身的特征，使其不仅具备极好的流动性执行交易媒介的职能，还能为积累充当贮藏财富的手段。因此人们在选择自己资产的存在形式时，需要在对金融市场做出预测的基础上，权衡具有流动性且有储藏功能的货币所带来的效用与其持有的有收益债券所带来的效用，进行比较后，才能决定是以货币还是以债券作为自己资产的存在形式。一般来说，持有货币的目的首先是使自己的资产价值至少得到保存，然后才进行投机，极力使其增值。对于不确定的未来，保存货币本身就会带来灵活升值。所以，货币投机需求强调的是货币充当贮藏财富的手段。

（3）对利率极为敏感。现实生活中债券未来的市场价格是随利率的变化呈反方向运动的。因此，出于投机动机而在手中保持货币量的多少，主要取决于利率的高低，并对利率的变动极为敏感。现行利率的任何微小变动都会引起人们预期的变更，从而引起货币投机需求较大的波动。

（4）投机性货币需求是现行利率的递减函数。利率越高，人们宁愿购入债券而不愿手持货币，且手持货币的机会成本就越大，货币的投机需求就越小；反之，利率越低，货币的投机需求就越大。可见，货币的投机需求与利率呈反方向变动关系，是利率的递减函数。

知识链接

流动性陷阱和流动性偏好

按照凯恩斯的货币需求理论，对利率的预期是人们调节货币和债券配置比例的重要依据，利率越高，货币需求量越小。当利率极高时，这一需求量等于零，因为人们认为这时利率不大可能再上升，或者说有价证券价格不大可能再下降，因而将所持有的货币全部换成有价证券。反之，当利率极低，比方说2%，人们会认为这时利率不大可能再下降，或者说有价证券市场价格不大可能再上升而只会跌落，因而会将所有的有价证券全部换成货币。人们有了货币也绝不肯再去买有价证券，以免证券价格下跌时遭受损失，人们不管有多少货币都愿意持在手中，这种情况称为“流动性陷阱”或“流动偏好陷阱”，有时也称为“凯恩斯陷阱”。流动偏好是凯恩斯提出的概念，是指人们持有货币的偏好。人们之所以产生对货币的偏好，是由于货币是流动性或者说灵活性最大的资产，货币随时可做交易之用，随时可应付不时之需，随时可作投机之用，因而人们对货币的偏好就称作流动性偏好。货币需求关于利率的系数也称作流动性偏好的利率系数。当利率极低时，人们手中无论增加多少货币，都不会再去购买有价证券，都要留在手中，因而流动性偏好趋向于无限大。这时候即使银行增加货币供给，也不会再使利率下降。

三、凯恩斯的货币需求函数

将上面的讨论归纳起来，就可以得到凯恩斯的货币需求函数。应该注意的是，凯恩斯讨论的货币需求是实际货币需求，而不是名义的货币需求。他认为，人们在决定持有多少货币时，是根据这些货币能够购买到多少商品来决定的，而不是仅看货币的面值是多少。实际货币需求可由名义货币需求除以价格水平，也就是M_d/P来表示。

凯恩斯以 M_1 代表为满足交易动机和预防动机而持有的现金额；M_2 为满足投机动机而持有的现金额。与这两部分现金额相对应的，是两个流动性偏好函数 L_1 和 L_2。L_1 主要取决于实际收入水平，有：$M_1=L_1(Y)$，$\frac{dL_1}{dY}>0$；L_2 主要取决于当前利率水平与当前预期状况的关系，有：$M_2=L_2(i)$，$\frac{dL_2}{di}<0$。把这两项合起来，就得到以下的货币需求函数：$\frac{M_d}{P}=M_1+M_2$。

即

$$\frac{M_d}{P}=L_1(Y)+L_2(i) \tag{8-5}$$

显然，由式 8-5 描述的货币需求同实际收入呈正向关系，与利率呈反向关系。[1]

把利率作为影响货币需求的重要因素考虑进来是凯恩斯的一大创举。在此之前的货币需求理论，要么根本否认利率对货币需求的影响（如现金交易说），要么也只是隐约地提到利率发生作用的可能（如现金余额说）。凯恩斯则将货币需求对利率的敏感性作为其宏观经济理论的重要支点，并以此来攻击传统的货币数量论。

由货币需求对利率的敏感性可以得出下面一系列与货币数量论格格不入的结论：

（1）货币需求是不稳定的。由于市场利率往往有较大的波动，受其影响，人们对货币这种资产的需求也会有较大的波动。而且，由于人们对于安全利率的看法也会发生变化，所以货币需求函数本身是不稳定的，它会随人们对安全利率看法的变化而发生位移。这样，货币需求与利率和实际收入之间就缺乏稳定的关系。因此，货币需求不仅是波动的，而且是难以预测的。

（2）在货币需求波动较大的情况下，货币流通速度也必然有较大的波动。这一点不难由交易方程式看出来。在货币市场均衡（货币需求 M_d 等于货币供给 M_s）的情况下，恒等式：

$$MV=PY$$

即可写成：

$$M_dV=PY$$

从中可得：

$$V=\frac{PY}{M_d}=\frac{Y}{M_d/P}=\frac{Y}{L_1(Y)\ \ +L_2(i)} \qquad (8-6)$$

也就是说，货币流通速度是和实际货币需求呈反向关系的。这样，当实际货币需求随利率的涨落而发生波动时，货币流通速度也就随之波动。

在凯恩斯看来，传统货币数量论将货币流通速度视为常数，其错误就在于忽略了货币投机性需求 $L_2(i)$ 的存在。只有当 $L_2(i)$ 等于零，即 $V=\frac{Y}{L_1(Y)}$时，货币流通速度才可被视为一个主要由制度因素决定的在短期内变化很小的量。

（3）在货币流通速度波动很大的情况下，货币量（M）与名义收入（PY）之间就不具有稳定的关系，因而名义收入完全由货币量决定的货币数量论观点就不能成立。例如，当货币供给增加时，利率将下降，从而实际货币需求上升，由式 8-6 可以看出货币流通速度因此下降。这样，货币供应量的增加就可能完全为货币流通速度的下降而抵消，从而对名义收入没有任何影响。更进一步讲，在货币流通速度不稳定的情况下，交易方程式虽然是一个随时都成立的恒等式，但其本身并不能说明任何问题。这也是凯恩斯抛弃交易方程式这一分析工具的重要原因。

上述分析表明，货币需求对利率是否敏感是一个重大的理论问题，因此无怪乎后来的凯恩斯主义者和货币主义者在这一问题上展开了长期的争论。

---

① 由于持有货币的机会成本，即利息收入和资本利得，都是和名义利率相关的，所以这里的利率是指名义利率（本书中，除非特别说明，利率一般指的是名义利率，当然，在不考虑价格水平变化的情况下，名义利率也就等于实际利率）。但是，这并不意味着预期通货膨胀率（它影响实际利率）对货币需求是没有影响的，实际上，预期通货膨胀率可能影响人们对“安全利率”的判断，从而引起货币需求曲线的位移。

第五节

弗里德曼的货币需求理论

20 世纪 30 年代以前，无论是费雪交易方程式还是剑桥方程式，都曾盛行于西方资本主义世界。30 年代资本主义世界大危机期间，货币数量论已是名声扫地。因为货币当局未能止住经济大萧条，所以当时普遍认为，货币并不重要。30 年代以后，由于凯恩斯的《就业、利息和货币通论》的发表，货币数量论已不被人们津津乐道了，代之而起的是凯恩斯倡导的货币理论，尽管在美国芝加哥大学，货币数量论仍然有人信奉。

1956 年，在对货币数量论的一片反对声中，米尔顿·弗里德曼（Milton Friedman，芝加哥大学教授）发表了他的名作——《货币数量论——重新表述》，从而标志着现代货币数量论的诞生。随后弗里德曼陆续写出了不少著作，形成了以他为首的一个崭新的宏观经济学派——货币学派或货币主义。它对主流凯恩斯主义宏观经济学构成了有力的挑战。

弗里德曼认为，货币数量论首先是货币需求的理论。这个理论不是产出量或货币收入的理论，也不是物价水平的理论。关于这些变量的任何表述，需要把货币数量论同有关货币供应条件或许还有其他变量的规定结合在一起。所以弗里德曼对货币数量论的表述是从货币需求入手的。

一、弗里德曼的货币需求函数

弗里德曼继承了凯恩斯等人把货币视为一种资产的观点，从而把货币需求当作财富所有者的资产选择行为来加以考察。所不同的是，他不像凯恩斯那样，用债券代表货币之外的金融资产，从而把资产选择的范围限定在货币和债券之间，而是把债券、股票以及各种实物资产都列为可替代货币的资产，从而将资产选择的范围大大扩大，并从中得出了与凯恩斯主义者截然不同的结论。

货币既然是一种资产，那么最终财富所有者对它的需求，也就是以货币这种资产持有财富的愿望就会受以下因素的影响：

（1）财富总量。它相当于消费者理论中的预算约束。由于在实际生活中，财富很难加以估计，所以必须用收入来代表。但是弗里德曼认为，利用一般的现期收入指标来作为衡量财富的指标是有缺陷的，因为它会受到经济波动的影响，必须用持久性收入来作为财富的代表。所谓持久性收入（permanent income，也译为恒久性收入或永久性收入），是弗里德曼在他的消费理论中提出的一个概念。它是指消费者在较长一段时期内所能获得的平均收入。在实际计算中，可以用现在及过去年份实际收入的加权平均数来加以估算。利用这一变量可以排除一些暂时性的扰动因素。

（2）财富在人力与非人力形式上的划分。所谓人力财富主要是指个人的谋生能力。由于人力财富向非人力财富的转化往往因社会制度的转化而局限在很小的范围内，所以人力财富的流动性较低，而不像债券、股票那样随时可以出售。因此，人力财富在财富总额中占较大比例的所有者将试图通过持有较多的货币来增加其资产的流动性，因为货币是一种流动性最高的资产。弗里德曼据此认为，人力财富对非人力财富的比率（或者非人力财富占总财富的比率）是影响货币需求的重要因素。

（3）持有货币的预期报酬率。持有货币的预期收益包括两个部分：首先是银行为支票存款支付的少量利息（弗里德曼通常将货币定义为 $M2$，这样储蓄存款和定期存款的利息也属于货币的预期收益）；其次是银行为支票存款提供的各种服务，如自动为存款人支付水、电费等。

（4）其他资产的预期报酬率，即持有货币的机会成本。它们包括两部分：首先是任何当期支付的所得或所支，如债券的利息、股票的股息以及实物资产的保管费用。其次是这些资产项目价格的变动，如债券和股票的资本利得，实物资产在通货膨胀时期的价格上涨。

（5）其他因素，如财富所有者的特殊偏好等。它们在短期内可以被视为是不变的。

弗里德曼是沿着“剑桥方程式”来重新表述他对“货币数量论”的见解的。他认为，可以把剑桥方程式 $M=kPY$ 看作货币需求函数：P、Y 是货币需求所依存的许多变量中的两个；k 代表所有其他变量，因此 k 不应被当作数值上的常量，而其本身应被当作还存在其他变量的函数。他认为：“为求完善，这种分析需要另一方程以表明作为其他变量的货币供应。于是，物价水平或名义收入水平就是货币需求函数和货币供应函数相互作用的结果。”在弗里德曼看来，决定货币供应量（从人们对货币需求的角度来看，也是人们所保有的名义货币数量）的因素基本上取决于货币制度，即由法律和货币当局决定货币量。至于决定货币需求（社会需要保有的实际货币数量）的因素，通过上述分析，弗里德曼得出了个人财富持有者的货币需求函数如下：

$$\frac{M_d}{P}=f\left(Y_P,\ \omega,\ r_m,\ r_b,\ r_e,\ \frac{1}{P}\cdot\frac{\mathrm{d}P}{\mathrm{d}t},\ \mu\right) \tag{8-7}$$

式中：$\frac{M_d}{P}$——实际货币需求；

Y_P——实际持久性收入，用来代表财富；

ω——非人力财富占总财富的比率；

r_m——货币的预期名义报酬率；

r_b——债券的预期名义报酬率，包括债券的资本利得；

r_e——股票的预期名义报酬率，包括股票的资本利得；

$\frac{1}{P}\cdot\frac{\mathrm{d}P}{\mathrm{d}t}$——商品价格的预期变化率，也就是实物资产的预期名义报酬率；

μ 表示其他影响货币需求的因素。

在上述影响货币需求的因素中，Y_P、r_m 与货币需求呈正向关系，ω、r_b、r_e、$\frac{1}{P}\cdot\frac{\mathrm{d}P}{\mathrm{d}t}$ 与货币需求呈反向关系。

在这里，弗里德曼的研究方法是把货币看作一种资产（如同债券、股票、耐用消费品、房屋这些资产一样），并把这种资产当作只是持有财富的一种形式。他假定货币与商品之间存在递减的边际替代率，因此，一个人持有的货币越多（与固定的一堆物品相联系来说），他就越有可能把货币花费在更多的物品上，以便使得所提供的各种边际效用相等。这个假设暗示货币与物品之间有替代关系，因而货币余额的过度增长（或下降）就对总需求有着很大的直接影响，这与凯恩斯关于闲置货币余额将只花费在金融资产上（不花费在商品上）的看法完全不同。因此，他认为，对货币的需求基本上决定于：① 总财富；② 各种形式的财富的报酬。由于弗里德曼的总财富不仅包括物质财富，还包括所谓“人力财富”，所以总财富的量值无法从统计资料中得到。于是，弗里德曼便用收入充当财富的代表，因为按照西方经济理论，财富只不过是收入的资本化价值。但弗里德曼拒绝用现期收入作为财富的代表，因为现期收入在短期内易受无规律波动的支配。他是用长期收入概念，即用他在《消费函数理论》这本著作中所发展出来的“持久性收入”这一概念来作为财富的代表。因此，上面的货币需求函数中，Y 实际上是用不变价格计算的“持久性收入”。

二、现代货币数量论的理论观点

从式 8-7 中的货币需求函数如何得出名义收入受货币数量决定的货币数量论观点呢?

（1）弗里德曼的货币需求函数暗含着这样的结论，那就是货币需求对利率并不敏感。这是因为，利率的变动往往是和货币的预期报酬率同向变化的。当利率上升时，银行可以从贷款中获得较高的收益，所以就会希望吸收更多的存款来发放贷款。当存款利率不受限制时，银行将通过提高存款利率来做到这一点；当存款利率受到限制时，银行就会通过提供更完善的服务来竞争存款。无论采取哪种方式，都意味着货币（$M1$ 或 $M2$）的预期报酬率提高了。由于影响货币需求的是货币和其他资产之间相对报酬率的高低，所以当货币的预期报酬率与其他资产的预期报酬率同向变化时，货币需求将相对保持不变。

弗里德曼认为，事实上，货币和其他资产的预期报酬率往往是同向变化的，所以影响货币需求的主要因素实际上只是持久性收入，即：$\frac{M_d}{P}=f(Y_P)$，这意味着货币需求是稳定的，因为持久性收入的变化是缓慢的，而不像利率那样经常上下波动。

（2）弗里德曼认为，货币需求函数本身是相当稳定的，它不会发生大幅度的位移（事实上，弗里德曼的货币需求函数中，也看不出使货币需求函数发生位移的潜在因素）。这就意味着，货币需求与其影响因素之间的关系是稳定的。利用过去数据估计出来的货币需求函数经验公式可以被用来估计未来的货币需求。这一点也与凯恩斯的理论有很大的不同。在凯恩斯看来，货币需求函数将因人们对安全利率看法的改变而发生位移。

由上面两点便可直接导出以下的结论，即货币流通速度是稳定的、可预测的。这是因为，在货币市场均衡的条件下（货币需求等于货币供给），由交易方程式就可知：

$$V=\frac{Y}{\frac{M_d}{P}}=\frac{Y}{f(Y_P)} \tag{8-8}$$

从式 8-8 可以看出，只要货币需求是稳定的、可以预测的，那么货币流通速度就是稳定的、可以预测的。然而只要货币流通速度是稳定的、可以预测的，那么当货币供给发生变化时，把货币流通速度的预测值代入交易方程式，就可以估计出名义国民收入的变动。因此，货币供给是决定名义收入的主要因素这一货币数量论观点仍然能够成立。弗里德曼正是这样来对货币数量论进行重新阐述的。他把他的理论称为名义收入货币理论，也就是我们所谓现代货币数量论。

三、现代货币数量论与传统货币数量论和凯恩斯的货币需求理论的区别

（一）现代货币数量论与传统货币数量论的不同

（1）货币流通速度不再被假定为一个固定的常数，而被认为是一个稳定的、可以预测的变量。

（2）它放弃了传统货币数量论所认为的经济持续处于充分就业水平，从而当货币供给变化时实际国民收入保持不变、价格与货币供给同比例变化的观点，而认为在短期内实际国民收入也将随货币数量的变化而有所变化，因而货币供给的变动究竟在多大程度上引起实际国民收入的变动，以及在多大程度上引起价格水平的波动，要视其他条件而定。

显然，从这两点不同可以看出，现代货币数量论在传统货币数量论的某些观点上有所退却。但是，它们在一些基本的立场上却是一致的，那就是它们都强调货币存量对名义国民收入的重要影响。更重要的是，它们都认为，经济自身存在着向充分就业水平收敛的内在趋势。

（二）现代货币数量论与凯恩斯货币需求理论的不同

虽然都是从资产选择的角度来讨论货币需求，但是弗里德曼的货币需求理论和凯恩斯的理论却有着明显的不同。

（1）凯恩斯考虑的仅仅是货币和生息资产之间的选择，而弗里德曼所考虑的资产选择范围则要广泛得多，它不仅包括货币、债券，还包括公平和实物资产。

（2）弗里德曼没有像凯恩斯那样把货币的预期报酬率视为零，而是把它当作一个会随着其他资产预期报酬率的变化而变化的量。

这两点不同不仅使他们对货币需求函数的看法截然不同，而且使他们对其他经济变量的影响过程有着不同的见解。

第六节

现实中的货币需求理论和实践

一、现实中影响货币需求的因素

根据前面提到的货币需求理论，联系现实情况，我们可以总结出影响货币需求的主要

因素。

（一）收入状况

在货币需求的诸多决定因素中，个体的收入状况和已积累的财富量是最重要的决定因素。出于交易动机的货币需求和收入水平正相关。一般情况下，个体的收入水平越高，其开支也越大，需要进行的交易量及为该交易量提供流动性的货币需求量也越大，即交易性货币需求也越大，说明收入与交易性货币需求呈同方向变化。

（二）物价水平

在商品和劳务量既定的条件下，价格与货币需求量之间呈同向变化，即价格越高，用于交易的货币需求量就越大；反之，价格越低，货币需求量越小。

（三）利率水平

利率是借贷资金的价格，一般情况下，市场利率与投机性货币需求成反比。即市场利率上升，投机性货币需求下降；市场利率下降，投机性货币需求上升。

（四）商品价格总额

一个社会的商品价格总额为物价水平和待实现的商品总量的乘积。在货币流通速度不变的情况下，商品价格总额越大，货币需求量就越大；反之，商品价格总额越小，货币需求量就越小。因此，商品价格总额与货币需求成正比。

（五）货币流通速度

货币流通速度是指一定时期内货币转手的次数。在商品价格总额一定的条件下，货币流通速度越大，货币需求量就越小；反之，货币流通速度越小，货币需求量就越大。因此，货币流通速度与货币需求成反比。

（六）其他资产的收益率

其他资产如股票、债券等的收益率越高，持有货币的机会成本就越大，货币需求就越小；反之，其他资产的收益率越低，持有货币的机会成本就越小，货币需求就越大。因此，其他资产的收益率与货币需求呈反向变化。

（七）对利润和通货膨胀的预期

企业对未来的利润预期越高，其交易性货币需求就越大；反之，企业对未来的利润预期越低，其交易性货币需求就越小。因此，利润预期与货币需求呈同向变化。

人们对未来通货膨胀的预期越高，即预期通货膨胀率上升，人们会担心货币会进一步贬值，会增加购买实务资产进行保值或增加当前的消费而不愿持有货币，导致货币需求减少；预期通货膨胀率下降，人们的货币需求会增加。所以，通货膨胀预期与货币需求呈反向变化。

二、现实中货币需求量的测定

经济界有多种货币需求学说，它们各自从不同的角度研究了货币需求量同其影响因素之间的数量关系，形成了许多不同的货币需求理论，如马克思的货币需求理论、凯恩斯的货币需求理论、弗里德曼的货币需求理论等。对货币需求的理论探讨固然重要，但对货币需求富有实际意义的还是量的分析和测定。

现实中，我国对人民币必要量的测算是依据马克思的货币需求原理进行的。实际测算方法较多，如经验数据法、基本公式法、回归分析法、微分法、优选计算法等。下面主要介绍基本公式法和微分法。

（一）基本公式法

基本公式法从马克思揭示的货币流通规律出发，考虑到经济活动中货币流通的连续性和继承性，根据经济增长率、物价变动率和货币流通速度变化率三个因素，计算计划期的货币需求量增长率。其公式如下：

$$M_d' = \frac{(1+n')(1+p')}{1+V'} - 1$$

当货币流通速度延缓时，V'取负值；当货币流通速度加快时，V'取正值。

式中：M_d'——货币需求量增长率；

n'——经济增长率；

p'——物价上涨率；

V'——货币流通速度变化率。

（二）微分法

根据前面所讲，马克思的货币流通规律可表示为：$M=\frac{PQ}{V}$，把马克思的货币流通规律变形为：

$$MV=PQ$$

然后微分得：

$$\frac{\mathrm{d}M}{M}=\frac{\mathrm{d}P}{P}+\frac{\mathrm{d}Q}{Q}-\frac{\mathrm{d}V}{V}$$

其经济含义是，货币需求量变动率$\left(\frac{\mathrm{d}M}{M}\right)$等于商品价格变动率$\left(\frac{\mathrm{d}P}{P}\right)$加上商品数量变动率$\left(\frac{\mathrm{d}Q}{Q}\right)$，减去货币流通速度变动率$\left(\frac{\mathrm{d}V}{V}\right)$。其中，商品数量变动率可用社会总产值变动率去代替，商品价格变动率可用物价指数变动率代替。如果我们用M_d'表示$\frac{\mathrm{d}M}{M}$，用n'代替$\frac{\mathrm{d}Q}{Q}$，用p'代替$\frac{\mathrm{d}P}{P}$，用V'代替$\frac{\mathrm{d}V}{V}$，则上面微分公式可表示为：

$$M'_d = n' + p' - V'$$

以上两种计算模型有两点需要注意：一是两种模式计量的都是计划期货币需求增长率，是一个计划相对数，因而，必然要求基期货币流通状况基本正常；否则，要相应加以调整。二是两种模式计量的都是流通手段需要量，是狭义的货币需求量。以上两公式计算结果不太一致，具体应用时可互相印证或根据经验数据调整。

■ 本章小结

本章按西方货币需求理论的影响程度和先后顺序分别介绍了马克思的货币需求理论、传统货币数量论、凯恩斯货币需求理论以及现代货币数量论，并分析了现实中影响货币需求的因素及货币需求量的测定问题。本章的内容是后续学习通货膨胀与通货紧缩、货币政策与宏观调控的基础。

■ 章后习题

□ 一、重要概念

货币需求　交易动机　流动性陷阱　持久性收入

□ 二、思考题

1. 费雪交易方程式中对相关的经济变量做了哪些假定？
2. 剑桥学派认为影响人们持有货币额的因素有哪些？
3. 投机性货币需求的主要特征有哪些？
4. 现代货币数量论与传统货币数量论有哪些区别？

□ 三、讨论题

目前影响我国货币需求的因素有哪些？

□ 四、案例分析

M2/GDP 历史数据：

年份（年）	M2 指标值（亿元）	GDP 绝对额（亿元）	M2/GDP
2016	1 550 100.00	744 127.00	2.083 1
2015	1 392 300. 00	676 708. 00	2.057 5
2014	1 228 374.81	635 910.00	1.931 7
2013	1 106 524.98	588 018.76	1.881 8
2012	974 148.80	534 123.04	1.823 8
2011	851 590.90	473 104.05	1.800 0

续表

年份（年）	M2 指标值（亿元）	GDP 绝对额（亿元）	M2/GDP
2010	725 851.79	401 512.80	1.807 8
2009	610 224.52	340 902.81	1.790 0
2008	475 166.60	314 045.40	1.513 1
2007	403 442.2	265 810.30	1.517 8
2006	345 603.6	216 314.4	1.597 7
2005	298 755.7	184 937.4	1.615 4
2004	253 207.7	159 878.3	1.583 8
2003	221 222.8	135 822.8	1.628 8
2002	185 007	120 332.7	1.537 5
2001	158 301.9	109 655.2	1.443 6
2000	134 610.3	99 214.6	1.356 8
1999	119 897.9	89 677.1	1.337 0
1998	104 498.5	84 402.3	1.238 1
1997	90 995.3	78 973	1.152 2
1996	76 094.9	71 176.6	1.069 1
1995	60 750.5	60 793.7	0.999 3
1994	46 923.5	48 197.9	0.973 6
1993	34 879.8	35 333.9	0.987 1
1992	25 402.2	26 923.5	0.943 5
1991	19 349.9	21 781.5	0.888 4
1990	15 293.4	18 667.8	0.819 2

根据上表，分析我国 1990—2016 年货币化比率（M2/GDP）呈现怎样的变化趋势？并结合相关资料解释我国在上述时期的不同阶段出现超额货币需求现象的原因。

■ 延伸阅读

欧洲中央银行对货币流通速度的研究

欧洲中央银行的货币政策策略包含两大支柱分析：一是货币分析，二是对经济和金融指标的广泛分析。在货币分析领域，1998 年 12 月，欧洲中央银行确定了货币总量增长的参考值，将广义货币 M3 的参考值确定为 4.5%的增长水平，该参考值的确定是基于如下三个中期假设：第一，价格稳定的目标为统一消费价格指数年度同比上涨率为 0~2%；第二，假设中期内真实 GDP 的增长趋势为 2%~2.5%；第三，中期内 M3 的货币流通速度以

0.5%～1%的幅度下降。欧洲中央银行对这些假设每年都进行重新评估，迄今为止，这些中期假设包括货币流通速度的假设仍保持有效。

欧洲中央银行所注重的是货币流通速度的中期变化趋势，对于短期的货币流通速度，他们也认为是不稳定和多变的，而且即使以前是稳定的，也不能保证未来不发生突变。欧洲中央银行认为通货膨胀最终是一种货币现象，而货币流通速度（或者货币需求）变化对于货币与通货膨胀之间的关系具有重要影响。因此，欧洲中央银行的货币分析包含对货币流通速度变化的监测，考虑政策效果时滞等因素，货币管理部门未必一定要对货币流通速度的短期突变做出反应，而一旦这些短期变化导致中期趋势的改变，则应及时调整，而且如果可以辨别货币流通速度的突变与货币增长状况有关，货币当局也应该做出反应。

2001—2003年，由于经济和金融运行中存在高度的不确定性，欧元区发生了资产组合向广义货币资产的异常转移，导致货币需求突然攀升，货币需求模型也随之变得不稳定。为了保证货币政策能够对特殊时期的变化做出实时反应，欧洲中央银行冻结了既有货币需求模型中的一些参数，引入经验判断性调整，以反映模型中未体现出的突然变化，但是，这种临时性的调整措施并非长久之策。为了更好地反映货币需求的变化，2007年年中，在本轮国际金融危机迹象初显之前，欧洲中央银行已决定启动一个旨在提高货币分析有效性的研究项目。该项目的第一个内容就是优化货币需求模型。这项研究并不是因金融危机而起，但金融危机的爆发对加速研究进程的确起到了催化作用。

欧洲中央银行认为，目前的优化思路是寻求一个相对稳定的、能够包容和反映突变因素，对现实拟合程度较高的货币需求函数，这就需要在更广泛的资产选择框架中研究货币需求问题，把引起货币需求突变的因素纳入模型，对其展开系统分析，并充分考虑不确定性的影响。更具体而言，在货币需求函数中应加入一些扩展变量，更广泛地考虑机会成本变量，如财富、国外资产收益率等；需要细化各部门的持币行为；等等。当然，优化货币需求模型的研究不是一劳永逸的，而是必须持续开展，因为金融创新和其他结构性变化的冲击都有可能降低既有模型的解释力。同时，货币需求模型解释力降低不完全是负面的，因为货币流通速度的变化趋势发生间断或偏离可以为政策分析提供线索，推进模型的改进和预测水平的提高。

资料来源：中国金融四十人论坛官网。

■ 即测即评

第九章

货币供给

【本章学习目标】

通过本章的学习，要求学生了解货币供给的含义，理解货币创造的过程，掌握基础货币的含义与乔顿货币乘数的推导和计算，熟悉主要的货币供给模型。

【本章知识结构图】

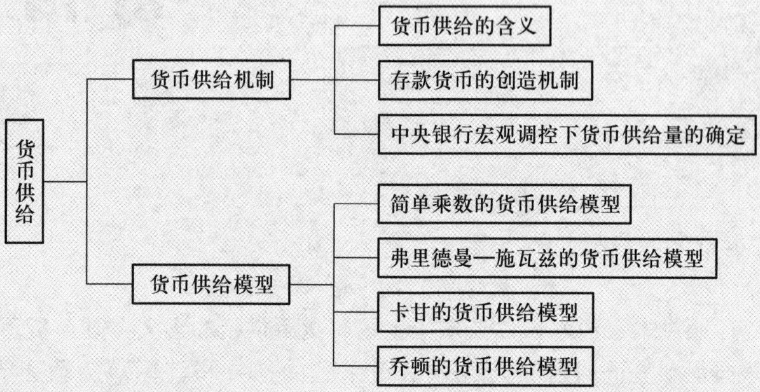
货币供给
货币供给机制
货币供给的含义
存款货币的创造机制
中央银行宏观调控下货币供给量的确定
货币供给模型
简单乘数的货币供给模型
弗里德曼—施瓦兹的货币供给模型
卡甘的货币供给模型
乔顿的货币供给模型

【引例】

M2 大扩张：从哪里来？

中国现在究竟有多少人民币？截至 2017 年 2 月，中国的广义货币（M2）的存量已达 158.29 万亿元。经济学家认为 M2 与 GDP 应有一个适当比例，比例过高就会出现货币严重超发。

渣打银行的研究报告认为，中国 M2 大扩张的首个原因就是中国金融体系由银行业主导。银行信贷扩张，导致 M2 增长。其次，为了应对经济减速，中国通过创造需求和扩张银行贷款刺激经济，1992—1993 年、1998—1999 年、2002—2003 年、2009—2010 年及 2015—2016 年几个时段，由于刺激经济的需要，M2 均快速增长，导致其基数快速扩大。最后，自 2001 年中国加入世界贸易组织后，出口快速增长，顺差额日益增大，造成基础货币被动投放。

可见，M2 的源头是 M0 即基础货币投放。外汇占款造成基础货币被动超发，再通过存款派生导致 M2 的扩大。

思考：中国货币存量为什么这么高，是何时“催肥”的？这是一个令许多经济学家追问的问题。中国 M2 大扩张与中国的经济结构、融资结构、金融创新能力有直接关系。中国的经济是投资拉动，高投入低产出，投入大的产业，货币需求量就大。中国企业仍以银行信贷这种间接融资方式为主，间接融资存款派生的速度就会快，M2 的增速也会更高。那么，这些与基础货币、派生存款以及货币供给有关的问题将在本章的学习中得到解答。

第一节 货币供给机制

一、货币供给的含义

货币供给是与货币需求相对的一个概念。货币供给可以从静态和动态两个角度来考察和理解。静态的货币供给是一个存量的概念，人们往往称为货币供给量，它是一个国家在一定时点上流通的货币总量。动态的货币供给则是指货币供给主体，即现代经济中的银行向货币需求的主体提供货币的整个过程。

理解货币供给的含义应从以下三个方面入手：

（1）货币供给的主体。不同的货币体制，货币供给的主体是不同的。在国家垄断货币发行权之前，货币供给主体是分散的，尤其是在金铸币本位制下，几乎所有拥有货币金属的主体都可以成为货币供给者。但在国家垄断货币发行权以后，特别是中央银行出现后，货币发行即由国家授权中央银行统一组织发行。

(2) 货币供给的客体。货币供给的客体是指发行者或者货币供给者向流通中供应什么样的货币。不同的货币制度下也存在差别。在信用货币制度下，发行者供给的货币是多层次的，既有现金，也有存款，还有其他形式的货币。

(3) 货币供给的过程。货币供给的过程是与具体的货币制度相联系的。在现代不兑现的信用货币制度下，流通中的货币不论是现金，还是存款，都是通过银行的信用活动形成的。在货币供给的过程中，商业银行和中央银行分别发挥不同的作用。整个货币的供给是由中央银行提供基础货币，在货币乘数的作用下，通过商业银行的信用创造，然后向社会经济提供包括现金、存款在内的各种不同层次的货币。

二、存款货币的创造机制

(一) 原始存款与派生存款

原始存款是银行吸收的客户以现金形式存入商业银行的直接存款以及商业银行对中央银行的负债余额。派生存款是指由银行贷款通过转账创造出来的存款。原始存款是创造派生存款的基础。

(二) 创造派生存款的前提条件

商业银行创造派生存款需要具备两个基本条件：

1. 部分准备金制度

部分准备金制度是银行将所吸收存款按一定比例作为准备金的制度。在部分准备金制度下，银行可以在保留部分准备金的条件下，将客户存款的其余部分用于发放贷款。

2. 非现金结算

非现金结算是以非现金流通方式进行的货币支付，即在银行存款的基础上，通过存款货币的转移完成债权债务的清偿，存款被社会当作货币来使用。在这种结算方式下，货币运动只是存款货币从一个账户转移到另一个账户，是银行的债权人和债务人的相对变化，而用于支付的货币仍然停留在银行的账户上。

(三) 存款货币的创造过程

为了简化分析，我们还要做以下几三项假定：① 整个银行体系由一个中央银行和至少两家商业银行所构成；② 商业银行只持有法定存款准备金，其余部分全部贷出，超额准备金为零，法定存款准备金率为 10%；③ 客户不持有现金，其收入的一切款项均存入银行，形成活期存款，不增加其定期存款和储蓄存款。

假设第一家银行接受了其客户存入的 10 000 元现金（原始存款）。在第一家银行原来持有的准备金正好满足中央银行规定的法定存款准备金比率的条件下，根据以上假设，该银行应再提取准备金 1 000 元，并将剩余 9 000 元全部用于发放贷款。而取得贷款的客户又将款项用于支付，收款人又将把这笔款项全部存入其开户的另一家银行——第二家银行。第二家银行存款增加了 9 000 元，并且在不留超额准备金的假设下，它也必将根据中央银行规定的法定存款准备金比率，提取准备金 900 元，然后，将剩余的 8 100 元用于发放贷款。以此类推，随着商业银行存贷机制的不断展开，存款货币派生出来，其派生过程如表 9-1 所示。

表 9-1　商业银行体系存款货币的派生过程　　单位：元

银行名称	存款额	法定准备金	贷款额
第一银行	10 000	1 000	9 000
第二银行	9 000	900	8 100
第三银行	8 100	810	7 290
第四银行	7 290	729	6 561
…	…	…	…
合计	100 000	10 000	90 000

由此可见，在部分准备金制度下，第一家银行最初的 10 000 元原始存款，通过商业银行贷款业务，使银行系统的存款总额增至 100 000 元，其中有 90 000 元是由贷款转化的派生存款。

具体来看，各指标之间的数量关系如下：

$$银行体系存款扩张的倍数=\frac{1}{法定存款准备金比率}$$

$$银行体系的存款总额=\frac{原始存款}{法定存款准备金比率}$$

$$派生存款=银行体系的存款总额-原始存款$$

上述的公式是在前述假定的基础上得出的，而现实的经济生活中，由于存在许多客观制约因素，所以银行的存款扩张能力要小得多。

三、中央银行宏观调控下货币供给量的确定

上面我们分析了存款货币的创造，理解存款货币的创造是理解货币供给过程的基础。如前所述，在货币供给过程中，商业银行和中央银行分别发挥不同的作用。整个货币的供给是由中央银行提供基础货币，在货币乘数的作用下，通过商业银行的信用创造，然后向社会经济提供包括现金、存款在内的各种不同层次的货币。

假设货币供给量为 M，基础货币为 B，货币乘数为 m，则用公式表示三者的关系为：

$$M=m\times B \tag{9-1}$$

由此，可以看出货币供给量主要决定于基础货币和货币乘数这两个因素，而这两个因素又受多重复杂因素的影响，所以我们需要从这两个方面具体分析。

（一）基础货币

1. 基础货币的含义

基础货币又称强力货币或高能货币，是指具有使货币供给总量倍数扩张或收缩能力的

货币。它表现为中央银行的负债，是中央银行投放并直接控制的货币。它由两部分构成：一是商业银行的准备金（包括商业银行库存现金和商业银行存放于中央银行的准备金存款）；二是流通于银行体系外而被社会公众持有的现金，即通常所说的“通货”。

基础货币通常用公式表示为：

$$B=R+C \tag{9-2}$$

式中：B——基础货币；

R——商业银行的准备金；

C——流通于银行体系外而被社会公众持有的现金。

基础货币的改变对商业银行信用规模的影响直接而且巨大，它直接决定了商业银行存款货币创造能力，是商业银行借以创造存款货币的源泉。

2. 影响基础货币的因素

（1）买卖政府债券。中央银行无论是向商业银行还是向非银行部门购买政府债券，都会增加基础货币的供应；反之，基础货币减少。

（2）再贷款及再贴现。当中央银行向商业银行提供再贷款或者再贴现时，银行体系的储备存款相应增加，基础货币增加；当商业银行归还中央银行的贷款时，银行体系储备存款相应减少，基础货币减少。

（3）政府贷款或者透支。政府贷款或者透支都会造成中央银行资产业务规模的扩大，引起基础货币的增加。通常由中央银行对政府赤字融资而导致的货币供应增加被称为债务货币化。

（4）买卖黄金或外汇储备。中央银行购买黄金、外汇，基础货币增加；中央银行卖出黄金、外汇，基础货币减少。

（二）货币乘数

1. 货币乘数的含义

货币乘数是指货币供给的扩张（或收缩）倍数，也就是货币供给量与基础货币的比值。在基础货币一定的条件下，货币乘数决定了货币供给的总量。货币乘数越大，货币供给量越多；货币乘数越小，则货币供给量就越少。所以，货币乘数是决定货币供给量的又一个重要的甚至是关键的因素。货币乘数是以商业银行创造货币的扩张（或收缩）倍数为基础的。

2. 影响货币乘数的因素

一是法定存款准备金率。定期存款与活期存款的法定准备金率均由中央银行直接决定。通常法定存款准备金率越高，货币乘数越小；反之，货币乘数越大。

二是超额准备金率。商业银行保有的超过法定存款准备金的准备金与存款总额之比，称为超额准备金率。显而易见，超额准备金的存在相应减少了银行创造派生存款的能力，因此，超额准备金率与货币乘数之间也呈反方向变动关系。超额准备金率越高，货币乘数越小；反之，货币乘数越大。

三是提现率（现金漏损率）。所谓提现率，是指客户提现额与活期存款的比率。现实经济生活中，客户在银行取得贷款后，通常提取部分现金满足自己的需要，这样就会在创造存款过程中出现现金漏出银行体系的情况，从而影响存款扩张倍数。提现率上升，货币乘数下降；反之，货币乘数上升。

四是定期存款比率。由于活期、定期存款的利率差别，客户常会将部分活期存款转化为定期存款。这种转化影响商业银行贷款的资金来源结构，从而影响存款的创造。

3. 货币乘数的计算

考虑影响货币乘数的因素，货币乘数的计算公式如下：

$$m=\frac{1+c}{r_d+r_t t+e+c} \tag{9-3}$$

式中：m——货币乘数；

r_d——活期存款的法定准备金比率；

r_t——定期存款的法定准备金比率；

t——定期存款比率；

e——超额准备金率；

c——提现率。

关于式 9-3 的推导将在第二节中详细介绍。

例题：某国 2016 年 9 月活期存款的法定准备金率为 8%，定期存款比率为 30%，定期存款的法定准备金率为 3%，超额准备金率为 2%，提现率为 6%。该国 2016 年的基础货币为 9 000 亿元。试计算：① 该国 2016 年 9 月货币乘数的值；② 该国 2016 年的狭义货币供给量。

解：

（1）$r_d=8\%$　　$r_t=3\%$　　$t=30\%$　　$e=2\%$　　$c=6\%$

$$m=\frac{1+6\%}{8\%+3\%\times30\%+2\%+6\%}$$

$$=6.272$$

该国 2016 年 9 月的货币乘数为 6. 272。

（2）$M=m\times B$

$=6.272\times9\ 000$

$=56\ 448$（亿元）

按 9 月的货币乘数，该国 2016 年的狭义货币供给量为 56 448 亿元。

第二节

货币供给模型

为了准确形象地阐明货币供给量的决定因素和决定过程，各国学者一般以货币供给方程作为理论模式，进而运用数理方法来演绎和验证货币供给模型，并对各变量进行系统的分析。在众多的货币供给模型中，具有代表性的货币供给模型有简单乘数模型、弗里德曼—施瓦兹模型、卡甘模型和乔顿模型，其中以乔顿模型最为流行。

一、简单乘数的货币供给模型

简单乘数的货币供给模型以商业银行创造存款货币的过程为范例，以活期存款准备金率（r_d）、基础货币（B）为限制因素，导出如下的模型：

$$M=\frac{1}{r_d}\times B=mB \tag{9-4}$$

式中，$m=\frac{1}{r_d}$仅是由活期存款准备金率单个因素所决定的数值，故称简单乘数。

该模型表明，货币供给量与 r_d 成反比，与基础货币量 B 成正比。由于 r_d 和 B 均由中央银行所控制，因此该模型的结论是：货币是一个可以完全由中央银行控制的外生变量。

该模型的价值在于抓住了现代货币供给机制的关键，为进一步研究货币供给开辟了道路。但该理论的缺陷也是显而易见的。正如我们前面所提到的，它基于两个假设前提，即部分准备金制度和非现金结算。显然，商业银行和公众的行为被过分简单化了，它们对 M 的作用也因其过于简单化的行为而被抹杀了，于是复杂的 M 的决定过程与“理想”的派生存款的创造过程被混为一谈。

二、弗里德曼—施瓦兹的货币供给模型

弗里德曼（M. Friedman）和施瓦兹（A. J. Schwartz）关于货币供给量的决定因素的分析见于两人合作完成的经典巨著《1867—1960 年的美国货币史》。他们将现代社会的货币划分为两种类型：一是货币当局的负债，即通货；二是商业银行的负债，即银行存款。若用 M、C 和 D 分别代表货币存量、非银行公众所持有的通货和商业银行存款，则有：

$$M=C+D \tag{9-5}$$

然而，根据基础货币的定义，又有：

$$B=R+C$$

式中，B 和 R 分别代表基础货币和商业银行的存款准备金，由此可得：

$$\frac{M}{B}=\frac{C+D}{C+R}=\frac{\frac{D}{R}\left(1+\frac{D}{C}\right)}{\frac{D}{R}+\frac{D}{C}} \tag{9-6}$$

即

$$M=\frac{\frac{D}{R}\left(1+\frac{D}{C}\right)}{\frac{D}{R}+\frac{D}{C}}\times B \tag{9-7}$$

在式 9-7 中，货币乘数 $m=\frac{M}{B}=\frac{\frac{D}{R}\left(1+\frac{D}{C}\right)}{\frac{D}{R}+\frac{D}{C}}$，说明货币供给存量的大小主要取决于三

个因素：①中央银行决定的基础货币（B）的规模；②中央银行和商业银行共同决定的存款与准备金之比$\left(\frac{D}{R}\right)$；③非银行公众决定的存款与通货之比$\left(\frac{D}{C}\right)$。

弗里德曼和施瓦兹利用上述分析框架，检验了美国1867—1960年的货币史，得出的结论是：基础货币是广义货币量长期性变化和周期性变化的主要原因；$\frac{D}{R}$和$\frac{D}{C}$的变化对金融危机条件下的货币运动有着决定性的影响，而$\frac{D}{C}$的变化对货币的温和的周期性变化起了重要的作用。他们认为，基础货币的规模、存款与准备金之比和存款与通货之比这三个决定货币存量的因素既分别取决于中央银行、商业银行和非银行公众的行为，又同时受其他因素的影响。他们认为，在信用货币制度下，基础货币量取决于政府的行为，即取决于政府（在美国就是财政部及联邦储备体系）关于发行多少信用货币作为公众的手持通货和银行的准备金的决策。银行存款与其准备金之比首先取决于商业银行，商业银行虽然不能决定其存款与准备金的绝对量，但它却能通过改变其超额准备金来决定这两者之比。当然，这一比率还受制于政府对商业银行存款准备金率的规定，并且同经济形势有关。同样，公众也只能决定其存款与通货之比，而无法决定各自的绝对量，而且这一比率还受到商业银行所提供的与存款有关的服务及所支付的利息的影响。这类服务越多，利率越高，在公众持有的货币中银行存款所占的比重就越大。

弗里德曼和施瓦兹通过实证研究得出，在决定货币供给存量的三个因素中起决定作用的是基础货币（B）。他们认为，中央银行能绝对地控制基础货币的数量。商业银行和公众分别为满足对存款准备金或超额准备金及通货的需要，必须争取有限的基础货币。因此，一旦基础货币的供给规模改变，商业银行所希望的超额准备金与实际的超额准备金就会发生差异，从而引起M的增减。至于商业银行调整超额准备金的行为所引起的M的变动，以及存款与通货的比率的变化所引起的M的变动，则是次要的。同时，他们还认为，虽然B、$\frac{D}{R}$和$\frac{D}{C}$取决于若干经济主体和受其他因素的影响，但是中央银行可以预测并可以通过采取相应的措施来抵销这些因素对M的影响。所以货币供给函数是稳定可测的，从而基础货币的变动对M的整个作用过程也有稳定的规则可以遵循。

三、卡甘的货币供给模型

几乎就在弗里德曼和施瓦兹写作《1867—1960年的美国货币史》一书的同时，美国著名经济学家卡甘（P. Cagan）也系统而深入地研究了美国1885年货币量变化的主要决定因素，研究结果体现在他的专著《1875—1960年美国货币存量变化的决定及其影响》。虽然这两部著作都试图阐明货币在经济活动中的作用，但卡甘的著作是专门分析货币存量的决定及其影响的，而弗里德曼和施瓦兹的著作只是涉及这一问题而已。就分析货币量的决定而言，这两部著作所使用的方法很相似，而且这三位经济学家在写作过程中经常交流研究成果，所以有人将他们的分析称为“弗里德曼—施瓦兹—卡甘”分析。

与弗里德曼和施瓦兹一样，卡甘也将货币定义为公众手持通货及商业银行的活期存款和定期存款。因此有：

$$M=C+D$$

$$\frac{D}{M}=1-\frac{C}{M} \tag{9-8}$$

$$\frac{R}{M}=\frac{R}{D}\times\frac{D}{M}=\frac{R}{D}\left(1-\frac{C}{M}\right) \tag{9-9}$$

又因为基础货币由公众手持通货（C）和商业银行准备金（R）组成，所以有：

$$B=R+C$$

$$\frac{B}{M}=\frac{C+R}{M}=\frac{C}{M}+\frac{R}{M}$$

$$=\frac{C}{M}+\frac{R}{D}\left(1-\frac{C}{M}\right)$$

$$=\frac{C}{M}+\frac{R}{D}-\frac{R}{D}\times\frac{C}{M} \tag{9-10}$$

$$M=\frac{1}{\frac{C}{M}+\frac{R}{D}-\frac{R}{D}\times\frac{C}{M}}\times B \tag{9-11}$$

式 9-11 就是卡甘的货币供给模型。显然，这与弗里德曼—施瓦兹的货币供给模型基本相似。两者主要的不同在于，式 9-11 以通货比率$\left(\frac{C}{M}\right)$、准备金和存款之比$\left(\frac{R}{D}\right)$分别取代了式 9-7 中存款与通货之比$\left(\frac{D}{C}\right)$和存款与准备金之比$\left(\frac{D}{R}\right)$。

卡甘认为，中央银行控制基础货币，公众和商业银行则共同决定基础货币为公众和为银行所持有的比例。公众通过变手持通货为银行存款或变银行存款为手持通货来改变其基础货币的持有额，商业银行体系则可通过贷款及投资或收回贷款及投资来改变其所持有的基础货币额。公众的上述行为会改变通货比率，商业银行体系的行为则改变准备金比率。很明显，当公众减少通货持有额而相对增加银行存款时，银行准备金就增加了。如果此时准备金比率保持不变，则货币存量会增加。同样，当银行贷款增加时，如果存款不变，准备金就减少了，货币存量则增加了。从式 9-11 可以看出，通货比率和准备金比率都总是小于 1。所以，等式右边分母中的第三项小于前两项中的任何一项。因而，若基础货币以及通货比率和准备金比率中的任一比率保持不变，另一比率的上升将使货币存量减少；反之则相反。可见，货币存量同通货比率和准备金比率成负相关，同基础货币量成正相关。就这一点而言，卡甘的货币供给模型比弗里德曼—施瓦兹的货币供给模型更能说明 M 的决定因素。在式 9-7 中，货币乘数取决于$\frac{D}{R}$和$\frac{D}{C}$两项因素，但忽略了这两项因素对乘数值的影响，使人无法直接判断$\frac{D}{R}$和$\frac{D}{C}$的变动对乘数产生什么影响，也就更无从确切知道 M 究竟是如何变动。

卡甘运用其货币供给模型深入研究了美国 1875—1960 年货币存量变动的主要决定因素后，得出结论：长期和周期性的货币存量的变动取决于基础货币、通货比率和准备金比率这三个因素，基础货币的增长是货币存量长期增长的主要原因。

至此，我们会发现，弗里德曼、施瓦兹和卡甘关于货币存量的决定因素的分析具有以下三个特征：第一，他们都采用了广义的货币定义，即货币不仅包括公众持有的通货和活期存款（$M1$），还包括定期存款和储蓄存款，也就是 $M2$。第二，他们都把 M 当作一个完全由中央银行所决定的外生变量，都未区分不同类型的银行和金融管理部门对不同类型存款实行的不同的准备金要求。这也是他们在分析时的共同缺陷。第三，他们都注重实证研究。

四、乔顿的货币供给模型

20 世纪 60 年代末，美国经济学家乔顿（J. L. Jordan）进一步研究了弗里德曼、施瓦兹和卡甘的模型，推导出了较复杂的货币乘数模型。在模型中，乔顿采用了狭义的货币定义 $M1$，即货币只包括公众手持通货和活期存款，同时对不同类型的银行及受制于不同法定存款准备金比率的不同类型存款进行了区分，使其更接近于现实。

乔顿认为，基础货币为公众（包括商业银行）所持有的中央银行的净货币负债，它由公众所持有的通货（C）和商业银行的存款准备金（R）组成。中央银行对商业银行的活期存款（D）、定期存款（T）分别规定了不同的法定存款准备金率 r_d 和 r_t，设超额准备金（E）与活期存款（D）的比率为 e，定期存款（T）与活期存款（D）的比率为 t，通货（C）与活期存款（D）的比率为 c，即：

$$e=\frac{E}{D},\ t=\frac{T}{D},\ c=\frac{C}{D}$$

则有：

$$E=e\cdot D,\ T=t\cdot D,\ C=c\cdot D \tag{9-12}$$

所以有：

$$\begin{aligned}R&=r_d\cdot D+r_t\cdot T+E\\B&=R+C\\&=r_d\cdot D+r_t\cdot T+E+C\\&=r_d\cdot D+r_t\cdot t\cdot D+e\cdot D+c\cdot D\end{aligned} \tag{9-13}$$

因为：

$$M=B\cdot m \tag{9-14}$$

所以：

$$m=\frac{M}{B}=\frac{C+D}{B} \tag{9-15}$$

将式 9-12、式 9-13 代入式 9-15，得：

$$\begin{aligned}m&=\frac{C+D}{B}\\&=\frac{(c\cdot D+D)}{r_d\cdot D+r_t\cdot t\cdot D+e\cdot D+c\cdot D}\\&=\frac{1+c}{r_d+r_t\cdot t+e+c}\end{aligned} \tag{9-16}$$

将式 9-16 代入式 9-14，得：

$$M=\frac{1+c}{r_d+r_t\cdot t+e+c}\times B \qquad (9-17)$$

这就是著名的乔顿货币供给模型。可知，我们经常使用的乔顿货币乘数 $m=\frac{M}{B}=\frac{1+c}{r_d+r_t\cdot t+e+c}$。需要强调的是，此处 M 指的是狭义的货币 M1。模型中，基础货币（B）、活期存款的法定存款准备金率（r_d）、定期存款的法定存款准备金率（r_t）可以由中央银行直接控制，超额准备金比率（e）由商业银行决定，定期存款（T）与活期存款（D）的比率 t 及通货（C）与活期存款（D）的比率 c（通货比率）由社会公众的资产选择行为决定。由该模型可知，影响货币供给量的经济主体有三大类：

（1）中央银行。它负责货币的发行、制定和执行国家的货币信用政策，实行金融管理和监督，因而对 M 的变动发挥着巨大的作用。

（2）商业银行。作为存款货币的创造者，它既是中央银行通货负债的接受者，又是存款负债的发行者。商业银行通过运用吸收到的资金进行贷款或投资活动，对一国货币供给规模的多倍增减有着决定性的影响。

（3）非银行公众。他们对货币和其他资产的需求与选择也会对货币乘数（m）产生影响，进而对 M 产生重要影响。

在此需要说明的是，在乔顿货币供给模型中，各行为参数对货币乘数 m 的影响并不是完全独立的，而是相互影响的。例如：① 法定存款准备金率（r_d 和 r_t）是中央银行用法律规定的，一旦 r_d 和 r_t 发生变动，就会引起货币乘数与之反方向变化，最终导致 M 的多倍增减。但是，由于商业银行会根据 r_d 和 r_t 的变动来进行资产负债的重新安排，各类存款此消彼长，引起平均法定存款准备金率（r）① 的变动，从而强化或削弱法定存款准备金率政策对 m 的影响。② 超额准备金率（e）的上升或下降将使 m 发生与之相反方向的变化。但是，e 的大小又要受市场利率水平的高低、贷款和投资机会的多少、借入资金的难易程度及资金成本的大小等因素的影响，由此可知，商业银行并不能独立地决定 e，它要受多种因素的影响。③ 通货比率（c）和定期存款比率（t）也要受公众流动性偏好程度、其他金融资产报酬率的变化及收入或财富变动的影响。

■ 本章小结

本章首先介绍了货币供给的含义，分析了存款货币创造机制，探讨了中央银行宏观调控下货币供给量的确定。在众多货币供给模型中，介绍了具有代表性的简单乘数模型、弗里德曼—施瓦兹模型、卡甘模型和乔顿模型，乔顿模型较全面地阐明了货币供给量的决定因素和决定过程。本章内容有助于更好地理解央行实施货币政策以控制流通中的货币供给量的操作行为。

---

① $r=(r_d\cdot D+r_t\cdot T)/(D+T)=(r_d+r_t\cdot t)/(1+t)$

■ 章后习题

□ 一、重要概念

原始存款　派生存款　部分准备金制度　基础货币

□ 二、思考题

1. 简述创造派生存款的前提条件。
2. 简析影响乔顿货币乘数的主要因素。

□ 三、讨论题

现实中货币乘数效应是如何体现的？

□ 四、案例分析

近10年来我国广义货币供给量的扩张

央行网站公布的统计数据显示，2017年2月末，广义货币供给量（M2）余额达到惊人的158.29万亿元。回顾历史数据，可以发现，2006年年末我国的广义货币供给量余额为34.6万亿元，2010年年末就增至72.6万亿元，是2006年年末的2.1倍。2016年年末广义货币供给量余额已高达155万亿元，是2010年年末的2.13倍，竟是2006年年末的4.48倍。2006年年末以来我国广义货币供给量的历史数据如下表所示。

广义货币供给量（M2）的历史数据

年份（年）	M2指标值（亿元）
2016	1 550 100.00
2015	1 392 300.00
2014	1 228 374.81
2013	1 106 524.98
2012	974 148.80
2011	851 590.90
2010	725 851.79
2009	610 224.52
2008	475 166.60
2007	403 442.20
2006	345 603.60

资料来源：中国人民银行网站。

结合本案例及相关资料，试分阶段分析近些年我国广义货币供给量快速增长的原因及影响。

■ 延伸阅读

关注中国货币乘数的变化

2008 年 9 月爆发国际金融危机后，我国采取了适度宽松的货币政策，货币和信贷快速增长，经济呈“V 形”复苏。影响货币和信贷增加的一个重要因素是货币乘数，它反映了基础货币的扩张能力，也反映了经济活跃程度。货币乘数的变化对每月新增货币和贷款起着重要的影响。

2008 年年底，货币乘数开始下滑。当年 9 月开始，我国货币政策由“从紧”转向“适度宽松”。经过了短暂的调整后，11 月和 12 月新增贷款开始快速增长，11 月我国广义货币供给量比 10 月增加 5 512.34 亿元，人民币贷款新增4 769 亿元；12 月广义货币供给量增加 16 521.94 亿元，人民币贷款增加 7 400 亿元。货币供给量和新增贷款呈现大幅度回升的态势。从货币乘数变化来看，2008 年 10 月我国的广义货币供给量货币乘数为 3.92，11 月、12 月分别下降为 3.84 和 3.68，因此 2008 年年底的信贷增加主要是由基础货币增加导致。

2009 年年初，我国货币乘数开始反弹，1 月上升到 3.83，2 月、3 月、4 月、5 月进一步上升，分别为 4.04、4.269 7、4.349 3 和 4.465 4。因此，前几个月货币乘数的放大成为货币供给量和信贷增加的主要推动力。货币乘数上升反映了市场信心恢复，金融机构愿意增加贷款，投资者也愿意借款。从 2009 年 6 月的央行资产负债表来看，货币供应量和新增存贷款的大幅度上升是基础货币和货币乘数上升共同作用的结果。6 月我国基础货币是 123 929.74 亿元，比 5 月增加了1 151.83 亿元；广义货币乘数为 4.590 6，比 5 月上升了 0.125 2。与上半年前几个月不同的是，6 月货币供给量和新增贷款的激增是基础货币和货币乘数同时上升的结果，货币乘数上升起到至关重要的作用。

实际上，2009 年上半年货币乘数上升主要是由于我国超额准备金率下降。2008 年年底我国银行体系的超额准备金率是 5.11%，2009 年第一季度末下降到 2.28%，第二季度末进一步下降到 1.55%，整个上半年超额准备金率的下降幅度达到 3.56%，推动了货币乘数的上升，促进了银行信贷的增长。

而到了 2009 年下半年，随着超额准备金率下降见底，货币乘数也上升见顶，呈现小幅波动。从 7 月的数据来看，货币乘数为 4.594 1，比 6 月份有上升，8 月货币乘数继续上升，达到 4.630 8。在保增长的经济目标下，随着超额准备金率下降到较低水平，货币乘数不断上升，货币和信贷增加。

但 2009 年 9 月货币乘数开始下降，为 4.388 1。为什么 9 月货币乘数转向下降？从央行的资产负债表可以看出，9 月基础货币增加较大，比 8 月增加了8 870.57 亿元，是全年基础货币增加最多的月份，而货币供给量仅增加 8 706.39 亿元，小于基础货币增加，新增贷款增加 5 167 亿元，这说明新增基础货币并没有全部进入派生过程。也就是说，新增基础货币中的一部分资金没有进入银行体系派生扩张，而是作为超额准备金留在了中央银行的账户上，也就是说9月的超额准备金率必然是上升的，这从第三季度的央行货币政策报告也得到了进一步证明。6月末，金融机构超额准备金率为1.55%，其中四大国有商业银行为1.15%，股份制商业银行为0.95%，农村信用社为4.26%。而9月末，金融机构超额准备金率为2.06%，其中四大国有商业银行为1.8%，股份制商业银行为2%，农村信用社为3.96%，超额准备金率开始上升。超额准备金率上升，货币乘数下降，货币扩张能力下降。实际上，货币乘数本身也是一个内生变量，货币乘数和基础货币是相互影响、相互作用的。例如，9月基础货币增加，但新增基础货币并没有全部形成派生存款，即基础货币增加了，货币乘数下降了。

2009年9月超额准备金率上升，货币乘数下降，还有深层次原因：一是在适度宽松的货币政策下，金融机构早已完成了全年的信贷指标，后几个月商业银行的信贷冲动减弱；二是银监会已多次出台针对信贷过快增长的调控措施，因此年底商业银行的信贷投放也受到一定程度的限制。此外，9月基础货币中的货币发行大幅度增加，达到2 907.74亿元，而根据央行人民币信贷收支表可知，9月流通中现金增加2 381.27亿元。现金是基础货币中的漏出量，不参加银行存款派生的，也就是说，现金增加，货币乘数会下降。因此，一方面货币发行增加，流通中现金增加，会降低货币乘数；另一方面基础货币增加，部分形成了超额准备金，没有进入银行体系派生存款，超额准备金率上升，货币乘数下降。本文认为这两个因素是导致9月货币乘数下降的主要因素。

央行2009年11月11日公布了10月的货币和信贷，其中广义货币供给量增加1 237.95亿元，人民币贷款增加2 530亿元。与前几个月相比，10月货币供给量和信贷增加幅度均较小。但是10月货币和信贷增加主要是由于货币乘数上升，根据12月7日央行公布的10月资产负债表，虽然10月基础货币为128 776.33亿元，比9月减少了4 630.31亿元，但是货币乘数为4.555 5，比9月上升了0.167 4。实际上，从10月的央行资产负债表数据还可以看出，我国10月资产项外汇占款增加了2 513.97亿元，但负债项央票存量增加647.47亿元，政府存款增加3 054.33亿元，其他负债增加3 380.97亿元，不仅冲销了外汇占款，而且收紧了基础货币，因此货币乘数的上升导致了10月货币和信贷继续增加。

从2009年11月的货币和信贷数据来看，其中广义货币供给量增加约8 000亿元，人民币贷款增加2 948亿元，货币和信贷继续上升。实际上，自10月至年底，央行已经在公开市场实现了连续3个月的月度净回笼，10月以来公开市场合计净回笼资金5 040亿元，11月当然也是资金净回笼。同时，财政部2009年12月11日公布的数据显示，11月全国财政收入5 029.3亿元，其中中央本级收入2 734.66亿元，地方本级收入2 294.64亿元。因此，中央政府存款必然会相应增加，即使考虑外汇占款增加，本文认为11月基础货币应该还会下降，导致货币和信贷增加的原因可能还是货币乘数有所上升。最后，根据全年财政预算，全国财政部门在2009年12月完成突击花掉2万亿元资金的任务，这样12月中央政府存款会大幅度下降，基础货币也会大幅度上升，这和2008年12月的基础货币大幅度增加应该类似，而且市场预期2009年12月银行放贷将趋于平缓，规模或为2 500亿~3 000亿元，因此2009年12月的货币乘数应该会下降。

此外，市场预期2010年新增贷款可能达到7万亿~8万亿元，对于2010年1月的信贷规模，估计将会达到1万亿元以上，这和2009年情形相似，基础货币可能变化不大，货币乘数应该会上升。

总之，央行主要是通过公开市场业务操作控制基础货币和银行体系的超额准备金，货币乘数会发生相应变化，进一步影响货币和信贷的变化。

资料来源：关注中国货币乘数的变化. 上海金融报，2010-01-05.

■ 即测即评

第十章

货币均衡

【本章学习目标】

通过对本章的学习，学生可了解货币均衡与货币失衡的含义，掌握货币均衡的标志和实现条件，理解货币均衡与经济均衡之间的关系，熟悉货币供求失衡的表现及调节方式。

【本章知识结构图】

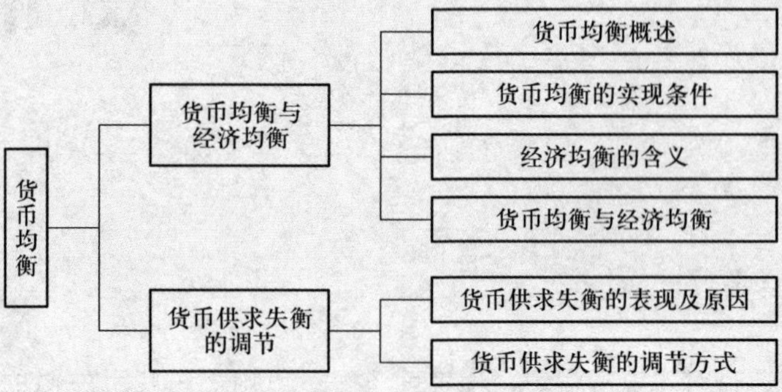
货币均衡
货币均衡与经济均衡
货币供求失衡的调节
货币均衡概述
货币均衡的实现条件
经济均衡的含义
货币均衡与经济均衡
货币供求失衡的表现及原因
货币供求失衡的调节方式

【引例】

货币危机与经济大危机

1929年年中开始的那次经济萧条，对美国来说，是一次空间规模的灾难。在1933年，经济降低到最低点之前，以美元计算的国民收入减少了一半，总产量下降了1/3，失业人数上升到劳动力总数的25%这一空前水平。这次萧条对于世界其他地方也是一场灾难。萧条逐渐扩及其他国家，各国的产量下降，失业人数增加，人民遭受饥饿和苦难。

美国的联邦储备系统在应对这场经济萧条的过程中，不是积极地放松银根，使货币供应量多于平时，以抵销收缩，而是在整个20世纪30年代中听任货币供应量慢慢减少。在1930年年末到1933年年初的这段时间内，货币供应量减少了1/3。联邦储备系统的做法更加重了证券市场崩溃所造成的影响，使危机进一步加深。证券市场崩溃的余波和1930年货币数量的缓慢减少，最终导致了一场相当严重的衰退。但是，直到1930年秋天，收缩虽然严重，却还没有发生银行业的困难或向银行挤兑的情况。当中西部和南部一系列银行倒闭破坏了人们对银行的信心并使人们广泛地想把存款变成通货时，衰退的性质就发生了剧烈的变化。

这一惨痛故事的最后一段是1933年银行业的恐慌，又一次以一系列的银行倒闭开始。在1929年中期经济处于顶峰时，美国有近2.5万家商业银行开业，到1933年年初，减少到了1.8万家。在4年的时间里，由于倒闭、合并或清算，2.5万家银行总共大约消失了一半。货币的总量也同样急剧减少。如果1929年公众手中的存款和通货为3美元的话，那么到1933年剩下了不到2美元，真可以说是一次空前的货币崩溃。

资料来源：华南师范大学网络课程——金融学概论。

思考：货币危机是经济崩溃的原因还是结果？联邦储备系统本来应该能够防止货币崩溃，还是像当时许多观察家所得到的结论那样，联邦储备系统已经做了最大努力，但货币崩溃仍然不可避免？经济学家弗里德曼认为货币崩溃既是经济崩溃的原因，也是它的结果。那么，什么是货币供求均衡？货币供求均衡与国民经济均衡存在怎样的关系？当货币供求出现失衡时，如何进行调节？这就是本章将要讲述的主要内容。

第一节
货币均衡与经济均衡

一、货币均衡概述

（一）货币均衡的定义

货币均衡（货币供求均衡），是指从某一时期来看，货币供给量与货币需求量在动态上保持一致，处于相对稳定的状态。它表现为市场繁荣，物价稳定，社会再生产过程中的物质替换和价值补偿都能顺利实现。

（二）理解货币均衡需要把握的几个要点

（1）货币均衡既包括总量的平衡也包括结构上的平衡。

（2）货币均衡是货币供求作用的一种状态，是货币供给与货币需求的大体一致，而不是货币供给与货币需求在数量上的完全相等。

（3）货币均衡是一个动态的均衡，是一个由均衡到失衡，再由失衡回到均衡的不断运动的过程。

（4）货币均衡在一定程度上反映了国民经济的总体平衡状况。货币供求的相互作用反映了国民经济运行的全过程，并有机地将国民经济运行与货币供求的相互作用联系在一起。

（三）货币均衡的标志

在市场经济条件下，货币均衡的标志主要体现在物价水平和利率水平上。

1. 物价水平

市场经济条件下，物价水平是衡量货币是否均衡的主要标志。当流通中的货币量超过了货币的必要量时，单位货币代表的价值量下降，纸币贬值，物价就上涨；反之，物价就下跌。只有当货币供应量与商品价值总额基本平衡时，市场物价才会基本平衡。

2. 利率水平

货币均衡在金融市场上表现为利率稳定，资金供求平衡。因此，利率水平也是判断货币均衡的重要标志。在金融市场上，货币是特殊的商品，利率是货币资金的价格。当货币供不应求时，利率上升；反之利率则下降。只有在货币供求基本一致时，利率才会处于一个基本平衡的状态，此时货币供求也基本均衡。

二、货币均衡的实现条件

在市场经济条件下，货币均衡的实现需要具备以下三个条件：

1. 健全的市场机制

在商品市场上，价格要能够灵敏地反映和调节商品与劳务的供求；在金融市场上，利率作为资金的“价格”要能够灵敏地反映和调节货币的供求。而这些意味着需要有多元化、责权利统一的市场主体，需要有保障市场主导资源配置的健全法制等。

2. 发达、活跃的金融市场

在这个金融市场上，金融工具种类繁多，可供投资者和筹资者选择；各种金融工具和货币之间可以有效地相互转化。具备上述两个条件就意味着货币供求存在自动实现均衡的可能性。

3. 中央银行健全的调控机制

在市场经济下始终存在市场失灵的情况，因此，一旦市场机制不能自动调节货币均衡及社会总供求均衡，社会出现严重通货膨胀或通货紧缩的时候，就必须运用中央银行的宏观调控手段使货币供求实现均衡。

三、经济均衡的含义

经济均衡具体表现为社会总供给与社会总需求的平衡。在现代经济中，社会总供给是指一国在一定时期内生产部门按一定价格提供的全部产品和劳务价值之和以及市场上出售的其他金融资产总量，即一定时期内社会的总收入；社会总需求通常是指一国在一定时期社会各方面实际占有或使用的全部产品与劳务价值之和，即一定时期社会的全部购买支出。在开放的市场经济条件下，社会总需求包括投资需求、消费需求和净出口需求。社会总供求平衡，是指在一定时期内社会总供给与总需求相互适应的状态。在短期内，两者可以有一定程度的偏离，所以，它也是一种动态平衡，是宏观经济的最终平衡。在社会总供求平衡的条件下，商品市场上物价稳定，商品供应充足，商品库存合理，宏观经济在总量上和结构上都是平衡的。

四、货币均衡与经济均衡

从货币均衡的含义中我们知道，货币均衡在一定程度上反映了国民经济的总体平衡状况，因此，分析货币均衡还要联系经济均衡（社会总供求平衡）来进行。从市场角度来看，社会总供求平衡包括商品市场的平衡和货币市场的平衡。其中，货币市场的平衡起着关键作用。

社会总供求与货币供求之间的关系，可用图 10-1 表示。

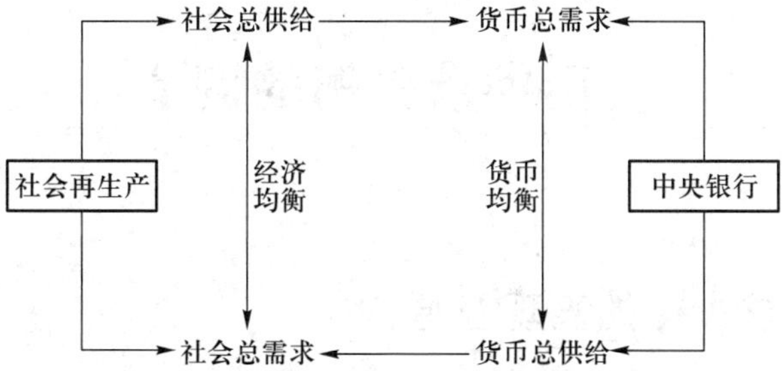

图 10-1　货币均衡与社会总供求平衡关系图

从图 10-1 中可以看出：

（一）社会总供给决定货币总需求

在货币经济中，社会上的商品和劳务供给显然是为了获取等值的货币。因此，经济体系的运动表现为商品和劳务的运动及货币运动。货币方面的任务就是通过货币与实际部门资源的对流保证商品和劳务方面的正常运转。可见，经济体系中到底需要多少货币，从根本上说，取决于有多少实际资源需要货币实现其流转并完成生产、交换、分配和消费相互联系的再生产流程，但同等的总供给有偏大或偏小的货币需求。

（二）货币总需求决定货币总供给

中央银行控制货币供给量的出发点和归宿点都在于使货币总供给适应货币总需求，以实现货币均衡。因此，货币总供给取决于货币总需求，并以货币总需求作为前提和基础。

（三）货币总供给是社会总需求实现的载体

社会总需求实际上表现为有支付能力的社会购买力，而购买任何商品或劳务需求都必须支付货币，所以，一定时期内的货币总供给量构成了相应时期的社会总需求。

（四）社会总需求影响社会总供给

社会总需求的偏大和偏小，对总供给产生巨大的影响。总需求不足，总供给不能充分实现；总需求过多，虽然在一定条件下有可能推动总供给的增加，但过度的总需求总供给满足不了，会出现失衡。

所以，货币均衡同社会总供求平衡具有内在的统一性和一致性。货币供求失衡，必然导致社会总供求失衡。可见，货币均衡是实现社会总供求平衡（经济均衡）的前提条件，而社会总供求平衡是货币均衡的现象形态。商品和劳务的总需求必须与商品和劳务的总供给保持平衡。如果不平衡，就会造成物价波动，经济发展受到阻碍。因此，保持社会总供求平衡是政府宏观管理的最终目标。

第二节

货币供求失衡的调节

一、货币供求失衡的表现及原因

（一）货币供求失衡的含义及表现形式

货币供求失衡又称货币供求的非均衡，是指在货币流通过程中，货币供给偏离了货币需求，从而导致两者之间不相适应的状态。

货币失衡是一种常见现象，主要表现为两种情况：一是货币供给量小于货币需求量；二是货币供给量大于货币需求量。

（二）货币供求失衡的原因

1. 货币供给量小于货币需求量的原因

（1）随着经济的发展，商品生产和交换的规模不断扩大，但货币供给量并没有随之及时地增加，从而导致经济运行中货币短缺。在金属货币流通条件下，这种情况较容易出现，但在纸币流通条件下，这种情形很少出现。

（2）在经济运行中货币供给量与货币需求量大体一致的情况下，中央银行实施紧缩性的货币政策操作，减少了货币供给量，从而导致流通中的货币紧缺，国民经济的正常运行受到了抑制，使本来供求均衡的货币运行走向供给小于需求的货币失衡状态。

（3）在经济危机阶段，由于经济运行中的链条断裂，正常的信用关系遭到破坏，社会经济主体对货币的需求急剧增加，中央银行的货币供给量却相对滞后于货币需求的增加，从而导致了货币供求的失衡。若上述货币短缺情况继续发展，往往会出现通货紧缩。

2. 货币供给量大于货币需求量的原因

在纸币流通条件下，经济运行中的货币供给量大于相应的货币需求量是一种经常出现的失衡现象。造成货币供给量大于货币需求量的原因很多，主要包括四方面：

（1）无足够货币资本实力的高速经济增长政策。在经济发展中政府的高速经济增长政策迫切地需要货币资本来支撑，在中央银行无足够的货币资本实力的情况下，银行信贷规模的不适当扩张造成了信贷收支逆差和货币资本扩张，从而导致货币供给大于货币需求的失衡现象产生。

（2）政府因财政赤字向中央银行透支。政府财政收支若发生赤字，在中央银行没有事先准备的条件下，政府财政的透支无疑迫使中央银行增发货币，从而导致货币供给量增加过量，造成货币供求失衡。

（3）长期来看，若前期货币供给量相对不足，产品积压和再生产过程受阻，为促进经济运行的正常进行，中央银行操作扩张性的货币政策，但由于力度把握不当，导致银根过度放松，货币供给量的增长速度不适当地超过了经济发展的客观需要，从而形成过多的货币供给，其结果便是诱发通货膨胀。

（4）从开放经济的角度看，在经济落后、结构刚性的发展中国家，货币条件的相对恶化和国际收支失衡使得国民经济运行仅靠进出口机制来弥补收支逆差极为困难，而汇率高估和本国货币的贬值造成货币供给量的急剧增长，进而造成货币供求失衡。上述情况若继续发展，往往会出现通货膨胀。

另外，在大多数发展中国家，除了上述两种货币供求失衡的情况外，还存在第三种货币失衡的情况，即货币供求的结构性失衡。这种货币失衡是指在货币供给与货币需求总量均衡的条件下，货币的供给结构与对应的货币需求结构不相适应。这种结构性货币失衡往往表现为短缺与滞留并存，经济运行中的部分商品和生产要素供不应求，而另一部分商品和生产要素又供大于求。导致这种货币失衡的原因主要是社会经济结构的不合理及在此基础上产生的结构刚性。

二、货币供求失衡的调节方式

货币均衡是实现社会总供求平衡的关键因素。只有货币基本达到均衡，才能保证国民经济持续、稳定、协调发展。当货币供求出现失衡时，可能带来的后果有两种情况：一种情况是经济萧条和通货紧缩；另一种情况是长期的、剧烈的通货膨胀。货币供求失衡的调节有两种途径：自动调整和政府的政策调整。

自动调整是指货币供求失衡完全由市场机制自发进行调节，没有政府的干预。当货币供给不足时，经济生活中表现为存货增加，资源闲置，因此会导致价格水平的降低，货币的交易需求减少，促使货币的需求与供给趋于一致；当货币供给过剩时，由于社会总商品量没有增加，价格水平将因此上升，价格上涨可以吸收多余的货币，同样也可以使货币的供给与需求趋于一致。

当市场机制不能有效地调节货币供求失衡时，政府一般都会采取积极的措施和各种政策手段进行干预和调节，以使货币供求尽快达到均衡状态。政策调节货币供求失衡的方式主要有四种：

（一）供给型调整

这种调节方式是当货币供求失衡时，以货币需求为标准，调整货币供给量使之与货币需求量相适应。即当货币供给量大于货币需求量时，采取紧缩货币供给量方式以适应货币需求量。调整的主要内容如下：

（1）中央银行采取紧缩的货币政策以减少货币供给量，具体包括：一是在公开市场上卖出有价证券回笼货币；二是提高法定存款准备金率、再贴现率以紧缩商业银行的信用扩张能力；三是减少基础货币投放量。

（2）中央财政采取紧缩的财政政策，具体包括：一是减少政府部门的财政拨款；二是增发政府债券，将社会公众手中的闲置资金转移到政府手中，以减少社会持有的货币量；三是提高税率，增设新税种，减少社会各界持有的货币量。

反之，当货币供给量小于货币需求量时，采取扩张货币供给量方式以适应货币需求量，具体的调整措施与上述情况恰好相反。

（二）需求型调整

需求型调整是与供给型调整相对应的一种政策。当货币供求失衡时，以货币供给为标准，调整货币需求量使之与货币供给量相适应。即当货币供给量大于货币需求量时，以增加货币需求量方式使之与货币供给量相适应，采取的具体措施包括两方面：一是增加市场上的商品供给以引导货币需求增加；二是中央银行利用外汇储备扩大出口，从而扩大国内商品的供给以刺激货币需求。反之，当货币供给量小于货币需求量时，通过减少货币需求量以适应货币供给量，采用的调整措施与第一种情况恰好相反。

（三）混合型调整

在货币供求失衡时，不是单独采用供给型或者需求型调整政策，而是将两者有机结合起来，同时从货币供给量和货币需求量两方面着手进行调整，以尽快实现货币供求均衡的调整方式，即为混合型调整。

（四）逆向型调整

这种调整方式是当货币供给量大于货币需求量时，中央银行既不采取压缩货币供给量的供给型调整政策，也不采取提高货币需求量的需求型调整政策，而是以增加货币供给量的方式促使货币供求达到均衡。这种政策的经济内涵是：如果货币供给量大于货币需求量，同时经济生活中又存在尚未充分利用的生产要素（如闲置的劳动力、企业开工不足等)，而某些“短缺产品”的社会需求大而供给不足，这样，银行就可以对这类产品追加投资和发放贷款，以促进产品供给的增加，并以此来消化过多的货币供给，从而使货币供求失衡转向货币均衡。

典型案例

美国加息带来的货币均衡与经济均衡问题思考

继全球许多经济体过去一年经历了金融动荡、政治风波和不稳定增长之后，美联储决定提高利率。这是美联储十年以来的第二次加息，表明美国这个世界上最大的经济体正如期实现复苏。尤其引人注意的是，2016 年 11 月 8 日美国总统和国会选举之后，美国长期利率、美元币值以及基于市场的长期通胀预期衡量指标大幅上升。在美联储最近做出决定后的数日内，美元进一步升值。美国产生的溢出效应对新兴市场经济体的影响尤其大。在其中一些经济体，本币贬值使其竞争力提高，但同时经济也存在脆弱性。

发生了一些变化

从 2016 年年初到选举，美国国债收益率一直处在很低的水平。有关全球前景的讨论，包括基金组织开展的讨论，都强调了经济增长一直低迷不振和持续存在通货紧缩压力(甚至出现长期停滞) 以及利率持续处于低水平的风险。然而，长期名义利率在很大程度上受到对美联储政策利率未来路径预期的影响，而这种预期进而受到通货膨胀压力和经济基本面的影响。因此，选举之后美国长期利率走势的急剧改变导致了一些变化：它可能不仅仅反映了 12 月做出的加息决定（对此已有广泛预期)，而且反映了对未来利率路径和未来美国经济需求的预期的变化。

对未来的影响

通过增加支出和降低税率的某种组合，财政政策会变得更为扩张。总的来说，美国总需求的增加会使实际产出有所上升——新的工人被雇用，其他工人的工作时间延长，机器得到更多使用——并会产生一些通货膨胀压力。总体失业率目前为 4.6%，其他衡量劳动力市场压力的指标基本上也从 8 年前的金融危机中恢复，因此，美国经济几乎不再存在产能闲置。除非劳动力参与率大幅提高、超时工作显著增加，否则通货膨胀压力有可能明显上升。这看来是美联储预期将更快提高联邦利率时考虑的因素。美国利率的更快上升预示着美元的进一步升值。为鼓励美国企业将过去留在境外的利润汇回美国而提供的税收优惠也可能促使美元升值。鉴于需求增长加快，结果将是美国经常账户逆差扩大，也就是说，美国会从境外借入更多资金。其中一些借款可能会为联邦财政赤字的扩大提供融资，取决于美国财政政策方案的具体特征、赤字在多大程度上由其他领域的预算削减所支付、政府借款利率的路径，以及经济增长对相关变化做出的反应。如果基础设施支出得到妥善安排，起到促进潜在产出的作用，并且税收措施能够促进投资、劳动力供给和经济包容性，那么美国的经济增长将做出更有力的反应，而通货膨胀会处于更低水平。

今后面对的国际挑战

鉴于美国在世界经济中发挥的核心作用，其政策组合的显著变化会对其他经济体产生重要影响。本币对美元贬值的发达经济体将从美国增长加快和汇率竞争力提高中受益。这些经济体中的多数目前正在应对通货膨胀低于目标的情况，因此，上述变化带来的通货膨胀压力将是令人欢迎的（至少在初期）。这些经济体的利率可能也面临上行压力，给那些负债很高、但没有从推动利率上升的有利需求溢出效应中充分受益的国家带来财政挑战。新兴市场经济体也能从货币竞争力提高、美国需求上升中获益。但是，尽管很多新兴市场经济体增强了其政策缓冲（如外汇储备），减少了货币错配情况，并改善了金融监管框架，但一些经济体仍可能面临压力，特别是如果已经存在政治或经济紧张状况。

历史上看，美国利率是新兴市场经济体净资本流入的关键驱动因素之一。灵活的汇率能够对资本迅速外流起到缓冲作用，因为它使国际资金能够通过汇率变化而非储备流失来实现再平衡调整。然而，在美元利率上升和本币贬值的共同作用下，流动性可能减少，资产负债表可能恶化，特别是考虑新兴市场经济体居民和非居民企业美元借款的重要性。此外，货币贬值可能导致通货膨胀上升。因此，新兴市场的政策制定者将继续保持警觉。如果美国政策体制变化后出现汇率大幅变动和全球失衡加剧，保护主义压力就会成为一个重要风险，正如过去发生的类似情况。鉴于发达经济体的政府希望保留制造业，而新兴市场最近几十年在这一领域取得了重大突破，最有可能的情况是，新兴市场经济体成为发达经济体竖立的更高贸易壁垒的主要目标。

资料来源：国际货币基金组织中文网刊登的莫里·奥伯斯费尔德的《美国政策组合的变化：全球收益与风险》，有所删减。

■ 本章小结

本章介绍了货币均衡的含义，阐述了在市场经济条件下货币均衡的标志以及实现货币均衡需要具备的三个条件，分析了货币均衡同经济均衡的关系，特别介绍了当货币供求出现失衡时，政府一般采用的四种调节方式。通过本章内容的学习，可为后续学习货币供求失衡的两种表现形式奠定基础。

■ 章后习题

□ 一、重要概念

货币均衡　货币供求失衡

□ 二、思考题

1. 如何理解货币均衡？
2. 如何认识货币均衡同社会总供求平衡之间的关系？
3. 在市场经济条件下，如何调节货币供求失衡？

□ 三、讨论题

讨论我国当前的货币供给与货币需求是否达到均衡，主要依据是什么？

□ 四、案例分析

全球经济复苏背景下的中国货币供求与经济均衡路径

从国际上看，全球经济总体呈现复苏态势，部分发达经济体增长可能加快，国际货币基金组织（IMF）等预测2017年全球经济增速将超过上年。从国内看，作为发展中大国，中国经济增长的潜力依然巨大，新型城镇化、服务业、高端制造业以及消费升级有很大的发展空间，经济韧性好、潜力足、回旋空间大的特质没有改变。尤其是随着供给侧结构性改革、简政放权和创新驱动战略不断深化实施，中国经济新的动能正在增强，传统动能的改造升级也在加快，去产能、去库存取得进展，全社会杠杆率高位有所趋稳，新经济、新产业、新的商业模式快速发展，新登记企业快速增长，高端制造业和服务业发展加快，消费和服务业已经成为稳定经济增长的重要力量。一系列宏观调控措施在适度扩大总需求方面发挥重要作用，货币信贷和社会融资总量保持适度增长，都有助于经济实现中高速增长。

未来一段时期内外部形势仍很复杂，经济发展和结构调整面临的挑战也不少。从国际环境看，全球经济仍处在百年一遇的大危机、大调整过程中，强劲增长的动力依然不足，政治经济社会领域的"黑天鹅"事件还可能会有，民粹主义和逆全球化的影响还有可能加大，加之美联储加息和缩表节奏存在不确定性，过去几年极度宽松货币政策环境下逐渐积累的全球资产泡沫也有内在调整的压力，我们仍将面临一个高度复杂多变的国际环境。从国内经济看，经济运行对房地产、基建的依赖有所上升，近期企业效益改善尚主要集中在煤炭、钢铁、化工等上中游行业，民间投资活力尚显不足，内生增长动力仍待增强，结构性矛盾还比较突出，稳定经济增长、防范资产泡沫和促进环境保护之间的平衡也面临较多挑战。同时，信贷扩张表现出较强冲动，现实中各方面多希望货币条件能松一些，一旦出现金融风险，又寄望央行通过增发货币来帮助处置。受经济下行压力较大、金融市场出现较大波动等多种原因影响，部分时段的货币政策在实施上可能是稳健略偏宽松的。多目标之间的权衡增加了货币政策操作上的难度。

当前我国面临的主要是结构性矛盾和发展方式上的问题，在经济结构调整过程中，货币政策总体须保持审慎和稳健。要适应经济潜在增速和发展阶段的变化，在适度扩大总需求的同时，以推进供给侧结构性改革为主线，加快培育新的发展动能，改造提升传统比较优势，持续深化"放、管、服"和财税等重点领域改革，全面落实"去产能、去库存、去杠杆、降成本、补短板"五大任务，深化国有企业改革，推进新型城镇化发展，增加劳动力市场灵活性，抑制资产泡沫，降低宏观税负，更充分地发挥市场在资源配置中的决定性作用，进一步提振市场信心，稳定市场预期。

中国人民银行实施好稳健中性的货币政策，增强调控的针对性和有效性，做好供给侧结构性改革中的总需求管理，为结构性改革营造中性适度的货币金融环境。更加注重改革创新，寓改革于调控之中，把货币政策调控与深化改革紧密结合起来，更充分地发挥市场在资源配置中的决定性作用。针对金融深化和创新发展，进一步完善调控模式，强化价格型调节和传导，完善宏观审慎政策框架，畅通政策传导渠道和机制，抑制资产泡沫，防止"脱实向虚"，提高金融运行效率和服务实体经济的能力，同时牢牢守住不发生系统性金融风险的底线。一是保持总量稳定，综合运用价、量工具和宏观审慎政策加强预调微调，调节好货币闸门。二是促进结构优化，支持经济结构调整和转型升级。三是进一步推进利率市场化和人民币汇率形成机制改革，提高金融资源配置效率，完善金融调控机制。四是完善金融市场体系，切实发挥好金融市场在稳增长、调结构、促改革和防风险方面的作用。五是深化金融机构改革，通过增加供给和竞争改善金融服务。六是把防控金融风险放到更加重要的位置，完善宏观审慎政策框架，切实维护金融体系稳定。

资料来源：中国人民银行《2016年第四季度中国货币政策执行报告》节选，有所删减。

结合上述案例，分析货币均衡和社会总供求平衡的关系以及在我国的具体表现？货币供求失衡的具体调节方式有哪些？

■ 延伸阅读

2016年世界主要经济体应对货币供求失衡的举措

由于经济复苏情况不一，主要发达经济体货币政策进一步分化。2016年12月14日，美联储宣布将联邦基金利率目标区间上调25个基点至0.5%~0.75%，同时仍预计宏观经济复苏状态将使加息以渐进方式进行。美联储还上调了美国短期经济增长和通货膨胀预期，并上调2017年加息预期次数至三次。

为刺激经济和提振通胀，欧央行于2016年3月10日加大量化宽松货币政策力度，将主要再融资操作利率、边际贷款便利利率和存款便利利率分别下调5个、5个和10个基点至0%、0.25%和~0.40%，自2016年4月起扩大月度资产购买规模至800亿欧元，同时将资产购买范围扩大至欧元区非银行公司发行的欧元计价的投资级债券，自6月22日起实施新一轮四年期定向长期再融资操作（TLTRO II）。12月8日，欧央行宣布延长资产购买计划（APP）至2017年12月，从2017年4月至12月每月购买资产规模为600亿欧元。

日本货币政策进一步宽松。日本央行于2016年1月29日超预期实施负利率政策，引入三级利率体系，将金融机构存放在日本央行的部分超额准备金利率从之前的0.1%降至-0.1%，以鼓励金融机构借出更多资金。7月29日，日本银行决定将交易型开放指数基金（ETFs）的年度购买规模从3.3万亿日元扩大至6万亿日元，将美元借贷项目规模扩大一倍至240亿美元，并设立一个新的借贷便利机制，将日本国债借给金融机构作为美元资金供给操作的抵押品。9月21日，日本银行决定引入“配合收益率曲线管理的量化质化宽松政策”，通过对金融机构存放的准备金实施负利率以及购买日本政府债券等方式管理短期和长期利率，承诺继续扩大基础货币投放，直至通胀率稳定在2%的目标水平之上。

英格兰银行在2016年上半年例会上均决定维持0.5%的基准利率和3750亿英镑的资产购买规模不变。英国公投脱欧造成英镑贬值和经济前景趋弱，为促进经济增长、逐步实现通货膨胀目标，英格兰银行在8月3日的例会上决定实施一揽子刺激措施：下调基准利率25个基点至0.25%；启动一项新的长期融资计划（TFS），推动利率下调政策有效传导至实体经济；购买100亿英镑的英国公司债券；新增600亿英镑的英国政府债券购买规模，从而将资产购买计划的存量规模增加至4350亿英镑。

新兴经济体货币政策持续分化，国际经济环境复杂性增加导致政策制定难度进一步加大。多个经济体为提振经济、缓解外部冲击继续放宽货币政策。俄罗斯、印度、巴西、乌克兰、土耳其、匈牙利和印度尼西亚央行均连续多次调低指标利率；韩国央行于2016年6月9日将基准利率下调25个基点至1.25%，创历史新低。同时，部分经济体收紧货币政策以应对国内通胀压力，减少美联储加息带来的冲击，减轻本币贬值和资本外流压力。哥伦比亚央行连续上调指标利率共200个基点至7.75%，南非储备银行2次上调政策利率共75个基点至7%，埃及央行3次上调550个基点至14.75%，墨西哥央行5次上调基准利率共250个基点至5.75%。此外，埃及、尼日利亚等一些新兴市场经济体采取灵活汇率制度等措施应对金融市场动荡。

资料来源：中国人民银行《中国货币政策执行报告》2016年第四季度相关数据资料节选。

■ 即测即评

第十一章

通货膨胀与通货紧缩

【本章学习目标】

通过本章的学习，要求学生了解通货膨胀和通货紧缩的含义，理解通货膨胀与通货紧缩的成因及效应，熟悉通货膨胀与通货紧缩的度量及类型，掌握通货膨胀与通货紧缩的治理措施。

【本章知识结构图】

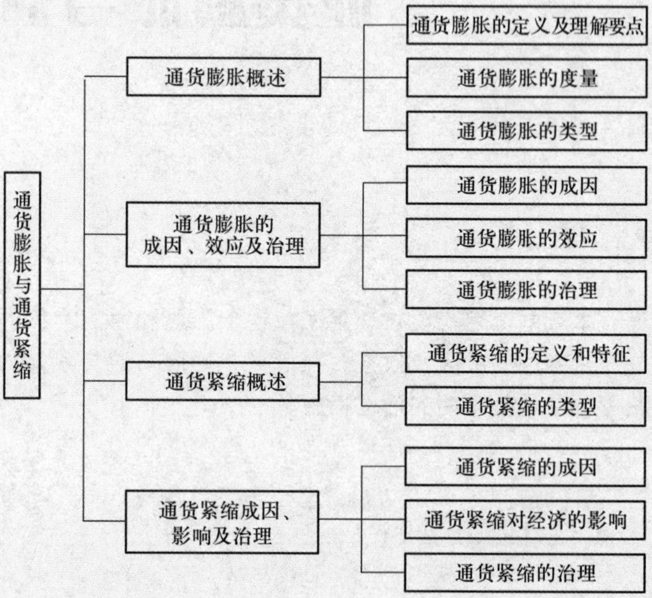
通货膨胀与通货紧缩
通货膨胀概述
通货膨胀的定义及理解要点
通货膨胀的度量
通货膨胀的类型
通货膨胀的成因、效应及治理
通货膨胀的成因
通货膨胀的效应
通货膨胀的治理
通货紧缩概述
通货紧缩的定义和特征
通货紧缩的类型
通货紧缩成因、影响及治理
通货紧缩的成因
通货紧缩对经济的影响
通货紧缩的治理

【引例】

德国：经典的通货膨胀

1923 年德国的经济出现了恶性通货膨胀，如果 1922 年 1 月的物价指数为 1，那么 1923 年 11 月的物价指数则为 100 亿。如果一个人在 1922 年年初持有 3 亿马克债券，两年后，这些债券的票面价值将买不到一片口香糖。沃伦教授和皮尔逊教授曾将德国的通货膨胀数字绘成书本大小的直观柱状图，可是限于纸张大小，未能给出 1923 年的数据柱，结果不得不在脚注中加以说明：如果将该年度的数据画出，其长度将达到 200 万英里①。

德国在第一次世界大战战败后，丧失了 1/7 的领土和 1/10 的人口，各种商行及工业产品均减少，同时还要按 1921 年金马克赔偿 1 320 亿赔款。在操作中，德国不得不靠发行纸币来渡过难关，结果却陷入了灾难的深渊。当时政府以极低的利率向工商业贷款，同时投放巨额纸币，纸币又很快贬值，如此债务人以廉价的马克偿还贷款。“新富”们在通货膨胀中发了大财，“旧富”们面临崩溃。各个经济部门和各个家庭生活在此不公平中受到致命打击。

资料来源：新浪网。

思考：上述引例说明大量滥发纸币会导致物价暴涨，出现恶性通货膨胀。而恶性通货膨胀不但对人们的生活产生极大的影响，还将对一个国家的经济秩序造成严重的破坏。世界各国经济发展的实践证明，通货膨胀对一国社会经济的发展会带来明显的破坏性。那么，究竟什么是通货膨胀？通货膨胀是如何产生的？通货膨胀对社会经济有哪些影响？如何治理通货膨胀？我们将在本章介绍通货膨胀与通货紧缩的问题。

第一节 通货膨胀概述

通货膨胀是世界各国普遍存在的经济现象和经济问题。由于它的程度不同，因而对各国经济发展的影响程度也不同。尤其是当一国发生恶性通货膨胀时，经济将遭受摧毁性的破坏。所以，对通货膨胀进行研究已成为众多经济学家的重大课题。

一、通货膨胀的定义及理解要点

（一）通货膨胀的定义

对于通货膨胀的解释，各国经济学家众说纷纭，存在一定的差异。综合中西方经济学

① 1 英里 = 1.609 千米。

界的不同观点，可以为通货膨胀下这样一个定义：通货膨胀是指在纸币流通的条件下，由于国内货币供给量超过商品流通的客观需要量，从而引起纸币不断贬值和一般物价水平持续上涨的经济现象。

（二）理解通货膨胀需要把握的几个要点

1. 通货膨胀不仅是货币现象，也是一种经济现象

通货膨胀是因为货币供应量超过了经济生活中的客观需要，导致货币贬值、物价上涨。显然通货膨胀直接与货币供应量有关，因此通货膨胀是一种货币现象。同时，通货膨胀又是一种经济现象。货币作为商品经济的价值载体，其供应量的多少是相对市场商品供给而言的。货币供应数量变化直接作用于经济体系的商品物价，因此它又是一种经济现象。

2. 通货膨胀与物价上涨既紧密相关又有区别

物价上涨是通货膨胀的必然结果，但是物价上涨并不一定就会出现通货膨胀。引起物价上涨的因素有很多，如商品本身价值的增加、供求关系的变化、劳务质量的提高等。这些物价上涨的现象并不是由纸币发行量过多引起的，不属于通货膨胀的范畴。所以，通货膨胀必然引起物价上涨，但物价上涨不一定就是通货膨胀。

3. 通货膨胀中的物价上涨存在公开的形式和隐蔽的形式两种

在公开的形式下，政府不采取物价管制和物价津贴等措施，因此，物价上涨很明显，无从隐蔽。但在某些非市场经济或由于种种原因采取物价管制政策的国家，过多的货币供应并非都通过物价上涨表现出来，有时通货膨胀也会表现为商品短缺、凭票供应、持币待购以及强制储蓄等形式，即物价水平以隐蔽的形式上升。

4. 通货膨胀是指一般物价总水平普遍、持续地上涨

一般物价总水平的上涨，即全部商品及劳务的加权平均价格的上涨，而不是个别商品或劳务价格的上涨。如果某一商品价格上涨被其他商品的价格下跌所抵消，而使得一般物价总水平没有改变，这时只能称个别商品价格上涨，而非通货膨胀。另外，经济生活中季节性、暂时性或偶然性的价格上涨也不能视为通货膨胀。

二、通货膨胀的度量

一般情况下，采用物价指数来衡量通货膨胀。常用的物价指数有三种类型，即消费物价指数、生产（批发）物价指数及国民生产总值平减指数。

（一）消费物价指数（CPI）

消费物价指数是根据一系列的商品及服务价格所编制的指数，它衡量消费物价的变动情况，属于市场衡量通货膨胀表现的重要数据。如果经济增长快，消费市场需求上升，消费物价便会大幅攀升，造成通货膨胀压力，因此政府可能加息控制通货膨胀，冷却经济，所以消费物价指数是衡量经济是否过热的指标。目前中国和许多国家用此项指标度量通货膨胀。

（二）生产物价指数（PPI）

生产物价指数用于度量制造业、采矿业、农业、渔业、林业等行业中间产品价格的变化情况，当将制造商到批发商再到零售商这些中间环节中商品的流动也看作是中间产品的流动时，也可以称为批发物价指数。这一指数反映了企业生产成本的变化状况。

（三）国民生产总值平减指数（GNP deflator）

国民生产总值平减指数指按当年价格计算的国民生产总值对固定价格计算的国民生产总值的比率。它反映全部生产资料、消费品和劳务费用的价格变动程度。目前世界银行的年度报告以这一指标的增长率测定通货膨胀。

以上三种指标各有利弊，大多数国家或地区在测量通货膨胀的程度时，往往同时采用多种指标综合分析。随着金融的不断发展，金融资产在各类资产中所占比例越来越大，应该将金融资产价格的变动反映在通货膨胀的变化情况中。因此，适时地调整衡量通货膨胀的指数是非常必要的。

三、通货膨胀的类型

根据不同的分类标准，可以将通货膨胀分为不同的类型。

（一）按通货膨胀的程度划分

按通货膨胀的程度划分，可分为爬行式通货膨胀、温和式通货膨胀和恶性通货膨胀。

爬行式通货膨胀是指物价变化的幅度在2%～3%，同时不存在通货膨胀预期的状态，但持续的时间很长。

温和式通货膨胀一般是指在没有通货膨胀预期的前提下，年通货膨胀率不超过10%，且低于经济增长率的通货膨胀。

恶性通货膨胀是指物价水平以相当大的幅度持续上涨，一般年通货膨胀率超过10%，达到两位数的水平，且高于经济增长率的通货膨胀。当发生恶性通货膨胀时，由于物价上涨较快，人们对通货膨胀感觉明显，对物价水平的持续上涨预期增加，因而开始抢购商品以求保值。同时，货币流通速度加快，货币购买力下降，这会使得通货膨胀更为加剧。

典型案例

史上最严重的恶性通货膨胀及其成因

历史上最严重的恶性通货膨胀出现在1946年上半年的匈牙利。到1946年年中，匈牙利的钞票最大面额到100 000 000 000 000 000 000 000（10的23次幂）便戈，而相比之下，1944年的最大面值仅为1 000便戈。卡托研究所估计，在匈牙利通货膨胀率的最高峰，其日通货膨胀率达到了195%，大约每15.6小时物价就翻一番，月通货膨胀率约为$13.6\times10^{15}\%$。

形势如此严峻，以至于政府采用一种特殊货币进行税收和邮政付款，并且每天通过电台来调整。便戈最终在该年晚些时候的一次货币单位调整中被取代。但据估计，当该货币于1946年8月被取代时，匈牙利流通中的所有纸币总价值相当于1美元的1‰。

总结匈牙利通货膨胀的原因，第一，匈牙利的农业部门受大萧条的影响尤其巨大，并且国家债台高筑，迫使央行不得不进行货币贬值，通过放松财政、货币政策来支付债务成本。20世纪40年代后期，根据《维也纳仲裁裁决》，匈牙利收回了第一次世界大战期间被割让的土地，而这些经济欠发达的地区最终却给其国民经济带来了压力。第二，第二次世界大战爆发时，匈牙利经济疲弱，中央银行几乎完全由政府控制，印钞完全基于政府预算需要，不受财政的任何约束。第三，通货膨胀环境变得如此可怕，以至于硬币开始从流通形式中消失，首先是银币，然后是铜币和镍币开始消失，因为这些钱币本身作为金属的价值远远超过硬币的面值。随着战争的平息，政府在没有任何有形抵押品的情况下，对钞票印刷全面控制，苏联驻军同时开始发行自己的军用货币，进一步减少了对便戈的需求。

匈牙利最严重的恶性通货膨胀发生在第二次世界大战后，尽管采取了许多大规模措施来稳定形势，但唯一有效的办法只有新的货币“福林”（Forint）的推出，福林可以和黄金进行直接兑换，从而与世界其他货币相互兑换。

资料来源：中国金融四十人论坛官网。

（二）按市场机制的作用划分

按市场机制的作用划分，可分为公开型通货膨胀和隐蔽型通货膨胀。

公开型通货膨胀又称开放型通货膨胀，是指在市场机制充分运行和政府对物价水平不加管制的情况下，价格随市场供求变化而自由涨落，只要出现通货膨胀，就表现为价格水平的明显上涨。

隐蔽型通货膨胀又称抑制型通货膨胀，是指政府通过价格控制、定量配给以及其他的一些措施来抑制物价的上涨。表面上物价总水平没有上升，但居民实际消费水平却在下降。我国的计划经济时期，就存在这种隐蔽型的通货膨胀。

（三）按通货膨胀能否预期划分

按通货膨胀能否预期划分，可分为预期型通货膨胀和非预期型通货膨胀。

预期型通货膨胀是指通货膨胀过程被经济主体预期到了，以及由于这种预期所采取的各种补偿性行动而引发的物价上升运动。一般认为预期型通货膨胀对经济没有实质性的效果，因为经济主体已采取相应对策抵消其影响。

非预期型通货膨胀是指未被经济主体预见的、不知不觉中出现的物价上升。一般认为非预期型通货膨胀对经济具有真实的负效应。

（四）按通货膨胀产生的原因划分

按通货膨胀产生的原因划分，可分为需求拉上型通货膨胀、成本推动型通货膨胀、结构型通货膨胀和混合型通货膨胀。

此部分内容将在本章第二节中详细阐述，此处略过。

第二节

通货膨胀的成因、效应及治理

一、通货膨胀的成因

通货膨胀的直接原因是货币供给量超过了客观的需求量。然而，由于通货膨胀是一种非常复杂的现象，经济学上有很多流派都研究其成因，但主要是从需求和供给两个方面来进行分析的，由此形成了不同的关于通货膨胀的理论。在西方经济学家对通货膨胀成因的分析理论中，较流行的主要有四种，即需求拉动说、成本推进说、结构型通货膨胀说、混合型通货膨胀说。

（一）需求拉动说

该理论是从需求的角度来解释通货膨胀的成因。根据这种理论，需求拉动型通货膨胀是指社会总需求大于总供给，从而引起一般物价水平持续上升，即物价上涨是由于需求过多拉起来的。由于流通中的货币都是有支付能力的有效需求，社会总需求大于总供给，意味着较多的货币追逐相对较少的商品，从而引起物价上涨，诱发通货膨胀。而社会总需求之所以会大于总供给，根源在于国民收入的超分配，即国民收入的分配额超过国民收入的生产额。因此，在经济尚未达到充分就业和生产能力尚未被充分利用时，由货币数量增加而导致的总需求增加，能够促使就业和产量的增加，但并不会导致通货膨胀，只有当社会处于充分就业和生产能力已被充分利用时，货币数量的增加才会诱发通货膨胀。

（二）成本推进说

成本推进说主要从总供给或成本方面分析通货膨胀的生成机理。该理论认为，通货膨胀的根源并非是总需求过度，而是总供给方面的生产成本上升，即成本推进型通货膨胀是由于产品成本（如材料、能源、工资等）上升，为保持一定利润水平而使物价水平普遍上涨的一种经济现象。而成本的上升，可能是因为工资的增长超过了劳动生产率的增长造成的，也可能是因为原材料价格上涨导致的。另外，在企业垄断市场的情况下，垄断企业为获取更多利润而提高产品售价，也会造成通货膨胀。

典 型 案 例

成本推进型通货膨胀

20 世纪 60 年代末到 70 年代中期，大多数西方国家普遍经历了一次较典型的成本推进型通货膨胀过程。成本推进型通货膨胀由于成本上升的原因不同，可以分为三种类型：

工资推进通货膨胀、利润推进通货膨胀、进口和出口推进通货膨胀。

1. 工资推进。许多经济学家将欧洲大多数国家在20世纪60年代末70年代初经历的通货膨胀认定为工资推进的通货膨胀。例如，在联邦德国，工时报酬的年增长率从1968年的7.5%跃升到1970年的17.5%。在同一时期，美国的工时报酬年增长率也由7%上升到15.5%。

2. 利润推进。垄断企业为保持利润水平不变，运用价格上涨的手段来抵消成本的增加。其中最典型的是，1973—1974年，石油输出国组织（OPEC）历史性地将石油价格提高了4倍，到1979年，石油价格又再次提高。这两次提价对西方发达国家的经济产生了巨大影响，由此导致的经济萧条被称为“石油危机”。

3. 进口和出口推进。由于进口商品价格上涨，特别是进口原材料价格上涨，引起的通货膨胀；由于出口商品数量猛增，使国内市场产品供给不足，从而引起物价上涨导致通货膨胀。

资料来源：百度百科。

（三）结构型通货膨胀说

由于需求拉动或成本推进的通货膨胀理论都不足以充分说明一些国家的长期通货膨胀问题，于是，一些经济学家转而从经济结构及其变化方面求解通货膨胀的成因。所谓结构型通货膨胀，是指当社会总需求与总供给处于平衡状态时，由于经济结构、部门结构等的变化所引起的物价上涨。例如，总需求结构的变动会导致某些部门处于扩张状态，而另一些部门处于收缩状态，由于原有经济结构刚性的存在，使资源不能迅速适应这种变化而在各部门间重新配置，资源缺乏的扩张部门不得不提高工资和原料价格以吸引资源流入，资源剩余的收缩部门却由于工资和物价的刚性，没有调低价格，甚至会与扩张部门保持同比例上升，最终造成物价总水平的上涨。

（四）混合型通货膨胀说

该理论认为造成一国通货膨胀的原因并不是单一的，而是多种因素综合在一起共同作用的结果。即混合型通货膨胀说认为，通货膨胀是由于需求拉动、成本推进和社会经济结构共同作用形成的一种一般物价水平持续上涨的货币经济现象。

二、通货膨胀的效应

通货膨胀的社会经济效应，在理论界存在不同的观点，大体可分为三类，即促进论、促退论和中性论。促进论认为通货膨胀具有正的产出效应，有利于促进经济增长。促退论则认为通货膨胀不仅不会促进经济增长，还会损害经济增长。所谓中性论，是一种认为通货膨胀对产出、对经济增长既无正效应也无负效应的理论。

知识链接

通货膨胀对经济增长影响的三个观点

一、促进论的观点

资本主义经济长期处于有效需求不足、实际经济增长率低于潜在经济增长率的状态。

因此，政府可通过实施通货膨胀政策、增加赤字预算、扩大投资支出来刺激有效需求，推动经济增长。

通货膨胀有利于社会收入再分配向富裕阶层倾斜，而富裕阶层的边际储蓄倾向比较高，因此会提高储蓄率，从而促进经济增长。通货膨胀出现后，公众预期的调整有一个时滞过程，在此期间，物价水平上涨而名义工资未发生变化，企业的利润率会相应提高，从而刺激私人投资的积极性，增加总供给，推动经济的增长。

二、促退论的观点

长期通货膨胀会对经济带来严重的消极影响，降低经济体系的运行效率，阻碍经济的正常增长。主要表现在：

1. 纸币贬值，妨碍货币职能的正常发挥；降低借款成本，诱发过度的资金需求；企业的生产成本上升，预期利润率降低，不利于调动生产者和投资者的积极性；企业先期积累的各种折旧准备金和公积金贬值，从而使企业设备更新和技术改造能力下降，影响生产发展。

2. 破坏正常的信用关系，增加生产性投资风险和经营成本，从而缩减银行信贷业务，使流向生产性部门的资金比例下降，流向非生产性部门的资金比例增加，导致产业结构和资源配置不合理，国民经济畸形发展。

3. 阻碍本国商品的出口，导致国民收入减少。同时还会鼓励外国商品进口，加剧国内市场竞争压力，影响国内进口替代品生产企业的发展，并导致贸易收支逆差。

4. 打乱正常的商品流通渠道，加深供需矛盾，助长投机活动，引起资本大量外流和国际收支的恶化。

三、中性论的观点

通货膨胀对实际产出和经济增长既无正效应又无负效应。其理由是公众会根据通货膨胀发展的预期，按照物价上涨水平做出合理的行为调整，因此，通货膨胀的各种影响作用会相互抵消。

尽管理论界对通货膨胀的经济效应有不同的看法，但总体上来讲，通货膨胀对经济会产生严重的破坏作用。

（一）通货膨胀对生产的效应

1. 通货膨胀影响企业的技术进步

通货膨胀一方面使企业的技术改造成本增加；另一方面企业由于产品热销而不重视技术改造，结果导致技术进步缓慢，降低了劳动生产率和产品的升级换代能力。

2. 通货膨胀导致生产衰退

在通货膨胀期间，由于原材料等初级产品的价格上涨往往快于产成品，从而会增加生产性投资的风险和经营成本，使投资不如投机、生产不如囤积的现象普遍出现。其结果，一方面使生产领域的资金大量流向流通领域，导致生产萎缩；另一方面造成原材料越短缺越囤积，出现短缺和积压并存的恶果。

3. 通货膨胀加大了经济核算的困难

通货膨胀期间币值不稳定，企业的经济核算缺乏稳定的价值尺度和核算工具。

4. 通货膨胀导致不合理的产业结构，使国民经济畸形发展

在通货膨胀期间，生产要素倾向于从价格涨幅小的部门向价格涨幅大的部门转移。由此会引发流向生产性部门的资金比重下降，流向非生产性部门的资金比重增加，导致产业结构和资源配置的不合理，国民经济畸形发展。

（二）通货膨胀对流通的效应

1. 通货膨胀导致市场价格信号失真

通货膨胀导致商品价格升降并不能真正反映商品供求关系的变化。失真的价格导向会使社会资源盲目流动和组合，从而引起社会资源的巨大浪费。

2. 通货膨胀使人们对商品产生过度需求

在通货膨胀时期，为了保值和防止物价进一步上升，人们都要尽快把手中的货币换成商品，而较少考虑这种商品对自己是否必需。这种需求变态和抢购行为使货币流通加快，商品供应更加短缺，进而又会进一步加剧通货膨胀。

（三）通货膨胀对分配的效应

1. 收入分配效应

收入分配效应是指由于通货膨胀形成的物价上涨而造成的收入再分配。在通货膨胀时期，由于物价的变动，人们的名义货币收入与实际货币收入间会产生差距。判断通货膨胀对收入分配的影响程度，则主要是以实际收入变动为标准的。在物价变动作用下，虽然名义收入变动不大，甚至无变化，但实际收入变化会千差万别。对不同收入种类的人，在通货膨胀中，各自的利益所受影响不同。通货膨胀的收入分配效应具体表现为：以工资和租金、利息为收入者，在通货膨胀中会遭受损害；以利润为主要收入者，却可能获利。

2. 财富分配效应

通货膨胀不仅引起收入的再分配，而且会引起人们持有财富的再分配。整个社会，每个人或阶层总会或多或少积累一定的财富，但人们持有财富的形式极不相同。面值和收益稳定的金融资产，在通货膨胀期间其价值会降低，因此持有这些资产的个人和阶层会受到损失，其债务人则会因通货膨胀而受益。各种实物资产在通货膨胀期间会因价格上涨而使其持有者受益，不过各种不同实物资产价格上涨程度有所不同，因此其持有者所持有的实际价值会发生改变。至于收益和价值不定的金融资产，在通货膨胀期间收益增长与其价格上涨并非一致，因此其持有者是否获益取决于二者的相对变化。

（四）通货膨胀对金融的效应

1. 通货膨胀会降低运营效率

通货膨胀会降低借款成本，从而诱发过度的资金需求，迫使金融机构不得不加强信贷配额管理，进而削弱了金融机构的运营效率。

2. 通货膨胀破坏正常的信用活动

通货膨胀有利于债务人，有损于债权人，从而使商品交易中的现金交易增加，商业信用萎缩，各种债券发行受阻，影响集资活动。

3. 通货膨胀影响货币职能作用的正常发挥

通货膨胀使货币符号的价值贮藏职能丧失，价值尺度和价格标准混乱，一旦人们的货币幻觉消亡，必将挤兑风盛行，有可能引起银行的破产和倒闭，甚至引发更大的政治和经济危机等。

三、通货膨胀的治理

通货膨胀对国民经济的发展总的来说是不利的，对经济社会具有巨大的破坏作用。因此，各国政府为减轻或消除通货膨胀的压力做出了不懈的努力。由于通货膨胀的形成原因、性质及表现形态不一致，因此治理通货膨胀的措施千差万别。以下介绍五种较为常见的治理通货膨胀的对策。

（一）控制需求

针对需求拉动型通货膨胀，政府往往采取紧缩性的货币政策和财政政策来抑制过旺的总需求。

1. 紧缩性货币政策

中央银行通过采取一定的政策措施压缩商业银行信贷规模，减少货币供给量，来实现宏观紧缩。这主要是通过中央银行的四大政策工具来实现的：一是通过公开市场业务的操作，出售有价证券，回笼货币资金，以相应减少流通中的货币量；二是提高法定存款准备金率，减少银行的超额准备金，抑制其信贷扩张能力，从而减少投资和货币供给量；三是提高再贴现率，以影响商业银行的借款成本和市场利率，控制商业银行的信贷规模，减少对信贷的需求，减少货币流通量；四是直接提高利率，增加使用信贷资金的成本，以减少借贷规模，同时提高利率还可以吸收储蓄存款，减轻通货膨胀压力。

2. 紧缩性财政政策

政府通过增收减支的办法来抑制总需求的增长，从而实现宏观紧缩。紧缩性财政政策主要通过三种措施来实现：一是削减政府支出，包括减少军费开支和政府在市场上的采购；二是限制公共事业投资和公共福利支出；三是增加税收，以抑制私人企业投资和个人消费支出。

（二）收入政策

收入政策是治理成本推进型通货膨胀的有效方法。所谓收入政策是为了降低一般物价水平的上涨幅度而采取的强制性或非强制性的限制货币工资与价格的政策，其目的是在降低通货膨胀的同时，不造成大规模的失业。紧缩性收入政策的主要手段有：工资管制、确定工资—物价指导线、运用税收手段。

1. 工资管制

工资管制或称冻结工资，即强制推行的控制全社会货币工资总额或增长幅度。这是在通货膨胀相当严重时所采取的非常措施，但由于严重的通货膨胀会使人们的实际生活水平持续下降，所以冻结工资的措施实施起来难度会很大。

2. 确定工资—物价指导线

所谓“指导线”就是政府在一定年份内允许总货币收入增长的目标数值线，并据此相应地采取控制每个部门工资增长率的措施。

3. 运用税收手段

即政府以税收作为奖励和惩罚的手段来限制工资—物价的增长。如果增长率在政府规定的幅度内，政府就以减少个人所得税和企业所得税作为奖励；否则，就增加税收作为惩罚。

（三）供给政策

以上几种政策都是从控制总需求的角度来治理通货膨胀的。供给政策是从扩大总供给的角度来着手的。通货膨胀的最基本原因是总需求大于总供给，所以有些经济学家提出扩大总供给也能有效地解决通货膨胀问题。比较而言，这种政策比紧缩政策更具有积极意义。所谓供给政策，是指以积极刺激生产的办法增加供给，同时压缩总需求来抑制通货膨胀的政策。改善供给的主要措施有：降低所得税税率；提高机器设备的折旧率；促进投资；增加供应；实行有松有紧、区别对待的融资政策，以优化产业结构和产品结构；通过社会资源的合理配置，从根本上改善货币流通状况；减少政府对企业活动的限制，让企业更好地扩大商品的供给。

（四）收入指数化政策

所谓收入指数化，是指工资、利息、各种证券收益以及其他收入一律实行指数化，同物价变动联系起来，使各种收入按物价指数滑动或随物价指数的变动而进行调整。收入指数化既能剥夺政府从通货膨胀中获得的收益，杜绝制造通货膨胀的动机，又可抵消或缓解物价波动对个人收入水平的影响，克服因通货膨胀造成的分配不公，并可避免抢购商品、贮物保值等加剧通货膨胀的行为。指数化政策对面临世界性通货膨胀的开放经济小国来说尤其具有积极意义，是这类国家对付输入型通货膨胀的有效手段。

（五）货币改革

在通货膨胀已经达到恶性程度，整个货币制度已经处于或接近于崩溃的边缘，上述的治理措施已无济于事时，政府要进行货币改革。一般做法是，废除旧币发行新币，对新币制定一些保证币值稳定的措施，以消除旧币流通的混乱局面，重振经济。

总之，通货膨胀是一个十分复杂的经济现象和经济问题，其产生的原因是多方面的。因此，治理通货膨胀也是一项系统工程，治理措施需要相互配合才能收到理想的效果。

知识链接

通过理财抵御通货膨胀

中国这些年房价涨、物价涨，人民币的国内实际购买力贬值严重。在这样的经济背景下，死守着固定工资，生活品质肯定会下降，工薪家庭只有通过理财，才能抵御通货膨胀。那么，究竟有什么实用方法？

方法一：银行存款要踏准加息节奏。

对于偏好银行存款的市民来说，存款期限不宜超过半年，可以3个月为周期办理自动转存，这样，一旦央行在最近3个月内加息，可及时分享加息带来的收益。对于习惯购买国债、银行理财产品的市民来说，投资期限分别以一年内和半年内为宜。

方法二：少持有现金多参与投资。

随着通货膨胀预期进一步加强，老百姓应对通货膨胀有效措施，就是尽早把手头的现金换成具备升值潜力的资产，让自己的财富也跟着物价一起涨。也就是说，当前应少握现金，多参与投资活动，让增加的投资收益来抵御存款利息收益损失。有效应对通货膨胀还有一个方法，那就是在投资活动中多用银行的钱。因为投资者向银行贷款购买资产后遇到货币贬值，其资产就要值更多的钱，而当投资者还贷的时候，却只需还当初贷款时的本金加利息。这样相当于实际负债水平下降。

方法三：参与证券投资需谨慎。

对于短期闲置的资金，可考虑投资债券或债券型基金、人民币理财产品、平衡型基金或基金组合。对于长期闲置资金，可选优质股票、券商集合理财产品、投资连结险。

方法四：实物投资不可或缺。

虽说黄金可以抵御经济危机的冲击，但未必是资产增值的品种。如果国内启动加息周期，反而会对金价造成打压。不过买黄金要注意三点：一是金价与美元关联很密切，所以要留意美元走势。二是目前国际金价已经较高，继续上涨空间有限。随着黄金投资品种的丰富，包括实物黄金、纸黄金和黄金保证金在内都为投资者提供投资渠道。经济条件较为宽裕的家庭可以考虑拿出资产的5%~10%进行黄金实物投资。房地产投资是老百姓比较喜爱的投资项目，但目前处于高位的房价也使楼市投资风险不言而喻。

资料来源：中国经济网，2014年8月6日。

第三节

通货紧缩概述

一、通货紧缩的定义和特征

（一）通货紧缩的定义

与通货膨胀相对应，通货紧缩是货币非均衡的另一种表现形式。所谓通货紧缩，指的是社会价格总水平即商品和劳务价格持续下降，货币不断升值的过程。

（二）通货紧缩的特征

1. 通货紧缩本质上是一种货币现象

通货紧缩本质上是货币供应量的增长幅度落后于经济的增长幅度，其在实体经济中的根源是总需求对总供给的偏离，或现实经济增长率对潜在经济增长率的偏离。

2. 通货紧缩的基本特征是商品和劳务价格普遍地、持续地下跌

通货紧缩时期物价持续下跌不是由于技术的进步和劳动生产率的提高而引起的，而且这种下跌不是局部的、结构性的，也不是存在于相对较短的时间内的，而是在较长时间内，商品与劳务价格普遍地、不断地下降。

3. 通货紧缩经常伴随着生产下降，经济衰退

在通货紧缩时期，消费需求疲软、投资意愿低迷、企业开工不足。随着市场的萎缩，产品价格下降，企业订单减少，利润降低甚至发生亏损，企业不愿扩大再生产，不愿再追加投资，失业人数增加，工资收入下降，进一步制约了对商品的有效需求，使总需求更加小于总供给。

4. 通货紧缩使货币流通速度趋缓

当经济中出现通货紧缩时，货币流通速度就会趋缓，导致货币供应量的增加部分被一定程度地抵消，从而加剧通货紧缩。

二、通货紧缩的类型

按照不同的标准，通货紧缩可划分为不同的类型。

（一）按通货紧缩持续的时间长短划分

按通货紧缩持续的时间长短划分，可分为短期通货紧缩、中期通货紧缩和长期通货紧缩。

通常将 5 年以下的通货紧缩称为短期通货紧缩，5～10 年的通货紧缩称为中期通货紧缩，10 年以上的通货紧缩称为长期通货紧缩。

（二）按通货紧缩的程度不同划分

按照通货紧缩的程度不同划分，可分为相对通货紧缩和绝对通货紧缩。

相对通货紧缩是指物价上涨率在零值及以上，同时处于适合一国经济发展和充分就业的物价区间内。

绝对通货紧缩是指物价上涨率在零值以下，即物价负增长。这种状态说明一国通货处于绝对不足的状态，极易造成一国经济的萧条甚至是衰退。

（三）按通货紧缩的生成机理划分

按照通货紧缩的生成机理划分，可分为需求不足型通货紧缩和供给过剩型通货紧缩。

1. 需求不足型通货紧缩

它是由于总需求不足，使得正常的供给显得相对过剩，由此而引发的通货紧缩。需求不足可由多个原因引起，如消费抑制、投资抑制、国外需求不足等。

(1) 消费抑制型通货紧缩。消费抑制是指由于即期收入的减少或预期支出增多，以及对未来诸多不确定性而采取的减少即期消费的一种预防性行为。这种对即期消费的抑制，将使供给相对过剩，从而造成产品积压，生产能力闲置，企业开工不足，收入减少，物价下跌，通货紧缩由此引发。

(2) 投资抑制型通货紧缩。投资是总需求的一个重要方面，如果因为种种原因，投资被抑制，新建项目减少，生产资料和生活资料的需求都将减少，新增劳动力无从就业，这同样会造成供给相对于需求的过剩，导致通货紧缩。

(3) 国外需求不足型通货紧缩。国外需求减少，出口不畅，也会减少国内的需求总量，造成出口企业开工不足，产品积压，引起通货紧缩的产生。

2. 供给过剩型通货紧缩

它是指由于技术创新和生产效率的提高所造成的产品绝对数量的过剩，是物质产品极其丰富的情况下可能出现的情况。

(四) 按通货紧缩的成因划分

按通货紧缩的成因划分，可分为政策紧缩型、经济周期型、成本压低型、需求拉下型、外部冲击型、体制转轨型和结构型的通货紧缩。

此部分内容将在下节中详细阐述，此处略过。

第四节
通货紧缩成因、影响及治理

一、通货紧缩的成因

不同国家、不同时期所产生的通货紧缩的原因是多种多样的。但从国内外经济学家关于通货紧缩的理论分析中，可以将通货紧缩的成因概括为以下六个方面：

(一) 紧缩性货币政策或财政政策的影响

一国政府采取紧缩性货币政策或财政政策，大量减少货币发行或削减政府开支以减少赤字，会直接导致货币供应不足，或加剧该国商品和劳务市场的供求失衡，使“太多的商品追逐较少的货币”，引起物价下跌，从而出现政策紧缩型通货紧缩。

(二) 经济周期的变化

当经济周期处于繁荣的阶段时，生产力大量过剩，无论是绝对过剩还是相对过剩，其结果都是产品面临市场需求不足，引起物价下跌，从而出现经济周期型通货紧缩。

（三）生产力水平的提高和生产成本的降低

技术进步提高了生产力水平，改进管理降低了生产成本，因而会导致产品价格下降，出现成本压低型通货紧缩。

（四）投资和消费的有效需求不足

当公众预期实际利率进一步降低和经济走势不佳时，国内投资和消费需求就会出现严重下滑，导致物价下跌，进而形成需求拉下型通货紧缩。

（五）本币汇率高估和其他外部因素的冲击

当一国实行盯住硬货币的汇率制度时，本币汇率高估，从而会减少出口，扩大进口，加剧国内企业经营困难，促使消费需求趋减，导致物价持续下跌，出现外部冲击型通货紧缩。国际市场的动荡也会引起国际收支逆差或资本外流，形成外部冲击型通货紧缩压力。

（六）结构性因素

由于产业结构不合理或投资、消费需求结构的变化，出现结构性的生产过剩，从而造成了过多的无效供给，当积累到一定程度时必然会加剧供求之间的矛盾，导致许多商品价格下跌，出现结构型通货紧缩。

二、通货紧缩对经济的影响

通货紧缩对经济发展和社会稳定会造成严重危害。严重的通货紧缩会使可利用资源闲置，经济萎缩，失业增加，人民生活水平下降，引发社会和政治问题。我们可以从以下四个方面分析通货紧缩的影响。

（一）通货紧缩抑制消费需求

对消费者来说，通货紧缩意味着以同样数量的货币可以购买到更多数量的商品，即货币的购买力增强，这将促使人们更多地增加储蓄、削减消费。同时，消费者常常“买涨不买跌”，在预期价格水平会进一步下跌、失业率可能上升、收入水平可能下降的情况下，消费者会因此缩减支出，增加储蓄。这样，通货紧缩就会抑制个人消费支出，使消费总量趋于下降。

（二）通货紧缩抑制投资需求

在通货紧缩时期，物价的下跌会提高实际利率水平，使企业投资成本增加，使投资项目变得越来越没有吸引力。同时，社会消费总量下降，会使企业出现利润下降甚至亏损的情况，因此企业不愿意扩大再生产，投资意愿下降。

（三）通货紧缩会使银行不良资产比率上升

通货紧缩会使实际利率上升，从而增加债务人的负担，债务人因经营困难不能按时还贷，致使银行不良资产比率上升。

（四）通货紧缩会造成经济衰退、失业增加

持续、普遍的物价下跌，会使生产者的利润减少甚至出现亏损，这会严重挫伤生产者的积极性，使他们缩减产量或不愿生产，从而使经济增长的速度变慢。另外，为了降低成本，企业会大量裁员从而使失业率上升，而失业率的上升又会使消费需求进一步萎缩，物价继续下跌，企业破产率上升，失业率进一步上升，会形成恶性循环。同时，商家会降低在职员工的工资水平，使其收入下降，而这又进一步加重了社会总需求不足的状况，使整个宏观经济陷入衰退中。

三、通货紧缩的治理

（一）扩张的货币政策

扩张的货币政策通过增加货币供应量、降低利率水平等来刺激有效需求的增加。扩张的货币政策应采取降低金融机构法定存款准备金率、降低贴现率和再贴现率、在公开市场买进政府债券等措施。这些措施也是货币政策工具的主要内容，我们将在第十二章中详述。

（二）积极的财政政策

1. 政府增加公共投资

这主要用于基础设施建设，以拉动投资品市场的需求，带动居民支出，激活经济。

2. 削减税收

如果政府在增加财政支出的同时，相应地增加税收，那么增加公共支出的政策效应便很可能被抵消。因此，在扩张财政支出的同时，应考虑减少税收，以减少财政政策的“挤出效应”。

（三）扩大有效需求

有效需求不足是通货紧缩的主要原因，因此，扩大有效需求是治理通货紧缩的有效措施。总需求包括投资需求、消费需求和出口需求。但影响一国需求的主要因素是投资需求和消费需求，因此，必须采取措施，努力扩大投资需求和消费需求。

（四）结构性调整

对由于某些行业的产品或某个层次的商品生产绝对过剩引发的通货紧缩，一般采用结构性调整的手段，即减少过剩部门或行业的产量，鼓励新兴部门或行业发展，调整产业结构。

知识链接

凯恩斯主义和货币主义关于治理通货紧缩的政策主张

20世纪30年代大危机后，针对西方世界通货紧缩、经济萧条的状况，凯恩斯提出了一套有效需求不足理论和相应的扩张性财政金融政策，并力求通过国家干预来解决问题。这些政策主要有：① 膨胀性的货币政策，即增加货币供应量，压低利率，以刺激投资和消费；② 赤字财政政策，即政府要用举债的办法发展经济，扩大有效需求。但是，凯恩斯认为应以财政政策为主，以货币政策为辅。其理由是货币政策有局限性，存在流动性陷阱。

货币主义的政策主张是以稳定通货、反对通货膨胀为前提条件的。货币主义的政策处方是：为了既避免大规模的通货膨胀，又避免大规模的通货紧缩，必须使货币供应量的增长率保持在适当水平上。针对当时美国的情况，弗里德曼认为：为了保持价格水平的长期稳定，每年3%~5%的货币存量增长率是必要的，并认为扩张性的财政政策与其他政策（收入政策、外贸政策、就业政策等）应与货币政策相配合，方能生效。

资料来源：张红伟．货币金融学．北京：科学出版社，2010.

本章小结

本章首先介绍了通货膨胀的含义及主要的度量指标，阐述了通货膨胀的几种分类以及关于通货膨胀成因的几种流派，分析了通货膨胀对生产、流通、分配以及金融等方面的影响以及治理通货膨胀的主要措施。其次，阐述了通货紧缩的含义及分类，分析了通货紧缩对经济影响的主要表现，阐明了治理通货紧缩的宏观经济政策。

章后习题

□ 一、重要概念

通货膨胀　通货紧缩　消费物价指数　需求拉动说　成本推进说　混合型通货膨胀　结构型通货膨胀

□ 二、思考题

1. 如何理解通货膨胀的含义？
2. 通货膨胀的成因有哪些？
3. 通货膨胀对经济运行有哪些影响？
4. 治理通货膨胀的措施有哪些？
5. 通货紧缩的成因有哪些？

6. 治理通货紧缩的措施有哪些？

□ 三、讨论题

根据我国当前的物价指数，讨论我国目前的通货膨胀程度及成因。

□ 四、案例分析

治通货膨胀不能矫枉过正

由于国内外的多重因素，中国面临的通货膨胀压力加大。担负宏观调控的有关部门把稳定物价、防止通货膨胀加剧列为当前工作的重点之一，许多媒体也从民生角度关注物价问题。笔者认为，物价，特别是食品等基本生活资料的价格关乎亿万群众的切身利益，不论是政府部门还是媒体，应该从广大人民群众的根本利益出发，更科学、理性地对待通货膨胀问题，不要矫枉过正。

在经济学意义上，通货膨胀是指“一般价格水平的上涨”，通常以消费物价指数作为衡量它的程度的数量指标。对于一般消费者，特别是只有固定收入的低收入者来说，通货膨胀意味着东西都涨价，这当然是绝对的坏事。但以理性的态度看，一定程度的通货膨胀对市场经济体制下的整体经济发展，对既包括买主也包括卖主的市场参与者中的大多数人的根本利益来说，并非全是坏事，而且有相当的积极意义。

分析通货膨胀对整体经济发展的作用与影响，首先要看通货膨胀的程度。学界通常将通货膨胀分为温和、严重和恶性三种。由于经济发展水平不同，居民收入分配结构和物价指数计算方式不同，各国对通货膨胀严重程度的界定标准不尽一致。中国学界有种说法，温和通货膨胀是指年通货膨胀率在5%以下，5%~10%（不包括10%）为严重通货膨胀，而年通货膨胀率达到两位数就属恶性了。萨缪尔森在其《经济学》（第17版）一书中则认为，年通货膨胀率达到百分之一千、百分之一万才算恶性，50%~100%的年通货膨胀率仅属“加剧”级别。

中外历史上，都曾出现过萨氏标准的恶性通货膨胀，给经济和国民生活带来的影响只能用“灾难”一词形容。改革开放后，中国也曾有过中国标准的恶性通货膨胀。如今回过头来看，以此为代价换来了价格闯关成功，奠定了市场机制的基础。但今天，不论是经济决策者，还是普通百姓，没有人愿意再重温那一幕。

至于温和通货膨胀，则如萨缪尔森所说：“工业之轮开始得到良好的润滑油，产量接近最高水平。私人投资活跃，就业机会多。”“一个可以预期的缓慢上升的价格水平看来还是能为经济的健康成长提供最好的环境。”就中国来说，不论是为了“顺应各族人民过上更好生活新期待”的现实需要，还是为了实现工业化、进入中等发达国家行列的长远目标，在今后可以想见的一个时期必须保持一定的增长速度，因此可能还离不开一定程度的通货膨胀作为润滑油。

中国经济现在还面临着结构调整的重任，其中既包括产业和产品结构的调整，也包括收入分配、出口与内需比例等多方面的结构调整。只要通货膨胀处于可控范围内，就可以在许多方面促进经济结构调整。例如，通货膨胀情况下，人们储蓄意愿低落，更倾向于及时消费，这就有利于扩大内需；内销产品价格上涨，可刺激厂商更加注重开发国内市场，减少对出口的依赖；即使整体价格水平上涨，产能过剩或粗制滥造的产品未必能跟风涨价，这比行政手段能更有力地调整行业和产品结构；农副产品涨价，至少给农民带来增收的可能。

当然，为保持经济增长和促进结构调整而容忍适当通货膨胀的代价，不能只让中低收入人群承担。这要靠转移支付，保证他们的基本生活水平。

资料来源：经济参考报，2011-01-06.

综合上述资料，分析如何正确治理通货膨胀。

■ 延伸阅读

通货紧缩的理论

进入20世纪90年代以来，世界各国通货膨胀的发展出现了新的变化，即主要工业化国家大多保持了较低的通货膨胀率，美国甚至出现了较高的持续经济增长与持续走低的通货膨胀率并存的态势。尤其是亚洲金融危机爆发的1997年，美国的经济增长率创下了最高纪录，通货膨胀率竟然也出现最低水平。欧盟国家的通货膨胀率近年来一直保持在1.5%的低水平，亚洲和拉丁美洲国家也因金融危机而发生了物价水平较大幅度的持续下跌。一时间，是否会发生世界性通货紧缩变成了经济理论界的热门话题和争论焦点，关于通货紧缩的理论文章也大量出现在各种刊物上。其中，美国著名经济学家保罗·克鲁格曼在1998—2000年短短两年的时间内就发表了20余篇研究通货紧缩的论文，形成了一套“新凯恩斯主义”的反通货紧缩理论。

与国际上流行的观点不同，克鲁格曼将近年来世界性通货紧缩的原因归结为社会总需求不足，而不是供给过剩，并特别强调，需求不足在不同的国家或在同一国家的不同时期有着不同的社会制度根源。他证明了在流动性陷阱的条件下保持零通货膨胀的货币政策不再是中性的，因而主张用“有管理的通货膨胀”政策来治理通货紧缩。这一观点构成了对以物价稳定为目标的传统货币金融理论的挑战。克鲁格曼还认为，实行联系或固定汇率制的国家在货币汇率发生高估时，易受到其他出口国家货币突然贬值的冲击而导致国内价格突然下降。他指出，当一个国家“希望”货币贬值，但又由于联系汇率制的约束不能贬值的时候，通货紧缩就发生了。

美联储原主席格林斯潘对通货紧缩的解释是：“正如通货膨胀是由一种货币状况的变化——人们不愿持有货币，而宁愿持有实物——而产生的，通货紧缩的发生则是由于人们更愿意把持有的实物换成货币。”他指出，导致通货紧缩的另一个可能的原因是资产泡沫的破裂对经济产生的致命的消极影响。20世纪30年代持续的物价下跌和经济萧条与1929年开始的股市崩溃和资产价格快速下降紧密相关，正是资产泡沫的破灭摧毁了本已问题重重的金融中介，导致了长期性的通货紧缩。格林斯潘还指出，由技术革命推动导致的劳动生产率的不断提高，尤其是信息技术的发展所反映的世界经济中的一些深层次的结构性变化，再加上其他一些结构性因素（如国际贸易壁垒的不断破除)，使价格的抑制过程在一定程度上得到了自我加强，这也是促使通货紧缩发生的重要因素。

资料来源：曹龙骐. 金融学. 3版. 北京：高等教育出版社，2010.

■ 即测即评

第十二章

货币政策与金融宏观调控

【本章学习目标】

通过本章的学习，要求学生了解货币政策目标、货币政策中介目标及政策工具所包含的内容，知晓一个国家货币政策的制定和实施过程，掌握国家运用货币政策进行宏观调控的基本原理及方法，从而能够通过现实经济中央行货币政策工具的变化和调整，洞察分析国家的宏观调控政策取向并据此预测经济形势及走势。

【本章知识结构图】

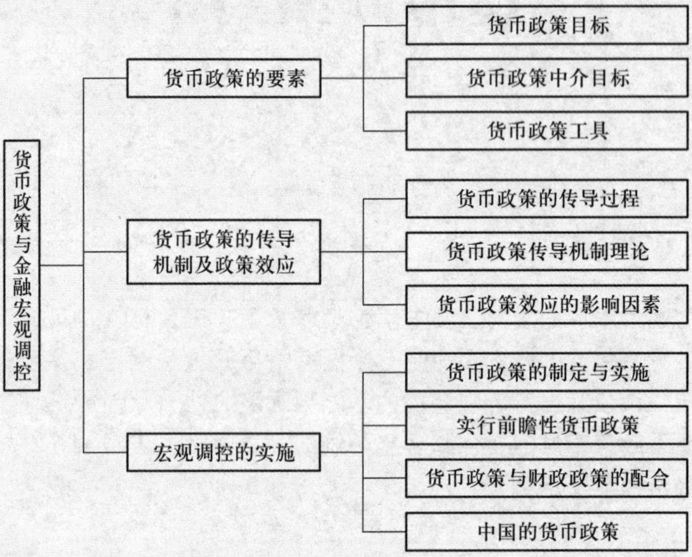
货币政策与金融宏观调控
货币政策的要素
货币政策目标
货币政策中介目标
货币政策工具
货币政策的传导机制及政策效应
货币政策的传导过程
货币政策传导机制理论
货币政策效应的影响因素
宏观调控的实施
货币政策的制定与实施
实行前瞻性货币政策
货币政策与财政政策的配合
中国的货币政策

【引例】

货币政策与宏观调控

发起于2006年的美国次贷危机，在2008年引发了全球性的金融危机，对中国经济也产生了较大影响，经济面临下滑态势。在当时的情况下，中国采取调整宏观调控政策，把从紧的货币政策调整为适度宽松的货币政策，适时下调金融机构存贷款利率和法定存款准备金率，引导金融机构加大对经济发展的支持力度，确保实现经济增长和稳定市场的目标。通过这一宽松货币政策的实施，宏观调控效果显著，最终实现了2009年9.2%的较高的经济增长率，超过了8%的预期目标。接下来的两年中，中国人民银行又继续实行了适度宽松的货币政策，使中国经济保持了较高的增长。

思考： 面对全球性的金融危机，中国所实行的货币政策及宏观调控对促进经济回暖以及后危机时代中国和世界经济的发展都起到了关键性的作用，从中可以看出货币政策与宏观调控在一国经济中的重要性。那么，什么是货币政策？货币政策又是如何奏效于经济调控的呢？本章将系统介绍货币政策的调控原理和调控机制，以及通过货币政策实现宏观调控的过程、方法和作用效果。

第一节

货币政策的要素

货币政策是中央银行作为一国货币管理部门为实现其特定的经济目标而采取的用于控制和调节货币供应量及利率的各种方针和措施的总和。

货币政策有三个构成要素，即货币政策目标、货币政策中介目标及货币政策工具。

一、货币政策目标

所谓货币政策目标是指中央银行制定和实施某项货币政策所要达到的特定的经济目标，这种目标就是货币政策所要达到的最终目标。货币政策是国家控制、调节和稳定货币的一项经济政策，其实质是反映货币与经济发展之间的关系。从这个意义上来说，货币政策目标就是国家宏观经济目标。

（一）货币政策的基本目标

尽管中央银行的货币政策目标在不同国家、不同时期在表述上有所差异，但基本内容是一致的。一般来说，货币政策目标包括稳定物价、充分就业、经济增长和国际收支平衡。

1. 稳定物价

稳定物价又称稳定币值，这一目标的含义是指社会一般物价水平在一定时期内大体保持稳定，不发生明显的波动。一般物价水平以物价指数来表现，物价的变动以物价涨跌来表示。在正常的经济发展中，物价受各种因素（如工资、税收、利润、原材料价格等）的影响，总体水平可能呈上升趋势，所以稳定物价并不要求物价一成不变，物价上涨率不可能为零。但物价上涨率过高，则意味着通货膨胀。因此要确定一个适当的物价上涨率，作为稳定物价这项货币政策目标的定位。一般来说，一些国家的经验数据表明，物价上涨率应控制在5%以下，以2%~3%为宜。

2. 充分就业

充分就业是反映劳动力的就业程度，是通过失业率高低来体现的，即全社会的失业人数与自愿就业的劳动力人数之比。按传统的西方经济理论，一般情况下社会上存在三种失业：一是摩擦性失业，这种失业是由于生产过程中生产季节性变化、原材料短缺、机器故障等引起的局部的、暂时的劳动力供求失调；二是自愿失业，这种失业是劳动者自身不愿意接受现有的工作而拒绝参加工作；三是非自愿失业，这种失业是劳动力愿意接受现有的工资、工作条件而仍找不到工作。传统的西方经济理论通常把前两种失业排除在外，即它们的存在与充分就业本身是不矛盾的，只有减少第三种失业，即非自愿失业，社会才能实现充分就业。因此，通常失业率中所指的失业人数是指非自愿失业人数而言的。

充分就业所涉及的具体问题比较复杂，如在统计失业人数或分辨失业原因等方面，都难以做到准确无误，因而各国对失业率的计算和评价也各有不同。一般来说，中央银行把充分就业目标定位于失业率不超过4%为宜。

3. 经济增长

经济增长一般以剔除价格上涨因素以后的国内生产总值的增加来作为衡量指标。在一个国家的经济发展过程中，影响经济增长的因素很多，其中有促进经济增长的因素，如科技进步、劳动生产率提高、投资增加等；有若干抵消经济增长的因素，如资源浪费、环境污染等。因此，经济增长是社会经济的一项综合发展目标，要求全社会共同努力去实现。中央银行将其纳为货币政策目标之一，是因为可以通过中央银行对货币供应所形成的投资规模的调控而对经济增长产生重要的影响，各国中央银行都会通过调控货币政策的松紧去影响经济、调节经济。但是，对这一目标不能用量化的统一标准去衡量，只能以本国的经济实际与本国以往某一时期经济增长的经验数据为依据，合理确定本国的经济增长幅度。就目前来看，世界上大多数国家和地区都以人均实际国内生产总值或人均实际国民收入的增长率作为衡量经济增长幅度（速度）的指标。

4. 国际收支平衡

国际收支平衡的含义是指一国在一定时期对其他国家的全部货币收入和货币支出基本持平。其中的“基本持平”说明略有顺差或略有逆差，也可以看作实现了国际收支的平衡。另外，“一定时期”一般指1年，这种以1年为期的国际收支平衡叫作静态的国际收支平衡。这种平衡容易判别，目标明确，较符合习惯做法，所以在货币政策的实践中，大多数国家都以静态平衡作为货币政策的最终目标之一。但是，由于国际收支包括经常项目和资本项目，国际收支变动是众多项目综合变动的结果，从世界范围来看，一国国际收支的顺差必然有其他国家的国际收支逆差，所以应允许一个国家在短期内略有顺差和逆差，然后在较长时期内用 1 年的顺差去弥补其他年份的逆差。这就是说，定义中的“一定时期”还可以理解为 2~3 年，甚至3~5 年,我们把这种国际收支平衡叫作动态平衡。如何选择确定国际收支平衡的标准呢？因为各国的国际收支状况区别较大，处于经济起飞阶段的国家和处于经济调整阶段的国家，其国际收支状况各不相同，所以应根据国家所处的发展阶段来确定并选择国际收支平衡的标准。

（二）货币政策各项目标之间的关系

货币政策目标不是单一的，而是多重的、并存的，所以各项目标之间存在复杂的关系，有些目标之间还存在矛盾性和对立性。各目标之间的关系具体表现在以下几方面：

1. 稳定物价与充分就业的矛盾

稳定物价与充分就业之间的矛盾体现在通货膨胀与失业率之间存在此消彼长的替换关系，即可能是失业率较高的物价稳定或通货膨胀率较高的充分就业。具体来说，当失业率较高时，需要采用扩大信用规模的方法刺激经济增长，增加就业。但同时信用规模扩大又会引起货币供给增加，进而社会总需求增加，导致物价上涨，这时会出现较高的通货膨胀率。这就是西方经济学中著名的“菲利普斯曲线”。

知识链接

菲利普斯曲线

20 世纪 60 年代，经济学家发现在失业和通货膨胀之间存在数据的交替，这是以第一个发现这种关系的英国经济学家 A. W. 菲利普斯命名的，即菲利普斯曲线。1958 年，菲利普斯根据英国 1861—1957 年失业率和货币工资变动率的经验统计资料，提出了一条用以表示失业率和货币工资变动率之间交替关系的曲线。这条曲线表明：当失业率较低时，货币工资增长率较高；反之，当失业率较高时，货币工资增长率较低，甚至是负数。根据成本推进的通货膨胀理论，货币工资可以表示通货膨胀率。因此，这条曲线就可以表示失业率与通货膨胀率之间的交替关系。即失业率高表明经济处于萧条阶段，这时工资与物价水都较低，从而通货膨胀率也低；反之，失业率低，表明经济处于繁荣阶段，这时工资与物价水平都较高，从而通货膨胀率也较高。失业率和通货膨胀率之间存在反方向变动的关系，如图 12-1。

2. 稳定物价与经济增长的矛盾

一般来讲，当经济中投资需求比较旺盛，经济增长率较高时，往往伴随着一般物价水平的上涨，从而出现较高的通货膨胀率。但如果为了稳定物价而实行了紧缩的货币政策，结果在通货膨胀率下降的同时，因投资缩减经济增长率也会随之下降，即可能会出现经济增长缓慢的物价稳定或通货膨胀率较高的经济繁荣。

3. 稳定物价与国际收支平衡的矛盾

受国际上其他国家物价变化情况的影响，可能出现本国通货膨胀（别国相对物价稳定）下的国际收支逆差或本国物价稳定（别国相对通货膨胀）下的国际收支顺差。在任何一个开放型经济的国家中，其经济状况都带有国际化特征，与其他国家的经济状况有着

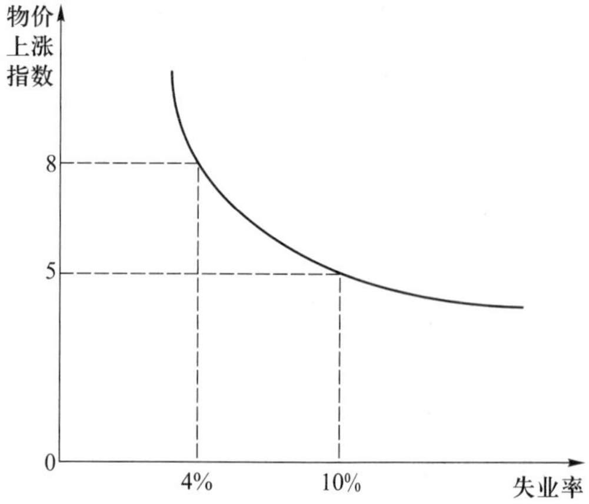

图 12-1 菲利普斯曲线

密切的联系，并在一定程度上受其他国家经济状况的影响，尤其在当前世界经济逐步走向自由化和一体化的过程中，这种影响更加显著，稳定物价与国际收支平衡这两项货币政策目标之间的矛盾也就体现得更为充分。

4. 经济增长与国际收支平衡的矛盾

在正常的情况下，随着国内经济的增长、国民收入的增加以及支付能力的增强，通常会增加对进口商品的需求。此时，如果出口贸易不能与进口贸易同步增加，则会使贸易收支发生大量的逆差。尽管有时由于经济繁荣而吸引了若干外国资本，这种外资的注入可以在一定程度上弥补贸易逆差而造成的国际收支失衡，但并不一定就能确保经济增长与国际收支平衡两项目标的同时实现。尤其是在国际收支出现失衡、国民经济出现衰退时，货币政策很难在两者之间进行合理的选择，因为在国际收支逆差的情况下，通常必须压抑国内有效需求，其结果可能会消除逆差，但同时也必然带来国内经济的衰退。面对经济衰退，通常要采取扩张性的货币政策，其结果可能会刺激经济增长，但又有可能因输入增加导致国际收支的逆差。

由于货币政策目标之间存在上述复杂的矛盾冲突，要求中央银行在货币政策目标的制定及执行过程中结合实际进行科学分析，从中选择最优化的目标组合，从而最大限度地实现货币政策的各项最终目标。

二、货币政策中介目标

货币政策中介目标是中央银行为实现货币政策目标而设立的可供观测和调整的中间性操作指标。作为中介目标要同时符合以下三个条件：一是与货币政策目标具有相关性；二是有被中央银行控制和调节的可控性；三是易为中央银行取得数据进行分析的可测性。

中介目标在不同国家因选择标准不同内容也有所不同。一般来讲，货币政策的中介目标通常包括四项指标：基础货币、货币供应量、利率和超额准备金。

（一）基础货币

前已述及，基础货币包括流通中的现金和商业银行等金融机构在中央银行的准备金，它们是货币供应量数倍伸缩与扩张的基础，是市场货币量形成的源头。中央银行提供的基础货币通过货币乘数的作用形成数倍于基础货币量的市场货币供给总量，所以调控基础货币就可以直接实现对货币总供求的调节。

以基础货币作为中介目标的特点是：这项指标对于中央银行来说极易监测、控制和操作，即可控性和可测性极强，但它是通过作用于货币供给总量再作用于货币政策的最终目标的，因此其相关性较弱。

（二）货币供应量

在经济发展过程中，要使包括各层次货币在内的货币供应量的增长与经济增长相适应，这就要求中央银行通过各种货币政策工具来调节、控制市场货币供应量。如果市场货币供应量过多，就可能出现社会总需求大于社会总供给，商品价格上涨、通货膨胀；反之，则会出现需求不足、通货紧缩。如果出现第一种情况，中央银行就要采取缩减货币供应量的做法，以使货币供应量与市场需求相适应，实现商品市场均衡，平抑物价；如果出现第二种情况，中央银行就要采取增加货币供应量的做法，达到货币供求平衡的目的。

以货币供应量作为中介目标是各国最普遍的一种选择，因为它是较理想的中间性目标。其特点是：社会总供给与总需求不管因何而引起失衡，都会通过货币供应量的过多或过少体现出来，所以这一中介目标与货币政策的最终目标最为接近，两者之间高度相关。另外，货币供应量的可测性和可控性也较强，中央银行比较容易判断其政策效果。但是，因货币供应量本身包含的范围或统计口径比较复杂，加上当代金融创新使货币供应量的层次内容不断变化，在计算货币供应量时界定较难，计量难度较大。

（三）利率

1. 短期利率

短期利率是银行同业拆放利率。中央银行随时可在货币市场上观察到短期利率的水平，然后通过公开市场操作和再贴现率等政策工具来影响短期利率的水平和结构。因为出于资金成本的考虑，银行和金融机构一般会对再贴现率与同业拆借利率之间的差额做出反应。另外，中央银行在公开市场上出售证券，必然会减少银行准备金，从而导致同业拆借利率提高，迫使银行利用再贴现实现借入中央银行资金或降低其借款的意愿。这必然会对银行的信用扩张产生影响，相应地引起长期利率的追随性变动。

2. 长期利率

长期利率一般指资本市场上的利率水平和结构。中央银行在任何时候都可以观察到资本市场的长期利率水平，及时进行分析，并可借助对短期利率的调控来相应影响长期利率产生追随性变化，从而达到对长期利率的控制。利率的变化与经济周期变化有密切关系：当经济处于繁荣阶段时，利率呈下降趋势；当经济转向复苏以至繁荣时，利率则趋于上升。因此，利率作为经济的一个内在因素，总是随着社会经济的发展状况而变动的，可作为观测经济波动状况的一个尺度。

以利率作为中介目标的特点是：长期利率对于货币政策的最终目标来说具有较强的相关性和可测性，短期利率对于中央银行来说具有较强的可控性，但无论是长期利率还是短期利率，其升降往往易受一些非政策性因素的影响，使其政策性效果和非政策性效果搅在一起，无法真实反映中央银行货币政策是否奏效，因此，要注意与其他中介目标结合观测。

（四）超额准备金

前已述及，商业银行等金融机构的准备金分为两个部分：一部分是按照法定准备率持有的准备金，一般都交存在中央银行的账户上，属基础货币，其数量金融机构无权自己变动；另一部分是超过法定准备数额的准备金，这部分准备金称为超额准备金，金融机构可以自主决定与使用。超额准备金一般也存在中央银行账户上，还有一部分金融机构自己持有或存放同业。超额准备金的高低，反映了商业银行等金融机构的资金宽松程度，如果此项指标过高，说明金融机构资金宽松，从而证明货币供应量偏多，中央银行应采取紧缩措施；反之，此项指标过低，则证明金融机构资金偏紧，市场货币供应量偏少，中央银行便采取扩张措施。中央银行通过调节，使金融机构的超额准备金保持在适当的水平上，就可保证货币供应量的适中。

以超额准备金作为中介目标，其特点是：该指标对商业银行等金融机构的资产业务规模有直接作用，与货币政策的最终目标关系密切，同时对中央银行来说也极易观测和判断，但是该项指标不易由中央银行直接控制，其可控性稍弱。

三、货币政策工具

货币政策工具是中央银行为实现货币政策目标而采取的调节、控制中介目标的具体手段和措施。一般来说，货币政策工具有一般性政策工具和选择性政策工具两大类。

（一）一般性政策工具

一般性政策工具是中央银行较常用的传统工具，具体是指再贴现率、法定存款准备金率和公开市场操作三项工具。

1. 再贴现率

再贴现率作为一种政策工具，是指中央银行通过调高或降低对商业银行以再贴现形式发放贷款的利率来影响银行系统的存款准备金和利率，从而控制和决定市场货币供应量和整体利率水平的做法。当中央银行调高再贴现率时，商业银行的准备金就会相应减缩，使其收缩对客户的贷款和投资，并提高贷款利率，从而使整个市场的货币供应量缩减，银根收紧，利率上升，社会对货币的需求也会相应减少；反之，当中央银行降低再贴现率时，正好会出现与上述过程相反的结果。可见，如果中央银行观测到的中介目标情况是利率水平偏高，货币供应量偏少，不能满足最终目标实现的要求，则可使用调低再贴现率的做法；反之，则可使用调高再贴现率的做法。

2. 法定存款准备金率

法定存款准备金率作为一种政策工具，是指中央银行通过调整法定存款准备金率以改变货币乘数来控制商业银行的信用创造能力，从而间接调节利率和货币供应量的做法。当中央银行提高法定存款准备金率时，商业银行交存中央银行的法定存款准备金增加，从而使其存款创造的规模缩小，派生存款数量减少，放款及信用创造能力下降，结果必然是银根偏紧，货币供应量减少，利率上升；反之，当中央银行降低法定存款准备金率时，则会出现与上述过程相反的结果。但是，由于法定存款准备金率的升降会使准备金直接减少或增加，从而通过乘数作用多倍地收缩或扩张货币供应量，导致市场货币供应量发生强烈的变化，振荡较大，缺乏调节弹性，所以中央银行一般不经常使用这项货币政策工具。

3. 公开市场操作

公开市场操作作为政策工具，是指中央银行在证券市场买进或卖出有价证券，从而使基础货币发生增减变化，进而调节货币供应量的做法。金融市场资金数量偏多时，为了紧缩银根，中央银行就可以大量卖出有价证券，这种证券无论是被商业银行购买，还是被社会公众购买，都意味着有相应数量的基础货币流回中央银行，从而引起信用规模的收缩和货币供应量的减少。反之，当金融市场资金数量偏少时，为了放松银根，中央银行则可买进有价证券，等于向社会注入了基础货币。如果这些证券的出售者是商业银行，则会引起信用扩张、货币供应量的多倍增加；如果出售者是社会公众，则意味着流通中的货币量直接增加。这两种情况的结果都会导致基础货币增加、信用扩张、货币供应量增加。

公开市场操作这项政策工具，可以使中央银行根据货币政策的需要，积极、主动地调节货币供应量，并且可通过买卖证券的数量、种类实现结构性调控。另外，公开市场操作业务可以经常、连续地进行，操纵灵活，不会使整个市场产生特别强烈的振荡，因此，该项政策工具是许多国家中央银行积极推崇和经常使用的一项重要的政策工具。

（二）选择性政策工具

随着中央银行宏观调控作用重要性的增强，货币政策工具也趋向多样化。除上述调节货币总量的三大工具在操作内容和技术上更加完备外，还增加了对某些特殊领域的信用活动加以调节和影响的一系列措施。这些措施一般都是有选择地使用，所以称为选择性政策工具。这类工具主要有间接信用控制工具和直接信用控制工具两种。

1. 间接信用控制工具

这类工具的特点是作用过程是间接的，要通过市场供求关系或资产组合的调整才能实现，具体有以下五种：

（1）消费者信用控制。它是指中央银行对不动产以外的各种耐用消费品的销售融资予以控制。在消费信用膨胀和通货膨胀时，中央银行使用该项工具可起到抑制消费需求和物价上涨的作用。

（2）证券市场信用控制。它是指中央银行通过对使用贷款购买股票的定金或保证金的规定，制约、控制证券市场的放款规模，抑制过度投机。该项工具可保证中央银行在不紧缩其他经济部门的资金需求的情况下，限制对证券市场的放款规模。

（3）不动产信用控制。它是指中央银行通过对商业银行等金融机构的房地产放款中贷款最高限额、最长期限、首次付款金额或还款条件等的规定来限制房地产放款规模的一种政策调节工具。

（4）优惠利率。它是中央银行对国家重点发展的经济部门或产业，如农业、出口工业等所采取的鼓励性措施。

（5）预缴进口保证金。它是指中央银行要求进口商预缴相当于进口商品总值一定比例的存款，以抑制进口过快增长。它多为国际收支经常出现赤字的国家所采用。

2. 直接信用控制工具

直接信用控制工具又称行政性控制工具，是中央银行以行政手段直接干预商业银行等金融机构信用业务的一种做法，具体有以下三种：

（1）利率限额。它通过规定贷款利率的下限和存款利率的上限，防止金融机构为谋求高利而进行风险存贷或过度竞争，是最常见的直接信用控制工具。

（2）信用配额。它是中央银行根据市场资金供求及客观经济需要，分别对各个商业银行的信用规模或贷款规模加以分配，限制其最高数量（贷款最高限额）。一般发展中国家经常使用该项政策工具。

（3）道义劝告。它是指中央银行利用自己的地位和声望，对商业银行等金融机构经常以发出书面通告或口头通知，甚至以与金融机构负责人面谈等形式向商业银行等金融机构通报行情，婉转劝其遵守金融法规，自动采取相应措施，自觉配合中央银行货币政策的实施。

此外，直接信用控制工具还会规定金融机构流动性比率、直接干预等。

第二节

货币政策的传导机制及政策效应

一、货币政策的传导过程

货币政策的三项要素之间存在相互依存的密切关系。当中央银行确定了货币政策目标后，它必须根据最终目标的要求，在最终目标的实现过程中，制定出一些短期内可实现调控的又能影响货币政策目标实现的经济指标，即中介目标，并运用相应的货币政策工具来实现对这些中介目标的调节，从而最终实现货币政策的目标。可以说，中央银行运用各种货币政策工具影响中介目标，进而实现最终目标的过程和途径就是货币政策自身的传导过程。这种传导过程的原理如图 12-2 所示。

从货币政策的传导过程来看，通常是由中央银行的货币政策开始，作用于商业银行及其他金融机构，再由商业银行和其他金融机构作用于企业、个人，企业和个人的行为影响市场，即产出、就业和物价水平等。以中央银行一项政策工具的使用为例，假如降低法定存款准备金率，商业银行和其他金融机构的储备就会增加，它们对企业或个人的贷款规模就会扩大，利率相对会下降，而结果是企业产出增加、就业增加，物价水平也随之发生变化。可见，货币政策的运用及产生政策效果，需要经过几个环节的传导过程，才能最终达到其宏观调控的目标。所以，从实质上说货币政策的传导过程是央行根据货币政策目标的要求，运用货币政策工具，通过金融机构的经营活动和金融市场传导到企业、个人，对其投资和消费产生影响的过程。

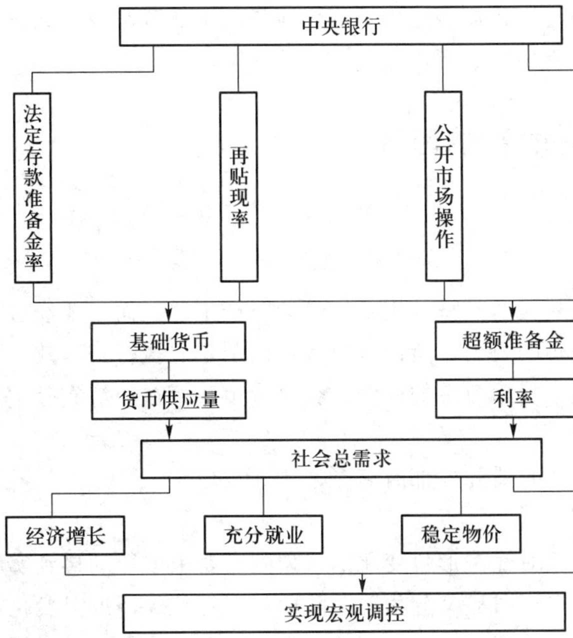

图 12-2　货币政策传导过程图

二、货币政策传导机制理论

货币政策传导机制理论是分析和说明实施相应的货币政策措施以后，导致了货币供应量的变化，而货币供应量的变化又进一步影响企业、个人等微观经济主体的消费和投资行为，进而导致宏观经济总量发生相应变化的传导机制的理论。从不同角度分析货币政策的传导机制，产生了不同的理论学派。

（一）凯恩斯学派理论

凯恩斯的货币传导机制理论是以货币政策工具的实施对货币供应量、利率以及投资的影响为主线。具体来说，凯恩斯的货币传导机制理论认为，货币供应量（M）直接影响利率（i），利率直接影响投资支出（I），投资支出又直接影响社会总支出（E），进而影响总产出（Y）。这一传导机制可以简单表示为：$M \rightarrow i \rightarrow I \rightarrow E \rightarrow Y$。

例如，实施扩张的货币政策，结果使货币供应量增加，利率就会相应地下降，这将会影响投资的增长，而投资的增长又会通过货币乘数的作用影响社会总支出和社会总产出的数量。

（二）货币学派理论

货币学派理论与凯恩斯学派理论有着不同的分析和观点。货币学派的货币政策传导机制理论认为，货币供应量直接影响社会总支出和总产出，而不强调利率的作用。他们认为，货币供应量变动影响社会总支出和总产出的具体途径是多种多样和不断变化的，所以货币学派理论把货币政策的传导机制表述为货币供应量的增加或减少，无论是通过什么中间途径，都会影响社会的总支出与总产出，即 $M \rightarrow E \rightarrow Y$。

三、货币政策效应的影响因素

（一）时滞

因为货币政策的紧缩或放松对经济的影响不是即时产生的，而是要经过一系列的传导环节和传导过程才能产生现实的效力，所以货币政策的制定、执行到奏效，要经过一段时间，这就是货币政策的时滞。货币政策的时滞，会对货币政策在经济实际中发挥的调节作用产生重要影响。

货币政策的时滞分为内部时滞和外部时滞。

1. 内部时滞

内部时滞是指中央银行从对经济形势变化的认识到需要采取行动再到实际采取行动所花费的和经过的时间过程。内部时滞又分为两个阶段：一是从经济形势变化需要中央银行采取行动到中央银行在主观上认识到这种变化并意识到需要采取行动的时间间隔，这段时滞称为认识时滞；二是从中央银行认识到需要采取行动到实际采取行动的时间间隔，这段时滞称为行动时滞。

内部时滞的长短，取决于中央银行对经济形势发展变化的敏感程度、预测能力以及中央银行制定政策的效率和行动的决心等因素。

2. 外部时滞

外部时滞又称影响时滞，是指从中央银行采取行动开始直到对货币政策目标产生影响为止的时间间隔。与内部时滞相比，外部时滞比较客观。一般情况下，外部时滞由社会的经济、金融条件决定，中央银行不能直接控制，不论是货币供应量还是利率，它们的变动都不会立即影响政策目标。例如，由于客观经济条件的限制，货币供应量的增加与利率下降不会立刻引起总支出与总收入的增加。就投资而言，企业必须对外部经济信息有较强的敏感性，要先做出投资决策，从意向产生到调查再到计划的形成，然后开始订购、运输，再投入生产等，每一步都需要时间。可见，因受客观因素影响，外部时滞是货币政策时滞中的主要时滞效应部分。

时滞是影响货币政策效应的重要因素。如果货币政策产生的影响可以很快表现出来，则中央银行可根据起初的预测值，考察货币政策的奏效情况，并对货币政策的调控幅度做适当的调整，从而更好地实现预期目标。若货币政策的大部分效应要在较长时间后才能产生，即时滞不定且无法预测，则货币政策实施过程中经济形势可能发生较大变化，使货币政策效果可能违背了中央银行的初衷，甚至可能出现相反的调节结果，使经济、金融形势进一步恶化。因此，应重视货币政策的时滞，把时滞降到最低程度，才能更好地完成货币政策的预期目标。

（二）影响货币政策效应的其他因素

除了时滞以外，影响货币政策效应的因素还有货币流通速度和微观主体预期等。就前者而言，如果在政策制定后货币流通速度发生变动，而政策制定者在制定政策时并未意识到，也未预料到，货币政策的效果就可能受到严重影响，甚至有可能使本来正确的政策走向反面。但恰恰在经济实际当中，对货币流通速度的估计很难不发生误差，这就在一定程度上限制了货币政策的有效性。另外，就后者即微观主体的预期而言，当一项货币政策提出时，各种微观主体会立即根据可能获得的各种信息预测政策的后果，从而很快地制定对策，而且时滞较短。但是微观主体广泛采取的对策，对中央银行制定的政策所产生的效果可能在一定程度上起破坏作用。例如，政府拟采取长期的扩张政策，人们通过各种信息预期社会总需求会增加，物价会上涨，所以此时工人会要求提高工资，企业对此会预期工资成本增大而不愿扩大经营，最后的结果是扩张政策使物价上涨了，但却没有使经济产出同步增长。

第三节

宏观调控的实施

对经济和金融实施宏观调控，是中央银行的核心任务。它是通过货币政策的制定和执行来实现的。在中央银行实施宏观调控的过程中，首先，要根据经济发展的实际，制定和实施符合经济客观实际的最优货币政策；其次，要充分考虑货币政策本身的时滞效应及各种影响因素，实施前瞻性货币政策，以便取得更好的货币政策的调控效果。另外，还要注意货币政策与国民经济中其他经济政策的协调配合。只有做到这些，才能真正实现中央银行货币政策的宏观调控的目的。

一、货币政策的制定与实施

（一）货币政策的制定

货币政策的一个最显著的特征就是，它是一种调节社会总需求的政策。因为社会总需求体现为货币支付能力的需求，社会货币支付能力是由货币供给形成的，因此，制定货币政策要依据社会总供求状况，即货币政策就是要通过对总需求的调节去适应总供给的要求，从而实现社会总供求的平衡，也就实现了物价稳定与经济增长的货币政策基本目标。因此，中央银行应根据经济发展对货币供应即社会总需求的要求，制定“松”的（扩张性的）或“紧”的（紧缩性的）货币政策，具体来说有以下几种情况：

一是社会总需求不足，由此引起整个社会经济的萎缩或萧条，资源闲置，经济发展受阻。依据这种情况，中央银行在制定货币政策时应采用扩张性的，即“松”的货币政策，要增加货币供给量，使利率下降，刺激社会总需求，从而使生产恢复并得到充分发展，使社会总需求与总供给趋于平衡。

二是社会总需求过热，由此引起整个社会经济的过度膨胀，生产发展过快，投资急剧增加，市场供给不足，物价上涨。依据这种情况，中央银行在制定货币政策时应采用紧缩性的，即“紧”的货币政策，要缩减货币供给量，使利率回升，抑制社会总需求，从而使物价平稳、经济适度增长，使社会总需求与总供给趋于平衡。

三是社会总需求与总供给在构成上不相适应，从而使社会经济中部门发展不均衡，一些部门需求不足，商品相对过剩；另一些部门则需求过旺，商品供不应求，经济比例失调。依据这种情况，中央银行的货币政策应有松有紧，着重于调整货币供给的构成和流向，从而改变部门经济结构和调节经济发展的比例，使社会经济协调发展。

（二）货币政策的实施

1. 紧缩性货币政策

实施紧缩性货币政策主要目的是抑制通胀，保持经济稳定发展，因而所要采用的货币政策工具除使用部分选择性控制工具以外，一般应采用提高再贴现率、提高法定存款准备金率以及公开市场操作（大量出售持有的有价证券）等措施。

2. 扩张性货币政策

实施扩张性货币政策主要目的是刺激经济增长，提高经济增长速度，因而在货币政策工具的使用上，同样要配合相应的选择性控制工具。此外，一般应采用降低再贴现率、降低法定存款准备金率以及公开市场操作（大量买进有价证券）等措施。

3. 稳健的货币政策

实施稳健的货币政策主要目的是根据经济变化的征兆来调整政策取向，当经济出现衰退时，货币政策偏向于扩张；当经济出现过热时，货币政策偏向于紧缩，最终保持物价的基本稳定。

二、实行前瞻性货币政策

前瞻性货币政策是指货币政策的即期使用要与控制物价或经济增长等中长期目标相结合，它包含一个动态过程，即中央银行要根据货币政策的远期（最终）目标，在不同的时点及时采取政策行动，以实现预定的货币政策目标。也就是说，实施传统的货币政策是由中央银行通过一定的政策手段将稳定物价或经济增长等控制在一定范围内，而前瞻性货币政策是通过现时的货币政策操作来影响未来的经济发展形势。前瞻性货币政策对于中央银行提高货币政策操作的准确性，确保实现宏观调控的目标具有重要意义。

实行前瞻性货币政策的原因是货币政策本身的时滞效应和其他影响货币政策效应的因素的存在。前面讲过，经济运行过程中某一特定的经济变量及作用发生变化，会导致原来的经济运行轨迹发生变化，从而使货币政策操作效应发生相应变化，使货币政策操作目标与最终目标之间产生偏差，有时偏差过大，还会引起相反的政策效应，所以要缩小这一偏差，减少时滞等因素对货币政策预期效果的不利影响。中央银行必须实行前瞻性货币政策，绝不能“走走停停”“相机而行”或“头痛医头、脚痛医脚”。

为了实施前瞻性货币政策，更好地实现货币政策的最终目标，中央银行要高度重视和做好对经济和金融的预测，要在科学预测的基础上采取超前预防性策略，针对货币政策面临的主要问题，有针对性地制定有效的前瞻性货币政策，从而提高金融宏观调控的质量。

三、货币政策与财政政策的配合

货币政策与财政政策是国家宏观经济政策中的两大政策。货币政策的主要调控机制是货币供应的收缩与扩张，而财政政策的主要调控机制是财政的收入和支出。两大政策都对社会总供求起重要的、决定性的调节作用，但两大政策调节的侧重点和调节的手段各有不同，因此单一使用其中的一项达不到最佳的调控效果，所以，把货币政策和财政政策组合使用，是当今世界各国实现政策目标的最佳选择。

货币政策和财政政策的组合搭配通常有两种模式，即双松双紧或松紧搭配。

双松双紧都是指货币政策和财政政策沿同一方向组合运动。双松即松的财政政策和松的货币政策并行。松的财政政策要实行减税、扩大支出、增加投资、增加补贴等财政政策工具；松的货币政策要实行降低准备率、降低再贴现率、中央银行大量买进有价证券等货币政策工具，以放松银根、增加货币供应量。双松政策可能出现一方面刺激投资、促使经济增长，但另一方面出现财政赤字、信用膨胀的结果。双紧即紧的财政政策和紧的货币政策并行。紧的财政政策要实行增税、削减开支、发行政府债券、减少补贴等财政政策工具；紧的货币政策要实行提高准备率和再贴现率及大量卖出有价证券等货币政策工具，以抽紧银根、减少货币供应量。双紧政策可能出现一方面有力地控制总需求，使通货稳定，但另一方面降低经济的增长速度的结果。

政策工具组合的第二种模式是松紧搭配，即或实行松的财政政策、紧的货币政策，或实行松的货币政策、紧的财政政策。如果财政政策松，实行减收增支出现赤字，则银行抽紧银根，实行紧缩的货币政策；如果财政政策紧，实行增收节支有了节余，则银行可放松银根，实行扩张的货币政策。反过来，如果货币政策松，出现贷大于存、货币发行过多，则财政应实行紧缩政策，增收减支；如果货币政策紧，出现存大于贷、货币供应量少，则财政可实行放松政策，适当扩大支出、刺激需求。

除与财政政策配合以外，货币政策还应注意与产业政策、收入分配政策的配合。

四、中国的货币政策

（一）中国货币政策的目标

根据 2003 年 12 月 27 日全国人大十届六次会议修订的《中华人民共和国中国人民银行法》的规定，我国货币政策的目标是“保持币值的稳定，并以此促进经济增长”。

（二）中国货币政策的中介目标

中国中央银行在深化金融体制改革前十几年的货币政策中虽然没有正式提出调控中介目标的问题，但在实际运用中，银行的信贷规模和现金供应量一直起着中介目标的作用。1994 年深化金融体制改革中，我国明确提出了货币政策的中介目标为货币供应量、信用总量、同业拆借利率和银行备付金率。至 1996 年，货币供应量（M1、M2）正式成为我国货币政策的主要中介目标，这标志着我国对货币政策的中介目标的使用向国际通用做法靠拢。同业拆借利率是我国利率从管理型向市场化转化的过程中唯一的一种由供求决定的市场利率，所以该利率能比较灵敏地反映我国货币市场的资金供求状况，同时也能反映公众的预期通货膨胀率，因此该利率成为我国货币政策的中介目标之一。

（三）中国的货币政策工具

一国中央银行实施怎样的货币政策工具，取决于该国的经济发展和中央银行的自身发展情况。我国中央银行适应以往计划经济体制，曾以直接的计划控制工具为主。随着经济体制和金融体制的深化改革，货币政策工具也逐步转为以间接控制为主的规范做法。首先是 1993 年发布的《国务院关于金融体制改革的决定》中明确指出，中国人民银行将实行法定存款准备金率、再贴现率、公开市场操作、中央银行贷款、中央银行外汇操作、贷款限额等政策工具。其中，公开市场操作及中央银行外汇操作等工具在我国属首次使用的政策工具。后来，随着经济发展客观实际的变化，再贴现率、法定存款准备金率、公开市场操作等货币政策工具运用得越来越多，直至 1998 年我国取消了贷款限额等直接控制工具的广泛使用，改革了法定存款准备金制度，从而使我国的货币政策工具进一步向规范的国际通用做法靠拢。按照 2003 年 12 月 27 日全国人大十届六次会议修订的《中华人民共和国中国人民银行法》的规定，我国目前使用的货币政策工具主要有：法定存款准备金率、再贴现率、央行基准利率、对金融机构贷款、公开市场操作以及一些指导性、选择性的政策工具。

“十一五”和“十二五”期间，我国央行不断加强以市场为基础的调控机制建设，不断完善货币政策工具，创造性地发行中央银行票据，有效对冲了外汇占款增长带来的基础货币投放，形成了具有中国特色的公开市场业务操作框架。发行短期融资券，疏通了货币政策传导机制，同时利率市场化改革也取得了重大进展，利率的调节作用明显增强。

典型案例

货币政策与财政政策配合，有效实现我国的宏观调控目标

随着市场经济的深入发展，我国的宏观调控体系不断完善，调控能力不断增强。十余年来，面对随时变化的经济形势，我国的货币政策与财政政策顺时应势、协调配合，成功实现了经济宏观调控的目标。

第一阶段（1998—2002 年）：以积极的财政政策为主，稳健的货币政策相配合，推动中国经济走出通缩。1998 年，中国经济形势发生了急剧的变化。亚洲金融危机的影响明显加深，对外贸易受到严重冲击；国内物价持续走低，商品零售物价总水平自 1997 年 10 月开始出现绝对下降；长期以来盲目建设带来的经济结构不合理等深层次矛盾，在国际经济环境急剧变化和国内市场约束的双重作用下，更加凸显出来，中国经济第一次出现了供大于求的局面。尽管这一社会供应总量的过剩是初级的、浅层次的，但供求关系的这种转变，第一次把需求不足的问题推到了经济运行的前台，没有足够的需求，生产的增长以及经济的增长将难以为继。

上述经济背景导致了中国以扩大内需为主要内容的各项宏观经济政策的出台，即实行积极的财政政策，配合稳健的货币政策。1998 年 7 月，中国政府正式决定实施旨在扩大

需求的积极的财政政策。同年8月，第九届全国人大常委会第四次会议审议通过了财政部的中央预算调整方案，决定增发1 000亿元国债，同时配套增加1 000亿元银行贷款。至此，中国积极的财政政策和稳健的货币政策正式启动。在这一时期，稳健的货币政策主要发挥了对积极财政政策的配合支撑作用。其具体表现为：① 鼓励商业银行增加国债投资项目的资金配套贷款。据统计，从1998年到2002年，我国共发行国债6 600亿元，带动以商业银行为主的社会投资3.2万亿元，每年拉动经济增长1.5至2个百分点。② 从1998年起，中国人民银行连续多次下调人民币存款利率，两次下调法定存款准备金率，增加基础货币的供应，创造宽松的资金环境。

稳健的货币政策为积极的财政政策作用的发挥起到了根本性的支撑作用，两项政策相互配合，最终达到了扩大内需、促进经济发展的目标。

第二阶段（2003—2005年）：以稳健的货币政策为主，稳健的（中性的）财政政策配合，防范了经济过热和通货膨胀，维护了币值的稳定，支持了国民经济平稳、较快的发展。2003年，随着我国经济增长速度的加快，固定资产投资过快、部分行业投资过热的苗头开始显现，煤炭、电力、石油、运输业供应日益紧张，盲目投资、乱上项目、重复建设问题日益严重，消费价格以较快的速度持续上升，新的"大起"有可能导致新的"大落"，新的宏观调控任务摆在面前。为确保经济平稳、快速发展，我国政府顺时应势，及时调整了财政、货币两大经济政策，在继续实行稳健的货币政策的同时，把积极的财政政策调整为实行稳健的财政政策。

财政政策转向平稳，以结构调整为主，那么总量调控的任务则主要由货币政策来完成，所以我国央行采取了稳健（近期适度从紧）的政策取向。从2003年起，中国人民银行加强了对宏观经济的"预调"和"微调"，及时采取了必要的调控措施：发行央行票据，加大公开市场"对冲"力度；及时对房地产信贷进行风险提示，将金融机构存款准备金率由6%上调至7%，同时下调超额存款准备金率。到2004年，继续加大调控力度，1月份宣布扩大金融机构贷款利率浮动区间，在较大程度上赋予商业银行根据货币政策导向和贷款风险确定贷款利率的自主权；3月份实行差别准备金制度，同时提高再贷款利率0.62个百分点，提高再贴现利率0.27个百分点；4月份又宣布再次提高存款准备金率0.5个百分点。这一系列措施的实施，达到了在经济尚未全面过热、通货膨胀尚未全面发生时予以遏制的宏观调控目标，在很大程度上避免了物价大起大落可能对国民经济造成的严重伤害。在货币政策加强总量调控的同时，财政在确保增收和适度发行国债的基础上，实行"有保有压"的结构调整政策，做到"三个支持"：一是保持中央的投资调控力度，确保重点、重要、重大项目的资金需要；二是积极运用税收、转移支付等手段，支持地区均衡发展；三是通过农村税费改革等措施支持农业（农村）发展。

经过货币政策和财政政策"双稳定"的实施，宏观调控成效显著。2003—2005年全社会固定资产投资增幅逐年回落，一些行业和地区投资过热明显降温，经济结构趋于合理；货币供应量和贷款增长适度，与经济平稳增长基本适应，总量基本适度。从总体看来，整个"十五"期间经济增长水平（GDP）年均增长率达9%，比"九五"期间提高了0.7个百分点，经济增长的波动幅度为2%，比"九五"期间减少了0.5个百分点，实现了既快又稳的经济发展目标。

第三阶段（2006—2008年）：两种截然不同的政策搭配。2006至2008年上半年，我国经济继续面临通货膨胀的压力，流动性过剩，固定资产投资过大，中央经济工作会议确定了2009年通货膨胀率4.5%的调控目标，所以实行了从紧的货币政策和从紧的财政政策，通过这样“双紧”的政策调控，流动性过剩等问题得到了有效的控制。但是2008年下半年起，国际金融危机影响我国经济增长水平，在进出口大量缩水的情况下，中央制定了以扩大内需拉动经济增长的策略，所以开始实行了积极的财政政策和适度宽松的货币政策，保证2009年我国的经济增长率达到8%的增长水平。

第四阶段（2009—2016年）：两种政策配合使用。2009—2010年，继续实行以适度宽松的财政政策和货币政策为主，扩大内需，促进经济回暖。2009至2010年，在双宽松的政策引导下，我国实现了扩大内需，引导金融机构合理把握信贷投放总量、节奏和结构，促进经济平稳健康发展的目标。2011—2016年，国际金融危机有所缓和，我国经济运行态势总体良好，进入经济新常态，央行的货币政策由适度宽松转为稳健，同时继续实行积极的财政政策，以实现稳增长、调结构的宏观调控目标。

从1998至2016年，中国经济经历了从亚洲金融危机到全球性金融危机的过程，在这个过程中，经历了治理由亚洲金融危机带来的通货紧缩，到防范经济过热和通货膨胀，从治理全球性金融危机带来的经济滑坡，到经济进入新常态，我国货币政策和财政政策相互配合，促进了不同时期对经济总量和经济结构的调整，实现了各个不同时期的宏观调控目标，保证了中国经济的快速、健康发展。

■ 本章小结

本章介绍了货币政策的内容以及货币政策在调控经济中的传导机制及其作用。结合经济实际介绍了宏观调控的实施，阐明了运用货币政策本身以及货币政策与财政政策的配合运用对一国经济进行宏观调控的过程。通过本章内容的学习有助于了解和分析国家现实宏观经济政策的实施及对经济的影响。

■ 章后习题

□ 一、重要概念

货币政策　　货币政策目标　　货币政策中介目标　　货币政策工具

□ 二、思考题

1. 货币政策目标包括哪些内容？它们之间的关系如何？
2. 货币政策的传导机制理论包括哪些内容？
3. 货币政策是如何制定的？
4. 货币政策与财政政策是如何配合使用的？

□ 三、讨论题

结合当前实际，讨论正在实施的货币政策的效果及走势。

□ 四、案例分析

【资料】

从2010年2月至2016年2月，我国央行多次调整法定存款准备金率，详见下表。

公布时间	大型金融机构			中小金融机构		
	调整前	调整后	调整幅度	调整前	调整后	调整幅度
2016年02月29日	17.00%	16.50%	-0.50%	13.50%	13.00%	-0.50%
2015年10月23日	17.50%	17.00%	-0.50%	14.00%	13.50%	-0.50%
2015年08月25日	18.00%	17.50%	-0.50%	14.50%	14.00%	-0.50%
2015年06月27日	18.50%	18.00%	-0.50%	15.00%	14.50%	-0.50%
2015年04月19日	19.50%	18.50%	-1.00%	16.00%	15.00%	-1.00%
2015年02月04日	20.00%	19.50%	-0.50%	16.50%	16.00%	-0.50%
2012年05月12日	20.50%	20.00%	-0.50%	17.00%	16.50%	-0.50%
2012年02月18日	21.00%	20.50%	-0.50%	17.50%	17.00%	-0.50%
2011年11月30日	21.50%	21.00%	-0.50%	18.00%	17.50%	-0.50%
2011年06月14日	21.00%	21.50%	0.50%	17.50%	18.00%	0.50%
2011年05月12日	20.50%	21.00%	0.50%	17.00%	17.50%	0.50%
2011年04月17日	20.00%	20.50%	0.50%	16.50%	17.00%	0.50%
2011年03月18日	19.50%	20.00%	0.50%	16.00%	16.50%	0.50%
2011年02月18日	19.00%	19.50%	0.50%	15.50%	16.00%	0.50%
2011年01月14日	18.50%	19.00%	0.50%	15.00%	15.50%	0.50%
2010年12月10日	18.00%	18.50%	0.50%	14.50%	15.00%	0.50%
2010年11月19日	17.50%	18.00%	0.50%	14.00%	14.50%	0.50%
2010年11月10日	17.00%	17.50%	0.50%	13.50%	14.00%	0.50%
2010年05月02日	16.50%	17.00%	0.50%	13.50%	13.50%	0.00%
2010年02月12日	16.00%	16.50%	0.50%	13.50%	13.50%	0.00%

资料来源：东方财富网数据中心。

从以上资料可见，凡是实行中央银行制度的国家，一般都实行法定存款准备金制度，法定存款准备金率是中央银行调节货币供应量的强有力的手段之一。但由于法定存款准备金率的调整是直接增减流通中的货币供应量，所以一般被认为是货币调控的“猛药”。

根据上述资料，分析我国央行使用法定存款准备金率这项货币政策工具的情况及其宏观调控效果。

延伸阅读

次贷危机期间美国联邦储备体系的最后贷款人职能

2007 年 8 月开始的次贷金融危机使得美联储作为最后贷款人的作用大大增强。

2007 年 8 月中旬，美联储将贴现率调低至仅高于联邦基金目标利率 50 个基点（0.5 个百分点），而通常情况下贴现率比联邦基金目标利率高出 100 个基点。2008 年 3 月，美联储进一步缩小了这一差距，将贴现率设置在仅比联邦基金目标利率高 25 个基点的水平上。在 2007 年 9 月和 2008 年 3 月，美联储还放宽了贴现贷款的期限。在危机发生前，通常为隔夜或极短期贷款，而在 9 月，贴现贷款期限延长到 30 天，在 3 月更是延长到 90 天。

2007 年 12 月，美联储设立一个临时性的定期拍卖工具（TAF），它通过竞争性拍卖机制确定贴现贷款的利率，这一工具所受到的来自银行的诟病要比正常贴现窗口少。这一工具比贴现窗口使用得更广泛，因为它使银行能够以低于贴现率的利率取得贷款。同时利率由竞争确定，而不是设定为一个罚息率。虽然 TAF 对于美联储是一个新的工具，但欧洲中央银行早已有类似的工具了。TAF 拍卖方案以 200 亿美元的数额开始，但随着危机的恶化，数额大幅度提高，其总额已经超过 4 000 亿美元。

2008 年 3 月 11 日，美联储创立了定期证券借贷工具（TSLF）。在这一机制下，美联储将以比隔夜贷款更长的期限向一级交易商借出国库券，而一级交易商以其他债券进行担保，正如现存的贷款计划一样。TSLF 的目的是为一级交易商提供更多的美国国债，以使其有足够的国库券作为抵押品，从而有助于金融市场有序运作。在同一天，美联储还授权增加货币互惠协议的额度，也称为互换额度（swaplines）。在这种情况下，美国就将美元借给外国中央银行（如欧洲中央银行和瑞士国家银行）而换回其他外国货币，使这些央行能够为当地银行发放美元贷款。这一换汇额度在危机过程中进一步扩大。

2008 年 3 月 14 日，当贝尔斯登流动性枯竭时，美联储宣布将会实际收购贝尔斯登 300 亿美元与房产抵押贷款相关的资产，以促成摩根大通对贝尔斯登的收购。美联储之所以采取这一非同寻常的行动，是因为它认为贝尔斯登与其他金融机构的联系相当密切，贝尔斯登的倒闭会引发一场“大火”——出售资产和信贷市场枯竭。当时美联储是根据《联邦储备法》第 13 部分第 3 条这一隐晦条款行事的，该法条是在大萧条时期提出的。只要特定的前提条件得以满足，它就允许美联储在“特殊和紧急的情况下”可以借钱给任何个人、合伙人或公司。这扩大了美联储作为最后贷款人行动的范围，大大超过了其传统上只贷款给存款机构的做法。这一举动被美联储前主席保罗·沃克尔描述为美联储正走向“其法律所赋予权利的边缘”。

随着危机的逐步深化，美联储作为最后贷款人所采取的行动扩大化（依据《联邦储备法》第 13 部分第 3 条）也在加强。2008 年 3 月 16 日，美联储宣布施行一个新的临时信贷工具，即一级交易商信贷工具（PDCF）。在这一安排下，一级交易商（其中大部分是投资银行）可以利用与存款机构相同的条件通过贴现窗口借入资金。同年 9 月 19 日，当货币市场共同基金遭到投资者大量赎回时，美联储宣布了另一项临时工具，即资产支持的商业票据货币市场共同基金流动性贷款便利（AMLF）。在这一机制下，美联储对一级交易商给予贷款，使它们可以从货币市场共同基金手中购买资产支持的商业票据。这样，当货币市场共同基金需要出售其所持有的资产支持商业票据以满足投资者的赎回要求时，它们就能够这样做了。一个类似的机制，货币市场投资者融资工具（MMIFF）成立于2008年10月21日，使得美联储可以发放贷款给特殊目的载体，而它们可以购买更广范围的货币市场共同基金资产。2008年10月7日，美联储宣布另一个流动性工具，即商业票据融资便利（CPFF），以促进已开始失灵的商业票据市场的正常运转。有了这个机制，美联储可以直接从发行人处购买商业票据，其利率高于对应期限的预期联邦基金100个基点。为了限制这一工具对现有债券进行滚动还债行为的发生，美联储规定，每个债券发行人出售的债权数额只能小于或等于其在2008年8月的平均余额。然后，在2008年11月25日，美联储又宣布了两种新的流动性工具：一种是定期资产支持证券贷款便利（TALF），其中美联储承诺在一年内提供2 000亿美元资金（而后提高到1万亿美元）为资产支持证券持有者提供融资。另一种是政府发起实体购买计划，这一机制下，美联储承诺购买房利美、房地美及其他政府发起机构（GSE）发行的1 000亿美元负债，以及购买5 000亿美元由这些机构担保的房产抵押证券。

在雷曼兄弟倒闭后，美联储延续了对金融机构的大量直接信贷，以将它们挽救回来。在9月下旬，美联储同意为美国国际集团提供超过1 000亿美元信贷，并授权纽约联邦储备银行购买美国国际集团发行的抵押贷款支持证券和其他风险资产，为该公司注入更多的流动资金。11月，美联储承诺支付2 000亿美元以承担其为花旗银行风险资产提供担保所造成损失的90%。2009年1月，美联储又为美国银行做了同样的事情，这次支付了800亿美元。

综上，在次贷金融危机中，美联储作为最后贷款人这一机制的扩充确实引人注目。到2008年年底，美联储的资产负债表就增长了超过1万亿美元，这一前所未有的扩张，表明了美联储保证金融市场稳定运行的目的。

资料来源：［美］弗雷德里克·S. 米什金. 货币金融学. 中国人民大学出版社，2011.

■ 即测即评

风险、监管与创新篇

第十三章

金融风险与金融危机

【本章学习目标】

通过对本章的学习，学生可了解金融风险和金融危机的概念、特征以及种类、成因等基本问题，明确认识金融风险和金融危机的危害性，增强风险、危机防范意识，掌握金融危机的传导机制及相关理论。

【本章知识结构图】

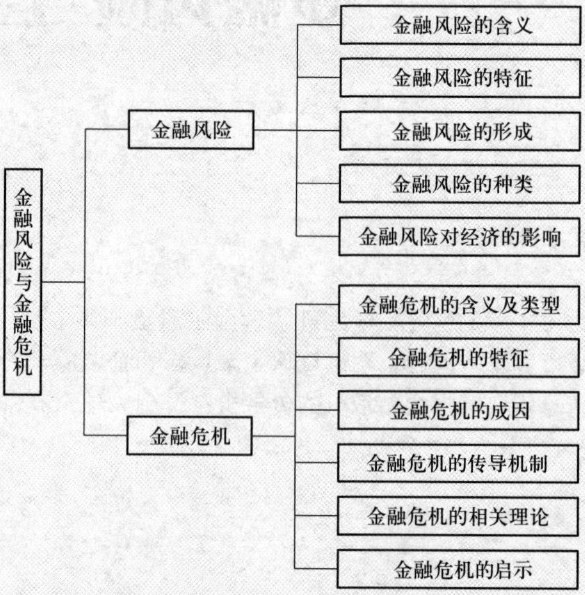
金融风险与金融危机
金融风险
金融风险的含义
金融风险的特征
金融风险的形成
金融风险的种类
金融风险对经济的影响
金融危机
金融危机的含义及类型
金融危机的特征
金融危机的成因
金融危机的传导机制
金融危机的相关理论
金融危机的启示

【引例】

*ST博元退市

2016年3月21日，上海证券交易所发布关于终止*ST博元（珠海市博元投资股份有限公司）股票上市的公告，*ST博元是证券市场首家因触及重大信息披露违法情形被终止上市的公司。据了解，公司在2011至2014年，多次伪造银行承兑汇票，虚构用股改业绩承诺资金购买银行承兑汇票、票据置换、贴现、支付预付款等重大交易，并披露财务信息严重虚假的定期报告，虚增资产、收入、利润等财务信息。

2014年6月17日，中国证监会开始对*ST博元涉嫌信息披露违规行为进行立案调查。在2014年6月17日至2015年3月27日，*ST博元经行政立案调查因其涉嫌违规披露、不披露重要信息、变造金融票证被中国证监会依法移交公安机关。在2015年5月25日，*ST博元股票被暂停上市。

资料来源：新浪网。

思考：随着强制退市逐渐“动真格”，必须警惕部分存在退市风险的上市公司，此时公司股票的持有者将面临巨大的金融风险，因此要提高对金融风险的预见能力。本章要讲述的就是关于金融风险和金融危机的相关知识。

第一节
金融风险

一、金融风险的含义

风险存在于经济活动的各个领域，金融领域的风险更是伴随着金融活动的全过程，金融风险与金融活动与生俱来。

金融风险是指在货币经营和信用活动中，由于各种因素随机变化的影响，使金融机构或投资者的实际收益与预期收益发生背离的不确定性，以及资产蒙受损失的可能性。从1694年英国的英格兰银行诞生，现代商业银行已经历了300多年的发展。从1897年我国第一家由国人创办的银行中国通商银行建立至今，我国银行业的发展也已经有100多年的历程。金融业作为以追求利润最大化为目标，经营货币资金，以信用为生命的行业，与其他行业相比属于高风险经营的特殊行业。金融业的每一项经营活动和营运过程的每个环节都充满风险。

二、金融风险的特征

1. 扩散性

金融风险的扩散性是指个别金融活动的某个环节出现经营危机，会迅速扩张到其他金融机构甚至引起整个社会的动荡。金融体系的发展进步和业务交叉，使金融领域内各行业之间的联动和交互影响日益增强，许多金融工具必须在广泛的金融网络中才能运行，银行与银行之间每时每刻都在发生复杂的债权债务关系。一家银行倒闭，会造成社会公众对所有银行的信任危机，诱发挤提的金融风潮，引起一系列债权债务关系的破坏，产生银行相继倒闭的“多米诺骨牌效应”，殃及整个银行业。同时，金融机构作为信用中介组织，一方面是贷者的集中，另一方面是借者的聚集，金融经营管理的失败必然连带引发众多借者、贷者的损失和失败。

2. 偶发性

金融风险的偶发性是指金融风潮大都由偶然事件触发，是众多不确定因素随机组合的结果。人们无法确切地知道金融风险在何时、何地以何种形式出现，也无法预测其危害程度、范围如何，一旦出现即猝不及防。

3. 破坏性

金融风险的破坏性是指金融风险一旦发生，不仅会使客户和股东蒙受很大的经济损失，而且往往波及社会再生产的所有环节，影响社会再生产的顺利进行和经济的持续增长，造成社会巨额的经济损失，甚至危及社会稳定，引发政治危机。

知识链接

2015年中国股灾与政府救市

一、2015年中国股灾的严重后果

1. 市值减少十多万亿元，伤害极大

在2015年的股灾中，仅6月26日单日，深沪两市总市值就蒸发了近4.9万亿元，相当于损失了3家中石油市值。在本轮股灾的第一个急跌期（6月15日至7月8日）中，深沪两市共蒸发市值约19.45万亿元，约为我国2014年全国财政收入的1.4倍。从本轮行情的最高点5 178.19点（6月12日）到最低点2 850.37点（8月26日），深沪两市市值便减少了近33万亿元，相当于我国2014年GDP的一半。

2. 投资者（机构与个人）损失巨大，被强制平仓者痛不欲生，对国民经济造成严重冲击

从6月15日至9月14日收盘，同花顺数据显示，3个月内下跌股票超2 500只，下跌比例高达95%。其中，跌幅超过50%的股票多达1 548只，接近六成。跌幅最大的29只股票，更是下跌了70%以上，使投资人损失惨重。大批大、中、小投资者因涨时的杠杆放大而几倍亏损；很多大、中投资者被强制平仓，扫地出门，十多年心血积累，毁之于几天，投资者出现了疯狂、自杀等情况。

3. 新股停发，直接融资中断，损失巨大，伤及实体经济

为应对股灾，国务院于7月4日直接决定暂停新股发行。甚至令7月6日最后一批28只新股申购款解冻后即归还。4个月的新股停发，影响了企业直接融资，加大了实体经济困境，影响了中国经济发展。

4. 几乎出现局部性金融危机

多家机构、个人因大比例融配资，放大数倍借款买股，股灾后纷纷数倍亏损。很多投资者被强制平仓出局。如果再大跌几天，则这一亏损比例更大，将导致银行巨额贷款无法收回，出现几千上万亿的坏账；极可能形成由证券市场引发的，众多银行受冲击的局部性金融危机，危及中国整体经济及世界经济，后果不堪设想。

“前车之辙，后车之鉴”，中国能否避免日本1990年起的股灾（从3.89万点，在20年中，跌到7 000余点；拖累其实体经济长期低落，出现了日本经济倒退20年的悲剧），世界注视着中国，人民注视着政府。

二、中国政府权衡利弊，从战略高度出发决定果断救市

随着股市在6月中旬开始持续暴跌，中国政府审时度势，权衡利弊，从战略高度出发，决定进行政府干预；果断地进行了积极的救市，具体措施及评价如下：

(1) 在经历了“6·26”超7%的暴跌后，2015年6月27日，央行宣布自6月28日起，金融机构实施定向降准并降息0.25百分点。

(2) 2015年7月1日，深沪交易所宣布下调市场交易费用。

(3) 股灾发生时，证监会放松两融限制，由券商与客户自行协商解决。

(4) 2015年7月3日，证监会提示减少IPO数量。

(5) 同日，证监会表示中央汇金公司已入市操作，买股救市。

(6) 2015年7月4日，25家公募基金表态，将积极申购偏股型基金。同日，21家证券公司宣布出资购买不低于1 200亿元蓝筹股。

(7) 在国务院直接干预下，上交所和深交所共28家企业暂缓IPO，并退还已申购资金。

(8) 2015年7月5日，央行宣布给予证金公司无上限的流动性支持，证监会确认中央汇金已买入ETF。同日，中金所限制期货开仓，特别是限制恶意开空仓。

资料来源：搜狐财经，2015-12-25.

4. 社会性

金融风险的社会性是指金融风险的爆发有其深刻的社会经济根源，是社会经济危机积累到临界状态的集中反映，其防范与化解往往需要整个社会机制的作用。

5. 周期性

金融风险的周期性是指金融风险受国民经济循环周期和货币政策变化的影响，呈现周期性、规律性的变化。货币政策在周期规律的作用下，有宽松期和紧缩期之分。一般而言，在货币政策宽松期，社会资金流动量大，货币供需矛盾缓和，影响金融机构安全的因素减弱，金融风险就小，但这时金融风险又往往被忽视、被掩盖，因此又是金融风险逐步进行量的积累的时期，其显现与爆发往往有个滞后期。反之，在货币政策紧缩期，货币供需出现较大缺口，影响金融机构安全性的因素逐渐增强，社会经济运行的链条常常发生断裂，金融风险增加。同时，由于金融风险的显现引起政府和金融机构本身的警觉，强化控制措施，又使金融风险逐步缓解，为下一个宽松期创造条件。因此，货币政策宽松期，一

般也是金融风险低发期；货币政策紧缩期，往往也是金融风险高发期，特别是在两种货币政策交替期间尤其明显。

6. 可控制性

所谓金融风险可控制性，是指市场金融主体在一定条件下，依一定的制度、措施可以对风险进行事前识别、预测，事中防范、转嫁和事后化解，控制风险的发生和尽量减少资产、收入的损失。金融风险是可以识别、分析和预测的，人们可以通过分析、预测产生风险的因素，对之加以改善。加之现代科学技术和管理手段的发展，为控制金融风险提供了技术手段。现代金融制度（如金融法规、条例、监管办法等）为控制金融风险提供了制度保证。

7. 隐蔽性和叠加性

由于金融机构具有一定的信用创造能力，因而可以在较长时间里通过不断创造新的信用来掩盖已经出现的风险和问题，而这些风险因素不断地被隐蔽和叠加起来。

三、金融风险的形成

金融风险是由各种金融风险因素的产生或相互作用而形成的。影响金融风险形成的主要因素有：

（一）宏观经济政策

货币政策对经济的干预，必然会引起经济活动中投资总量、投资结构的变化以及货币供应量的变化，进而影响实际物价水平和人们对通货膨胀的心理预期，这些变化都会通过金融机构的客户影响金融机构的盈利和资产的安全性。

（二）金融资产价格的波动

在市场经济条件下，通货膨胀率、利率、汇率和证券价格处于不断的波动过程中，且相互影响、相互作用。在一般情况下，通货膨胀率的上升，会造成利率上升，企业成本增加，同时会影响证券投资者的成本，降低证券市场需求，引起股票价格下跌；汇率的变动可能引起输入型的通货膨胀；股票价格的大幅波动则可能引起政府当局的干预行为，引起利率的变化。因此，金融资产价格的波动过程，也是金融风险积累的过程。

（三）经济周期的波动

经济危机出现时证券市场价格下降，企业出现大量不良债务，导致金融机构出现大量不良资产，金融危机爆发。在经济高涨时期，市场投机活动逐步加剧和贷款需求增加，会促使利率的上升，并使证券价格出现下降趋势，企业利润率下降，从而损害企业的支付能力。

（四）金融机构的微观决策和管理失误

利润最大化是企业经营的基本原则，因此在一定条件下，金融机构都存在利益扩张动机。但是，由于信息不对称的影响，金融机构的决策不可能非常完美，必然存在失误，从而影响金融机构的安全稳健运行。金融机构的安全稳健运行还取决于内部的管理水平，管理水平低下会导致坏账增加、利润下降等。

（五）市场竞争的加剧

为了在竞争中生存，金融机构可能不顾成本，大量吸收存款、发放贷款、扩大投资和加大交易数量。与此同时，金融机构积聚了大量风险，当市场竞争加剧时，行业退出则可能是被迫的而非自愿的，大量金融机构会倒闭。

（六）经济一体化和金融国际化

从世界经济的发展过程来看，经济一体化和金融国际化的发展促使国际资本的流动速度加快，金融机构的业务范围和金融工具日益扩大和增加，这就增加了经济和金融体系的不稳定性，使产生金融风险的原因更为复杂，表现形式更为多样，在国际上的传播速度加快，传播范围扩大，损害增加。

四、金融风险的种类

金融风险多种多样，从不同角度可以划分为不同种类。常见的影响较大的金融风险有：

（一）信用风险

信用风险又称违约风险，是指由于信用活动中存在不确定性而使信用活动主体遭受损失的可能性。它是金融机构面临的主要风险，也是金融机构实施风险管理的重点。信用风险主要有两种情况：一是存款人挤提存款而金融机构没有足够的现金可以应付，造成金融机构信誉扫地，乃至不得不宣告破产；二是债务人违约不还债，造成金融机构信贷资产损失，乃至严重亏损。

（二）利率风险

利率风险是指由于利率水平的不确定变动，而金融机构的资产项目和负债项目利率没有随市场利率变化而调整或调整不当，导致其净利息收入减少或利息支出增加，从而形成损失的可能性。比如，由于利率变动，一些存款人将存款转入支付利率最高的机构，而一些贷款人则尽量寻求贷款利率最低的机构，从而导致金融机构资金来源与运用，即利率敏感性资产和利率敏感性负债的结构的不确定性。

（三）购买力风险

所谓购买力风险，又称通货膨胀风险，是指因一般物价水平的不确定变动而使人们遭受损失的可能性。首先，通货膨胀造成单位货币购买力下降，将使债权人面临本金和利息损失的可能性。通货膨胀率越高，债权人受到的损失也就越大。其次，通货膨胀会导致实际收益的潜在变动。因为实际利率等于名义利率与通货膨胀率之差，当名义利率一定时，通货膨胀率越高，实际利率就越低；当通货膨胀率高于名义利率时，实际利率将变为负值。因此，投资者通常要求税后收益率高于预期的通货膨胀率，但是，由于人们难以准确预测将来实际发生的通货膨胀率水平，所以投资者仍将面临遭受损失的可能性。另外，从社会整体经济环境看，通货膨胀还会影响企业的经营行为，它不仅导致消费者行为、商品流通、生产经营环境等发生改变，而且会导致企业经营成本的上升。

（四）外汇风险

外汇风险又称汇率风险，是指因汇率的波动使行为人遭受损失的可能性。外汇风险主要分为四种：一是买卖风险，即买卖外汇后所持头寸在汇率升降时发生损失的可能性；二是交易结算风险，即从外汇约定交易到外汇实际交割时因汇率变动发生损失的可能性；三是平价风险，即会计处理中某些项目需要在本币和外币之间换算时所使用的汇率不同而承受的风险；四是存货风险，即以外币计价的库存资产因汇率变化而升值或贬值。

（五）证券价格风险

证券价格风险，是指由于证券价格的不确定变化导致行为人遭受损失的可能性。证券价格风险是金融风险中较明显、突出的风险。在市场经济中，证券市场是整个市场体系的一个重要组成部分。在世界各国的证券市场上，每天都有大量的股票、债券交易发生。产生证券价格风险的因素有政治、经济、社会心理等多种因素，不确定性很大，导致行市波动频繁而又复杂，尤其是股票价格更是时起时伏、变幻莫测。所以，投资者既可能获得意外的收益，也可能遭受惨重的损失。

（六）流动性风险

流动性风险，是指一个人或一个机构的金融产品运转流畅、衔接完善的程度，即持有的资产能随时得以偿付，能以合理的价格在市场上出售，或者能比较方便地以合理的利率借入资金的能力。

除上述主要金融风险以外，还存在金融衍生产品价格风险、经营风险、国家风险、政策性风险以及关联风险等各种金融风险。

五、金融风险对经济的影响

金融风险是金融市场的一种内在属性，对金融活动起着一定的调节作用。尽管一些市场参与者在金融风险中也有可能获取一些收益，但金融风险的发展、风险因素的不断积聚，却会对经济及社会发展带来严重影响。它不仅影响经济主体的经营和收益，对市场参与者造成重大损失，而且影响国家宏观经济的稳健发展，以致造成社会动荡。

（一）金融风险对微观经济的影响

1. 金融风险的直接后果是可能给经济主体带来直接的经济损失

在我们的现实生活中这样的例子不胜枚举。例如，投资者在认购股票后股价大跌；买进外汇进行套汇或套利时，汇率下滑；进行股价指数期货的炒作，指数与预期相反。这些情况都无疑会给行为人造成重大损失甚至会导致金融企业的破产。

2. 金融风险会给经济主体带来潜在的损失

例如，一家银行存在严重的信用风险，会使消费者对存款安全产生担忧，从而导致银行资金不断减少，业务萎缩；一家企业可能因贸易对象不能及时支付债务而影响生产的正常进行；购买力风险不仅会导致实际收益率下降，而且会影响经济主体持有的货币余额的实际购买力等。

3. 金融风险影响投资者的预期收益

金融风险与预期收益是呈正相关的，金融风险越大，则预示着未来收益越多；反之，金融风险越小，则预示着未来收益越少。

4. 金融风险增大了经营管理的成本

由于预期收益的不确定性的存在，经济主体为了规避风险，使风险降到最低，加大了收集信息、整理信息的工作量，也增大了收集信息、整理信息的难度，这就增大了管理成本，甚至因为对金融风险的估计不足导致一些不应有的损失。

5. 应付风险的各种准备金的设立，降低了资金利用率

由于金融风险的广泛性及其后果的严重性，金融机构不得不持有一定的风险准备金来应付金融风险。对于银行等金融机构而言，由于流动性变化的不确定性，难以准确安排备付金的数额，往往导致大量资金闲置。此外，由于对金融风险的担忧，一些消费者和投资者往往持币观望，从而也造成社会上大量资金闲置，增大了机会成本，而降低了资金的利用率。

（二）金融风险对宏观经济的影响

1. 金融风险将引起实际收益率、产出率、消费和投资的下降，下降的幅度与风险大小成正比

例如，业主为降低投资风险，不得不选择风险较低的技术组合，导致产出率和实际收益率下降。同样，由于未来的不确定性，个人未来财富可能出现较大波动，境况会相对变坏，而不得不改变其消费和投资决策。也就是消费者为了保证在未来能获得正常消费，总是保持较谨慎的消费行为；投资者会因为实际收益率下降和对资本安全的忧虑而减少投资，导致整个社会的投资水平下降。

2. 金融风险会造成产业结构畸形发展，整个社会生产力水平下降

金融风险的存在，使大量资源流向安全性较高的部门，既导致边际生产力的下降，又导致资源配置不当，一些经济中的关键部门因此发展较慢，形成经济结构中的瓶颈。

3. 严重的金融风险还会引起金融市场秩序混乱

严重的金融风险会破坏社会正常的生产和生活秩序，甚至使社会陷入恐慌，极大地破坏生产力。例如，一家银行因经营不善而倒闭会增大存款人对信用风险的警戒，可能触发银行信任危机，引起存款人大规模挤提，严重者甚至会导致金融制度的崩溃。

4. 金融风险影响着宏观经济政策的制定和实施

金融风险既增加了宏观政策制定的难度，又削减了宏观政策的效果。从宏观政策的制定来看，由于金融风险导致市场供求的经常性变动，政府难以及时、准确地掌握社会总供给和总需求状况，以做出决策，而且金融风险常导致决策滞后；在政策的传导过程中，金融风险将使传导机制中某些重要环节（如利率、信用或流动性等）出现障碍，从而导致政策效果出现偏差；从宏观经济的作用和效果来看，各经济主体为了回避风险，总是尽可能充分地利用有用的信息，并以此为依据，对未来的政策及其可能产生的效果做出判断，采取相应的措施来加以应对，这就使政府的政策难以达到预期效果。

5. 金融风险影响着一个国家的国际收支

金融风险直接影响着国际经贸活动和金融活动的进行和发展。首先，汇率的上升或下降影响着商品的进出口总额，关系着一个国家的贸易收支。其次，利率风险大、通货膨胀严重、国家风险大等原因造成投资环境差，会使外国人减少对本国的投资和其他交往，导致各种劳务收入的减少。另外，金融风险也影响着资本的流入和流出。

第二节 金融危机

一、金融危机的含义及类型

（一）金融危机的含义

金融危机是指社会金融系统中爆发的危机，集中表现为全部或者大部分金融指标（如短期利率、证券、货币资产、房地产和土地价格、企业偿债能力与破产数及金融机构流动性与倒闭数等）的急剧、短暂和超周期的恶化。

金融危机使金融系统陷入混乱，丧失分配资产的功能，从而导致经济震动或经济危机。出现金融危机时，人们对未来经济预期悲观，货币币值出现较大幅度的贬值，经济总量与经济规模出现急剧性紧缩，经济增长停滞甚至倒退。金融危机期间往往伴随着企业的大量倒闭，失业率提高，社会经济普遍萧条，甚至伴随着社会动荡或国家政治层面的动荡。

（二）金融危机的类型

1. 货币危机

货币危机是指当某种货币由于受到投机性袭击等方面的原因，出现非意愿性的持续性贬值，或迫使一国（地区）货币当局动用大量外汇储备或大幅度提高利率以保证币值稳定的情形。

2. 银行业危机

银行业危机是指由于真实的或潜在的银行破产导致银行不能如期偿付债务，或迫使政府出面，提供大规模援助，以避免违约现象的发生。一家银行的危机发展到一定程度，可能波及其他银行，从而引起整个银行业的危机。

3. 债务危机

债务危机是指由于某些原因导致一国（地区）不能按照事先约定偿还债务（包括主

权债和私人债）的情形。债务危机有可能引起国家破产。

4. 系统性危机

系统性危机是指主要的金融领域都出现严重混乱，如货币危机、银行业危机、股市崩盘以及外债危机的同时或相继发生。

典型案例

蒙古国经济危机

2016年8月18日，蒙古国央行宣布将指标利率上调4.5%至15%，以应对本币贬值所带来的金融危机。四年货币贬值58%，蒙古财长直言不讳，国家经济陷入了危机。

事实上，直到2012年，蒙古还是个令人啧啧称叹的“草原经济奇迹”：自2000年起至2011年年均增长率达到9%，最高峰时竟高达17.5%（2011年），2012、2013两年虽有所放缓，也分别高达12.4%和11.7%，自建国起就一直“满打满算过日子”的“马背国家”一时间鸟枪换炮，从社会福利到民众生活方式都发生了翻天覆地的变化。

在一段时间里，蒙古国内外似乎人人也都在预言，这个仿佛一夜间从牧业国家变成矿业大国的内陆国，成为“草原加拿大”只是时间问题。但倏忽间风云骤变：2014年蒙古GDP增速一下滑落到7.8%，创2000年以来最低纪录，翌年更进一步放缓至2.3%，而IMF今年6月估计的2016年蒙古GDP增幅则只有0.4%，甚至有更悲观的观察家预言，如果局面得不到控制，蒙古今年出现负增长也并非不可能。

一个“经济奇迹”何以在如此短时间内变成“草原幻影”？

正如一些分析家所指出的，蒙古国经济衰退固然主要受国际市场影响，但弄到如今这种“断崖暴跌”的局面，关键在于外资的退缩：2011年，蒙古全年外资流入达46.2亿美元，而2016年1—6月仅有0.35亿美元，外资远离蒙古的最大原因，是蒙古国政府自己“赶走”了他们。

由于押宝矿石出口一夜暴富，蒙古国朝野在2011年前后陷入一种奇怪的躁动中，原本只是个原则性口号的“第三邻国”发展战略（蒙古只有中国、俄罗斯两个邻国，“第三邻国”意即打破对这两个邻国的贸易依赖），此时此刻却有了一些“实质性内容”。

在这种思路引导下，2012年蒙古政府通过了新版色彩强烈的《海外投资法》，这一打着“便利外国对蒙古投资”“保护海外投资者利益”的新法案，实则对海外投资蒙古资源类产业，提出了种种苛刻的限制。

出于“第三邻国”思路的考量，蒙古国最大执政党民主党推动通过了“关于矿山治理事项的规定”，对外企在蒙古矿业开发中的控股权施加种种限制条款。

最初似乎一切顺利：美日韩欧政商人士纷至沓来，商讨从经济开发区到战略伙伴合作框架、各层面的合作事宜。被蒙古国寄予最大期望值的塔万陶勒盖煤矿和奥尤陶勒盖铜金矿，虽然没能如愿吸引到日、韩飞来的“凤凰”，却一度“钓”来世界三大矿业巨头之一的力拓，这让蒙古朝野一度非常激动。直至2014年1月，有媒体还以“矿产品不愁卖”和“第三邻国战略有利于获得更高收益”为由，预测2014年度蒙古将获得15%以上的超高经济增速。

然而，由于过度沉湎于“好酒不怕巷子深”的待价而沽心理，蒙古国自2012年起对外国投资者难免予取予求、朝令夕改，不断提高要价，契约的效力和约束力被弃之如敝屣。这种做法不仅令“两大邻国”望而生畏，其他“第三邻国”的投资者们也被吓得纷纷离场观望，原本兴冲冲赶来的力拓也变得意兴阑珊。

问题是时过境迁，市场的不景气、需求的下降，加上两个邻国和“第三邻国”对蒙古方既往诚信问题越来越深的疑虑和保留，让许多外资宁可选择“不在该国经济中发挥任何作用”——很显然，在这种情况下，蒙古国引为可居奇货的“财富”，也就只能无可奈何地变为“财负”。万不得已，蒙古政府试图通过上调利率和扩张性财政手段稳定汇率，并扭转外资下滑的局面。

然而不难看出，前述导致外资“被吓跑”“被赶走”的因素不解决，仅仅通过利率杠杆非但对留住外资无济于事，反倒可能影响企业融资和成本，从而进一步打压本已低迷的经济增速。

在可预见的一段时间里，经济结构严重畸形、政策误区又难以很快走出的蒙古国，恐怕难以摆脱这场突如其来的经济和金融危机。

资料来源：新京报，2016-08-23.

二、金融危机的特征

金融危机的爆发，不仅会给危机发生的国家的经济带来严重损害，而且会对世界经济带来一定程度的冲击。这主要表现在：

1. 马太性

金融危机一旦爆发，就不同于经济活动中的其他风险，只是在一定的范围内、在较小的领域产生影响，而是随着失去信用基础加速扩散。这主要是因为一旦某种情况下出现某几笔存款不能兑付，客户的信心就会动摇，越是没有客户去存款，客户越是挤兑，存款越是减少，兑付越是困难，从而形成马太效应。

2. 连锁性

随着计算机网络技术的高速发展，全球经济贸易关系日益紧密。资本在各国的自由流动有利于资本在全球范围的配置，从而促进各国经济的发展，但同时使得各国经济更易于受到国际经济环境变化的冲击，从而使金融危机表现出连锁性的特点。

3. 破坏性

金融部门是资源配置机制运转的核心。金融体系一旦出现动荡，不仅使金融部门陷入瘫痪，而且会冲击整个经济体系的正常运转，甚至引发社会动荡和政治危机，因此保持金融稳定的意义远远超出了金融部门本身。

三、金融危机的成因

（一）资产价格泡沫破灭

1. 资产价格泡沫破灭导致银行业危机

泡沫破灭导致银行资产负债状况恶化。泡沫破灭，银行不良贷款会不断增加，这是因为在金融自由化程度较高的国家，银行可以进入证券市场参与投资。当泡沫破灭时，银行资产势必缩水，并且极有可能转化为不良资产，从而影响银行的支付能力，使银行面临支付危机。同时泡沫破灭，会使一些投机性项目贷款极有可能转为不良贷款。从负债方面说，由于企业居民迫于流动性需要而提款，将造成银行存款的进一步减少，使银行资产负债表进一步恶化。

2. 资产价格泡沫破灭导致外汇市场危机

泡沫破灭影响国际资本流动，引起汇率波动，从而导致货币危机。股市与汇市之间是相互影响的，股市的波动必然会引起汇市的波动；反过来，汇率的波动又将加剧股市的波动，尤其在金融自由化程度相当高的国家更是如此。泡沫破灭导致一些进入证券市场的外商投资者利益大大受损。而外商投资者利益的受损，将会使大量外资撤离该国证券市场，这会导致股票价格继续下跌的同时引起汇市危机，从而引发货币危机。

3. 资产价格泡沫破灭导致信心危机

金融危机或银行危机从某种角度上讲都是信心危机。信心既是整个金融体系存在的基础，又是导致金融体系在特定时间和条件下失败的直接原因。信心具有很强的传递性，一部分人的信心通过示范作用和周边个体的从众心理向外蔓延，形成公众信心；反之，一部分人信心的丧失，也会通过同样机制形成公众信心危机。但不管公众对某一家金融机构信心的丧失还是对整个金融体系信心的丧失，都必须有一个外来因素。这个外来因素包括很多方面，如战争、经济崩溃等，泡沫破灭也是对公众信心的一个重要影响因素。

（二）社会化风险恶化

金融系统中存在明显的信息不对称即逆向选择和道德风险。在促使金融危机发生的因素中，有四类因素可以加剧信息不对称问题，引起金融危机：金融部门资产负债表的恶化；利率的增长；不确定因素的增加；资产价格的变化使得非金融部门的资产负债表恶化。

现实中的经济虚拟化一方面在内在动力上使得社会化风险增大，因为企业、金融机构更愿意维持一个较高的稳定的利润流以保持虚拟资产的增值；另一方面经济虚拟化所带来的竞争压力改变了整个金融系统的宏观环境。泛证券化、垃圾债券市场、直接融资的扩展、政府监管的弱化等，在给广大投资者带来较高收益和灵活便利的同时，也给投资者带来更大的不安全。

（三）投机过度

伴随着经济虚拟化的发展，客观上要求劳动分工国际化，市场成为世界性的市场，客观上要求虚拟资产的价值不仅要在全社会实现，而且要在全世界范围内实现。由此，金融一体化就成为经济虚拟化的必然发展。反过来，金融一体化又成为推动经济虚拟化进一步发展的重要动力。布雷顿森林体系崩溃、各国放松管制和金融自由化政策为金融一体化的发展提供了制度上的保证和条件。而金融一体化在带给世界各国共享资金、共享收益、自由竞争利益的同时，也带来了投机的国际化。可以说国际化投机已经成为当今国际经济不稳定的重要因素。这种投机在金融危机中起着一种催化剂的作用，导致价格泡沫、增加金融风险和造成国际资本的无序流动。

四、金融危机的传导机制

从金融系统出现紊乱到经济全面衰退存在一系列的过程与环节，所有这些过程和环节的集合即为金融危机的传导机制。因此在理论上准确把握危机的传导机制，在实践中就可以从危机传导的渠道入手，对影响危机传导的各种因素进行综合分析，控制金融危机的传递，从而尽可能使危机损失最小化。

（一）国内传导机制

金融危机的国内传导主要表现为由货币危机向资本市场危机和银行业危机，进而向全面的金融危机演变的过程。更准确地讲，就是一国货币的大幅度贬值会引起银行系统收支状况的恶化，同时影响企业的生产和经营，企业的亏损将直接导致股市的崩溃。简单而言，我们可以将这一传导过程表示为：货币危机→银行危机→资本市场危机→全面金融危机。

（二）国际传导机制

金融危机的国际传导机制可分为以下三类：

1. 危机传导的季风效应

以发达国家为主导的全球经济环境的变动必然会对许多发展中国家产生不同程度的影响。在经济全球化的今天，无论是在政治、经济还是文化方面，发达国家都依然处于主导地位。2007 年始于美国的次贷危机就使全球大多数国家受到了不同程度的影响。

2. 危机传导的波及效应

一个国家发生危机，同时恶化了另一个国家的宏观经济基础，从而导致另一个国家也发生危机。1997 年东南亚金融危机就是波及效应的体现，在泰国金融系统发生混乱不久，新加坡、韩国、马来西亚等国家也相继发生了危机。

3. 危机传导的贸易效应

一种是当一国发生危机时通常会导致本国货币贬值，必然使该国出口竞争力增强，对其贸易伙伴国的出口增加而进口减少，导致贸易伙伴国的贸易赤字增加，经济情况恶化，此时称为“贸易伙伴型传导”。另外一种是“竞争型传导”，即竞争中的两国的出口产品竞争于同一个市场，其中一国所遭受的货币危机使该国货币大幅贬值，从而降低了对方的出口竞争力，并导致其宏观经济恶化，从而引发投机者对另一国货币发起攻击。

五、金融危机的相关理论

（一）货币危机理论

货币危机的理论研究开始于 20 世纪 70 年代后期，目前已经形成了四代危机模型。

1. 第一代货币危机模型

克鲁格曼（Krugman）在 1979 年发表的《A Model of Balance-of-Payments Crises》

一文中构造了货币危机的最早的理论模型。

第一代货币危机模型认为：扩张性的宏观经济政策导致了巨额财政赤字，为了弥补财政赤字，政府只好增加货币供给量，同时为了维持汇率稳定而不断抛出外汇储备，一旦外汇储备减少到某一临界点时，投机者会对该国货币发起冲击，在短期内将该国外汇储备消耗殆尽，政府要么让汇率浮动，要么让本币贬值，最后，固定汇率制度崩溃，货币危机发生。许多经济学家后来对其进行了改进和完善，最终形成了第一代货币危机理论。该理论从一国经济的基本面解释了货币危机的根源在于经济内部均衡和外部均衡的冲突，如果一国外汇储备不够充足，财政赤字的持续货币化会导致固定汇率制度的崩溃并最终引发货币危机。当宏观经济状况不断恶化时，危机的发生是合理的而且是不可避免的。它比较成功地解释了 20 世纪七八十年代的拉丁美洲货币危机。

2. 第二代货币危机模型

1992 年，英镑危机发生。当时英国不仅拥有大量的外汇储备（德国马克），而且其财政赤字未出现与其稳定汇率不和谐的情况。第一代货币危机理论已无法对其做出合理解释，经济学家开始从其他方面寻找危机发生的原因，逐渐形成第二代货币危机理论。

第二代货币危机模型最具代表性的是由茅瑞斯·奥伯斯法尔德（Maurice Obstfeld）于 1994 年提出的。他在寻找危机发生的原因时强调了危机的自我促成（self-fulfilling）的性质，引入了博弈论，关注政府与市场交易主体之间的行为博弈。Obstfeld 在其《Models of Currency Crises with Self-fulfilling Features》一文中设计了一个博弈模型，说明了动态博弈下自我实现危机模型的特点，并呈现出“多重均衡”性质。该模型认为，一国政府在制定经济政策时存在多重目标，经济政策的多重目标导致了多重均衡。因而政府既有捍卫汇率稳定的动机，也有放弃汇率稳定的动机。在外汇市场上有中央银行和广大的市场投资者，双方根据对方的行为和掌握的对方的信息，不断修正自己的行为选择，这种修正又影响着对方的下一次修正，形成了一种自我促成，当公众的预期和信心的偏差不断累积使得维持稳定汇率的成本大于放弃稳定汇率的成本时，中央银行就会选择放弃，从而导致货币危机的发生。

第二代货币危机理论较好地解释了 1992 年英镑危机，当时英国政府面临着提高就业与维持稳定汇率的两难选择，结果放弃了有浮动的固定汇率制。

3. 第三代货币危机模型

1997 年下半年爆发的亚洲金融危机呈现出许多新的特征，这次危机发生之前，亚洲许多国家都创造了经济发展的神话，而且大多实行了金融自由化。第一、第二代模型已经无法较好地解释这场金融危机。更难理解的是，这些国家和地区经济（尤以韩国为例）在危机过后很短时期内就实现了经济复苏，某些方面甚至还好于危机之前。

第三代货币危机模型是由麦金农和克鲁格曼首先提出的，该模型强调了第一、第二代模型所忽视的一个重要现象：在发展中国家，普遍存在道德风险问题。普遍的道德风险归因于政府对企业和金融机构的隐性担保，以及政府同这些企业和机构的裙带关系，从而导致了在经济发展过程中的投资膨胀和不谨慎，大量资金流向股票和房地产市场，形成了金融过度（financial excess），导致了经济泡沫。当泡沫破裂或行将破裂所致的资金外逃，将引发货币危机。第三代货币危机理论出现较晚，但研究者们普遍认为脆弱的内部经济结构和亲缘政治是导致这场危机的关键所在。

4. 第四代货币危机模型

第四代货币危机模型是在已有的三代成熟的货币危机模型的基础上建立起来的。该理论认为，本国企业部门的外债水平越高，资产负债表效应越大，经济出现危机的可能性就越大。其理论逻辑是：企业持有大量外债导致国外的债权人悲观地看待这个国家的经济，减少对该国企业的贷款，使其本币贬值，企业的财富下降，从而能申请到的贷款下降，全社会投资规模下降，经济陷入萧条。第四代货币危机模型目前尚不成熟，有待进一步完善。

（二）银行业危机理论

1. 弗里德曼（Friedman）的货币政策失误论

弗里德曼的货币政策失误理论认为，因为货币需求函数的相对稳定性，货币供求失衡的根本原因在于货币政策的失误。并且，这种失误（如突然的通货紧缩）可以使一些轻微的、局部的金融问题通过加剧银行恐慌演变为剧烈的、全面的金融动荡。

2. 金融不稳定假说

明斯基（Hyman P. Minsky）对金融内在脆弱性进行了系统分析，提出了“金融不稳定假说”。他将市场上的借款者分为三类：第一类是套期保值型借款者（hedge-financed unit）。这类借款者的预期收入不仅在总量上超过债务额，而且在每一时期内，其现金流入都大于到期债务本息。第二类是投机型借款者（speculative-financed Unit）。这类借款者的预期收入在总量上超过债务额，但在借款后的前一段时期内，其现金流入小于到期债务本息，而在这段时期后的每一时期内，其现金流入大于到期债务本息。第三类是“蓬齐”型借款者（ponzi unit）。这类借款者在每一时期内，其现金流入都小于到期债务本息，只在最后一期，其收入才足以偿还所有债务本息。因而他们不断地借新债还旧债，把“后加入者的入伙费充作先来者的投资收益”，以致债务累积越来越多，潜伏的危机越来越大。

在一个经济周期开始时，大多数借款者属于套期保值型借款者。当经济从扩张转向收缩时，借款者的盈利能力缩小，逐渐转变成投机型借款者和“蓬齐”型借款者，金融风险增大。因而金融体系具有内在的不稳定性，经济发展周期和经济危机不是由外来冲击或是失败性宏观经济政策导致的，而是经济自身发展的必经之路。

3. 银行体系关键论

詹姆斯·托宾（Tobin）1981 年提出银行体系关键论。其核心思想是：银行体系在金融危机中起着关键作用。在企业过度负债的经济状态下，经济、金融扩张中积累起来的风险增大并显露出来，银行可能遭受损失，所以银行为了控制风险，必然提高利率减少贷款。银行的这种行为会使企业投资减少，或引起企业破产，从而直接影响经济发展，或者使企业被迫出售资产以清偿债务，造成资产价格急剧下降。这种状况会引起极大的连锁反应，震动也极强烈，使本来已经脆弱的金融体系崩溃更快。托宾认为，在债务—通货紧缩的条件下，“债务人财富的边际支出倾向往往高于负债人”，因为在通货紧缩—货币升值的状况下，债务人不仅出售的资产贬值，而且拥有的资产也贬值。在债务人预期物价继续走低的情况下，变卖资产还债的倾向必然提前。

4.“金融恐慌”理论

戴尔蒙德和荻伯威格（Diamond and Dybvig）认为，银行体系脆弱性主要源于存款者对流动性要求的不确定性以及银行的资产较之负债缺乏流动性之间的矛盾。他们在1983年提出了银行挤兑理论（又称D-D模型）。其基本思想是：银行的重要功能是将存款人的不具流动性的资产转化为流动性的资产，以短贷长，实现资产增值。在正常情况下，依据大数定理，所有存款者不会在同一时间取款。但当经济中发生某些突发事件（如银行破产或经济丑闻），就会发生银行挤兑。查理（Chari）和乔根纳森（Jagannathan）进一步指出，一些原本不打算取款的人一旦发现取款队伍变长，也会加入挤兑的队伍，发生金融恐慌。

5.“道德风险”（moral hazard）理论

麦金农（Ronald Mekinnon）认为，由于存款保险制度的存在，以及政府和金融监管部门在关键时候扮演“最后贷款人”的角色，一方面会使银行产生道德风险，从事具有更高风险的投资，增加了存款人受损害的可能性；另一方面存款者会不对银行实施监督。世界银行和IMF对65个国家在1981—1994年发生的银行危机做的计量测试也表明，在设有存款保险制度的国家，发生危机的概率要高于没有设立存款保险制度的国家。

（三）外债危机理论

1.欧文·费雪（Owen Fisher）的“债务—通货紧缩”理论

欧文·费雪的“债务—通货紧缩”理论的核心思想是：企业在经济上升时期为追逐利润“过度负债”，当经济陷入衰退时，企业盈利能力减弱，逐渐丧失清偿能力，引起连锁反应，导致货币紧缩，形成恶性循环，金融危机就此爆发。其传导机制是：企业为清偿债务廉价销售商品→企业存款减少、货币流通速度降低→总体物价水平下降→企业净值减少、债务负担加重、盈利能力下降→企业破产、工人失业→人们丧失信心、悲观情绪弥漫→人们追求更多的货币储藏、积蓄→名义利率下降、实际利率上升→资金盈余者不愿贷出、资金短缺者不愿借入→通货紧缩。

2.沃尔芬森（Wolfensohn）的资产价格下降理论

沃尔芬森的资产价格下降理论的核心思想是：由于债务人的过度负债，在银行不愿提供贷款或减少贷款的情况下，被迫降价出售资产，就会造成资产价格的急剧下降。由此产生两方面的效应：一是资产负债率提高，二是使债务人拥有的财富减少，两者都削弱了债务人的负债承受力，增加了其债务负担。债务欠得越多，资产降价变卖就越多，资产降价变卖越多，资产就越贬值，债务负担就越重。

3.“综合性国际债务”理论

苏特（Suter）从经济周期角度提出的综合性的国家债务理论认为：随着经济的繁荣，国际借贷规模扩张，中心国家（通常是资本充裕的发达国家）的资本为追求更高回报流向资本不足的边缘国家（通常是发展中国家），边缘国家的投资外债增多；债务的大量积累导致债务国偿债负担加重，当经济周期进入低谷时，边缘国家赖以还债的初级产品出口的收入下降导致其逐渐丧失偿债能力，最终爆发债务危机。

六、金融危机的启示

（一）发展中国家金融危机对中国的启示

1994 年墨西哥金融危机和 1997 年东南亚金融危机，为包括中国在内的新兴市场国家提供了宝贵的启示，具有重要的借鉴意义。

1. 资本市场开放应循序渐进、量力而行

长期以来，IMF、世界银行和不少新古典派经济学家一直都在积极地要求发展中国家最快和最大限度地开放其资本项目。毫无疑问，开放资本项目能使国内储蓄率较低的发展中国家吸引更多的外国资本。此外，从理论上讲，资本流动既是实现世界经济一体化的必要条件之一，又能提高世界资源配置的效益。但是，由于国际资本市场的运作尚未达到完善的地步，而且国际社会对国际资本流动缺乏有效的管理和协调机制，因此，发展中国家在何时以及如何开放其资本项目必须三思而后行。墨西哥和泰国金融危机的最大教训就是过早地开放了国内资本市场，放松了对资本项目的控制，提前实现了本国货币的可自由兑换，从而导致了国内宏观调控的重大杠杆货币政策的失效。

一般来说，一个国家总体经济环境应具备以下五个先决条件，方可考虑开放资本账户：① 政府应进行财政改革，大幅度削减财政赤字，并以非通货膨胀方式弥补遗留的赤字；② 国内外利率差距不可过大，否则跨国资金大规模流动将超过国内金融体系的承受能力；③ 国内金融市场制度与游戏规则应健全，同时应提供规避汇率与利率风险的衍生性远期与期货工具；④ 国内金融交易的税负效应符合国际市场水平，以阻止为逃避税负差异导致的巨额资金转移；⑤ 应考虑金融市场与其他实物市场之间的互动关系，应首先解除劳动、商品、贸易等市场调节所强加的各种限制，使实物部门自行调节机能增强，以适应资本账户的开放。

2. 重视经济结构调整，防止泡沫形成

进入 20 世纪 90 年代，世界不少新兴市场国家在经济转型和高速增长中均出现了经济增长放慢、金融市场风波不断等问题，若干结构性、基础性经济问题已陆续显露。这说明，新兴市场国家特别是像墨西哥、泰国、韩国及东南亚各国在经历了高速增长后，生产能力和开放程度大大提高，外资流入规模迅速扩大，国内经济受到国际经济的影响增大，出现了由于泡沫经济崩溃导致的巨额不良债权和由于出口增长锐减造成的巨额对外贸易逆差，使生产力增长与经济调控机制落后这一矛盾激化，结果都普遍表现为金融过热、房地产过热、生产过剩、金融风险加大、贸易经常项目赤字和外债相继增大。宏观经济的运行大起大落往往是金融危机的诱因，而外资投向不合理和经济结构失衡又是导致经济大起大落的深层原因。

3. 利用外资规模要适度，结构投向要合理

经济发展不能过分依赖外资，利用外资规模必须适度。实践证明，外资规模过大过小都不利于经济的发展。外资规模过大，会导致一部分外资闲置或低效率使用，从而增加外资成本，加重外债负担，对经济发展造成不利影响；外资规模过小，会导致一部分生产投入要素的闲置，使国内资源得不到有效配置，从而制约经济发展。所以掌握外资的适度规模，不仅是有效利用外资、加速经济发展的前提，而且是充分发挥外资促进发展中国家经济发展的必要条件。

如何把握和控制外资结构和投向，是保证合理有效利用外资的关键。墨西哥和泰国均未能有效调整外资的结构和投向，致使引进外资结构和投向不合理。外资结构不合理突出表现在外债中短期债务比重过高，短期债务比重远远超过了国际公认的警戒线，因此加重了偿债负担，使之成为国际金融投机者重点袭击的目标。外资投向不合理主要表现在，大量的外资在缺乏有效管理的情况下，未能投入生产领域，而是投入到证券市场和房地产市场等高风险领域，导致房地产和股票价格急剧上升，助长了泡沫经济膨胀。因此，发展中国家在利用外资过程中，一定要注意债务结构的优化，短期外债所占比重不能过高；要严格控制外资流入房地产、证券、期货等国民经济虚拟部门，外资流入要与本国产业结构优化升级方向一致，以避免外资引进可能出现的各种风险。

4. 保持汇率制度的灵活性和稳定性

汇率制度是国际金融面临的新课题。从墨西哥、泰国、韩国的金融危机中，我们更清楚地看到汇率制度的重要性。在开放经济条件下，一方面想维护固定汇率制度，另一方面想利用利率政策来抑制通货膨胀是很困难的或者是代价巨大的。固定汇率制度往往造成一国币值的长期高估或低估，从而造成国际收支不平衡，尤其是经常项目的赤字，最终引发金融动荡。墨西哥和泰国等东南亚国际金融危机已经清楚地说明了这点。所以，僵化的汇率制度不可能保证一个国家经济的持续发展，一国的汇率必须随着国内外经济状况的变化、对外经济关系的新特点及外部环境的变化而变化，目的是维持对外经济平衡，把不平衡消灭在萌芽阶段。

（二）发达国家金融危机对中国的启示

由于经济全球化程度的不断加深和全球金融体系的长期失衡，源自美国的金融风暴，波及范围之广、冲击力度之强、连锁效应之快是前所未有的。危机所暴露出来的发达市场经济国家的深刻矛盾，对中国具有重要的借鉴意义。

1. 把握好金融创新与金融监管的平衡

格林斯潘（Greenspan）在2002年称赞复杂衍生工具能够使风险得以分散。但2008年美国金融危机证明，当金融衍生品成为逐利的手段时，它非但难以分散局部风险，反而会产生庞大而复杂的系统风险。高收益率、高杠杆率从来都是和高风险相伴而生。但不能就此因噎废食，不能把金融创新作为导致危机爆发的替罪羊。要看到，和美国发达的金融体系相比，包括我国在内的新兴市场国家的金融创新尚处在低层次水平，金融产品单一，金融体系运作效率较低，运营体制和监管模式落后，还不能满足实体经济快速发展对金融巨大而多样化的需求。因此，要根据实际国情，以国际化、市场化、系统化为方向，积极稳妥地推进金融商品和金融技术创新，在创新中加快推进体制改革和制度完善。同时进一步加强金融监管特别是对表外业务的监管，加强金融衍生品的信息披露和风险警示，有效防范和化解金融风险，真正做到防患于未然。

2. 金融必须根植和服务于实体经济

金融是现代经济的血液，其根本功能是为实体经济提供资金融通服务，降低经济运行成本，推动经济更好更快发展。因此金融必须根植于实体经济并服务于实体经济这一根本，其价值创造必须源于实体经济的真实价值。美国金融危机证明，金融一旦脱离实体经济，就会成为无源之水、无本之木，虚拟的金融资产就会迅速膨胀，最终在泡沫破灭的同时会对实体经济造成巨大的伤害。因此，经济发展的根本是着眼于促进实体经济，要着力把金融资源配置到真正能够创造财富的行业，配置到真正具有成长价值的企业，配置到资源能够发挥最大效用的领域，立足于做大做强实体经济，不断夯实经济发展的实体基础。

3. 维持国际收支基本平衡和本国汇率的相对稳定

长期以来，美国奉行低储蓄、高消费的发展模式，实行巨额贸易赤字和财政赤字政策。新兴市场国家则通过购买美国国债等方式，进行资金回流，来弥补美国巨大的双赤字。这次全球金融危机可以看作对美国巨额双赤字、新兴市场国家巨额双顺差所导致的全球收支失衡的一次硬性调整。随着许多国家资本与金融账户的逐渐开放，维持国际收支平衡更加重要，也更加复杂。当前，我国应按照主动性、可控性和渐进性的原则，进一步完善人民币汇率市场化形成机制，增强汇率弹性，保持人民币汇率在合理均衡水平上基本稳定，不能受制于一些外在压力而人为地升值或贬值。

4. 宏观调控加强国际协调，重建国际金融体系

经济金融全球化在带给人类极大便利的同时，使得在美国爆发的金融危机扩散迅速超越国界，影响几乎所有的国家和地区。面对危机的肆虐，任何一个国家的力量都是有限的，各国应该联起手来，加强宏观经济政策协调，扩大经济金融信息交流，深化国际金融监管合作，稳定国际金融市场。这次危机充分暴露了现行世界金融体系和治理结构的缺陷，目前世界金融体系最大的问题是如何改变由不受约束的美元所主导的金融体系，建立一个新的世界金融体系，把美元发行置于国际监管之下，促进国际经济金融秩序向多极化发展。提高金融市场运作的透明度，努力推动全球金融新秩序的形成。

知识链接

小国危机的大教训

连日来，欧洲小国塞浦路斯成为新一轮国际金融旋涡的中心。围绕对该国的金融救助，上演了跌宕起伏的惊险剧。其引发的三大教训值得深思。

首先，银行过大的教训。塞浦路斯为地中海岛国，人口不足 90 万，去年国内生产总值约合 221 亿美元，但高度发达的银行业资产规模却达此 7 倍以上。塞浦路斯向国际社会求助的 100 亿欧元，仅为其银行业一小部分资产，却相当于其国内生产总值的 57%。这一教训说明，一个国家的核心产业如果在经济总量中占比过大，就有可能成为脆弱的“怪兽”，一旦受到冲击，本国财政无力救助，经济便濒临危境；国家和国际机构的介入，还可能引发“道德风险”。

其次，监管不力的教训。长期以来，欧洲的金融业开放程度高，跨境资本流动相对自由，特别是在欧洲内部，银行业交错互生。例如，塞浦路斯银行业对希腊就有大量风险敞口，而俄罗斯又在塞浦路斯拥有巨额存款。在国际化的金融业中，国家对本国银行业的监管远远不能应对潜在风险，且银行业股本要求不够高，一旦危机出现，监管防火墙如同虚设。

最后，非理性决策的教训。已故国际货币基金组织首席经济学家迈克·穆萨曾将 20 世纪 90 年代的亚洲金融危机总结为三个危机：流动性危机、主权危机和“愚蠢危机”。观察近期塞浦路斯的宏观经济决策，不难发现其中的慌乱、短视与非理性成分。

这种非理性决策又可从两方面来看：一方面，错判民众的忍耐力。为获取国际救助资金，纾困本国银行业，塞浦路斯当局匆忙决定向储户征收存款税，直接向民众“剪羊毛”。这种做法确是来钱捷径，但必然遭到储户强烈反对，银行挤兑危机一触即发，塞浦路斯不得不随即进行资本管制。另一方面，对小国危机的传导效应估计不足。一些欧洲人认为，塞浦路斯经济规模小，即便国家破产，风险也属可控。殊不知，国家不论大小，一旦轻视国家信用，以之做赌注试探市场，到头来只会因小失大，在欧洲其他国家引发资本外逃等负面连锁风险。

资料来源：证券时报，2013-03-26.

■ 本章小结

本章阐述了金融风险的特征以及金融风险对经济和社会发展带来的严重影响。阐明了金融危机的马太性、连锁性、破坏性特征和金融危机的成因、相关传导机制以及四代货币危机模型理论和不同类型国家金融危机对中国的启示。本章内容为认识风险、了解危机提供了一定的理论和现实根据。

■ 章后习题

□ 一、重要概念

金融风险　　信用风险　　购买力风险　　金融危机

□ 二、思考题

1. 简述金融风险的特征。
2. 金融风险对宏观经济有哪些不良的影响？
3. 试述金融危机的主要理论。

□ 三、讨论题

金融衍生品的发展是不是引发金融危机的罪魁祸首？

□ 四、案例分析

德意志银行危机

2016 年以来关于德意志银行（以下简称“德银”）危机闹得沸沸扬扬，不仅其股价跌入谷底，也扰乱了全球金融市场，更可怕的是国际金融市场将命悬一线的德银比作 2008 年金融危机的雷曼兄弟，或将再次引发一轮金融危机。

1. 德银危机的始末

德银拥有近 150 年历史，是德国最大的银行，一直被称为全球系统性最为重要的银行之一。然而自今年1月份以来，德银公布2015年亏损达到创纪录的68亿欧元，进入到6月份，德银遭到英国退欧的重创。在美国司法部就住宅抵押贷款支持证券问题对德银开出140亿美元罚单后，德银危机开始一发不可收拾。

实际上德银并没有充足的现金应对本次危机，140亿美元的罚款已经远远超出其负担，再加上德银股价的严重下跌，本周四德银美股又因媒体爆出客户撤资消息市场盘中跌逾9%，再创历史新低。

2. 德银破产会怎样

如果德银破产，毫无疑问将会首先引发银行系统性危机，目前德银2015年年底的负债高达15 800亿欧元，相当于17 571亿美元。这已经是上一次金融危机雷曼兄弟破产时债务的3倍。考虑德银在全球吸收存款，引发银行系统危机的同时还会引发严重的银行挤兑。

目前德银已经大量发行的金融衍生品，德银2013年的年报显示，德银当年的衍生品持仓超过75万亿美元，是德国GDP的20倍，欧元区的5倍。一旦危机爆发，这数十万亿的衍生品必然会引爆整个金融体系。

更糟糕的是德银一旦破产将严重影响欧盟的经济局势，在英国退欧的情况下，意大利银行、德银接连出现危机，破产意味着欧盟对欧洲经济已经失去掌控。

3. 应对方案

最直接的方案莫过于政府出手向德银注入资金，如同2008年金融危机美联储的做法一样，但这会导致“大而不倒”的问题，在政治上和道德上会遭到谴责。德银表示它不会考虑德国政府的救助，默克尔也表示拒绝对德银伸出援手，但新债王 Jeffrey Gundlach 认为，做空德银股票应该谨慎，因为政府救助并不是不可能。

依靠第三方出资，配合并购等方式是德银的另一条出路，但目前德银不仅需要面对资金短缺、股价暴跌等问题，还要处理美联储的罚款以及来自世界各地的投诉。这使得德银在未来偿还借贷、改善银行情况成为难题，因此德银或将被归入难于成交的“硬骨头”之列。

德银也可能会通过增资、变卖资产等方式渡过危机，但变卖资产存在长期潜在问题，在危机状况下，增资也已经无法起到作用，未来德银能否转危为安还是未知。

资料来源：汇誉财经，2016-09-30.

■ 延伸阅读

瑞郎事件

2015年1月15日，瑞士央行出人意料地宣布弃守瑞郎兑欧元1.2的汇率下限，同时还将活期存款利率从-0.5%降至-0.75%。短短时间（不超一个小时）瑞郎兑欧元暴涨近40%，创造了1971年布雷顿森林体系（Bretton Woods System）解体以来浮动汇率的最大波幅——一个巨大的“黑天鹅事件”。国际现货外汇市场、期货市场不少重量级的金融机构受到重创。

其中福汇和嘉盛是零售外汇业内两大巨头，皆受重创。尤其福汇挣扎在倒闭的边缘，需要依靠股东的力量才能勉强维持运转。

细察其中的原因，风险在于：

一是保证金。现货外汇市场杠杆百倍者比比皆是，期货市场在20—30倍区间，如果满仓则 1%—5%的单边反向运动不及时处理就会产生灾难性的后果。

二是流动性。瑞士央行原承诺 1.2 的汇率下限，众多投资者在此处附近集中建仓了巨量的多头。消息突发后投资者争相奔逃彼此踩踏，更令市场失去流动性，曾经短暂没有买卖盘。设计好的止损都无法触发，而价格已经大幅偏离。

三是头寸限制。历来外汇市场流动性非常好，已许久未遇如此的挑战。参与者在主动/被动头寸限制上很少未雨绸缪，基本未做防备，重仓更加出不去。

四是突发性。以往风险发生时投资者多有时间跟进处理，只要具备足够的流动性和合格的风险防范和准备，即使仅有一天也能解决很多问题，而这次行情大约 10 分钟之内涨幅已在 20%以上，本来不差保证金的优质账户忽然风险重重，在沟通和处理上都十分困难。

大家可以看到，此次瑞郎事件不但对经纪商、金融机构、投资者造成了较大伤害，而且在风平浪静近一年的衍生品市场上敲响了警钟。

就提供通道服务的经纪商而言，要从此次瑞郎事件中清醒地认识到国际金融市场表面风平浪静下面翻滚的暗流，时刻对风险保持高度的警惕性，风控不可松懈。就具体措施上，应该评估：保证金是否应适当提高，而不是在合乎监管之下的无限迎合客户；对客户交易品种经常进行适当的评估，尽量预测一下可能的市场风险，做到未雨绸缪；当单一品种持仓过大或在总头寸中比例太高时，应对头寸进行限制；建立更加高效的风控系统和更有责任心的团队，以期更快地发现风险、处理风险。

另外，经纪行业竞争激烈，但是否也应考虑调整对部分利润极其微薄却又风险重重的客户提供服务的模式。今天明天似乎还能赚到利润，半年后出个“大窟窿”如何能承受，即使如美国的 IB，巨亏 1.2 亿美元也不是那么容易能消化的。服务是有成本的，无论是经纪商还是客户都应认识到这一点，不然长期看必然是失衡和无法维持的。

在现货外汇市场，高杠杆比如 100 倍是营销利器。但刀有两面，不利时伤及经纪商和客户皆有可能。客户的风险扎扎实实是真金白银的损失，还需仔细体味瑞郎事件，市场常在，我们的资金未必常在，又何必急在一时一地的得失。反思这几年行业的风险，虽不似 2008 年金融风暴时惊心动魄，倒也经常发生。此次瑞郎事件是产品风险或称瑞士政府顶不住欧元持续宽松的政策风险，前两年美国的曼氏金融（MF Global，当时是美国最大的期货公司兼上市公司）破产和美国老牌期货经纪公司百利金融（PFG Best）倒闭案都造成了部分亚洲地区经纪商和客户的损失与振荡，这属于很难控制的外部风险。

衍生品行业基于杠杆原因经常出现千里之堤毁于蚁穴的小变大事件，如尼克·李森（Nick Leeson）之于巴林银行倒闭，“5%铜先生”之于住友银行巨亏，有主动、被动两种方式。无论如何，在波谲云诡的国际金融市场，以多种方式做好风险控制是金融企业生存发展的第一要务，不仅当下要追求必要的收益，也要考虑企业长久稳健的运行。

资料来源：期货日报，2015-02-26.

■ 即测即评

第十四章

金融监管

【本章学习目标】

通过对本章的学习，学生可了解金融监管的含义以及金融监管体制和金融监管效果的评价原则，明确金融监管的目标、金融监管失灵的原因，熟知金融监管的原则及监管的方法，掌握金融监管的理论依据和监管的主要内容。

【本章知识结构图】

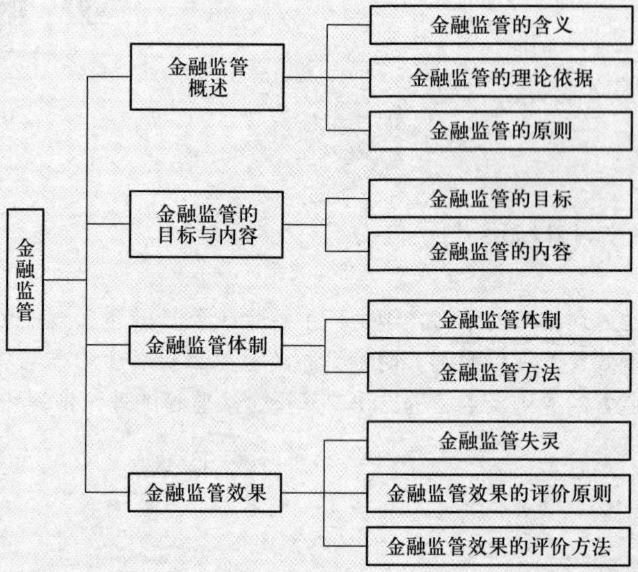
金融监管
金融监管概述
金融监管的含义
金融监管的理论依据
金融监管的原则
金融监管的目标与内容
金融监管的目标
金融监管的内容
金融监管体制
金融监管体制
金融监管方法
金融监管效果
金融监管失灵
金融监管效果的评价原则
金融监管效果的评价方法

【引例】

欧洲银行不良资产解决中的监管障碍

2016年以来，欧洲银行业不断出现负面新闻。德意志银行在2016年年初宣布公司2015年的亏损达到创纪录的68亿美元，计划裁员9 000人和在10个国家终止业务。意大利裕信银行从2015年开始在意大利、德国和奥地利裁员1.82万人，持续收缩相关业务。2016年9月16日，美国给德意志银行开出140亿美元的罚单，这让德意志银行无法承受。与此同时，欧洲的银行股价大幅下降。德意志银行股价从40美元下跌到12美元左右，意大利裕信银行股价从5欧元跌至1.7欧元。欧洲银行业持续出现负面新闻引发了全球的广泛关注。在欧洲银行的问题中，不良资产大幅度上升是欧洲银行业面临的最重要的问题。而欧洲银行的监管体系则对不良资产的处置形成了一定的障碍。

从经营方面来看，由于欧洲银行盈利水平较低，资本面临一定的约束。因此，银行在计提资产减值损失方面存在难度，倾向于推迟认定损失。不良资产多的银行在进一步处理新的信用风险方面能力受到较大的限制。除了资本约束之外，抵押品价值的认定实际上难度更高。根据IMF（2016）的分析，除了少部分抵押品存在市场价格外，大多数抵押品流动性较差，银行计提减值损失存在操作上的难度。

从监管规则来看，欧洲国家之间广泛采用的会计标准就削弱了各国解决银行业不良资产的动力。欧洲采用国际金融业报告标准（International Financial Reporting Standard, IFRS）要求银行进行信息披露。这个标准在不良资产处置方面存在一定的模糊性。首先，IFRS采用已发生损失减记法（incurred loss approach）对贷款计提减值准备。这种方法实际是一种面向过去的方法，银行有较大的空间对损失进行调整和认定，降低了银行处置不良资产的动力。其次，IFRS虽然明确地要求对不良资产进行减记，但是减记的方式由各国监管机构自行认定，导致欧洲不同国家之间采用不同的标准。再次，IFRS允许不良资产计提利息，这就导致银行的利润有一定程度的虚增。最后，虽然在认定不良资产过程中，抵押品价值是被考虑的，但是并没有明确的方法来衡量抵押品的价值。在会计方面的制度给了银行较大的弹性，削弱了解决不良资产的动力。

资料来源：华尔街见闻网，2017-08-07.

思考： 金融监管体系是否完善以及金融监管执行是否有效对于保护投资者权益、维护整个金融体系的安全、稳定至关重要。什么是金融监管？金融监管的理论依据是什么？金融监管应遵循怎样的运行机制？如何评价金融监管的效果？本章将讲述这些问题。

第一节

金融监管概述

一、金融监管的含义

金融监管是指金融主管当局依据国家法律法规的授权对金融业（包括金融机构以及金融机构在金融市场上所有的业务活动）实施监督约束、管制，使它们依法稳健运行的行为总称。

通常来说，一国的金融监管范围都要涉及金融的各个领域。例如，对存款货币银行的监管；对非存款货币银行金融机构的监管；对短期货币市场的监管；对资本市场和证券业以及各类投资基金的监管；对外汇市场的监管；对衍生金融工具市场的监管；对保险业的监管等。

二、金融监管的理论依据

在市场经济条件下，银行等金融机构和工商企业一样，是在市场机制调节下自主经营、自负盈亏的经济主体，市场机制在金融活动和金融市场中发挥基础性作用。那么，国家为什么要设立专门机构对金融机构和金融活动进行监管？从理论上讲，金融产品的公共性、金融领域内存在的外部性、信息的不对称性、垄断或者过度竞争所带来的不稳定性以及分配的不公平都会导致金融产品与服务价格信息扭曲，从而表现为金融市场的失灵，而失灵的市场机制无法保证社会资源的配置符合帕累托效率。这就为政府介入金融监管提供了理论上的支持。

（一）金融产品和服务具有公共物品的特征

一项具体的金融服务并不具有公共产品的特性。例如，银行把一定数额的资金贷给某家企业，这一业务的受益者就是该企业。但是，一个稳定、公平而有效的金融体系却具有公共产品的明显特征：每个人都可以尽享金融体系提供的信心和便利，任何人在享受上述好处的同时，并不妨碍别人享受相同的好处。但作为公共产品，其局限性表现在：人们虽有内在动力消费这一物品，但却得不到有效的激励为这一公共产品的提供做出贡献，如银行的挤提行为、金融机构业务经营违反审慎原则过分冒险等。这就决定了要么在政府主导下来构建金融体系，要么以私人部门为基础构建金融体系，但政府要通过限制过度竞争的制度安排，给予私人部门适当的保护和监管，以维护金融体系的稳定。

（二）金融领域内的负外部效应

历史经验表明，金融领域内的负外部效应尤为明显。因为：第一，金融机构不同于一般企业，它可以运用少得多的自有资本支撑同样规模的资产运营，一旦发生问题，其所有者遭受的损失要小得多，其成本是由整个金融体系及社会来承担的；第二，金融领域出现的问题往往具有传染性，比如银行挤提、证券市场的恐慌心理等，说明金融领域的负外部效应有可能自我放大；第三，这种负外部效应自我放大到极端有可能导致系统的危机或崩溃，即个别金融机构或环节的问题蔓延开来，最终使整个体系的运作遭到破坏，进而给实际经济部门造成损害的灾难性事件。这些严重的负外部效应的存在，为政府介入实施必要的金融监管提供了重要的理论支持。

（三）金融交易中的信息不对称

金融市场参与者做出决策和判断，需要获得相关的信息，在不同的参与者之间，信息的分布具有很强的不对称性，这会导致交易的不公平和低效率。例如，证券员工和外部投资者相比，具有明显的信息优势，特别是他们比一般的投资者掌握更充分的市场动态信息，他们就有可能利用这一信息优势为自己牟取利益，而将风险或损失转嫁给投资者。因此，政府介入对这些信息优势者进行一定的规范、约束、监管，并制定强制的信息披露制度，可以为投资者创造公平、公正、公开的投资环境。

（四）金融领域内有可能出现垄断或者不正当竞争

金融机构规模经济的特征，使金融机构的自由竞争很容易发展成为高度集中垄断，从而带来效率和消费者福利方面的损失；金融机构为争夺客户进行恶性竞争或虚假宣传等不正常竞争的存在，会破坏正常的市场秩序，而过度竞争更可能增加金融体系的不稳定性，对金融安全和经济安全产生威胁。国家有必要在保护竞争和促进效率提升的同时，对金融机构和金融体系进行有效监管，保证其相对稳定和安全。

（五）金融市场只追求过程的公平而忽视收入分配的公平

一般地，竞争性的金融市场可以保证金融交易过程的公平，但市场本身并不能保证竞争结果的公平性，政府适时进行监管可以适当地矫正收入分配的不公平。如当银行出现清偿危机时，政府的存款保险制度可以对小额存款者提供全额保险，而对大额存款者超过一定数额的款项则减少或不予保险，这样既可以在一定程度上矫正收入分配的不公平，也是对大额存款人的一种激励机制，使他们有动力认真选择开户银行，从而对银行产生正向的激励。

三、金融监管的原则

（一）依法监管原则

依法监管有两方面的含义：一是所有金融机构都必须接受国家金融监管部门依据法律、法规的规定所进行的监督管理，不能有例外；二是国家金融监管部门实施监管必须依法而行，以确保金融监管的权威性、严肃性、强制性、一贯性和有效性。

（二）适度竞争原则

金融监管的根本宗旨就是通过适度的金融监管，实现适度的金融竞争，形成和保持金融业适度竞争的格局。因此，金融监管当局的管理重心应放在创造适度竞争环境上，既要避免造成金融高度垄断，排斥竞争从而丧失效率与活力；又要防止出现过度竞争、破坏性竞争从而波及金融业的安全与稳定。

（三）不干涉金融业内部管理原则

不干涉金融业内部管理是指要按金融监管的规律进行监管，不能对金融机构的内部管理以正规的或非正规的方式进行干预。按照这一原则要求，只要金融业的经营活动符合金融法律、法规规定的范围、种类和可承担的风险程度，并依法经营，中央银行就不应该做过多的干涉。

（四）综合监管原则

综合监管原则包括：各种金融监管手段即经济手段、行政手段、法律手段等要综合配套使用，以实现有效监管；金融监管的方式、方法或工具要综合运用，即监管工具要现代化、系统化、最优化，直接监管与间接监管、外部监管与内部监管、正式监管与非正式监管、事先监管与事后监管、国内监管与国际监管、经常性监管与集中突出性监管等要同时运用。

（五）安全稳健与社会经济效益相结合原则

要求金融机构安全稳健经营是金融监管的中心目的，一系列金融法规和指标体系都着眼于金融业的安全稳健及风险防范，但金融业存在、发展的终极目的是满足社会经济的需要，促进社会经济的稳定发展。因此，金融监管应积极地把防范风险同促进金融机构实现经济效益协调起来。

（六）自我约束和外部强制相结合的原则

保证监管的及时和有效，客观上需要自我约束与外部强制有机配合。因为，外部强制管理不论多缜密、严格，其作用也是相对有限的，假如监管对象不配合、不协作，而是设法逃避、应付，则外部强制监管也难以收到预期的效果；反之，如果将全部希望放在金融机构本身自觉自愿的自我约束上，则可能诱导一些金融机构开展违规经营行为，产生道德风险。

（七）监管成本与效率原则

监管并非不讲成本，以最低的监管成本获得最佳监管效果是金融监管部门的重要原则之一。在很多国家，金融监管的费用都是由被监管者承担，这会迫使监管者尽可能节约一切监管资源，减少监管成本，提高监管效率。

除上述主要原则外，金融监管还有其他多项原则需要遵循，并且，金融监管原则应该根据变化了的市场环境及时进行调整。

知识链接

金融监管的历史沿革

金融监管的发展历史大致可以划分为四个阶段。

1. 20 世纪 30 年代以前：金融监管理论与实践的自然发轫

这一阶段金融监管的特点是具有自发性、初始性、单一性和滞后性，对金融监管的客观要求与主观认识不足，处于金融监管的初级阶段。

后果：自由经营银行业务造成的投机之风盛行，多次金融危机给西方国家的经济发展带来了很大的负面影响。

2. 20 世纪 30 年代至 70 年代：严格监管，安全优先

这一阶段金融监管的主要特点是全面而严格的限制性，主要表现在对金融机构具体业务活动的限制、对参与国内外金融市场的限制以及对利率的限制等方面。

影响：强有力的金融监管维护了金融业的稳健经营与健康发展，恢复了公众的投资信心，促进了经济的全面复苏与繁荣。并且，金融监管的领域由国内扩展到国外，开始形成各自不同的金融监管组织体系。

3. 20 世纪 70 年代至 80 年代末：金融自由化，效率优先

这一时期金融监管的主要特点便是放松管制，效率优先。

客观背景：布雷顿森林体系的崩溃加大了商业银行在开展国际业务过程中的汇率风险；世界经济增长速度放缓，国际资本出现了相对过剩，银行经营日益国际化，全球性的银行业竞争更加激烈；金融的全球化、自由化及其创新浪潮使建立于 20 世纪 30 年代的金融监管体系失灵。

理论背景：货币学派、供给学派、理性预期学派等新自由主义学派从多个方面向凯恩斯主义提出了挑战，尊崇效率优先的金融自由化理论也对 20 世纪 30 年代以后的金融监管理论提出了挑战。

4. 20 世纪 90 年代至今：安全与效率并重

20 世纪 90 年代以来的金融监管最主要的特征是安全与效率并重。

背景：经济全球化进程加快，金融创新与自由化带来的金融风险更加复杂，并具有国际传染性。有效的金融监管要求政府在安全与效率之间努力寻找一个平衡点。

资料来源：MBA 智库百科。

第二节

金融监管的目标与内容

一、金融监管的目标

金融监管的目标是监管行为取得的最终效果或达到的最终目标，是实现金融有效监管的前提和监管部门采取监管行动的依据。由于各国历史、经济、文化背景和发展情况的不同，不同国家和地区的具体金融监管目标是不同的。一般来说，世界各国金融监管目标通常包括以下几个方面：

（一）确保金融稳定安全

金融业的稳定安全直接关系整个国家经济的稳定，由于金融业经营的特殊性，一个金融机构出现问题或危机往往会引起连锁反应，导致更多金融机构经营困难。并且，由于金融交易的规模急剧增大，金融交易方式日趋复杂，各金融机构和金融市场之间相互依赖程度和危机相互感染的可能性都明显增大。因此，金融监管的首要目标就是确保金融稳定安全，防范金融风险。

（二）保护金融消费者权益

金融机构是一种信用中介，集中了社会各阶层、各部门暂时闲置的货币和资本，与社会各方面的联系十分密切。金融机构如果在经营过程中出现问题，会直接损害和影响千千万万金融消费者（存款人和社会公众）的权益，进而引发社会政治、经济危机。因此，金融监管部门要将保护金融消费者权益作为重要的金融监管目标。

（三）维护金融业的公平竞争

通过对金融活动的监督管理，规范金融机构的行为，为金融企业创造一个公平竞争的环境，防止行业垄断，鼓励各家金融机构在合理有序竞争的基础上提供高效率、多样化的金融产品，推进金融创新。

（四）保证中央银行货币政策的有效实施

货币政策的有效实施以金融业为作用点和传导中介。因此，要通过金融管理部门的金融监管，使金融机构的经营活动与中央银行的货币政策目标保持一致。

我国现阶段金融监管的具体目标：

（1）经营的安全性。经营的安全性包括两个方面：保护存款人和其他债权人的合法权益；规范金融机构的行为，提高信贷资产质量。

（2）竞争的公平性。竞争的公平性是指通过中央银行的监管，创造一个平等合作、有序竞争的金融环境，鼓励金融机构在公平竞争的基础上，增强经营活力，提高经营效率和生存发展能力。

（3）政策的一致性。政策的一致性是指通过监管，使金融机构的经营行为与中央银行的货币政策目标保持一致。通过金融监管，促进和保证整个金融业与社会主义市场经济的健康发展。

二、金融监管的内容

（一）银行业监管

银行业监管，是指金融主管机关或金融监管执行机关根据金融法规对银行机构实施监督与管理，以确保银行机构经营的安全和取得盈利。综观各国银行业监管状况，其监管内容大致包括以下几个方面：

1. 制定有关的政策法规

金融政策法规是一国金融活动的行为准则和国家金融监管部门进行监督及管理的依据与手段。各国金融监管部门均重视通过建立健全金融法规，使本国的金融监管朝规范化的方向发展，并且根据监管对象的不同及时地调整监管标准。

2. 市场准入的管理

市场准入是金融管理部门对新设机构进行的限制性管理。把好市场准入关是保障银行业稳健运行和整个金融体系安全的重要基础。批准高质量的银行和高级管理人员进入市场，并根据审慎性标准审批银行的业务范围，将有利于降低银行的经营风险，提高银行管理水平和服务水准，促进银行的稳健发展和金融体系的稳定。

3. 对银行业务的限制

对银行业务的限制主要包括以下几方面：① 对银行业务范围的限定。金融管理部门根据不同金融机构的性质核定其业务范围或限制其进入某些活动领域。② 对银行经营的监管。这具体体现在对银行经营的各项指标加以规定和限定，如风险控制指标（安全性指标）、流动性指标、资本充足率指标、资产质量指标等。

4. 存款保险制度

存款保险制度是指在金融体系内设立一个保险机构，各存款机构作为投保人按一定存款比例向其缴纳保险费，建立存款保险准备金，当投保人发生经营危机或面临破产倒闭时，由存款保险机构向其提供财务救助或直接向存款人支付部分或全部存款的一种制度。当银行面临破产清算时，如何保护存款人的利益成为各国金融监管当局必须关注的一个重要问题。为此，许多国家都建立了存款保险制度，这是维护整个银行体系安全的一个重要因素。

（二）证券业监管

证券业监管，是指证券管理机构运用法律的、经济的以及必要的行政手段，对证券的募集、发行、交易等行为以及证券投资中介机构的行为进行监督和管理。证券市场监管的主要内容包括：

1. 发行市场的监管

对证券发行市场的监管是整个证券监管的第一步，一般各国都是通过审核制度来实现的。世界各国的审核制度基本上可以划分为两类：

（1）证券发行注册制。它是指法律责成证券发行者将依法必须公开的与证券发行有关的所有资料准确、充分、及时地向证券监管机构做出汇报，制成文件并申请注册登记，其内容不得存有虚假和重大遗漏。注册制遵循公开原则，监管机关的权力与责任仅限于保证其申报资料的完整性和正确性，而不进行一系列实质性条件下的审查和批准。如果监管部门事后发现申报内容存在虚假、欺诈或不真实陈述与事项，可依法追究发行者责任。注册制只适用于成熟的市场，即市场架构完善、投资者素质较高的市场。

（2）证券发行核准制。它是指证券发行者不仅需要按法律规定公开所有必需资料并确保信息的真实性，而且必须满足若干实质性条件。证券监管机构将对证券发行者进行实质性审核，并有权否决不符合实质性条件的证券发行申请。核准制奉行“实质管理”原则，据此可将不符合政府与管制机构要求的低质量证券排斥于证券市场之外。核准制适用于证券市场历史不长、投资者素质不高的国家和地区。

2015 年 12 月 27 日，我国全国人大常委会用授权的形式，授权国务院可以根据股票发行注册制改革的要求，调整适用现行《证券法》关于股票核准制的规定，对注册制改革的具体制度做出专门安排，让注册制改革具有了明确的法律依据。而根据安排，国务院将根据授权，对具体事项做出相关制度安排，出台相应的文件；证监会将根据国务院确定的制度安排，制定相关部门规章和规范性文件。从 2016 年 3 月 1 日起，实施期限 2 年。目前，注册制改革推进前的准备工作正在进行。

2. 交易市场的监管

证券交易市场监管是证券监管的重要组成部分，证券市场的所有行为最终都会体现到交易过程中，在交易领域集中了若干证券市场失灵问题。对交易市场监管主要体现在：一是对不正当证券交易行为的监管，包括反操纵监管、反内幕交易监管和反欺诈监管；二是对过度投机和市场稳定性的监管控制，包括信用交易管理制度、交易停止制度、价格限额制度、卖空限制和政府入市等。

3. 证券经营机构和从业人员的监管

在证券市场上，证券发行与交易都是通过证券经营机构和从业人员来完成的，对其进行有效监管是证券监管的重要一环。各国对证券商的设立、财务责任和经营行为的监管制度各不相同。对证券从业人员的管理主要通过对证券从业人员进行资格考试和注册认证以及市场禁入制度来实现，这也是各国通行的做法。

4. 信息披露的监管

充分、公开、公正的信息披露制度，可以保护公众投资者，使其免受欺诈和不法操纵行为的损害。各国均以强制方式要求信息披露，并要求信息披露具有全面性、真实性、时效性，使公司所有股东都受到公平和同等的待遇。信息披露具体包括证券发行与上市的信息公开制度、持续信息公开制度和证券交易所的信息公开制度，并对违反披露制度的责任主体制定了相应的处罚和制裁措施及法规。

5. 欺诈行为的监管

证券欺诈行为是指证券公司及其从业人员违背客户真实意思表示，从事损害客户利益的行为。从狭义上说，这里的欺诈行为监管指的是禁止在证券发行、交易及相关活动中从事欺诈客户、虚假陈述等行为，其形式多种多样。各国在法律条款中都规定了证券经营机构、证券登记机构或清算机构以及其他相关机构存在各种欺诈和虚假陈述或误导行为时应承担的法律责任。

6. 对证券投资者的监管

首先是对个人投资者的监管，包括对个人投资者的资格审查、买卖行为的管理和买卖途径的管理；其次是对机构投资者的监管，包括对机构投资者资金来源的管理、买卖资格及程序的管理和买卖行为的管理。

（三）保险业监管

保险业监管，是指一个国家对本国保险业的监督和管理。保险业监管的主要内容包括：

1. 机构监管

（1）保险机构设立的监管。为保证营业初期具备足够的偿付能力，保险公司必须拥有相当数量的资本金，并缴存一定比例作为保证金。同时，各国对保险机构的高级管理人员的任职资格都有特别的规定。

（2）营业范围的监管。营业范围的监管，是指政府通过法律或行政命令，规定保险机构所能经营的业务种类和范围。一般表现在两个方面：一是金融业间（银行、保险、证券、信托业之间）的兼业问题，即是否允许保险人兼营保险以外的金融业务，或非保险机构经营保险业务；二是保险业内不同业务的兼营问题，即同一保险人是否可以同时经营性质不同的保险业务。此外，国家对保险机构的监管还体现在对保险机构的组织形式、市场退出的监管等方面。

2. 业务监管

（1）条款监管。在保险条款的监管中，各国保险监管机构一般要求保险条款内容完整，明确保险标的、保险责任与责任免除、保险期限、保险价值与保险金额、保险费及缴费方式、保险赔款及保险金给付办法、违约责任和争议处理等内容。

（2）费率监管。各国保险监管机构对保险费率监管的目标是保证费率的充足性、合理性和无歧视性。因费率计算基础不同，各国对人寿保险和财产保险的费率监管采用不同的方式。对于寿险费率，只要公司没有使用歧视性规定，多数国家并不直接控制其费率。而对于财产保险，多数国家的费率监管要远比寿险费率严格，一般均由监管机构核定后方可使用。此外，为防止不正当竞争和分散风险，保险业务监管还包括经营行为监管和再保险监管等内容。

3. 财务监管

保险公司的财务监管即指对其资产负债情况的监管，主要包括：

（1）资产监管，涉及保险公司的资产认定和资金运用两个方面。

（2）资金运用监管，通常分为两大类：一是宽松型监管，主要由保险公司自己管理自己；另一类是严格型监管，一般通过立法来规定保险公司资金运用的方式与限额。

（3）准备金监管，具体指在各国的保险法规中都有准备金提取的明确规定，且内容大体一致。

4. 偿付能力监管

所谓偿付能力，是指保险公司清偿到期债务的能力，在数值上等于认可资产与负债的差额。保险监管各方面的工作都是围绕确保保险公司的偿付能力不低于某一水平而展开的。

第三节

金融监管体制

一、金融监管体制

金融监管体制，指的是金融监管的制度安排，包括金融监管部门对金融机构和金融市场施加影响的机制以及监管体系的组织结构。金融监管体制实质上就是解决由什么机构来监管、按照什么样的组织结构进行监管、由谁对监管效果负责和如何负责的问题。从世界各国传统来看，主要有如下三种监管体制：

（一）集中监管体制

集中监管体制，又称单一监管体制，是指把金融业作为一个相互联系的整体统一进行监管，一般由一个金融监管机构承担监管的职责，绝大多数国家是由中央银行来承担。这一体制的优势体现在：管理高度集中、法规统一，金融机构不容易钻监管的空子，避免其他模式存在的相互扯皮、推卸责任的弊端。但同时这一体制也有弊端，容易使金融监管部门养成官僚化作风，滋生腐败现象。

英国是实行集中监管体制的典型国家，由英格兰银行承担整个金融业监管的职责。法律赋予英格兰银行监管在英国境内所有银行的权力。英格兰银行的监管一向采取以合作与协商为主的方式，这也是英国在金融监管方面缺少比较细致的法律法规的一个原因。金融监管机构发现了问题，一般通过“道义劝说”与“君子协定”等方式来加以纠正或解决，较少对金融机构进行定期的现场检查。英格兰银行内设的金融监管委员会每年要提交一份金融监管报告，由英格兰银行作为其年度报告的一部分提交财政大臣并通过后者转呈议会。实行集中监管体制的国家还有澳大利亚、德国、卢森堡、荷兰、新西兰等。

20 世纪 90 年代以来，由于金融不稳定导致经济起伏，金融危机频频发生，金融风险管理成为金融监管的核心内容和货币政策制定的重要基点。正是在这种背景下，一些国家把金融监管的职能从中央银行分离出去，出现了单独对银行业监管的机构，导致集中监管体制发生了变化。例如，英国在 1997 年工党上台后成立了金融监管服务局（FSA），负责对银行、住房信贷机构、投资公司、保险公司的审批和审慎监管，英格兰银行审慎监管银行业的职责被剥离。

（二）分业监管体制

分业监管体制，又称多头监管体制，是在银行、证券、保险等领域分别设置独立的监管机构，各司其职地行使监管职能的体制。在 20 世纪 80 年代以前，金融市场的结构特征表现为不同金融机构界限明确，金融产品简单，很容易将一个金融产品划分为银行产品或是证券产品还是保险产品，金融监管也就相对简单得多，自然地一国金融监管机构分别按照被监管者所处行业来构建，监管组织结构分工清晰，与金融业的行业特征相适应。

美国的金融监管就属于分业监管体制。美国的金融监管机构在联邦一级，主要有 6 个，虽然管理机构复杂，职能交叉，但其监管各有侧重：① 联邦储备体系，负责管理会员银行和一切银行持股公司。② 货币监理局，负责对联邦注册银行的审批和检查。③ 联邦存款保险公司，主要监督参加保险的非会员银行和已保险的州注册的储蓄银行。④ 联邦贷款银行及下设的联邦储贷保险公司，管理和监督储蓄银行和储贷协会。⑤ 全国信用合作社管理局，管理和监督信用合作社，协调各管理机构之间及同各州监督官员之间的关系。⑥ 证券交易委员会，是进行证券发行、交易管理的最高机构。除此以外，美国还有一个场外交易市场证券经纪人和自营商的组织——全国证券交易商协会。实行分业监管体制的国家还有新加坡、芬兰、瑞典、比利时、丹麦等。

（三）不完全集中监管体制

不完全集中监管体制是指在金融业混业经营体制下，对完全集中和完全分业监管的一种改进型模式。这种模式可按监管机构不完全统一和监管目标不完全统一划分，具体形式有双峰式监管和牵头监管。

双峰式监管是指根据监管目标设立两类监管机构：一类机构负责对所有金融机构进行审慎监管，控制金融体系的系统性风险；另一类机构是对不同金融业务经营进行监管。澳大利亚是双峰式监管模式的典型。澳大利亚历史上由中央银行负责银行业的审慎监管，自1998年开始不完全统一监管模式的改革。新成立的澳大利亚审慎监管局负责所有金融机构的审慎监管，证券投资委员会负责对证券业、银行业和保险业的业务经营监管。

牵头监管是指在多重监管主体之间建立及时磋商和协调机制，特别指定一个牵头监管机构负责不同监管主体之间的协调工作。巴西是较典型的牵头监管模式。国家货币委员会是牵头监管者，负责协调中央银行、证券和外汇管理委员会、私营保险监理署和补充养老金秘书局分别对商业银行、证券公司和保险公司进行监管。

不完全集中监管体制与集中监管体制相比其优势体现在：在不同的监管领域，相应的监管机构保持了监管规则的一致性，可以尽量避免多重机构可能造成的监管冲突问题；不完全集中监管体制设立了不止一个监管机构，并且通过职能分工配合使监管机构之间保持一定的竞争与制约，有助于提高监管效率；设置多重监管机构可以按照行业分工，有助于发挥各个机构的相对独特优势。

不完全集中监管体制与分业监管体制相比其优势体现在：一定程度上克服了分业监管体制中机构庞大、设置繁复的弊端；一定程度上统一降低了多重监管机构之间互相协调的成本和难度，提高了监管效率；通过分别进行审慎监管和业务监管，从而尽量避免严格分开的监管机构可能出现的监管真空或者监管重复问题。

二、金融监管方法

各国金融监管的方法主要有直接监管和间接监管。

（一）直接监管

直接监管是指中央银行直接对金融机构进行的稽核和检查，包括现场检查（稽核）和非现场检查。

1. 现场检查

现场检查是由稽核人员通过亲临现场对金融机构的会计凭证、账簿、报表、现金、物资财产和文字资料进行检查、分析、鉴别，直接对有关人和事进行查访，掌握第一手真实资料。现场检查一般主要集中于资本充足状况、资产质量、管理质量、收入和利润状况、清偿能力、法规的遵守程度等方面。

2. 非现场检查

非现场检查是对被稽核单位按要求报送的有关经营活动状况的资料，按照一定的程序和标准进行整理、分析和计算，对金融机构的经营现状及发展趋势做出判断的一种检查监督形式。

（二）间接监管

间接监管是监管部门委托其他部门如金融机构内部审计、外部审计机构、信用评级机构等从加强内部控制的角度出发，实施间接的监管。具体说来，有以下几种方法：

1. 金融机构的内部审计

内部审计是由金融机构自行组织实施的，主要涉及银行内部的各项管理工作实施情况，包括检查自身会计控制、营运控制、行政管理控制等的完整与准确，并参与检查和修改业务政策与业务程序。其主要目的是保证资产的安全性和遵守相关的法律法规，提供高效、准确的业务记录，评价管理控制的程序和有效性，并为制定政策提供参考。金融机构的内部审计及内部控制在整个监管体系的设计中，具有基础性的地位。

2. 金融机构的外部审计

外部审计是监管部门委托社会上的注册会计师事务所来参与监管。这种社会审计可以提高金融监管的客观性和公正性，有效地避免舞弊、作假现象，防止内部审计的主观性和监管部门的疏漏，使监管部门的监管更有针对性。

3. 对金融机构的评级

评级制度是通过综合考虑金融机构的资本充足性、资产质量、管理能力、盈利能力及流动性能力等因素，按评级结果将金融机构划分为几个等级，供监管部门决策使用。这种评级还可以利用社会上的资信评估机构来进行。

4. 行业自律

行业自律是指同一行业的从业者组织，基于共同利益，制定规则，自我约束，实现本行业内部的自我监管，以保护自身利益并促进本行业的发展。一般地说，金融业自律的组织形式主要为金融行业公会或银行家协会。

当然，任何一种方法都并非单独运用，各国金融监管部门要根据本国的经济环境和金融发展特征，来确定和选择适宜本国国情的监管手段和方法。

第四节

金融监管效果

一、金融监管失灵

虽然政府的管制在一定程度上可以矫正市场缺陷，但政府也会面临失灵问题，即政府监管并不必然实现资源的有效配置，具体原因如下：

（一）监管者的经济人特性

从理论上看，金融监管者是社会公众的委托人，代表社会公众的利益，能够在某种程度上超越具体的个人利益。但在实践中，监管部门及监管者个人的目标并不是或并不仅仅是公共利益的最大化，而是有自己的组织目标与经济利益，这就使得监管部门具有了某种类似个人经济人的特征，从而追求个人利益的最大化。特别是当他们掌握垄断性的强制权力时，很容易被某些特殊利益集团俘获，并成为其代言人。作为交换，监管者可以获得相当丰厚的回报。

（二）监管行为的非理想化

尽管监管者主观上想最大限度地弥补市场缺陷，但由于受到各种客观因素的制约，也有可能力不从心，无法全面及时地行使其监管职能，因此，不一定能达到理想化的目标。制约监管效果的客观因素有：监管者对客观规律的认识具有局限性，监管者面临着信息不完备问题、监管时滞问题等。

（三）监管者处于独特的垄断地位

由于政府提供的公共服务往往具有不可替代性，因此它们缺乏市场竞争和约束，没有改进监管效率的压力和动机。另外，金融监管机关具有政府部门的组织结构运作机制，也与一般的政府部门一样，极易导致监管的官僚主义行为。

总之，金融监管的失灵虽然表现为多种多样，但概括起来主要有两个：监管越位，管了不该管的；监管缺位，该管好的却放任不管。因此，应对监管效果进行有效的评价，通过该方式可以发现监管中的问题和缺陷，实现对监管者的有效监管，防止监管者管制过度或管制松懈，改进和完善金融监管。

二、金融监管效果的评价原则

（一）客观性原则

这一原则是指在对金融监管效果进行评价时，要以事实为依据，进行客观准确的评价，不能受任何主观因素的影响。评价有定性评价和定量评价两种。定量评价主要是根据现有的一些数据计算一些指标，由于数据是原始的和不能更改的，比较客观，所以客观性原则主要是对定量评价的要求。

（二）辩证的原则

评价的首要目的是确定监管体制现有缺陷的性质和程度，评价不应该只找所取得的成就，也应该注意到缺陷，这样才能更准确地衡量金融监管的总体情况。评价结果不应用来给监管体制评分和排名，而应用来制订行动计划，有步骤地采取必要的改进措施。评价还应说明需采取怎样的措施和何时采取措施来弥补缺陷，并说明是否需要进一步评估。

（三）定性和定量相结合的原则

定性和定量相结合的原则是指在评价时，既要对金融监管进行评价性的总体描述，又要有具体的数量指标来支持前面的评价性描述，只有将定性和定量结合起来，才能相辅相成，起到珠联璧合的效果，从而得出准确的评价。

（四）重要性原则

这一原则是指在对金融监管评价中，要抓住重点，不能面面俱到，否则会耗费不必要的劳动，而且由于各种评价纷繁复杂，会有种找不到核心与关键的感觉，因而即使做出很大的努力也不见得能够取得良好的评价效果。

（五）评价必须有足够的深度

这样才能断定金融监管的各项标准是真正达标还是仅仅在理论上达标。金融监管是一项十分复杂的工作，要想真正看出金融监管的效果和效率，必须多方面收集数据和资料，并且能够对数据和信息进行充分的挖掘，唯有如此，才能对金融监管做出有一定价值和意义的评判。

三、金融监管效果的评价方法

对于金融监管效果的评价，可以有多种不同的分析方法，如模型分析法、成本收益分析法、成本有效性标准分析法等。这里主要考察成本收益分析法，因为它是一种比较传统的、被广为接受的公正方法。

成本收益分析法是经济学中一个很基本且很有用的分析方法。用其评价金融监管效果时，就是对监管的成本与监管取得的收益进行比较和衡量，以此判断金融监管是否有效。

（一）监管成本分析

监管成本可以分为两类：监管引起的直接资源成本和监管引起的间接效率损失。

1. 监管引起的直接资源成本

监管引起的直接资源成本可以分为由政府承担的行政成本和由金融机构承担的执行成本两个部分。前者指监管需要政府设立监管部门来专门负责制定和实施有关条例和细则，这一过程需要耗费人力、物力。后者主要包括被监管者为按照规定保留记录而雇用专人，提供办公设施和材料等方面的费用；聘请专门律师的费用；按照规定交纳的各种费用，比如向金融监管部门交纳的存款准备金，向存款保险公司或其他类似机构交纳的存款保险金，向本行业监管机构为客户建立的补偿基金交款；按规定提取的坏账准备金等。

2. 监管引起的间接效率损失

监管引起的间接效率损失是不易观察到的，它是由于监管的实施使整个社会的福利水平下降了。这主要表现在：道德风险，指监管会促使私人部门改变行为，或者有意去冒更大的风险以牟取丰厚利润，或者虽无意主动冒险但却疏于防范，使损失发生的可能性更大；监管有可能削弱竞争，导致静态低效率；监管有可能妨碍金融机构的创新，导致动态低效率；监管过于严厉等。

（二）监管收益分析

对于金融监管的评价，尤其是定量评价有很大的难度。因为对于金融监管效率评价没有固定的指标体系，无法分解出金融稳定或金融发展中哪些是金融监管的贡献，哪些是市场的贡献。我们在此选取一部分重要的可以量化的指标进行分析，可以在一定程度上反映金融监管的成果或效率。

1. 宏观金融发展能力

货币经济比率是量化宏观金融发展及运行效率的一个较好的指标。货币量与经济总量之间的比率既是反映经济货币化程度的指标，也是从宏观上衡量货币作用效率的指标。货币的作用效率越高，对货币的需求也就越小，货币量与经济量的比率也就越低。另一个指标为货币结构比率，是指货币内部通货占货币的比率、货币占广义货币的比率以及广义货币占金融资产的比率。由于经济发展的复杂性和各国金融制度的差异，用货币结构比率衡量金融效率，需要把三种比率统一起来进行分析，可以用三种比率之积代表货币结构综合比率，此值越低，意味着宏观金融效率越高。

2. 金融机构运营评价

可以从金融监管在防止金融机构倒闭、保护存款人利益以及降低金融机构的运营风险等方面来分析，可以定量分析金融危机后监管部门加强对金融机构的监管带来的收益变化。

3. 金融市场效率评价

可以从金融市场日趋规范化和金融创新层出不穷两个方面来分析。实际上，金融监管和金融创新是紧密相关的，金融机构开展创新的一个重要方面就是促进金融监管效率提高。

■ 本章小结

本章介绍了金融监管的理论依据。从银行业监管、证券业监管和保险业监管三方面阐述了金融监管的主要内容，介绍了对金融监管效果进行评价的基本方法，阐明了集中监管、分业监管和不完全集中监管等监管体制。

■ 章后习题

□ 一、重要概念

金融监管　市场准入　集中监管体制　直接监管　成本收益分析法

□ 二、思考题

1. 金融监管的目标是什么？

2. 银行业监管的主要内容是什么？

3. 证券市场监管的主要内容是什么？

4. 金融监管的方法有哪些？

5. 金融监管体制的分类有哪些？

6. 金融监管效果的评价原则有哪些？

□ 三、讨论题

结合我国银行业监管的现状，讨论在我国建立存款保险制度的必要性。

□ 四、案例分析

泛亚事件

泛亚有色金属交易所在2011年开盘，这家号称全球最大的稀有金属交易所向全国推出了一款名叫“日金宝”的产品，宣称年化收益率高达13%。但是从2015年4月开始，“日金宝”向投资者兑付收益出现了困难，到了当年7月，投资者的本金也无法收回。9月21日，来自全国多个省份的1 000多位投资者聚集到北京，来到中国证监会门口，拉横幅，喊口号，要求监管部门严肃处理泛亚，帮助他们追回资金。这就是泛亚事件。

泛亚事件的整个骗局分成五步：

(1) 投资者名义上将资金借贸易商，实际上是借给泛亚有色金属交易所，获得3‱—3.75‱每日的收益。

(2) 泛亚有色金属交易所作为实际借出人将资金借给贸易商，收取5‱每日的利息。这么一来一回泛亚有色金属交易所赚取1.25‱—2‱的每日的收益。

(3) 贸易商用借来的钱支付货款，取得货物，并支付给泛亚有色金属交易所每日5‱的利息。

(4) 泛亚将从投资者手中集资来的钱直接从生产商手中买入有色金属。随着泛亚本身担当起了贸易商，它就需要支付给投资者每日3‱—3.75‱的利息。泛亚的策略是吸引更多的客户，用新客户的钱支付给老客户，以新还旧。等到自己把市场中的有色金属收得差不多的时候，就可以形成垄断，奇货可居了。

(5) 垄断地位没有如期到来。随着2015年以来股市转好，大量资金赎回，泛亚终于无法完成兑付，开始限制每日兑付额度，到最后一分钱也拿不出来。

泛亚事件将当前我国国内分层、分业、主体导向的金融监管体制一举击穿，监管的真空地带也被充分暴露出来。有专家建议，我国的金融监管应由“主体监管”的模式转为“产品监管”。

资料来源：汇投网，有改动。

根据上述案例，分析金融监管的模式应如何根据金融产品的不断更新进行调整？我国当前的金融监管体制应如何改进？

■ 延伸阅读

新巴塞尔协议

2004年6月，巴塞尔银行监管委员会根据第三稿的反馈意见推出了《新巴塞尔资本协议》。《新巴塞尔资本协议》在1988年出台的《巴塞尔资本协议》的基础上新增了三个目的，即构筑全面的风险管理体系、增强资本准备的风险敏感性以及扩大适用对象的范围。

新协议由三根支柱构成，包括最低资本要求、监管部门的监督检查和市场纪律。这三根支柱的关系可以说是相辅相成的。

关于第一根支柱最低资本要求，除信用风险和市场风险外，新增了操作风险，即新的最低资本要求由三个风险组成并据此算出。但对于所要求的银行最低资本准备，巴塞尔银行监管委员会还是把它维持在8%的水平上。

在新协议里，监管部门的监督检查被作为第二根支柱。在监督检查的过程中，对银行是否持有所规定的最低资本准备和银行持有的资本准备与它的实际风险是否相吻合的检查被明确地规定为监管部门的职责，并且监管部门被要求确保监督过程的透明以及对其所做判断做出合理的解释。

市场纪律是新协议的第三根支柱。巴塞尔银行监管委员会期待通过市场纪律来评价银行的风险程度，以补充第一支柱最低资本要求的不足之处。

从内容来看，新协议有以下几个引人注目的变化：

(1) 在风险计量方法上，新协议积极地导入了银行内部所使用的技术水平比较高的风险管理模型，也称内部模型法。巴塞尔银行监管委员会正在摆脱原来的那种一刀切的监管手法，试图向一种重视银行管理过程、能够灵活地反映银行风险变化的监管手法转变。正是由于有这样的优点，内部模型法才被巴塞尔银行监管委员会积极地提倡和采用。

在新协议里，尽管巴塞尔银行监管委员会向银行推荐使用比较高级的风险测定方法，但这不是唯一的，巴塞尔银行监管委员会同时为所有银行提供了几种可供选择的方法。这可以说是第二个特征。例如，关于操作风险的测定，巴塞尔银行监管委员会考虑每个银行管理操作风险的具体情况，向银行提出了三个程度不等且可供选择的方法。这一点在《巴塞尔资本协议》中是看不到的。

(2) 展示了监管部门监管手法变化的另一个侧面。具体地说，就是巴塞尔银行监管委员会试图摆脱那种无视银行动机的监管手法，实现向重视银行规避监管的动机的监管手法的转变。

(3) 在新协议中，监管部门加强银行动机管理并不仅仅表现在使用监管菜单上，作为第三支柱的市场纪律也是加强银行动机管理的一个侧面。因为市场投资者所持有的信息有可能比监管部门的更准确、更全面或者更有效，因此，对监管部门来说，今后的银行监管已经到了不得不依靠市场力量的地步。

我们从其框架和特征就能了解到《新巴塞尔资本协议》已经发生了巨大的变化。这个变化反映了两个事实：一是新协议的构筑明确是以努力缩小银行资本准备和银行风险之间的背离程度为方向的；二是新协议的构筑同时是以重视银行的动机为方向的。因此，从理论上说，今后预备实施的新协议应该在银行监管上具有更好的效果。

资料来源：刘肖原，等. 中央银行学教程. 北京：中国人民大学出版社，2011：326-327.

■ 即测即评

第十五章

金融创新与金融改革

【本章学习目标】

通过对本章的学习，学生可了解金融创新的主要内容，明确现代经济发展中的金融创新对经济的影响，熟悉我国金融创新与金融改革的概况，掌握我国进行金融创新与改革的动向及发展趋势。

【本章知识结构图】

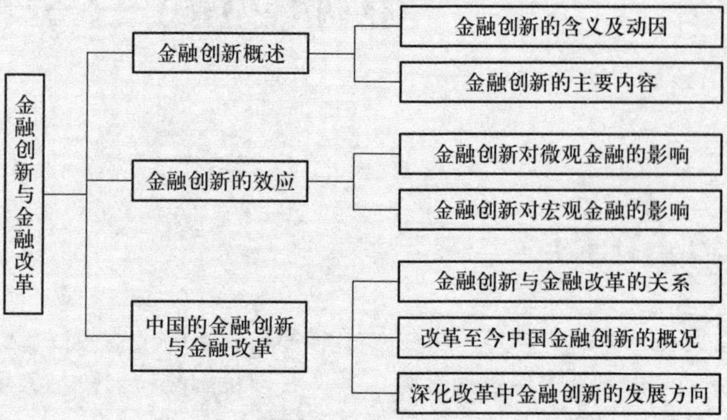
金融创新与金融改革
金融创新概述
金融创新的含义及动因
金融创新的主要内容
金融创新的效应
金融创新对微观金融的影响
金融创新对宏观金融的影响
中国的金融创新与金融改革
金融创新与金融改革的关系
改革至今中国金融创新的概况
深化改革中金融创新的发展方向

【引例】

美国的金融创新

总体上说，20世纪60年代以前，美国的金融系统由于“自由进入”导致过多的小银行的激烈竞争，引起银行恐慌，之后导致严格的金融监管。而严格金融监管的结果是产生了市场主导型的金融创新。

美国的金融创新可分为三个时期：① 1965—1972年的第一次金融创新。对于金融服务的强有力需求是进行创新的早期原因之一。在1965—1972年，消费价格年平均增长4%。此前的增长仅为1.5%~2%。同时，美联储和财政部改变长期坚持的稳定低息政策，将利率升高了一倍。而银行对储蓄存款的非市场利率法定上限则固定在3%，市场迅速出现对于具有市场利率的流动性证券的需求。这时花旗银行设计出一种“大额定期可转让存单”以应对这一需求，而不久证券业出现的“货币市场共同基金”成为一种体制性创新。此种创新是因为银行自身由于固有的制度延续性，使其相对于证券创新而言，对于环境的变化适应更加缓慢而导致的制度创新。② 1973—1982年的第二次创新。在此期间，美国经历了和平时期最严重的通货膨胀，其诱因是两次大规模的石油冲击。从20世纪40年代中期开始一直被高估的美元面临着前所未有的通货膨胀压力。这种情况下，市场以新的金融工具形式创新以应对克服金融波动性的需求。最重要的两种创新是金融资产期权和资产期货。同时，理论界竭力呼吁政府放松对银行的过度管制。在政府1982年完全放松对储蓄利率上限的管制之前，银行进行了一系列的创新：开发出浮动利率抵押贷款和浮动票据以使存贷款灵活性一致，同时，以技术进步为基础设立其他收费业务，如信用卡、现金管理和流动账户、自动提款机等。③ 1982年以后的创新。20世纪80年代后，美国一系列金融立法的基本立足点都在于放松管制，消除银行业并购障碍，鼓励银行业进行有序的市场竞争。面对着20世纪80年代后期越来越激烈的来自日本和欧洲的银行竞争压力以及经济一体化浪潮，美国银行业在20世纪90年代初进行了一些实质性的调整。1990年年底，美国共有46个州颁布法令，允许其他州的银行持股公司收购本州的银行，打破了美国金融史上占统治地位的“单一银行制度”和“单一州原则”的限制，为银行业跨州并购亮起了绿灯。1991年国会通过的《联邦存款保险公司改进法》允许所有储蓄机构和国民银行之间在银行合并条例的范围内进行并购。1994年美国国会又出台了《跨州银行法》(明确一家银行持股公司可以收购任何一个州的银行，银行可以在其注册地外的州直接开设一家分行。法案还明确提出，从1997年6月1日起，任何一家独立的银行都可以与其他州的另一家银行合并)。美国国会于1999年通过了《金融服务现代化法案》，正式宣告了限制美国银行业并购的、长达60多年的《1933年银行法》时代的终结。

资料来源:道客巴巴网。

思考：创新是一个国家兴旺发达的不竭动力，金融发展到今天，无不是金融创新带来的结果。正因为有金融工具、金融机构、金融服务和金融制度的不断创新，才使金融业焕发出生机和活力，从而推动了经济的发展。那么，金融创新包括哪些内容、有什么效应，我国的金融创新与改革情况如何？这些问题将在本章得到解答。

第一节
金融创新概述

一、金融创新的含义及动因

（一）金融创新的含义

金融创新是在金融领域内对各种金融要素所进行的重新组合和创造性变革。最初狭义的金融创新只是指金融工具的创新，后来广义的金融创新发展为金融业务、金融工具和金融制度（包括机构、组织形式及管理方法）的创新。金融创新始于20世纪60年代的美国等西方国家，70年代全面展开，80年代及以后尤为活跃，成为全球化的大趋势。在这一过程中，西方国家的金融创新革新了传统的金融业务和经营管理方式，给整个金融业带来了巨额的利润和空前的繁荣，并促进了金融的全球化进程，对世界金融领域的发展产生了深远的影响。

（二）金融创新的动因

从20世纪60年代初产生，到80年代在西方国家达到高峰，金融创新的产生有着复杂的原因和条件。

1. 规避金融风险

从20世纪60年代开始，西方商业银行的经营环境发生了巨大的变化。较高的通货膨胀率以及市场利率的急剧波动使西方商业银行面临着较大的金融风险。为了避免和降低利率风险，各商业银行产生了创新金融工具的需求。这个时期具有代表性的金融产品创新有浮动利率票据（1970年，国际银行机构）、外汇期货（1972年，美国）、外汇远期（1973年，国际银行机构）、浮动利率债券（1974年，美国）和利率期货（1975年，美国）等。由于20世纪70年代的通货膨胀率、汇率及利率的频繁波动，使投资回报率有着较大的不确定性，从而诱发各商业银行不断创造出可降低利率风险的新的金融工具。

2. 规避金融管制

西方各国在经历了20世纪30年代的经济大萧条以后，纷纷通过立法对银行业进行严格的管理和限制。当政府的金融管制束缚了金融业务活动和金融业的进一步发展时，金融机构为了自身的生存和发展，就会千方百计地通过金融创新，规避金融管理部门的法规限制，努力把约束及由此造成的损失减少到最低限度，进而赢得竞争优势。如在美国，20世纪70年代出现的自动转账服务制度（ATS），规避了活期存款不准付息的限制；可转让支付命令账户（NOW），规避了储蓄账户不准开支票的限制；货币市场互助基金（MMMF），规避了定期存款利率的高限。但是，进入20世纪90年代以后，世界各国特别是发达国家的金融改革空前活跃，金融市场监管主体不再墨守成规，而是积极顺应世界经济金融发展趋势的客观要求，大胆进行金融改革。所以，20世纪90年代以前的金融创新以规避金融管制为特征，而今天的金融创新则以金融改革推动金融发展为特征。

3. 技术进步推动了金融创新

20世纪80年代以后的计算机技术、通信技术和信息处理技术的快速发展在金融业中得到广泛应用，极大地改变了传统的金融业务和金融交易方式，如资金的调拨方式、自动提款机以及交易所自动报价系统等的出现，大大降低了市场交易成本，节约了交易时间，特别是网络技术的迅猛发展和广泛应用，将全球金融市场紧密联系在一起。技术因素不仅成为金融创新的手段，更是推动金融创新的巨大动力。

4. 金融自由化催生了金融创新

金融自由化也称"金融深化"，是"金融抑制"的对称。金融自由化理论主张改革金融制度，改革政府对金融的过度干预，放松对金融机构和金融市场的限制，增强国内的筹资功能以改变对外资的过度依赖状况，放松对利率和汇率的管制使之市场化。

20世纪80年代，由于世界性债务危机的爆发，西欧各国普遍放松了金融管制，金融自由化显著增强。同时，商业银行的存贷款利率受到限制使得商业银行在资产负债业务以外寻求新的利润增长点，进而推动了银行表外业务的创新和发展。

知识链接

20世纪90年代以来金融创新的动因

20世纪70年代末和80年代初，美、英等国的通货膨胀率均为两位数以上。长期高通货膨胀率带来了市场利率上升的剧烈波动。美国短期国库券利率，在20世纪60年代中期一直低于5%，而后节节攀升，70年代在4%~11.5%波动，80年代则在7%~15%波动。短期市场利率的上升给长期证券造成了资本损失并带来了负收益。利率风险的增加，则降低了长期证券的吸引力，也使持有这类资产的金融机构陷入困境。为避免和降低利率风险，金融创新主要反映为金融工具的创新，特别是大量可变利率债务工具的开发，如可变利率存单、可变利率抵押契据、可变利率贷款等。进入20世纪90年代，各国通货膨胀压力大为缓解。但是，一方面，随着国际金融市场一体化的不断发展，国家之间经济金融联系越来越密切，在一国所发生的经济金融动荡和危机不可避免地会波及其他国家，比如1994年的墨西哥比索危机、1997年的亚洲金融危机、2008年的美国次贷危机等都对其他国家产生了连带影响。另一方面，由于国际资本流动带来的冲击，国际金融市场的动荡加剧了，在此背景下，金融机构为了防范和化解金融风险，不断要求开发新业务，创新金融工具，使金融创新在20世纪90年代以后得到更大的发展。

此外，金融创新的动因还来自去监管化。纵观历史，全世界各国金融创新的高潮都来自一个非常重要的因素——去监管化。1970年前后，美国曾经历过一次巨大的去监管化，就是美国的储贷危机，导致美国金融业的大范围扩张、利率竞争，这一时期美国金融创新非常活跃。再以中国为例，从2013年开始，互联网金融在中国火爆起来，不仅是因为互联网技术、移动技术达到一定程度，更重要的是因为中国利率放开、利率市场化以及对

P2P 监管相对放松的背景。

资料来源：韩韵琴.金融学.北京：北京理工大学出版社，2010.

二、金融创新的主要内容

（一）银行业务创新

1. 负债业务的创新

商业银行负债业务创新主要表现在出现了新型存款账户、存款工具多样化以及存款证券化等。

（1）大额可转让定期存单（CD）。大额可转让定期存单与传统的银行存款的区别在于：传统的定期存款记名，不可转让，金额上没有限制，而大额可转让定期存单购买后即可流通转让，在金额上最低不能小于 10 万美元（美国花旗银行规定）；一般的定期存款提前支取只能按活期存款利率计息，而大额可转让定期存单可以市场价格进行转让，实际收益率取决于资金的市场价格，规避了政府关于利率最高限的管制。

（2）可转让支付命令账户（NOW）。这是 20 世纪 70 年代初由美国储贷银行推出的新型存款账户，该账户不使用支票，而使用支付命令对第三者进行支付。这一账户的出现既解决了活期账户不能开支票的问题，又有效地规避了活期存款不得支付利息的管制，从而吸引了资金，增加了负债来源。

（3）货币市场存款账户（MMDA）。这是由美国货币市场基金会首创的，客户需要在这个账户上保留最低 2 500 美元的存款余额，付息时不受最高利率限制，而是按货币市场利率随时调整，从而使这一存款账户兼有了储蓄与投资的双重功能，适合于小额投资者。

（4）自动转账服务账户（ATS）。这是指客户在银行开立两个账户：一个是无息的活期存款账户，另一个是有息的储蓄存款账户。前一个账户永远保持 1 美元的存款余额，其余存款都存入储蓄存款账户。当客户需要支付时，则从储蓄账户转到活期账户开出支票用于支付，银行自动把需要的资金从储蓄账户转到活期账户并兑付支票。这项新型业务使客户既可以方便地开出支票，又能获得利息收入。

（5）协定账户（AA）。这是一种可以在活期存款账户、可转让支付命令账户、货币市场存款账户 3 种账户间自动转账的账户。

此外还有股金提款账户（SDA）、个人退休金存款账户（IRA）、同类存款账户、投资账户、现金管理账户、经纪人存款、特种储蓄存款等。

负债业务的创新不仅使商业银行增加了新的资金来源，非银行金融机构也可以利用创新形成的业务吸收资金。

2. 资产业务的创新

商业银行资产业务创新主要表现在贷款形式多样化以及资产证券化等。

（1）消费信用。这种业务兴起于第二次世界大战以后，目前这一资产业务形式发展更加迅速，已成为各国商业银行创新的主要资产项目。消费信用业务分为一次偿还的消费信用和分期偿还的消费信用，后者运用比较广泛。消费信用既可以带动国内经济需求的增长，又拓宽了商业银行业务领域，还可起到改善人民生活水平的作用。

（2）住宅放款。这是商业银行以住宅为抵押品而发放的贷款，包括固定利率抵押放款、浮动利率抵押放款和可调整的抵押放款等。住宅放款带动了国民经济中建筑业的发展，也成为金融机构的重要资产业务形式，尤其是在资产证券化的进程中，住宅放款成为首选的证券化资产。

（3）浮动利率抵押贷款。这是美国加利福尼亚的储蓄贷款协会为了应付利率波动，而于1975年创造的一种创新贷款方式。这种业务是当市场利率（通常指国库券利率）上升或下降时，这种抵押贷款的利率也随之上升或下降，同时对抵押贷款的付款也随之改变。这种贷款起初利率较低（低于传统抵押贷款的固定利率），吸引大量客户，但接受这种贷款后利率可能变化，如果利率上调，则贷款的支付款额可能增加。

（4）银团贷款。这是指由若干家银行按共同的条件向借款人提供的贷款，目前不仅成为国际贷款的主要形式，而且在许多国家或地区的内部也被广泛使用。

知识链接

银团贷款的起源与发展

第二次世界大战后，西方主要经济体为了迅速弥合战争创伤，采用多种方式筹措资金，发展生产，振兴经济，产生了巨大的资金需求，银团贷款应运而生。首笔银团贷款1967年出现于美国纽约，这便突破了国际银行业300多年来一直采用的单一借款人对应单一贷款人的传统信贷方式。数家、数十家甚至上百家贷款银行按照统一的贷款条件和同一文本向同一借款人提供各自承诺的贷款额，形成一笔贷款业务，无疑是银行信贷方式的标志性创新。之后，银团贷款便在美、欧、日等主要经济体推广开来。进入新世纪，国际银团贷款总量呈逐年上升趋势。银团贷款之所以发展较快、占比较高，动因在于银团贷款既是支持实体经济发展的重要融资方式，又是管控金融风险的重要手段。目前不仅在国际，而且成为很多国家国内贷款的重要形式。以中国为例，近年来银团贷款增长较快，至2016年第二季度，银团贷款余额已达60 098亿元，占对公贷款余额的比例达11.3%。

资料来源:《中国银团贷款市场2016年第二季度银团贷款分析报告》。

3. 中间业务的创新

中间业务的创新，改变了银行的传统业务结构，增强了银行的经营和盈利能力。中间业务的创新主要包括信托业务创新和租赁业务创新。

此外，随着电子、网络技术在银行业务中的广泛运用，银行的金融服务性业务得到了不断的创新。银行卡业务、自助银行、网络银行、自动柜员机、资金管理终端系统等电子化、自动化金融服务业务日益普及。这些创新既方便了客户，又改善了银行传统中间业务的方式，拓展了服务渠道，降低了成本，进而提高了效率。

（二）金融工具创新

金融工具创新是金融创新的重要内容，业务的创新往往也是以工具创新作为载体的。

1. 原生性债权债务工具的创新

金融工具的创新首先表现为创造更为灵活的原生性债权债务工具，如可转让支付命令账户、可变利率的存贷款、自动转账服务账户，货币市场存款账户、牛市定期存单、扬基定期存单，欧洲或亚洲美元存单等。

2. 衍生性金融工具的创新

衍生性金融工具创新最典型的就是金融期货和金融期权。此外，还包括互换、商品派生证券、指数货币期权凭证、弹性远期合约等。

（三）金融市场创新

金融市场经历了从低级到高级、从萧条到繁荣、从无序到有序、从羸弱到强大、从国内到国际的不同发展阶段。

1. 金融市场出现了全球化趋势

在金融全球化和自由化的背景下，许多国家原来分割和相对独立的金融市场迅速连为一体，正向一个密切联系的整体市场发展。不仅金融市场交易全球化，交易主体也都已全球化。

2. 金融市场内部的空前发展和变化

金融市场参与者在金融市场上的活动都明显增强，机构投资者成为证券市场上新的主体，证券投资基金和保险基金成为位居前列的机构投资者，可从事证券交易活动的金融机构显著增加，交易活动也更加频繁。

金融市场交易对象的变化更大，随着新的金融工具的层出不穷，各种衍生金融工具的不断涌现，经纪人和经纪公司成为越来越繁荣的金融职业。

3. 发展中国家和地区纷纷建立和开放金融市场

发展中国家和地区为了根本改变金融压制的现状，纷纷建立和开拓国内金融市场，甚至致力于发展国际金融中心。

4. 国际融资证券化趋势进一步发展

证券化是指随着金融结构的变化，作为一种持续性的筹资手段的证券化和贷款债权的证券化。筹资手段的证券化是指由通过银行来筹集资金的方式逐渐向通过金融市场发行证券来筹集资金的方式转变。贷款债权的证券化则是指金融机构以贷款债权作担保的证券发行，即以证券交易转让贷款债权，使贷款债权具有流动性。

（四）金融制度创新

1. 金融机构体系的创新

金融机构起源于银行机构，银行一直是金融机构体系的基础和主体。但随着金融制度的不断创新，银行机构也不断得以创新，出现了以计算机网络为主体而无具体营业点的网络银行、以家庭为对象使居民足不出户即可享受各种金融服务的家庭银行、专门为企业提供一切金融服务的企业银行，还出现了由多国共同组成的跨国银行、国际性联合银行。自20世纪70年代以后，跨国银行、金融百货公司、金融超级市场等新型金融机构风行欧美以至推广到世界许多国家和地区。

此外，非银行金融机构发展迅速，其种类和经营规模不断增加，各种具有新业务的保险公司以及养老基金、住宅金融机构、金融公司、投资（信托）基金、租赁公司等越来越多地成为金融机构体系的重要组成部分。

2. 金融机构向综合化混业经营发展

由于金融机构在业务形式和组织机构上的不断创新，银行与保险信托、证券等非银行金融机构之间的职能分工界限逐渐模糊，各国的金融机构都面临着从分业经营向综合化混业经营发展的问题。

3. 金融监管制度的创新

由于金融创新，全球金融监管出现自由化倾向，这自然符合当今金融自由化、全球经济化的国际经济大背景。但由于金融创新加大了金融风险，所以各国政府的金融监管也更趋于国际化，注重国际的协调与合作。1975 年，在国际清算银行主持下成立了专门致力于国际银行监管工作的“巴塞尔银行监管委员会”。该组织分别于 1988 年和 1997 年出台了《巴塞尔资本协议》和《银行有效监管核心原则》，成为国际银行业监管的重要规章。而对动荡的国际金融环境和日益严重的金融风险，各国监管部门正以不断创新的方式和手段着手建立新型的国际化金融监管体系。

第二节

金融创新的效应

金融创新包括了金融业务、金融市场以及金融制度等多层次、多领域的创新，对金融业乃至整体经济运行的影响也较为广泛和深远。从总体上看，金融创新对微观金融和宏观金融均产生了不同的效应。

一、金融创新对微观金融的影响

（一）增强了银行的发展能力

通过金融创新涌现出大量新的金融业务和金融工具，提高了银行规避利率、汇率风险的能力，同时提高了企业、家庭和投资者进行金融资产投资的积极性，扩大了银行资金来源渠道，改善了资产结构，所以从整体上提高和增强了银行等金融机构的实力和自我发展能力。

（二）提高了银行的经营效益

通过表外业务等金融创新，几乎改变了金融生活，不断涌现的新工具、新服务、新技术交易使非资产性收益在金融机构总收益中的比重大幅度提高。金融创新使银行在传统利息收益的基础上，增加了大量的表外非利息收入，大大提高了银行的经营效益。

（三）提升了金融机构的工作效率

金融创新以新型化、多样化、电子化、交易技术化等为特征，使金融机构的渗透力、活动力和工作效率大大增强。同时，金融创新使金融业的资本增长能力得以加强，使得设备的现代化配置及更新能力日益提高，金融机构的经营管理水平和人员素质也得到了逐步提高，从而提升了整体金融机构的竞争和工作效率。

（四）带来了新的金融风险

金融创新一方面转移和分散了一部分金融风险，但另一方面带来了新的金融风险。

首先，从金融创新对金融风险的转移和分散来看，金融创新带来新的金融工具并使资产证券化，这使金融机构的资产流动性大大提高，从而规避了利率风险、汇率风险、通货膨胀风险和信用风险等。同时，金融创新为分散和转移风险创造了新的途径，如股票期货指数的产生有利于防范股票市场的系统性风险等。此外，从金融制度的创新来看，不仅有利于转移金融风险，还有利于加强对金融业的监管，不断改善金融监管制度和方式，减少金融业的风险，维护金融体系的稳定。

其次，从金融创新带来的新的金融风险来看：① 金融创新使金融机构的经营风险增大，因为金融创新使金融机构出现同质化趋势，这无疑加剧了金融机构的竞争，银行传统的存贷利差缩小，金融机构不断增加从事高风险的业务，降低了经营的安全性，导致金融机构的经营风险增加。② 金融创新增加了表外风险，即无法在资产负债表中反映而又可能转化为银行真实负债的行为所带来的风险，表外业务规模不断增加，这种风险出现的可能性也随之增加。③ 金融创新推动了金融自由化和国际化，原有的金融管制失去了应有的效力，同时使一国金融机构之间、本国与外国金融机构之间、国内金融市场与国际金融市场之间的相互依赖性增加，其中任何一个差错都会波及整个金融系统，这种自由化和国际化带来了放松管制的风险和危及整个金融体系安全的“伙伴风险”。④ 金融创新为金融投机活动提供了新的手段和场所，从而可能引发更大的金融投机风险。

此外，从新技术支撑金融创新带来的金融风险来看，金融创新带来的银行卡、网上银行、手机银行等也增加了金融系统的支付安全问题，这从另一个侧面来说也是一种金融风险。

典型案例

从美国“次贷危机”看金融创新

金融创新与金融安全有着极密切的关系。金融创新使金融领域各种要素重新优化组合、各种资源重新配置，尽管有助于金融体系的稳定和金融安全，但也可能产生金融脆弱性、危机传染性和系统性风险，从而对金融安全产生负面冲击。2007 年 8 月，美国次贷危机全面爆发。这场危机始于美国房地产泡沫破裂，并随着房市继续向下探底而呈现升级和扩散之势。2008 年 9 月，随着房利美和房地美被强行“国有化”，雷曼兄弟无奈破产，高盛和摩根士丹利被迫转型，美国最大储蓄银行华盛顿互惠银行被收购，次贷危机引发了新一轮全球金融动荡。在次贷危机的爆发和升级过程中，金融创新被认为是次贷危机爆发的重要原因之一，非审慎的住房抵押贷款、过度的资产证券化、会计准则和资产管理等创新带来了美国房地产市场的繁荣，同时引发了次贷危机。

首先，房地产抵押贷款产品创新埋下次贷危机爆发的种子。美国房地产抵押贷款标准的放松和抵押贷款产品的创新为次贷危机的爆发埋下了祸根。其原因有三：一是次级住房抵押贷款具有较大的道德风险；二是住房抵押贷款难以抵挡系统性风险的冲击；三是次级住房抵押贷款的利率结构放大了后期的信用风险，尤其是可调整利率抵押贷款，在利率浮动的还贷阶段，借款人必须采用基准利率加上风险溢价的形式还贷，其还贷压力变大。

其次，资产证券化使信贷市场不稳定性增强。通过资产证券化操作，房地产金融机构就将住房抵押贷款的违约风险转移给资本市场，由抵押贷款支持证券的购买者来承担相应违约风险，而证券化产品偏高的信用评级导致了机构投资者的非理性追捧，从而也导致了风险的累积。2007 年下半年爆发次级住房抵押贷款危机后，持有相关证券化资产的机构投资者蒙受了重大损失并进行了资产减计，金融机构急需流动性解决财务困难，整个金融市场陷入流动性紧缺和信用紧缩的境地。次贷危机通过流动性紧缩升级演化为整个信贷市场危机，给金融市场的稳定性带来严重的冲击。

再次，财务管理、资产管理和资本运作创新导致的金融体系风险。高杠杆资本运作、以市定价的会计记账方法和以风险价值为基础的资产管理模式，使得次贷危机不断升级蔓延。次级住房抵押贷款风险的爆发，机构投资者持有的住房抵押贷款支持证券市场价值缩水，从而导致金融机构类似金融资产的价值缩水。更值得注意的是，商业银行、投资银行等金融机构在不同程度上使用杠杆进行资本运作和资产管理，在资产价值下跌的情况下，金融机构被迫启动了去杠杆化过程，要么出手风险资产来偿还债务，主动收缩资产负债表，要么通过吸引新的股权投资来扩充自由资本规模。如果机构投资者同一时间内大规模出售风险资产，自然会压低风险资产价格，从而引发市场动荡，并造成金融机构尚未出售的风险资产的账面价值再度下降。如果采用提高资本金的方式进行去杠杆化，那就会造成市场的流动性紧张，可能酿成整个信贷市场的系统性危机。美国的“两房”危机就是在这种背景下产生的。

最后，全球化使得次贷危机的风险在全球扩散，危及全球金融稳定。在金融全球化的条件下，美国成为全球最主要的投资目的地，欧洲、新兴经济体和石油出口国等都是美国的投资来源地。美国金融创新产品的很大一部分也被海外投资者所持有。更重要的是，在房利美、房地美危机之后，次贷危机冲击的范围进一步扩大，直接威胁美国的机构债券甚至政府债券的安全。金融资产在全球范围内配置，使得金融风险也扩大至全球，全球金融体系的稳定性受到严峻的挑战，各个经济体的金融安全也面临重要的风险。

资料来源：搜狐网，2015-08-10.

二、金融创新对宏观金融的影响

（一）金融创新对货币需求的影响

1. 金融创新改变了货币需求的结构，从而导致货币需求的不稳定性有所增加

随着金融工具的不断创新，出现了许多既有交易功能又有投资功能的新型账户，从而使金融资产之间的替代性不断扩大。在交易性货币需求与投机性货币需求之间的界限模糊不清的情况下，人们往往减少交易性货币需求而增加投机性货币需求，而由于投机性货币需求受利率、汇率等市场因素的影响较多，所以会造成整个货币需求量的不稳定。

2. 金融创新改变了货币的流通速度

从狭义货币来看，金融创新减少了对货币的需求，提高了货币的流通速度。因为金融创新推出了很多 M1 的替代品，并使得大量的 M1 向此类替代品转移，这就加快了货币的流通速度。从广义货币来看，金融创新对货币流通速度的影响则不确定。

3. 金融创新使货币对利率的需求弹性有所下降

在金融创新中，金融机构资产结构的变化使得利差收入在经营收入中所占比重下降，因此，货币需求对利率的敏感程度下降了。

（二）金融创新对货币供给的影响

金融创新使中央银行对货币供给的控制难度增加了。

1. 金融创新使货币定义及计量的难度增大了，削弱了货币量的可测性

金融创新出现了大量新的金融工具，这些金融工具在不同程度上都具有货币性，这样就使得金融资产之间的相互替代性加大，如可转让支付命令账户、自动转账服务账户及货币市场互助基金账户、信用卡等都可以不同程度地替代货币或执行货币的职能，从而使得货币的定义更加困难。所以，尽管美国、英国等国家在金融创新活跃的时期都多次修改货币的定义，但仍无法准确地计量货币供给量。

2. 金融创新使货币乘数增大了

一方面，由于新的金融工具提高了金融资产的整体报酬率，社会公众持有通货的机会成本增加，必然减少对通货的持有量。另一方面，支付及清算速度加快和成本降低促使社会公众减少对通货的持有量。这使得现金漏损率下降，通货—存款比率下降。对金融机构而言，金融创新后，出现了许多介于活期存款和定期存款之间的新型负债账户，导致法定存款准备金实际提取数的下降。另外，除上述现金漏损率和法定存款准备金这两个影响货币乘数的因素以外，超额储备同样会影响货币乘数。金融创新使金融机构有了更多可选择提供储备的途径，在需要时可以较容易地从货币市场上获得相应的储备，同时金融创新使金融机构持有超额储备的机会成本提高，这样就必然导致金融机构最大限度地降低超额储备规模，因超额储备与法定准备金率同样与货币乘数成反比，所以超额储备的下降会进一步增大货币乘数。

3. 金融创新使中央银行对基础货币的可控程度降低

构成基础货币的中央银行向商业银行的贷款在金融创新影响下规模缩小了，这是因为金融创新使商业银行的筹资渠道拓宽了，负债来源增加了，商业银行的资产流动性也提高了，所以商业银行从中央银行借款的数量减少了，使得中央银行通过再贴现（再贷款）手段调节基础货币的能力下降。

（三）金融创新对货币政策的影响

金融创新对货币政策的影响主要表现在对货币政策工具的影响方面。

1. 存款准备金制度的功能被弱化了

商业银行通过对创新的金融工具的使用，如回购协议、货币市场互助基金等，更充分地利用货币市场，规避存款准备金的限制。

同时，商业银行可以通过负债管理的创新，调整其负债结构，降低存款比例，增加其他资金来源，减少应交准备金。

2. 再贴现政策的作用被弱化

如前所述，因金融创新使商业银行的筹资方式、渠道大大增加，相应地降低了对中央银行再贴现的依赖性，所以导致再贴现率的作用有所下降。

3. 传统的选择性政策工具失效

在金融创新后，特别是规避管制型的金融创新（如可转让支付命令账户）的出现，使中央银行不得不放弃诸如利率限制、法定保证金、信用配给等典型的传统货币政策工具。

4. 公开市场操作的作用被强化

金融创新导致的资产证券化趋势以及金融市场的高度自由化、一体化，为中央银行进行公开市场操作提供了多样化的买卖工具。另外，由于金融机构在金融创新过程中资产构成中有价证券比重的增加，特别是政府债券成为金融机构重要的二级准备，中央银行通过公开市场操作业务能够更加直接地影响金融机构的运作，所以，各国中央银行越来越多地利用公开市场操作这一政策工具，使其成为中央银行最重要的货币政策工具。

第三节

中国的金融创新与金融改革

金融创新理论是在 20 世纪 80 年代中期被引入中国的。随着中国金融体制改革的不断深入，金融创新问题在中国也受到了前所未有的重视。事实上，中国的金融改革正是一个不断的金融创新的过程。

一、金融创新与金融改革的关系

金融创新要在金融领域内对各种金融要素进行新的整合，金融机构为了生存、发展和迎合客户的需要，就要不断创造新的金融产品、新的金融交易方式以及新的金融市场、新的金融机构和金融制度。总之，金融创新是为了适应整体经济形势的变化，不断追求利润机会而形成的一切市场改革，可见，金融创新是根据世界各国金融发展的不同背景条件而进行的有针对性的金融改革。金融创新与金融改革两者互相促进。一方面，金融创新是金融改革的结果，正是由于金融改革使金融体系发生了深刻的变化，才出现金融机构多元化、金融业务全能化及金融工具多样化等方面的金融创新；另一方面，金融创新促进了金融改革，比如金融业务和金融工具的创新，使金融机构在动员社会资金方面的功能增强，有力地促进了储蓄向投资的转化，与此同时，金融业务与金融工具的创新促使传统的金融制度进行相应的改革和调整，并鼓励和刺激新一轮的金融创新。

前面讲述的西方国家的金融创新是在第二次世界大战后，国际资本流动及欧洲货币市场的建立与发展、20 世纪 70 年代世界“石油危机”以及由此产生的石油美元回流冲击国际货币体系和金融市场等背景条件下，受计算机与通信技术的发展、通货膨胀的加剧和利率频繁波动以及金融业务竞争的日益激烈的冲击而产生和实施的一系列在金融业务、金融制度等方面的金融改革。

在中国，由于金融创新的背景、性质、条件和要求均与西方国家的金融创新不同，所以在金融改革创新的方向和内容上与西方国家存在较大差异。中国自20世纪80年代以后进行了大规模的经济体制改革，经济体制改革的一个关键性内容就是进行深刻的金融体制改革，而中国金融体制改革的过程，正是一个金融体制不断突破传统旧体制、推进金融市场化、促进金融发展的过程。从这个意义上说，中国金融体制改革的过程就是一个金融体制不断创新的过程，而且随着中国经济体制改革的不断深化以及与世界经济实现一体化进程的加快，金融创新将进入一个新的发展时期。尤其在中国加入了世界贸易组织以后，金融业的全面开放加快了金融体制改革的进程，外资金融机构广泛介入中国金融市场，带来了更多的金融创新业务，竞争加剧也迫使国内金融业加快了金融创新的步伐。另外，受国际金融业发展趋势的影响，中国金融监管越来越走出传统的金融抑制状态而趋向于市场化，从而进一步促进了金融创新的发展。毋庸置疑，在各种因素的共同作用下，中国的金融创新将不断成为推动中国金融改革的重要力量。

二、改革至今中国金融创新的概况

（一）中国金融创新的历史背景

中华人民共和国成立以后，中国实行的是高度集中统一的计划经济体制，金融体制也基本照搬了苏联的“大一统”国家银行体制，唯一的信用机构——银行作为财政的附属，缺乏独立性和自我发展空间，因而没有以提高盈利水平和效率为目标的金融创新的微观动机；在计划经济体制下，以行政手段进行宏观调控，金融管制非常严格，产生了严重的金融抑制，因而更缺乏金融创新的宏观环境。所以，在传统的计划经济体制下，中国几乎没有进行任何有意义的金融创新。

党的十一届三中全会以后，中国开始了大规模的经济体制改革，金融业作为经济体制改革的重中之重，必须适应商品经济发展，打破计划体制的种种限制、束缚，激发金融业的活力，按市场经济体制的模式建立新的金融体制。金融创新正是在这种金融改革中有了微观动机和宏观环境，成为推动各项金融改革的动力和方式，并取得了显著的成果。

（二）中国金融创新的主要内容

中国的金融创新始于改革开放以后，其主要内容是围绕金融组织机构体系、金融管理制度、金融工具和金融业务、金融市场、金融交易技术等方面进行的创新。

1. 金融机构体系的创新

（1）金融体制发生重大变革，从“大一统”的国家银行到单独设立中央银行，形成了独立的中央银行体制。

（2）金融机构多样化，包括四大国有商业银行的恢复和建立；政策性金融与商业性金融相分离，三家政策性银行的建立；股份制商业银行（全国的和地方的）的建立和发展；

国有商业银行的股份制改造；以保险机构、证券公司、信托投资机构等为主体的非银行金融机构体系的形成；外资金融机构的陆续进入等。

2. 金融管理制度的创新

（1）中央银行宏观调控与管理方式的变革。中央银行单独设立以后，中国的金融管理从以往的计划管理转变成了宏观调控，最初中央银行使用以行政管理手段为主的货币政策工具进行宏观调控，后来随着中央银行货币政策独立性的增强和调控外部环境的改善，中央银行开始启用存款准备金、公开市场操作、再贴现等间接宏观调控手段，逐步建立和完善市场经济条件下中央银行的宏观调控体系。

（2）信贷资金管理制度的改革。中国对金融机构的信贷资金管理经历了多次改革，从“统存统贷”到“差额包干”，再到“实存实贷”，最后在 1998 年取消了对国有商业银行的信贷规模控制，全面实行资产负债比例管理，使中央银行对金融机构的信贷资金管理实现了间接的科学化管理。

（3）外汇管理制度的改革。为了适应中国对外开放的改革需要，中国改革了计划经济时期的高度集中的外汇管理体制，先后实行了汇率并轨和人民币经常项目下的自由兑换。

（4）监管制度的改革。2003 年银行业监督管理委员会成立后，中国银行业金融机构有了规范的行业监管机构，保证了监管的科学性和规范性，同时使中央银行能更好地独立执行货币政策，从此形成了“一行三会”（中央银行、银行业监管委员会、证券业监管委员会、保险业监管委员会）较完善的宏观金融监管体系。

此外，还对金融机构的利率管理引入了市场机制，从同业拆借利率开始，逐步推进利率的市场化改革进程，以增强利率的弹性和调节作用。

3. 金融工具和金融业务的创新

中国金融体制改革以后，金融工具出现了前所未有的多样化，如国库券、商业票据、各种短期融资债券、回购协议、大额可转让存单等货币市场工具的创新；长期政府债券、企业债券、金融债券、可转换债券、股票、股权证等资本市场工具的创新；期货、期权等衍生金融工具的创新等。

随着中央银行实施间接调控，特别是对金融机构监管的规范化，中国银行机构的业务范围有了极大的发展。从银行负债业务来看，先后出现了金融债券、可转让大额存单、同业存款、保险储蓄、通知储蓄、礼仪存款、住宅存款等创新业务；从银行资产业务来看，出现了证券投资、同业放款、抵押（质押）贷款、消费贷款、银团贷款等创新业务。尤其值得一提的是，中间业务在银行越来越得到重视和发展，代理、咨询、租赁以及银行卡、信用卡业务等创新型中间业务也在中国银行业务中迅速发展起来。

此外，非银行金融机构业务，如保险、信托投资（理财）、基金等业务也得到不断地创新和发展。随着网络信息技术的进步，互联网金融创新更是得到了日新月异的发展。

知识链接

金融创新就在你身边

用手机微信就能购物，在小卖部也能刷信用卡，呼朋唤友凑钱众筹创业……金融创新，我们越来越在日常生活中切身感受到。过去，谈起金融业，联想到的是壁垒森严的准入制度、围墙高企的资本门槛以及严丝合缝的游戏规则。如今，随着电子化、网络化技术的应用，金融就在你的身边。

(1) 钱方 QPOS。钱方 QPOS 服务的主要对象是中国没有安装 POS 机的小微商户。商户只需将智能手机或平板电脑与他们提供的刷卡器相连，就能将其变成一台移动 POS 机，随时随地提供刷卡服务。钱方为小商户提供企业级的经营管理工具，解决了商户收款效率的问题。

(2) 微信支付。微信支付是一款在微信平台上的移动支付方式。2014 年，以微信公众号+微信支付为基础，“微信智慧生活全行业”解决方案致力于帮助传统行业将原有商业模式“移植”到微信平台，并为亿万网友带来“水和电”一样的智慧生活方式。

(3) 众筹网。互联网金融的核心是风险控制。众筹网平台上的项目发起人会在项目初期得到一部分预付资金，完成货物的交付、等用户确认后才能收到其他的款项。这对消费者或者投资人都是很好的保护。如今，风险控制也成了互联网产品体验中的重要一环。

(4) 广发银行“24 小时智能银行”。作为广发银行自主研发并获得国家设计专利的产品，广发“24 小时智能银行”通过应用先进的自助金融服务机具，有效整合远程视频、身份识别、传统自助机具等元素，创造出一种崭新的金融服务模式，实现了从“服务为王”向“体验为王”的升级。

(5) 南方创投网。中国首家政府主导的非营利性高科技领域 O2O 股权债权众筹平台。南方创投网凭借深圳高科技创新中心定位与宽松活跃的创投氛围环境，开创了国内政府互联网服务 O2O 的先河。

(6) 安心牛。在优质的 P2P 平台上，项目风险可控、收益高，经常一发布即被抢购一空。小牛在线为帮助对流动性有不同需求的理财人获取较高的投资收益，推出了安心牛理财计划。只需操作一次，投资金便会自动投向平台项目，最大限度提高用户的资金利用率。安心牛理财计划帮助理财人摆脱“僧多粥少”的困局，将项目和理财人进行了科学的对接和分配。

(7) 招商银行咖啡陪你。招商银行联合韩国咖啡连锁品牌——咖啡陪你 Caffébene 启动创新合作，在国内推出咖啡银行。该案例再次探索了银行业零售化经营的可能性，并成为股份制银行另一种形式上的网点扩张。从银行业发展的趋势来看，未来银行的“零售化经营”将成为一种全新的尝试。

(8) 阿里小额贷款。浙江阿里巴巴小额贷款股份有限公司首创了从风险审核到放贷的全程线上模式，向通常无法在传统金融渠道获得贷款的弱势群体批量发放小额贷款。通过阿里巴巴、淘宝等电子商务平台，收集客户积累的信用数据，并进行量化处理。阿里小贷因其独特的平台优势在同类服务中具有不可复制性。

(9) 88 财富。作为引领互联网金融 2.0 时代的全球资产配置门户网站，88 财富网首创 B2C+O2O 的互联网金融模式，以“固定+浮动”+“纯浮动”收益类产品方式进入资本投资领域，为客户提供全球资产配置的定制理财服务。

(10) 橙 e 网。橙 e 网要做的，是搭建一个电商云服务平台，让中小企业的订单、运单、收单、融资、仓储等经营性行为都在上面跑，同时引入物流、第三方信息等企业，为企业提供配套服务。综观银行与互联网金融的融合创新，该平台是银行首次在模式上不再跟随互联网金融，是“不一样”的创新。

资料来源：新浪网，2017-04-10.

4. 金融市场的创新

（1）货币市场的形成。中国建立了以同业拆借、商业票据和短期政府债券为主的货币市场。

（2）外汇市场的逐步建立。随着外汇管理体制的改革，中国建立了银行与企业间的外汇零售市场、银行与银行间的外汇批发市场、中央银行与外汇指定银行间公开市场操作相结合的外汇统一市场。

（3）资本市场的建立与发展。随着金融工具的不断创新，尤其是长期金融工具的丰富与完善，中国建立和发展了以股票、债券、基金等为主要品种的一级、二级市场。

此外，中国的黄金市场、金融衍生品市场也在迅速发展中。

三、深化改革中金融创新的发展方向

（一）发展和完善市场经济对金融创新的需求

1. 市场经济中现代企业制度的建立对金融创新的需求

现代企业制度的建立使企业在外部融资、股份制改造、企业并购、财务管理、资金分析、投资咨询、破产清偿、保险保障等各方面对金融业提出了新的服务需求，金融业必须通过金融创新，如组织结构的调整、服务范围和服务品种的增加、服务手段和服务工具的更新等来满足企业的需求，这就不断地激励金融业在组织结构、业务工具以及经营管理等各方面的金融创新。

2. 居民货币收入的增加和消费观念的变化对金融创新的需求

随着市场经济的发展，中国居民收入持续大幅度增长，居民收入的增长和金融意识的提高，使居民已不再满足于现有的储蓄和投资方式，他们要求金融机构创造出更多的金融资产供其选择，推出更多的新型金融工具满足其投资保值或规避风险的需求。此外，随着居民收入的增加和消费观念、消费结构的变化，需要金融机构在资产业务和中间业务方面有更多的创新，如提供更多的消费信贷、家庭金融服务（投资理财、财务顾问）等。

3. 政府行为的市场化对金融创新的需求

在市场经济条件下，政府的投融资及宏观调控更多地通过市场进行，如公债的发行和流通转让、中央银行通过公开市场操作进行宏观调控等，这些都要求金融市场、金融工具和金融交易方式的创新与之相配套。

4. 对外开放对金融创新的需求

随着对外开放的进一步扩大，中国的经济和金融加入了世界一体化的行列，这对金融业提出了更高的创新需求，如利用国际结算方式、国际融资业务以及进一步借鉴外资银行的创新业务来满足中国金融业与世界接轨的需要等。

此外，互联网+的兴起和发展，也对金融创新产生了新的需求，日新月异的互联网金融创新将为金融业的发展注入新的活力。

（二）发展金融创新中应着重解决的问题

中国的金融创新是在发展和完善社会主义市场经济体制、深化金融改革的过程中进行的，汲取以往金融创新的经验，结合当前和今后一段时期的经济实际，中国的金融创新应注意解决以下几个问题：

1. 加强内部机制和金融市场创新

（1）要创新完善金融组织制度和产权制度，健全其公司治理结构和内部组织结构；要加大业务创新力度，降低金融机构的经营成本，提高经营效率和经济效益；要加大内控机制的创新力度，防范金融风险，保护金融当事人权益，保障金融交易活动公平、顺利，提高金融运行效率。

（2）要进一步加大金融市场的创新力度，尤其加快资本市场发展，大力培育机构投资者，加大资本市场对实体经济的支持作用。

2. 改善金融创新的外部环境

（1）改善法律环境。推进金融创新需要法律制度的创新，要不断修订完善现有的金融法律，创造适合经济和社会发展现状、满足企业融资需要并能为金融业提供安全稳定和创新发展环境的一整套法律制度。

（2）改善监管环境。推进金融创新要创新监管理念和监管模式，金融业的业务创新不断对金融监管提出更新范围、更高层次的要求，从而促进监管模式的变革和提升。要建立健全综合经营趋势下的金融分业监管体制和相应的制度规范，形成从市场准入、业务合规、风险控制到市场退出的全方位监管体制。

（3）改善市场环境。推进利率的市场化进程，培育良好的竞争性市场环境，为商业银行及其他金融机构开展金融创新提供良好的环境动力。

3. 强化金融创新的支撑点

金融创新需要现代科技和人才的支撑，金融创新从一定意义上说就是科学技术在金融领域的创新和应用。要加快高新技术在金融监管与服务中的推广和应用，实现金融监管手段的现代化、金融市场运行管理的信息化和金融服务形式的多样化，最大限度地提高金融运行和金融服务效率。另外，全球金融市场创新风起云涌，金融理论和实践都在不断变化，要加强对金融从业人员的队伍建设和知识、技能培训，创新用人机制，增强现代金融意识和业务素质，全面提高金融业的自主创新能力和创新水平。

■ 本章小结

本章主要介绍了金融创新的内容以及金融创新对宏观金融和微观金融的影响，结合中国改革开放的实际介绍了中国金融创新的发展情况，指出了金融改革与金融创新的关系，最后提出了中国金融创新中应着重解决的几个问题。

■ 章后习题

□ 一、重要概念

金融创新　狭义的金融创新　广义的金融创新

□ 二、思考题

1. 国际上西方国家金融创新主要包括哪些内容?
2. 金融创新对宏观和微观金融分别有哪些积极作用和负面影响?
3. 我国在完善社会主义市场经济过程中有哪些金融创新与改革?

□ 三、讨论题

结合实际，讨论互联网金融对经济发展以及个人生活的现实意义。

□ 四、案例分析

上海自贸区金融创新硕果累累

上海自贸区自2013年成立以来，积极当好金融改革创新的“破冰船”，经过三年多的改革创新，已经取得了突破性的成绩。概括起来就是：搭建了一个以简政放权、负面清单管理为核心的金融改革新框架；建立了一套适应新金融制度的事中事后管理系统——自由贸易账户系统；推进了八大核心金融改革；形成了一系列可复制、可推广的金融创新成果。其中八大核心金融改革是：一是率先建立了宏观审慎的资金跨境流动管理制度，推动有管理的资本项目可兑换，以自由贸易账户为基础，建立了“分类别、有管理”的资本项目可兑换的操作模式。二是创建利率市场秩序自律组织，率先在全国实现本外币利率的完全市场化。三是加快人民币资本市场的开放，大力推进人民币国际化进程。四是建设面向国际的金融交易平台，加强上海自贸区与国际金融中心建设的联动。五是深化外汇管理体制改革，促进贸易投资便利化。六是依托自由贸易账户系统，建立了反洗钱、反恐怖融资、反逃税的监测分析和管理体系。七是加强自贸区的信息共享，研究构建“三位一体”的金融风险监测与管理系统。八是探索实施金融综合监管，提升防范金融风险的能力。

上海自贸区的金融创新可谓区内收获、区外开花。截至2016年9月，上海自贸区向全国复制推广了20余项金融改革创新成果。其中，人民银行和外管局已经把在上海自贸区先行先试的16项金融制度推广到其他自贸区和全国；银监会已将简化区内银行业金融机构和高管准入等四项制度在国内其他3个自贸区不同程度的复制推广；保监会已将保险业简政放权、鼓励开展跨境投融资业务等政策复制推广到国内其他3个自贸区。

资料来源：金融时报，2016-09-29.

根据上海自贸区金融创新的资料，分析未来阶段我国金融创新改革的主要内容及发展趋势。

■ 延伸阅读

金融创新开始的经济背景

金融创新属于历史范畴，其发生和发展的轨迹与特定历史时期的经济发展背景密切相关。第二次世界大战以来，世界经济形势和格局发生了巨大的变化，经济高速增长，高新技术日新月异，所有这一切正深刻地影响和改变着公众的生存方式和经济行为。从当代经济发展史看，对三四十年来的金融创新有较大影响的经济事件主要有：欧洲货币市场的兴起、国际货币体系的转变、石油危机与石油美元的回流、国际债务危机等。

1. 欧洲货币市场的兴起

第二次世界大战后的二三十年中，世界经济发生了深刻变化，其中的生产国际化带来了市场国际化和资金国际化，欧洲货币市场就此形成。该货币市场的发展与三个因素有关：一是由于东西方冷战使苏联和东欧国家持有的货币存入欧洲国家银行；二是由于1957年英国政府加强外汇管制，促使英国银行转向美元进行融资，美元在欧洲可以自由兑换；三是自1958年起，美国的国际收支逆差增大，致使许多国家将获得的剩余美元投向欧洲货币市场。

在这种情况下，美国政府为了限制资本外流，采取了一系列措施，如课税、利率或贷款限制等。而这些措施的出台又迫使美国商业银行在国内的业务受阻，只得向国外寻求发展，形成了美国资金的大量外流，促使了欧洲货币市场业务的兴盛。欧洲货币市场的出现，作为一个离岸金融市场，其本身就是一个在规避管制中创造出来的产物。可以说，欧洲货币市场的建立，开创了当代金融创新的先河，其灵活多样的经营手段，为以后的金融创新树立了典范。

2. 国际货币体系的转变

1944年，美英等44个国家确立了第二次世界大战后的国际货币体系——布雷顿森林体系，该体系实际上是以黄金为基础，以美元为最主要的国际储备货币，实行黄金—美元本位制。该货币体系实行的是“双挂钩”制度，即美元与黄金挂钩，其他国家的货币又与美元挂钩。这种以美元为中心的货币体系对战后的国际贸易和世界经济的发展起到了一定的积极作用。但是，从1950年起，美国的国际收支出现逆差，美元大量外流。20世纪60年代中期以后，美元又多次爆发危机，国际货币体系进入了动荡时期；1971年8月，尼克松政府宣布实行“新经济政策”，停止了美元与黄金的兑换；1973年2月，美元再度贬值，各国主要货币开始浮动，随后不久便逐步发展成为浮动汇率制。浮动汇率制的诞生，标志着布雷顿森林体系的终结。

而国际货币体系由相对稳定的“双挂钩”制，转变到不太稳定的极易引发贬值、投机甚至传播通货膨胀的浮动汇率制，给各国乃至世界经济带来较大的风险，这当然也会使金融机构的经营面临的市场风险加大，所以，国际货币体系的转变是促进金融创新的一个不容忽视的环境因素。

3. 石油危机与石油美元回流

1973年10月，中东战争爆发，石油输出国组织（OPEC）以石油为武器，与西方发达国家抗衡，在加快石油国产化的同时，大幅度提高了油价，从1973年10月的每桶3.1美元，涨到了1981年10月的每桶34美元，油价上涨了11倍，给世界经济带来了巨大影响，形成了石油危机。

随着 OPEC 石油价格的大幅提高，石油输出国的贸易收支出现巨额顺差。由于石油贸易是以美元计价并结算的，而且美元在石油盈余中所占比重最大，故称石油美元。石油危机造成了全球性的国际收支的严重失衡，1973—1983 年，工业化国家累计有 224 亿美元的经常项目逆差，非产油的发展中国家经常项目的逆差竟高达 5 682 亿美元，为了弥补国际收支的失衡，逆差国纷纷进入欧洲货币市场和国际资本市场寻求资金。与此同时，石油输出国为了寻求有利的投资场所，也将巨额的石油美元投向了欧美金融市场。这样一来，石油美元从石油输出国返回到了石油进口国，形成了石油美元的回流。

石油美元的回流在一定程度上促进了国际金融市场的发展，十年间，吸引了累计高达 4 000 多亿的美元。但是，由于涌入国际金融市场的资金大部分是短期金融资金，流动性大，在浮动汇率的条件下，石油美元在国际大量、快速地流动，在一定程度上助长了投机活动，加剧了金融市场的动荡，由此导致了利率、汇率的剧烈而频繁的波动，使融资双方要求有新的金融交易工具来规避日益增大的市场风险。金融机构一方面要满足客户的这种对新金融工具的市场要求；另一方面出于自身业务经营的需要，通过各种金融创新来降低市场风险。

4. 国际债务危机

20 世纪 70 年代以来，许多发展中国家为了加速本国经济的发展，对国际金融市场上的资金需求极为旺盛。但是由于一些发展中国家缺乏对债务结构、规模的宏观管理与控制的经验，不顾自身偿债能力而盲目借入超过自身承受能力的外债，其结果必然是产生严重的债务问题。至 1983 年年底，发展中国家的债务总额已达 8 000 亿美元。此外，由于石油涨价、利率提高以及国际贸易中的保护主义盛行、发展中国家出口下降等原因，这些债务国的偿债能力大打折扣，终于爆发了 20 世纪 80 年代初期的以南美发展中国家为主要债务国的债务危机，加剧了国际金融的不稳定性，对国际金融业影响深远。

国际商业银行面对这场严重的债务危机，纷纷缩小融资规模、改革融资方式，从而导致了一大批新的融资工具和融资方式的诞生，同时想出了许多解决债务问题的创新方法，如债权转股权、购回旧债发行有抵押的新债、债务转债券等，使危机得到了很大程度的缓解。所以，从某种程度上讲，20 世纪 80 年代的这场债务危机，虽然造成了国际金融业的剧烈震荡，但却成就了融资工具和融资方式的改革与创新。

资料来源：李小丽. 金融理论与实务. 北京：北京理工大学出版社，2010.

■ 即测即评

参考文献

1. 胡援成. 货币银行学. 4版. 北京：中国财政经济出版社，2011.
2. 刘建波. 金融学概论. 北京：清华大学出版社，2011.
3. 王楚明. 货币金融学. 上海：立信会计出版社，2011.
4. 黄达. 金融学. 3版. 北京：中国人民大学出版社，2012.
5. 钱晔. 货币银行学. 3版. 大连：东北财经大学出版社，2010.
6. 张红伟. 货币金融学. 北京：科学出版社，2010.
7. 安烨. 货币银行学. 2版. 上海：上海财经大学出版社，2010.
8. 韩韵琴. 金融学. 北京：北京理工大学出版社，2010.
9. 胡庆康. 现代货币银行学教程. 4版. 上海：复旦大学出版社，2010.
10. 杜佳. 货币金融学. 2版. 北京：清华大学出版社，2010.
11. 夏丹阳. 货币银行学. 北京：经济管理出版社，2010.
12. 范立夫. 货币银行学. 北京：经济科学出版社，2009.
13. 林俊国. 金融学. 厦门：厦门大学出版社，2008.
14. 戴国强. 货币银行学. 3版. 北京：高等教育出版社，2010.
15. 贾玉革. 金融理论与实务. 北京：中国财政经济出版社，2010.
16. 石丹林. 货币银行学. 北京：清华大学出版社，2012.
17. 易纲，吴有昌. 货币银行学. 上海：上海人民出版社，2003.
18. 劳伦斯·鲍尔. 鲍尔货币金融学. 刘静，译. 北京：中国人民大学出版社，2012.
19. 弗里德里希·S. 米什金. 货币金融学. 7版. 郑艳文，译. 北京：中国人民大学出版社，2008.
20. 迪恩·克罗绍. 货币银行学. 吕随启，译. 北京：中国市场出版社，2008.
21. 胡代光. 西方经济学说的演变及其影响. 北京：北京大学出版社，2000.

22. 高鸿业. 西方经济学. 5 版. 北京: 中国人民大学出版社, 2011.
23. 马亚. 金融学. 北京: 中国人民大学出版社, 2010.
24. 张红伟, 邓奇志. 货币金融学. 北京: 科学出版社, 2010.
25. 宋玮. 金融学. 北京: 对外经济贸易大学出版社, 2010.
26. 茆训诚. 金融学概论. 北京: 机械工业出版社, 2011.
27. 刘肖原, 李中山. 中央银行学教程. 2 版. 北京: 中国人民大学出版社, 2011.
28. 李小丽. 金融理论与实务. 北京: 北京理工大学出版社, 2010.
29. 曹龙骐. 金融学. 3 版. 北京: 高等教育出版社, 2010.
30. 盛宝莲, 徐琤. 中央银行学. 上海: 华东理工大学出版社, 2012.
31. 辛波, 马宇. 金融学. 北京: 中国金融出版社, 2010.
32. 冯瑞河, 王德河. 金融学. 北京: 中国金融出版社, 2011.
33. 毛泽盛, 卞志村. 中央银行学. 北京: 人民出版社, 2009.
34. 卜小玲. 金融学基础. 北京: 清华大学出版社, 2012.
35. 南旭光. 新编货币金融教程. 北京: 人民邮电出版社, 2010.
36. 代鹏. 金融市场学概论. 北京: 中国人民大学出版社, 2002.
37. 郭晖. 金融学概论. 北京: 人民邮电出版社, 2012.

再版参考文献

1. 王明国,张卫新 . 货币银行学 . 北京:高等教育出版社,2017.
2. 帅青红,苗苗 . 网上支付与电子银行 . 北京:机械工业出版社,2016.
3. 刘肖原,李中山 . 中央银行学教程 .3 版 . 北京:中国人民大学出版社,2015.
4. 弗雷德里克·S.米什金 . 货币金融学.11 版 . 郑艳文,荆国勇,译.北京:中国人民大学出版社,2016.
5. 徐立平 . 金融学 . 大连:东北财经大学出版社,2015.
6. 李健 . 金融学(精要版). 北京:高等教育出版社,2016.
7. 戴国强 . 货币银行学 .4 版 . 北京:高等教育出版社,2015.
8. 朱新蓉 . 货币金融学.4 版 . 北京:中国金融出版社,2015.
9. 证券业从业人员资格考试专家组 . 金融市场基础知识 . 北京:中国金融出版社,2016.
10. 高鸿业 . 西方经济学 .6 版 . 北京:中国人民大学出版社,2016.